Gramática básica
del estudiante de español

A Comprehensive Review of Spanish Grammar

Rosario Alonso Raya
Alejandro Castañeda Castro
Pablo Martínez Gila
Lourdes Miquel López
Jenaro Ortega Olivares
José Plácido Ruiz Campillo

3rd Edition

Authors: Rosario Alonso Raya
Alejandro Castañeda Castro
Pablo Martínez Gila
Lourdes Miquel López
Jenaro Ortega Olivares
José Plácido Ruiz Campillo

Language Consultant: Marina Anna Colasacco

Project Managers: Gema Ballesteros, Sara Brock-Zucconi, Jordi Sadurní Ventura

Design: Laurianne Lopez, Jordi Sadurní Ventura

Design Assistant: Aleix Tormo

Cover Design: Pablo Garrido, Laurianne Lopez

Publisher: Agustín Garmendia

Language Revision: Cecilia Araneda, Javier Pérez Zapatero

Level Revision and Standardization: Adolfo Sánchez Cuadrado

Translation and Proofreading in English: Dana Gannon, Ben Goldstein

Proofreading in Spanish: Pablo Sánchez García

Photo Researcher: Olga Mias

Illustrations: David Revilla

Photographs and Illustrations:
Cover image Artshock/Dreamstime.com. **p.22** ahmad badik/iStockphoto; zera93/Adobe Stock. **p.36, 102, 106, 116, 140, 146, 153, 217, 234, 237**: authors and relatives. **p.44** 1: Rasmus Evensen, Didvision, 2: Alysta/iStockphoto, 3: Franco Giovanella (franco@revistanossa.com.br), 4: San San (san@loungefrog.com). **p.119** Volodymyr Kotoshchuk/iStockphoto. **p.120** andreaskrappweis/iStockphoto. **p203** guru86/iStockphoto, Lilanakani/iStockphoto. **p.225** Tartila/Adobe Stock

ISBN: 978-84-18907-37-1

Printed in the EU
Third Edition
1 2 3 4 5 6 7 8 9 10

www.klettworldlanguages.com

Acknowledgements

Those who seek out grammar are also seeking out a map of uncharted territory. If you have come this far and now have this grammar guide in your hands, we hope your journey will be a beneficial one because there is nothing more daring or gratifying than learning a language. It is an immense, sometimes overwhelming undertaking, worthy only of the brave. Thank you for letting us accompany you on this adventure.

Thanks also to our students at the Centro de Lenguas Modernas of the University of Granada, the Escuela Oficial de Idiomas in Barcelona, the Instituto Cervantes in Istanbul and London, and Columbia University in New York City. They are the ones who have truly pointed out to us where the deserts were on our route, the cliffs we could have easily fallen off of, and how to navigate the jungles and the glaciers we encountered along the way. They are the ones who have guided us and corrected the outlines of this map.

In this edition, we once again thank Agustín Garmendia, Jordi Sadurní, and our brilliant illustrator, David Revilla. We are grateful to everybody on the production team at Difusión for their total commitment to the project, especially Gema Ballesteros, the graphic designers, Pablo Garrido for his efficiency, generosity, and support, and Sara Brock-Zucconi, whose professionalism, empathy, and ceaseless dedication has given new life to the GBE and carried it forward to its successful completion.

A very special thank you to our translators, Ben Goldstein and Javier Pérez Zapatero, who have done an impeccable job with the English translation and have provided us with valuable suggestions for improvement. And, of course, our immense gratitude to Adolfo Sánchez for his pedagogical rigor and attention to detail, and to Marina Anna Colasacco for her willingness, determination, and invaluable consultancy in the integration of all that is shared by so many millions of Spanish speakers in this work. Of course, this also belongs to all of you.

Needless to say, we continue to thank our long-suffering families and our temporarily abandoned friends for putting up with our long absences. Adoración, Alicia, Angela, Antonio, Arnau, Candela, Carlota, Carmen, Carmen, Francisca, Gloria, Guillem, Héctor, Inma, Juani, Jesús, Lucía, Lucía, Lucía, Luis, Mari, Mengjiao, Mopa, Plácido, Puchi, Rosario, Samuel, Teo, Xavier: your work has been invaluable.

-The authors

Approach and Philosophy

WHAT IS THE GRAMÁTICA BÁSICA DEL ESTUDIANTE DE ESPAÑOL (GBE)?

The **Gramática Básica del Estudiante de Español** (GBE) is a grammar guide for students of Spanish at elementary and intermediate levels (Novice High to Advanced Low levels, according to ACTFL guidelines; A1-B2 in the Common European Framework of Reference) who are looking for clear, practical descriptions of how the Spanish language works. It explains the grammatical system of Spanish, emphasizing the meaning and real-life use of its structures, both in the grammatical explanations and the exercises; uses numerous design features (illustrations, color-coding, and other graphics) to support and enhance the understanding of grammatical meanings; and presents a thoroughly detailed description of grammatical structures, providing the right context where the learner can apply the rules in a meaningful way and, in so doing, prevent possible mistakes.

EDUCATIONAL CONTEXTS

The GBE will be helpful and effective for the presentation, in-depth analysis, and practice of its contents. Using it in class will encourage group reflection that can lead to a broader processing of the grammar. Additionally, the GBE is easy to use and consult, which makes it an efficient self-study tool for learners at levels up to Advanced Low (B2), as well as a useful companion grammar reference for heritage speakers thanks to the innovative way in which the Spanish language's most common and recurring difficulties have been addressed and to the reliability and effectiveness of the rules provided.

STRUCTURE OF THE GBE

The book is organized into seven sections that cover the main aspects of the Spanish language's grammatical system: nouns and adjectives; determiners; personal pronouns; verbs; prepositions; sentences, and spelling. These sections contain several chapters that combine explanations of grammatical structures (accompanied by abundant examples and illustrations) and exercises and activities, allowing learners to practice and easily check they have understood the previous explanations. These different units are interrelated, helped by comprehensive cross-referencing.

The GBE also provides an answer key, conjugated verb tables (where the learner will find the conjugations of regular verbs and an alphabetical list of the most common irregular verbs), and a topic index that facilitates the use and reference of different grammatical features.

GRAMMAR INSTRUCTIONS AND LANGUAGE EXAMPLES

The grammar instructions (with few technical terms and the vocabulary adapted to the level), diagrams, language examples accompanying the explanations, and illustrations have all been developed with the learner's perspective in mind. We have considered the need for students to learn grammar while taking into account the systematic nature of the language, as well as the communicative value of the structures concerned.

EXERCISES AND ACTIVITIES

The GBE offers a wide range of activities and exercises that provide a great deal of practice involving interpretation and production, as well as correction of the mistakes that students commonly make at these levels. These have been designed and organized in such a way as to make the work interesting, enjoyable, and meaning-focused. They also have closed-ended questions so that students can monitor their own learning by checking the answer key at the back of the book. All practice provided in the GBE presents the language in authentic contexts, offering a fuller understanding of how Spanish grammar works.

New to the Third Edition

The NEW EDITION of the GBE aims to embrace the vast diversity of the Spanish language. Each community's linguistic nuances, and surely those of each speaker, can vary greatly. One particular option may not coincide entirely with another individual's choice —as you know, this occurs quite frequently within language. This grammar guide takes this linguistic diversity into consideration and was designed based on what is shared by all Spanish speakers. It is a grammar guide that will suit everyone, focusing as it does on the variety and vibrancy of the language.

The levels of the activities have been adjusted in keeping with the proficiency guidelines of the Common European Framework of Reference for Languages and the American Council on Teaching Foreign Languages (ACTFL), in addition to other curricula such as college and university language programs based on widely-used textbooks and the Instituto Cervantes Curricular Plan. At the same time, we have taken into account the overlap of some grammatical aspects that affect different levels, which is why we have introduced double labels as a guide (A1-A2; A2-B1; B1-B2) for those structures that, although typically presented in the lower proficiency levels, may still be relevant to higher levels as well.

We have adjusted the wording of the activities to the lower level at which they are targeted so that the vocabulary itself is not an obstacle to understanding the grammatical forms. Additionally, we have consulted speakers who represent different varieties of Spanish. We have also adopted the findings of various corpora, always taking into account the frequency of use to help determine our decisions.

As users of the Spanish language, we are a large and highly diverse group, that is true, but we share many aspects of the language —there is so much more that unites us than sets us apart. We encourage you to embrace these differences and celebrate that we all communicate and understand each other, using our common tongue. This grammar guide invites you to the *fiesta* that is the Spanish language. Don't miss out!

Getting to Know your GBE

The GBE is divided into seven parts covering the main aspects of the Spanish language's grammatical system. Each part and its corresponding chapters are color-coded:

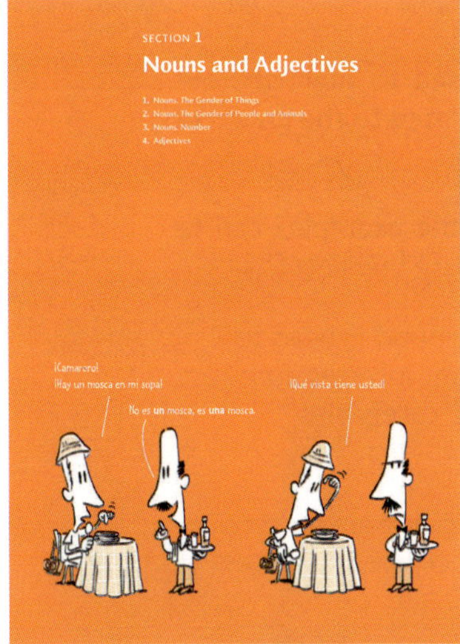

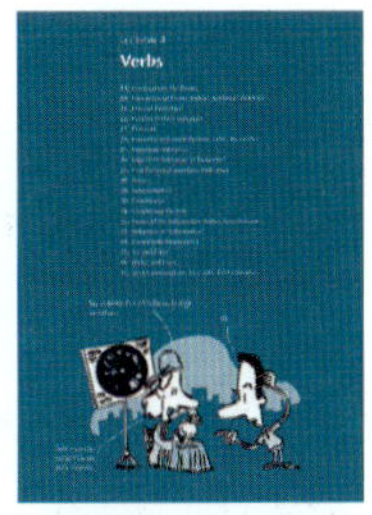

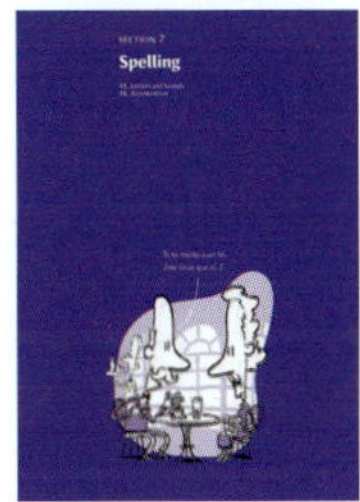

The user-friendly design aims to make navigating each page easy, so making the content more approachable and improving readability.

■ **Chapters** are organized into **sections**, in which **explanations** and **exercises** can be found:

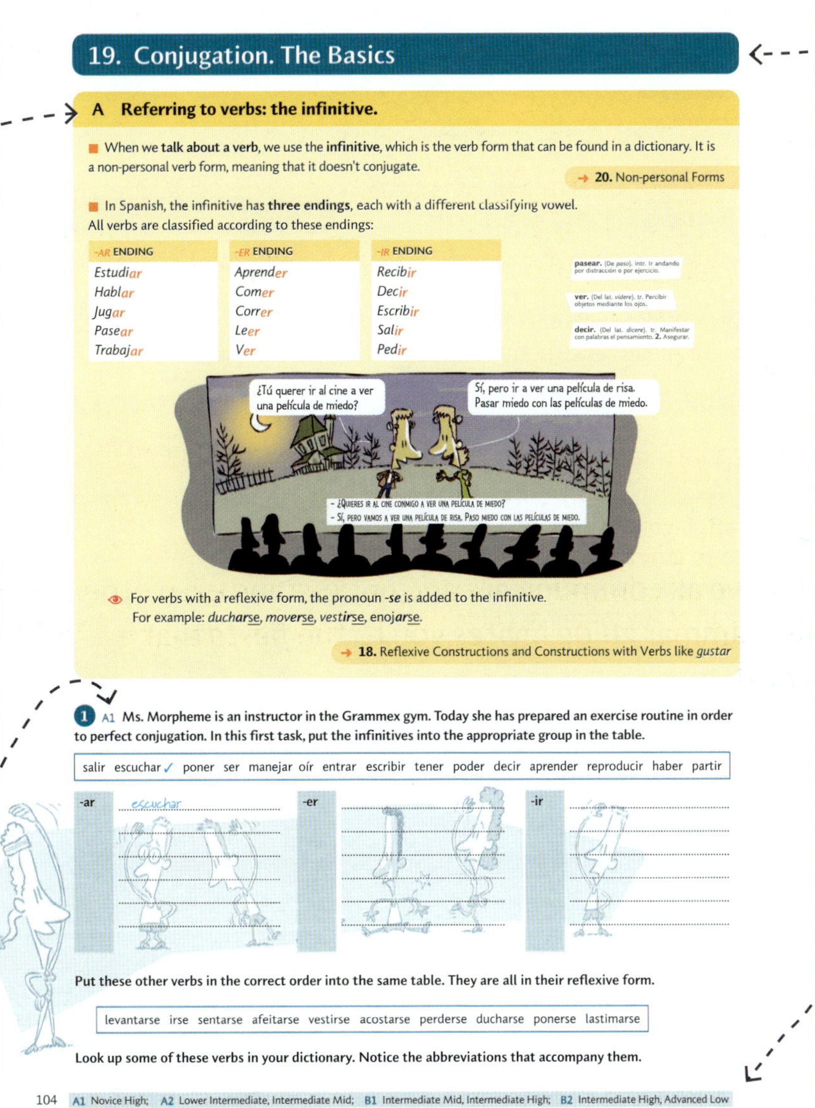

19. Conjugation. The Basics

A Referring to verbs: the infinitive.

■ When we **talk about a verb**, we use the **infinitive**, which is the verb form that can be found in a dictionary. It is a non-personal verb form, meaning that it doesn't conjugate.

→ **20.** Non-personal Forms

■ In Spanish, the infinitive has **three endings**, each with a different classifying vowel. All verbs are classified according to these endings:

-AR ENDING	-ER ENDING	-IR ENDING
Estudiar	*Aprender*	*Recibir*
Hablar	*Comer*	*Decir*
Jugar	*Correr*	*Escribir*
Pasear	*Leer*	*Salir*
Trabajar	*Ver*	*Pedir*

pasear. (De *paso*). intr. Ir andando por distracción o por ejercicio.

ver. (Del lat. *videre*). tr. Percibir objetos mediante los ojos.

decir. (Del lat. *dicere*). tr. Manifestar con palabras el pensamiento. **2.** Asegurar.

For verbs with a reflexive form, the pronoun *-se* is added to the infinitive. For example: *ducharse*, *moverse*, *vestirse*, enojarse.

→ **18.** Reflexive Constructions and Constructions with Verbs like *gustar*

1 A1 **Ms. Morpheme is an instructor in the Grammex gym. Today she has prepared an exercise routine in order to perfect conjugation. In this first task, put the infinitives into the appropriate group in the table.**

salir escuchar ✓ poner ser manejar oír entrar escribir tener poder decir aprender reproducir haber partir

-ar	-er	-ir
escuchar		

Put these other verbs in the correct order into the same table. They are all in their reflexive form.

levantarse irse sentarse afeitarse vestirse acostarse perderse ducharse ponerse lastimarse

Look up some of these verbs in your dictionary. Notice the abbreviations that accompany them.

104 A1 Novice High; A2 Lower Intermediate, Intermediate Mid; B1 Intermediate Mid, Intermediate High; B2 Intermediate High, Advanced Low

Each **section** is indicated by a letter (A, B, C...) and provides **explanations** with **examples** and **exercises**. The sections are listed in the index.

Following each explanation, there are **exercises** (both comprehension and production-based) so you can start to practice the structures that you are working on. You can check your own answers by consulting the answer key.

This symbol indicates the Common European Framework of Reference Level (A1, A2, B1, or B2) to which each exercise corresponds.

Number and **name** of the chapter. The **color** shows you which part it belongs to.

The **explanations** with **examples** are presented in boxes with a cream-colored background.

In the **exercises**, the grammatical forms are meaning-focused, so you should always pay close attention to the context and sense of the texts and sentences.

In every spread you will find the official correspondences between CEFR and ACTFL ratings.

7. Possessives: *mi, tu, su...; mío, tuyo, suyo...*

C *Un amigo mío / Mi amigo.*

■ With ***mío, tuyo, suyo...***, as with other adjectives (*familiar, español, europeo, etc.*), we indicate that an object (or various) is part of a larger group of things related to something or someone:

- *Esther es vecina **nuestra**.*
  [She is part of the group of our neighbors.]
- *He encontrado fotografías **suyas***.*
  [An unspecified number of photos that are either yours (or taken by you) or theirs (or taken by them).]
- *Tres profesores **míos** hablan chino.*
  [Three of my teachers. I may have more.]
- *Una novela **suya*** ha ganado el premio.*
  [One of the novels that you (or he/she/they) have written. There may be more.]

■ With ***mi, tu, su...*** we refer to things that can be identified among all other things because of their relationship with something or somebody, there are no more or they are the only ones we have mentioned:

- *Esther es **nuestra** vecina.*
  [She is the only person identified as our neighbor.]
- *He encontrado **sus** fotografías.*
  [The photos, that are either yours (or taken by you) or his/hers/theirs (or taken by him/her/them), are the only ones we have mentioned.]
- ***Mis** tres profesores hablan chino.*
  [The three teachers that I have or the three that I have mentioned.]
- ***Su** novela ganó el premio.*
  [The only one he/she (or you/they) has written, the one that was entered for the prize, the one that we have mentioned.]

* *Suyo/a/os/as* can refer to yours (*de usted/ustedes*) or his/hers/theirs (*de él/ella/ellos/ellas*)

Mañana viene Lena Mercadal, **una** amiga **mía** de Menorca.
[We have not mentioned her before.]
Esta es Paula, **mi** amiga.
¿Novia?, ¿amante? ¿solo tiene una amiga?...
[We have not mentioned Paula before. She is special for some reason...]
Mira, esta es Lena Mercadal.
Ah, sí, **tu** amiga de Menorca. Encantado.
[We have mentioned her before.]

■ Possessives **before the noun** determine the noun and cannot combine with articles or demonstratives:

- ***Su** tío ha llamado. / **Un** tío **suyo** ha llamado.* ~~Un su~~ tío ha llamado.
- ***Ese** teléfono está sonando. / **Nuestro** teléfono está sonando.* ~~Ese nuestro~~ teléfono está sonando.
- *¿Fuiste con **tu** auto? / ¿Fuiste con **el** auto?* ¿Fuiste con ~~el tu~~ auto?

■ Possessives **after the noun** do combine with articles or demonstratives:

- *La computadora **suya** de la otra oficina es mucho más rápida.*
- *El otro día nos llamó un compañero **nuestro** de la escuela.*
- *No soporto esa manía **tuya** de gritar.*

→ **5.** Articles
→ **6.** Demonstratives

46 A1 Novice High; A2 Lower Intermediate, Intermediate Mid; B1 Intermediate Mid, Intermediate High; B2 Intermediate High, Advanced Low

The structures presented and the key concepts within the explanations are marked in **bold**.

Underlining is used to highlight elements directly related to the grammar point in question.

Explanations of the examples can be found within square brackets **[...]**.

The **white background** is used to highlight important information: paradigms, forms, categories, classifications, etc.

Mistakes to be avoided are written in *blue*, with incorrect phrases ~~crossed out~~ in **red**.

Examples are written in italic and marked with this symbol •.

Cross-referencing to other chapters can be found in these boxes with the corresponding chapter number.

The most important information concerning the grammatical structures is marked by this symbol ■.

The **illustrations**, layout, colors, etc., are all designed to guarantee greater usability and promote the understanding and practice of all of the grammar guide's contents.

Colors differentiate certain grammatical forms from others in order to facilitate understanding.

The 👁 highlights information you should pay particular attention to.

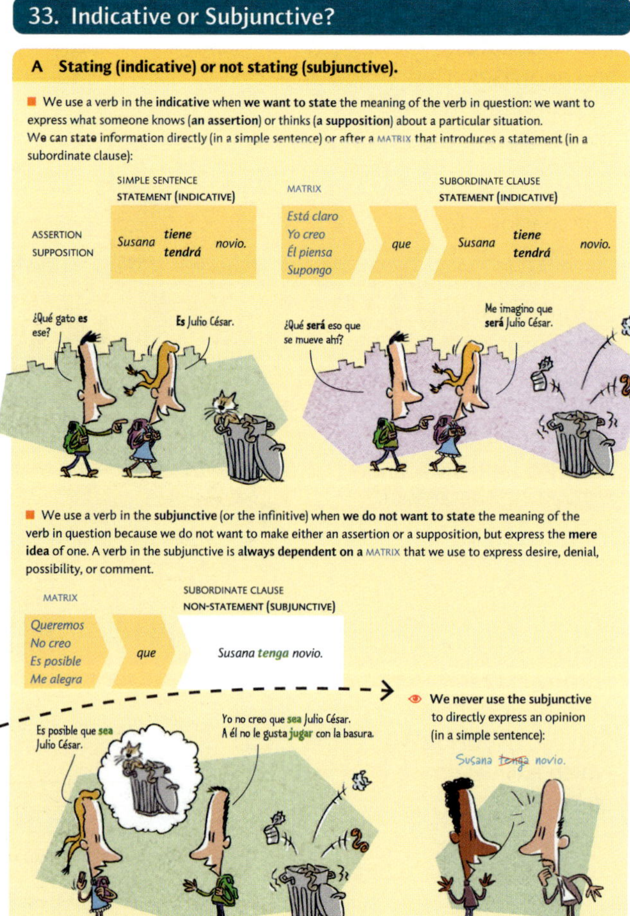

33. Indicative or Subjunctive?

A Stating (indicative) or not stating (subjunctive).

■ We use a verb in the **indicative** when **we want to state** the meaning of the verb in question: we want to express what someone knows (**an assertion**) or thinks (**a supposition**) about a particular situation.
We can state information directly (in a simple sentence) or after a MATRIX that introduces a statement (in a subordinate clause):

	SIMPLE SENTENCE STATEMENT (INDICATIVE)	MATRIX		SUBORDINATE CLAUSE STATEMENT (INDICATIVE)
ASSERTION SUPPOSITION	*Susana* ***tiene*** ***tendrá*** *novio.*	*Está claro* *Yo creo* *Él piensa* *Supongo*	*que*	*Susana* ***tiene*** ***tendrá*** *novio.*

¿Qué gato **es** ese?
Es Julio César.
¿Qué **será** eso que se mueve ahí?
Me imagino que **será** Julio César.

■ We use a verb in the **subjunctive** (or the infinitive) when **we do not want to state** the meaning of the verb in question because we do not want to make either an assertion or a supposition, but express the **mere idea** of one. A verb in the subjunctive is **always dependent on a** MATRIX that we use to express desire, denial, possibility, or comment.

MATRIX		SUBORDINATE CLAUSE NON-STATEMENT (SUBJUNCTIVE)
Queremos *No creo* *Es posible* *Me alegra*	*que*	*Susana **tenga** novio.*

Es posible que **sea** Julio César.
Yo no creo que **sea** Julio César.
A él no le gusta **jugar** con la basura.

👁 **We never use the subjunctive** to directly express an opinion (in a simple sentence):

Susana ~~tenga~~ novio.

167

- In addition to the chapters, this grammar also provides **conjugated verb tables**, an **answer key**, and a complete **topic index**:

VIVIR All regular verbs ending in *-ir* conjugate in the same way as *vivir*.

INDICATIVE			SUBJUNTIVE	
Present	**Past perfect**	**Future perfect**	**Present**	**Past perfect**
Vivo	Había vivido	Habré vivido	Viva	Hubiera (-se) vivido
Vives/Vivís*	Habías vivido	Habrás vivido	Vivas	Hubieras (-ses) vivido
Vive	Había vivido	Habrá vivido	Viva	Hubiera (...) vivido
Vivimos	Habíamos vivido	Habremos vivido	Vivamos	Hubiéramos vivido
Vivís	Habíais vivido	Habréis vivido	Viváis	Hubierais vivido
Viven	Habían vivido	Habrán vivido	Vivan	Hubieran vivido
Present perfect	**Preterite**	**Conditional**	**Present perfect**	GERUND
He vivido	Viví	Viviría	Haya vivido	Viviendo
Has vivido	Viviste	Vivirías	Hayas vivido	
Ha vivido	Vivió	Viviría	Haya vivido	PAST PARTICIPLE
Hemos vivido	Vivimos	Viviríamos	Hayamos vivido	Vivido
Habéis vivido	Vivisteis	Viviríais	Hayáis vivido	
Han vivido	Vivieron	Vivirían	Hayan vivido	COMMANDS (IMPERATIVE)
Imperfect	**Future**	**Conditional perfect**	**Imperfect**	**Positive/Negative**
Vivía	Viviré	Habría vivido	Viviera (-se)	
Vivías	Vivirás	Habrías vivido	Vivieras (-ses)	Vive (-í*) / No vivas
Vivía	Vivirá	Habría vivido	Viviera (...)	Viva / No viva
Vivíamos	Viviremos	Habríamos vivido	Viviéramos	
Vivíais	Viviréis	Habríais vivido	Vivierais	Vivid / No viváis
Vivían	Vivirán	Habrían vivido	Vivieran	Vivan / No vivan

B Verbs with two or more irregularities

ANDAR

INDICATIVE			SUBJUNTIVE	
Present	**Past perfect**	**Future perfect**	**Present**	**Past perfect**
Ando	Había andado	Habré andado	Ande	Hubiera (-se) andado
Andas/Andás*	Habías andado	Habrás andado	Andes	Hubieras (-ses) andado
Anda	Había andado	Habrá andado	Ande	Hubiera (...) andado
Andamos	Habíamos andado	Habremos andado	Andemos	Hubiéramos andado
Andáis	Habíais andado	Habréis andado	Andéis	Hubierais andado
Andan	Habían andado	Habrán andado	Anden	Hubieran andado
Present perfect	**Preterite**	**Conditional**	**Present perfect**	GERUND
He andado	Anduve	Andaría	Haya andado	Andando
Has andado	Anduviste	Andarías	Hayas andado	
Ha andado	Anduvo	Andaría	Haya andado	PAST PARTICIPLE
Hemos andado	Anduvimos	Andaríamos	Hayamos andado	Andado
Habéis andado	Anduvisteis	Andaríais	Hayáis andado	
Han andado	Anduvieron	Andarían	Hayan andado	COMMANDS (IMPERATIVE)
Imperfect	**Future**	**Conditional perfect**	**Imperfect**	**Positive/Negative**
Andaba	Andaré	Habría andado	Anduviera (-se)	
Andabas	Andarás	Habrías andado	Anduvieras (-ses)	Anda (-á*) / No andes
Andaba	Andará	Habría andado	Anduviera (...)	Ande / No ande
Andábamos	Andaremos	Habríamos andado	Anduviéramos	
Andabais	Andaréis	Habríais andado	Anduvierais	Andad / No andéis
Andaban	Andarán	Habrían andado	Anduvieran	Anden / No anden

Conjugated verbs

263

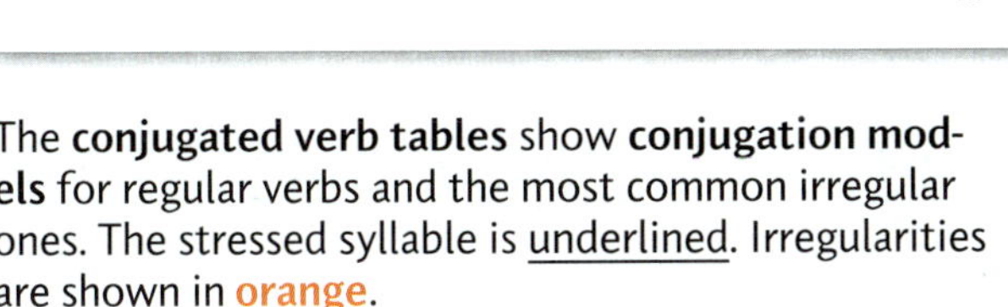

The **conjugated verb tables** show **conjugation models** for regular verbs and the most common irregular ones. The stressed syllable is underlined. Irregularities are shown in orange.

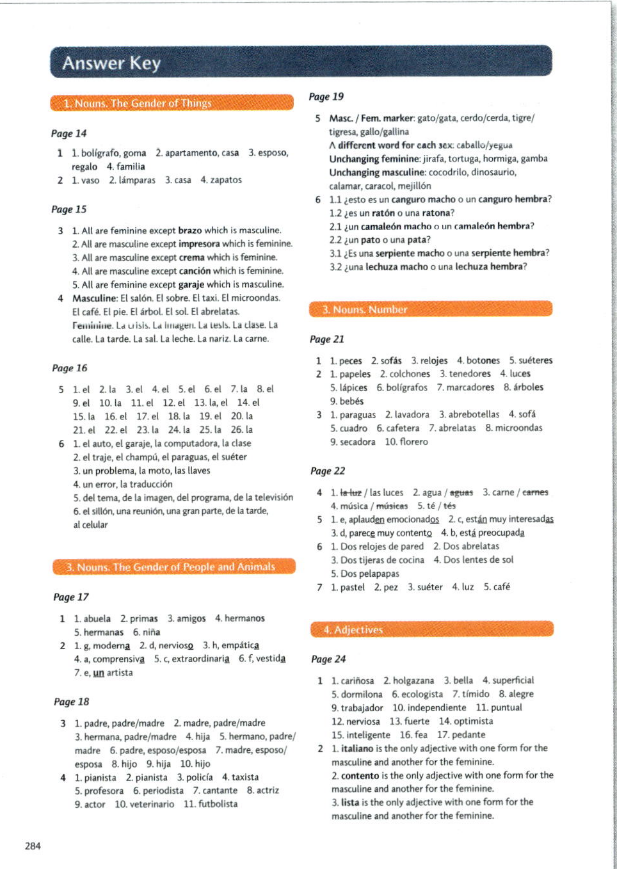

Answer Key

1. Nouns. The Gender of Things

Page 14

1 1. bolígrafo, goma 2. apartamento, casa 3. esposo, regalo 4. familia
2 1. vaso 2. lámparas 3. casa 4. zapatos

Page 15

3 1. All are feminine except **brazo** which is masculine.
2. All are masculine except **impresora** which is feminine.
3. All are masculine except **crema** which is feminine.
4. All are masculine except **canción** which is feminine.
5. All are feminine except **garaje** which is masculine.
4 **Masculine**: El salón. El sobre. El taxi. El microondas. El café. El pie. El árbol. El sol. El abrelatas.
Feminine. La crisis. La imagen. La tesis. La clase. La calle. La tarde. La sal. La leche. La nariz. La carne.

Page 16

5 1. el 2. la 3. el 4. el 5. el 6. el 7. la 8. el 9. el 10. la 11. el 12. el 13. la, el 14. el 15. la 16. el 17. el 18. la 19. el 20. la 21. el 22. el 23. la 24. la 25. la 26. la
6 1. el auto, el garaje, la computadora, la clase
2. el traje, el champú, el paraguas, el suéter
3. un problema, la moto, las llaves
4. un error, la traducción
5. del tema, de la imagen, del programa, de la televisión
6. el sillón, una reunión, una gran parte, de la tarde, al celular

3. Nouns. The Gender of People and Animals

Page 17

1 1. abuela 2. primas 3. amigos 4. hermanos 5. hermanas 6. niña
2 1. g, moderna 2. d, nervioso 3. h, empática 4. a, comprensiva 5. c, extraordinaria 6. f, vestida 7. e, un artista

Page 18

3 1. padre, padre/madre 2. madre, padre/madre 3. hermana, padre/madre 4. hija 5. hermano, padre/madre 6. padre, esposo/esposa 7. madre, esposo/esposa 8. hijo 9. hija 10. hijo
4 1. pianista 2. pianista 3. policía 4. taxista 5. profesora 6. periodista 7. cantante 8. actriz 9. actor 10. veterinario 11. futbolista

Page 19

5 **Masc. / Fem. marker**: gato/gata, cerdo/cerda, tigre/tigresa, gallo/gallina
A different word for each sex: caballo/yegua
Unchanging feminine: jirafa, tortuga, hormiga, gamba
Unchanging masculine: cocodrilo, dinosaurio, calamar, caracol, mejillón
6 1.1 ¿esto es un **canguro macho** o un **canguro hembra**?
1.2 ¿es un **ratón** o una **ratona**?
2.1 ¿un **camaleón macho** o un **camaleón hembra**?
2.2 ¿un **pato** o una **pata**?
3.1 ¿Es una **serpiente macho** o una **serpiente hembra**?
3.2 ¿una **lechuza macho** o una **lechuza hembra**?

3. Nouns. Number

Page 21

1 1. peces 2. sofás 3. relojes 4. botones 5. suéteres
2 1. papeles 2. colchones 3. tenedores 4. luces 5. lápices 6. bolígrafos 7. marcadores 8. árboles 9. bebés
3 1. paraguas 2. lavadora 3. abrebotellas 4. sofá 5. cuadro 6. cafetera 7. abrelatas 8. microondas 9. secadora 10. florero

Page 22

4 1. ~~la luz~~ / las luces 2. agua / ~~aguas~~ 3. carne / ~~carnes~~ 4. música / ~~músicas~~ 5. té / ~~tés~~
5 1. e, aplauden emocionados 2. c, están muy interesadas 3. d, parece muy contento 4. b, está preocupada
6 1. Dos relojes de pared 2. Dos abrelatas 3. Dos tijeras de cocina 4. Dos lentes de sol 5. Dos pelapapas
7 1. pastel 2. pez 3. suéter 4. luz 5. café

4. Adjectives

Page 24

1 1. cariñosa 2. holgazana 3. bella 4. superficial 5. dormilona 6. ecologista 7. tímido 8. alegre 9. trabajador 10. independiente 11. puntual 12. nerviosa 13. fuerte 14. optimista 15. inteligente 16. fea 17. pedante
2 1. **italiano** is the only adjective with one form for the masculine and another for the feminine.
2. **contento** is the only adjective with one form for the masculine and another for the feminine.
3. **lista** is the only adjective with one form for the masculine and another for the feminine.

284

Using the page, chapter, and exercise numbers as references, you can consult the answers in the **answer key**.

Topic Index

A: 202, 205
contraction with the definite article (*al*): 30, 202
with a person as a direct object (DO) : 68, 202
with an indirect object (IO): 68, 100, 202
with personal pronouns: 68, 70, 73, 85, 90
***A la derecha / izquierda* (de)**: 201
Accent: 184, 219, 225, 240
Accentuation: 257-260
tilde: 257, 260
written accents: 257
Adjectives: 23-28
absolute superlatives (*-ísimo/-a...*): 233
agreement with the noun: 25
gender: 23-24
ending in *-ista*: 23
ending in -or: 23
ending in a consonant: 23
ending in a stressed vowel + *-n*: 23
ending in a vowel: 23
formation of the feminine: 23, 24
nationality or origin: 23, 24
single form for both genders: 23
mejor, peor, mayor, menor: 233
number: 24
forming the plural: 24
plural ending in *-es*: 24
plural ending in *-s*: 24
singular ending in consonant: 24
singular ending in vowel: 24
participle: 111, 112, 113
position:
after a noun: 26, 45
before a noun: 26, 27, 62
possessives: 43, 45
shortened forms (*gran, buen, primer, tercer...*): 28, 63
uses: 23, 26, 27
after a noun: 26
before a noun: 26, 27
with quantifiers: 66
¿Adónde?: 224
Adverbs:
absolute superlatives (*-ísimo/-a...*): 233
ending in *-mente*: 233
gerund: 109
written accents on adverbs ending in *-mente*: 258
Agreement:
in comparisons with *el/la mismo/-a, tanto/-a...*: 220
in exclamations with *cuánto, cuánta...*: 226, 227
in impersonal constructions with *se*: 97
in questions with *cuál, cuáles...*: 220, 221, 223
in questions with *cuánto, cuánta...*: 218
in questions with *quién, quiénes...*: 220
of adjective: 25, 235
of articles: 30
of cardinal numbers: 56, 57, 58, 59
of demonstratives: 37, 39, 40
of indefinite quantifiers: 50, 52, 54
of ordinal numbers: 62
of participles and adjectives with *ser* and *estar*: 112, 187, 188
of participles used as adjectives: 112
of participles with *tener*: 112
of possessives: 43, 45, 47
of quantifiers: 64, 65, 66
subject and verb, the infinitive as the subject: 107
the subject of the infinitive: 108
the subject of the subordinate verb: 169, 178
with grammatical persons: 43, 106
with the noun: 22, 25
***Ahora* (*mismo*)**: 198
***Al final* (*de*)**: 213
***Al fondo* (*de*)**: 213
***Al lado* (*de*)**: 211
***Al principio* (*de*)**: 213
Al: 30, 202
Algo: 52
Alguien: 52
***Algún, alguno*, see Indefinite Quantifiers**: 50
***Alguna vez* (*algunas veces...*)**: 122, 133
Alphabet: 252
relationship between writing and pronunciation: 252-255
***Alrededor* (de)**: 211
***Antes de* (*que*)**: 213, 246
Antes: 108, 111, 113, 130, 134, 137, 142, 143, 148, 190, 192, 198
***Aquel, aquello...*: see Demonstratives**
Articles: 30-36
agreement with nouns: 30
special cases: 30
contractions (*al, del*): 30, 202
forms: 30
forms of the definite article (*él, la, los, las*): 30
forms of the indefinite article (*un, una, unos, unas, uno*): 30
uses: 31, 33, 34
Ø zero article with nouns, countable and uncountable nouns: 33
definite article instead of the possessive: 49, 88
in reflexive constructions: 88
with the indefinite quantifiers *otro, otra...*: 54
with the verb *haber* (*hay, había, hubo...*) and with the verb *estar*: 193
with superlatives: 232
Ayer: 132, 139, 140
Bastante: 64, 66
***Billón*: see Numbers**: 59
Buen, bueno: 28
Cardinal numbers: see Numbers
Causal sentences (*porque, como, es que*): 230
***Cerca* (*de*)**: 211
Cien, ciento, cientos: 58
Circumstantial objects:
the infinitive: 98
Commands (imperative): 183-186
affirmative, form: 183-185
regular and irregular *tú* form: 183
usted and *ustedes* forms: 185
vos form: 184
negative, form: 185
position of pronouns: 81, 186
uses: 183
word stress with pronouns: 81, 258

305

The **topic index** will help you easily find any subject covered in the grammar.

Index

SECTION 3 Personal Pronouns

SECTION 4 Verbs

SECTION 6 Sentences

SECTION 7 Spelling

Conjugated Verbs

Answer key

Topic index

SECTION 1

Nouns and Adjectives

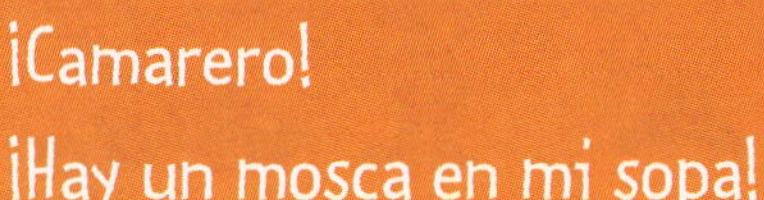

¡Camarero!
¡Hay un mosca en mi sopa!

No es **un** mosca, es **una** mosca.

¡Qué vista tiene usted!

1. Nouns. The Gender of Things

In Spanish, **all nouns have a gender**, which can be **masculine** or **feminine** (there are no neuter nouns). It is very important to know if a noun is masculine or feminine because all the elements that refer to it (articles, adjectives, and demonstratives) have to take the same gender.

- *Este es **el** edificio más alto de esta ciudad.*
- *Usa otr**a** taza, porque es**a** está rot**a**.*

A General rule: *el edificio, la casa...*

■ Nouns that refer to things (physical objects, concepts, feelings, etc.) **only have one gender**: some are always masculine and others are always feminine. Generally, the masculine ends in -***o***, and the feminine ends in -***a***.

MASCULINE ENDING IN -*o*:	*el bolígraf**o**, el diner**o**, el edifici**o**, el flórer**o**, el pañuel**o**, el vas**o**...*
FEMININE ENDING IN -*a*:	*la car**a**, la cas**a**, la mes**a**, la palabr**a**, la plaz**a**, la taz**a**, la ventan**a**...*

But it is possible to say: *el/la radio; el/la sartén; el/la pijama*, according to the country.

1 A1-A2 **Complete the nouns with the right endings. All follow the general rule.**

→ Marcela tiene el pel*o* muy negro y la car*a* muy blanca.

1. Nunca escribo con bolígraf...... azul o negro. Escribo con un lápiz porque puedo borrar con la gom......
2. Nuestro apartament...... es bastante chiquito, pero tenemos una cas...... en Cahuita que es bastante grande y muy linda.
3. ¿Quién es el espos...... más simpático del mundo? ¿Quién me va a hacer un regal...... espectacular?
4. Los Rivera son una famili...... muy numerosa. Son cinco hermanos, creo.

2 A1-A2 **Match each sentence to the object it refers to.**

→ Tengo dos similares a estos, pero rojos. — pañuelos

1. Tienes que lavarlo, porque está un poco sucio.
2. No están mal. Son lindas, pero me parecen un poco caras.
3. La mía es más grande que la suya.
4. Estos son muy baratos.

casa
pañuelos
lámparas
vaso
zapatos

B Special rules: *el problema, la mano...*

■ There are a few **masculine nouns** that don't follow the general rule and **end in** -***a*** (of these, the majority end in -***ema***):

MASCULINE ENDING IN -*a*:	*el clim**a**, el dí**a**, el idiom**a**, el map**a**, el planet**a**, el program**a**, el sof**á**...* *el esquem**a**, el poem**a**, el problem**a**, el sistem**a**, el tem**a**...* [BUT: ***la** crema*]

■ There are also some **feminine nouns that end in** -***o***:

FEMININE ENDING IN -*o*:	*la fot**o** (fotografía), la man**o**, la mot**o** (motocicleta)...*

■ Nouns ending in *-aje* and *-or* are generally **masculine**:

-aje:	*el masa**je**, el lengua**je**, el paisa**je**, el pasa**je**, el via**je**, el mensa**je**...*	***-or***:	*el am**or**, el dol**or**, el err**or**, el ol**or**, el sab**or**, el terr**or**...* [BUT: ***la flor***]

■ Nouns ending in *-ción*, *-sión*, *-dad* and *-tad* are **feminine**:

-ción: ***-sión***:	*la can**ción**, la rela**ción**, la traduc**ción**...* *la expre**sión**, la pri**sión**, la televi**sión**...*	***-dad***: ***-tad***:	*la diversi**dad**, la ciu**dad**, la ver**dad**...* *la amis**tad**, la mi**tad**, la liber**tad**...*

■ **In all other cases**, one cannot tell the gender from the form of the word. Remember, however, that a dictionary will always provide the gender of each noun:

nave. (Del lat. *navis.*) f. Emba... neral, barco. ‖ **2.** Embarcac...

MASCULINE	FEMININE
el café, el champú, el esquí, el puente, el suéter, el pie, el sobre, el tabú, el menú, el taxi...	*la clase, la carne, la calle, la fiebre, la frente, la gente, la llave, la leche, la muerte, la noche, la nube, la parte, la suerte, la tarde...*
el árbol, el lápiz, el abrelatas, el metal, el celular [teléfono celular], el microondas [horno microondas], el país, el papel, el paraguas, el salón, el sillón, el sol...	*la cárcel, la crisis, la imagen, la nariz, la pared, la piel, la sal, la sed, la hipótesis, la síntesis, la tesis, la hepatitis...*

3 A1-B1 **Which noun is the odd one out?**

→ día, pentagrama, clima, plaza, idioma (All are masculine except "plaza" which is feminine.)

1. mano, foto, brazo, moto
2. mapa, impresora, planeta, idioma, sofá
3. problema, esquema, poema, crema, tema
4. color, dinero, canción, sabor, paisaje
5. garaje, libertad, prisión, expresión, ciudad

4 A1-B1 **Masculine or feminine? Put these nouns in the correct box.**

noche ✓ champú ✓ salón crisis imagen sobre tesis taxi clase microondas
calle café tarde sal pie leche nariz árbol carne sol abrelatas

MASCULINE	FEMININE
El champú,	La noche,
....	....
....	....
....	....
....	....
....	....

5 A1-B1 **The singer-songwriter Ismael has written this song. Complete it with the articles *el/la*.**

Vendo una canción

→ Compra *el* lápiz,
1. compra .... sofá,
2. compra .... crema para la piel,
3. compra .... paraguas para la lluvia.
4. Pero no puedes comprar .... poema que no tengo para ti,
5. ni .... amor que no siento por ti,
6. ni .... olor
7. de .... flor que no es para ti.
8. Compra .... champú,
9. compra .... suéter,
10. compra .... sal,
11. compra .... papel.
12. Pero no puedes comprar .... beso
13. en .... frente al comenzar .... día,
14. ni .... sabor
15. de .... noche del verano que termina.
16. Compra .... café,
17. compra .... reloj,
18. compra .... leche,
19. compra .... tambor.
20. Pero no puedes comprar .... suerte que compartimos,
21. ni .... paisaje,
22. ni .... planeta en que tú y yo vivimos.
23. Si no amas .... libertad,
24. .... vida,
25. .... canción que te canto,
26. .... nube al pasar..., ¿qué puedes amar?

6 A2-B1 **Circle the correct form of the articles.**

1.

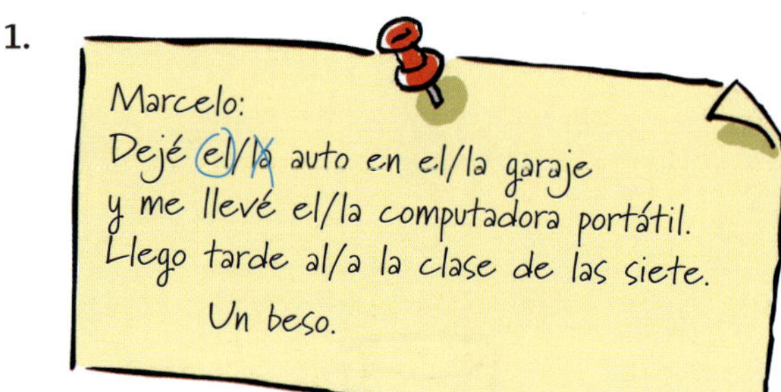

Marcelo:
Dejé el/la auto en el/la garaje
y me llevé el/la computadora portátil.
Llego tarde al/a la clase de las siete.
Un beso.

2.

Cecilia:
Tienes el/la traje en el clóset.
Compra el/la champú para el perro
y trae el/la paraguas, que llueve mucho.
¡Ah! Tienes que poner el/la suéter
verde en la secadora.
Gracias, cariño.

3.

Fernando:
Tenemos un/una problema con el/la moto.
Y, además, no encuentro los/las llaves.

4

Ana María:
Hay un/una error en el/la traducción
del señor Weiss. ¿Puedes corregirlo,
por favor?

5.

Raquel:
¿Hablamos mañana del/de la tema del/de la
imagen del/de la programa del/de la televisión?
¿Me llamas tú?
Dime algo pronto.

6.

Jacinto:
¿Puedes ir tú a Yanokea a recoger
el/la sillón? Tenemos un/una reunión
un/una gran parte del/de la tarde.
Llámame al/a la celular.

2. Nouns. The Gender of People and Animals

A General rule: *doctor, doctora...*

■ Nouns that refer to people or animals generally have **two forms**: one **masculine** and the other **feminine**. The masculine is the basic form (that found in the dictionary).

■ Generally, if the masculine form ends in an *-o*, the feminine is formed by **changing** the *-o* to an *-a*; if the masculine ends in a **consonant**, the feminine is formed by **adding** an *-a*:

MASCULINE ENDING IN *-o*	FEMININE ENDING IN *-a*
el niño, un gato	*la niña, una gata*

MASCULINE ENDING IN CONSONANT	FEMININE ENDING IN CONSONANT + *-a*
un doctor, un león	*una doctora, una leona*

With some nouns ending in *-e* the feminine is also formed by changing this vowel to an *-a*: *el jefe/la jefa; el nene/la nena; un presidente/una presidenta.*
[BUT: *el/la paciente, el/la teniente, el/la ayudante...*]

1 A1-B1 **Complete the nouns following the example.**

→ El esposo de mi hermana es mi cuñado y la esposa de mi hermano es mi cuñad*a*.

1. Mi abuelo paterno se fue a Cuba con mi abuel........ Y allí se casaron.
2. Tengo muchos primos: diez primos y siete prim........
3. La verdad es que tengo más amigas que amig........
4. Mi padre tiene dos hermanas y dos herman........
5. No, mi madre no tiene hermanos. Solo tiene herman........ Tres.
6. Tengo dos hijos mellizos, un niño y una niñ........

2 A1-B1 **Match the sentences. Underline the gender markers that help you decide. Look at the example.**

→ Mi vecino — b.

1. Mi peluquera...
2. Mi psicólogo...
3. Mi doctora...
4. Mi jefa...
5. Mi ayudante...
6. Mi profesora de español...
7. Mi panadero...

a. es muy comprensiva, pero habla poco con sus empleados.
b. es experto en energía solar y, por eso, tenemos energía solar en el edificio.
c. es extraordinaria. Con ella el trabajo es mucho más fácil.
d. es muy nervioso. En la terapia, él habla más que yo.
e. es un artista. Hace unas galletas deliciosas.
f. es muy informal. Siempre va vestida con jeans.
g. es muy moderna. Peina muy bien.
h. trata muy bien a los pacientes. Es muy empática.

B Special rules for the gender of people: *hombre, mujer...*

■ In some cases, **a different word** is used for each gender:

un ***hombre****/una* ***mujer*** | *el* ***padre****/la* ***madre***

There are some words with special endings for the feminine form:

*el actor/la act****riz*** | *el emperador/la empera****triz*** | *el alcalde/la alcald****esa***

■ In other cases, **a single form for both genders** is used (as in those words ending in -***ante*** or -***ista***). The words which refer to them (articles, adjectives, etc.) are either masculine or feminine, depending on the person's gender:

el/la	*am****ante****/cant****ante****/estudi****ante****...* *art****ista****/tur****ista****/social****ista****...* *cónyuge/mártir/testigo...*

- *Celia Cruz es* ***una*** *artista muy conocida.*
- *Sí, pero Armando Manzanero también es* ***un*** *artista muy conocido, ¿no?* [Un artista]

3 A1-B1 **Complete the sentences with the words from the box. In some cases, you will need to repeat words. There may be a number of correct answers.**

persona esposa esposo padre madre hermano hermana hijo hija

→ La persona con la que estoy casado/a es mi esposa/esposo.
1. El .... de mi .... es mi abuelo.
2. La .... de mi .... es mi abuela.
3. La .... de mi .... es mi tía.
4. Mi .... es la nieta de mis padres.
5. El .... de mi .... es mi tío.
6. El .... de mi .... es mi suegro.
7. La .... de mi .... es mi suegra.
8. Mi .... es el nieto de mis padres.
9. Mi esposa es la madre de mi única ....
10. Mi esposo es el padre de mi único ....

4 A1-B1 **Children from the *Escuela Futurible* know what they want to be when they grow up, but they don't know what the jobs are called. Help them by following the example, paying attention to gender.**

pintor ✓ cantante profesor periodista taxista pianista (x2) actor (x2) policía veterinario futbolista

→ Adela quiere pintar cuadros. Quiere ser pintora.
1. Pablo quiere tocar el piano y dar conciertos. Quiere ser ....
2. Irene también quiere tocar el piano y dar conciertos por todo el mundo. Quiere ser ....
3. Julio quiere meter a los ladrones en la prisión. Quiere ser ....
4. Elvira quiere manejar autos por la ciudad. Quiere ser ....
5. Alejandra quiere dar clases. Quiere ser ....
6. Ángel quiere escribir en los diarios. Quiere ser ....
7. Mauro quiere cantar. Quiere ser ....
8. Elena quiere actuar en el teatro. Quiere ser ....
9. David quiere ser como Ricardo Darín. Quiere ser ....
10. Mateo quiere curar animales. Quiere ser ....
11. Lupita quiere jugar al fútbol. Quiere ser ....

¿Y tú qué quieres ser de mayor?
¡Astronauta!

 A1 Novice High; A2 Lower Intermediate, Intermediate Mid; B1 Intermediate Mid, Intermediate High; B2 Intermediate High, Advanced Low

C Special rules for the gender of animals: *toro, vaca...*

■ As with nouns that refer to people, in some cases **a different word** is used for each sex:

el ***caballo***/*la* ***yegua*** *el* ***toro***/*la* ***vaca***

There are some words with special endings for the feminine form:

*el gallo/la gall**ina*** *el tigre/la tigr**esa***

■ Many words for animals have **a single form** for the masculine and feminine:

el	*buitre, calamar, caracol, cocodrilo, colibrí, jaguar, mejillón, pulpo...*
la	*almeja, alpaca, cigüeña, gamba, hormiga, iguana, jirafa, mosca, tortuga...*

el cocodrilo hembra [~~la~~ cocodrilo]
la jirafa macho [~~el~~ jirafa]

5 A2-B1 **Classify these animal names according to their gender. Use a dictionary to look up those you don't know.**

jirafa perro ✓ mosca ✓ tortuga tigre gato pulpo ✓ cerda vaca ✓ cocodrilo perra ✓ gallina cerdo toro ✓ dinosaurio caballo calamar yegua tigresa gata hormiga caracol mejillón gamba gallo

MASC. / FEM. MARKER [-*o*/-*a* or other endings]	A DIFFERENT WORD FOR EACH SEX	UNCHANGING FEMININE	UNCHANGING MASCULINE
perro / perra	toro / vaca	mosca	pulpo
....	....	....	....
....	....	....	....
....	....	....	....
....	....	....	....
....	....	....	....

6 A2-B1 **In the *Zoo Penco* there are too many animals. Males and females cannot be together, so two new keepers have to classify them. Complete by following the example.**

→ ● *Ayudante 1*: ¿Esto qué es?, ¿ un oso o una osa ?
○ *Ayudante 2*: Ni idea. ¿Y esto qué es?, ¿ un pingüino macho o un pingüino hembra ?

1. ● *Ayudante 1*: ¡Qué difícil!, ¿esto es ....?
○ *Ayudante 2*: Y qué sé yo. Y esto, ¿es ....?

2. ● *Ayudante 1*: Uff, ¿y esto? ¿qué puede ser?, ¿..............................?
○ *Ayudante 2*: Esto parece más fácil, pero no lo sé. ¿Qué es?, ¿..............................?

3. ● *Ayudante 1*: Esto sí que es verdaderamente imposible. ¿Es..............................?
○ *Ayudante 2*: Este trabajo es una locura. ¿Qué puede ser esto?, ¿..............................?

3. Nouns. Number

In Spanish, apart from gender (masculine and feminine), nouns have number (singular or plural). The number indicates the **quantity** of objects that the noun refers to. The **singular** is the basic form (that found in the dictionary), while the **plural** is shown by, at least, a final *-s*:

- *¿Trajiste la bicicleta?*
  [*Bicicleta* is singular: it refers to a single object.]

- *¿Cuántas bicicletas tienes?*
  [*Bicicletas* is plural: it refers to various objects.]

A Forming the plural: *mapa, mapas; país, países...*

■ When **the singular ends in a vowel**, the plural is formed by adding a final *-s*:

SINGULAR ENDING IN *-a, -e, -i, -o, -u:*	*mapa*	*sofá*	*clase*	*café*	*kiwi*	*israelí*	*moto*	*tabú*
PLURAL ENDING IN *-s:*	*mapas*	*sofás*	*clases*	*cafés*	*kiwis*	*israelís*	*motos*	*tabús*

■ When **the singular ends in a consonant**, the plural is formed by adding ***-es***:

SINGULAR ENDING IN *-d, -j, -l, -n, -r, -s, -z:*	*pared*	*reloj*	*árbol*	*cajón*	*botón*	*motor*	*país*	*pez*
PLURAL ENDING IN *-es:*	*paredes*	*relojes*	*árboles*	*cajones*	*botones*	*motores*	*países*	*peces*

With words ending in an accented *-í* and *-ú* the plural is also formed by adding *-es*:

israelí	→	*israelís/israelíes*
tabú	→	*tabús/tabúes*

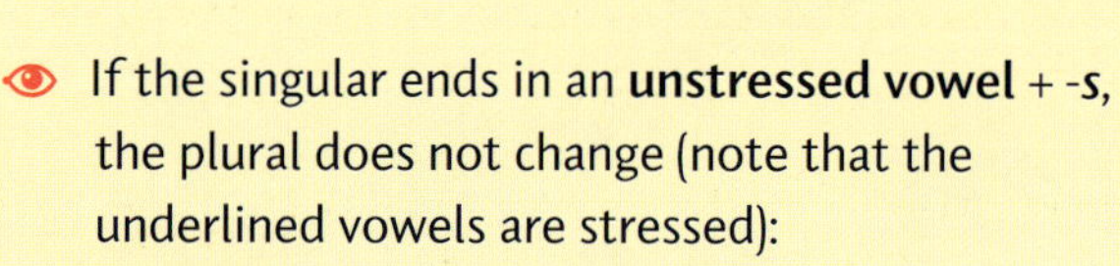

If the singular ends in an **unstressed vowel** + *-s*, the plural does not change (note that the underlined vowels are stressed):

el/los	*abrebotellas, abrelatas, cumpleaños, jueves, microondas, paraguas, pelapapas...*
la/las	*crisis, tesis...*

■ When the singular ends in *-y*, the plural is formed by adding an *-s* to loanwords from other languages (the *-y* is considered an *-i*). For Spanish words ending in *-y* (very few), the plural is formed by adding *-es*:

espray	→	*espráis*
penalti (penalty)	→	*penaltis...*

rey	→	*reyes*
ley	→	*leyes...*

1 A1-B1 **How many are there?**

➜ Tres flor*es*........

1. Dos pe..........
2. Dos so..........
3. Dos rel..........
4. Cinco bot..........
5. Dos suéter..........

2 A1-B1 **Here is a page from a six-year-old girl's diary. Complete the plurals of the words in the text.**

Mis padres no me dejan pintar las ➜ pared*es*......, ni escribir en sus (1) papel......, ni saltar en los (2) colchon......, ni usar los (3) tenedor......, ni apagar y prender las (4) luc...... cuando yo quiero. Además, solo puedo usar (5) lápic......: los (6) bolígrafo...... y los (7) marcador...... están prohibidos. Tampoco me dejan subir a los (8) árbol....... ¿Cuándo comprenderán que los niños de seis años ya no somos unos (9) bebé......?

3 A2-B1 **Lupe and Tomás just got married and they received lots of presents. However, they received two of some of the same presents and they've decided to regift them to other friends. Which present do they give to each friend?**

➜ A Alejandro le gusta medir el tiempo: un *reloj*.

1. Roberto necesita algo para pasear cuando llueve: un ....
2. Alberto quiere un electrodoméstico para lavar la ropa: una ....
3. Alicia necesita algo para abrir botellas: un ....
4. Diego quiere un mueble para sentarse a ver la tele: un ....
5. Julia quiere alguna cosa para decorar las paredes de la casa: un ....
6. Fernanda necesita un aparato para preparar café: una ....
7. Lucía necesita algo para abrir las latas de comida: un ....
8. Mario quiere algo para calentar rápidamente la comida: un ....
9. Guillermo necesita secar la ropa rápidamente: una ....
10. A Silvia le gusta poner flores en toda la casa: un ....

2	relojes ✓
4	abrelatas
2	lavadoras
2	sofás
6	abrebotellas
2	secadoras
3	cafeteras
6	cuadros
2	microondas
8	floreros
4	paraguas

B Special cases: *la gente, los lentes...*

■ **Uncountable** nouns (referring to things you cannot count) are used in the **singular** to talk about **something in general** or an **unspecified amount** of it. The **plural** is used to talk about **different types or units** of the same thing:

agua, arroz, carne, luz, madera, música, pan, papel, pescado, plástico, té, vino...

SINGULAR	• *¿Vos tomás **té** o café?*	[Tea, type of drink.]
PLURAL	• *Acá hay muchos **tés** de calidad.* • *Tomo tres **tés** al día.*	[Different types of tea.] [Different cups of tea.]

- Some singular nouns refer to groups with various members (collective nouns), but the agreement is singular:

*la familia, **la** gente, **el** público...*

- *En México **la** gente come mucho, ¿no?*
  [La gente comen mucho.]

La gente **está** cansad**a** cuando regres**a** a casa después de trabajar.

Las personas **están** cansad**as** cuando regres**an** a casa después de trabajar.

- Other nouns are normally used in the plural:

***los** lentes, **las** tijeras...*
***unos** binoculares, **unas** pinzas,*
***unos** pantalones...*

- *Esas tijeras **son** nuevas, ¿verdad?*
- *¿Le gustan estos pantalones? **Son** italianos.*

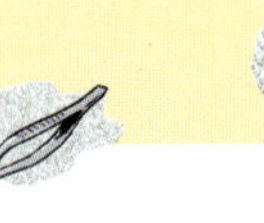

4 A1-B1 **Singular or plural? Choose the most appropriate form.**

→ Me gusta Cuba porque tiene mucha luz / muchas luces. Es un país muy atractivo.
1. Mira la luz / las luces de ese árbol de Navidad. ¡Qué hermoso!
2. Esta sopa necesita más agua / aguas. Está muy espesa.
3. Nunca más voy a comer carne / carnes. Desde ahorita soy vegetariana.
4. Este es un programa de música / músicas pop. Es excelente.
5. ¿Qué tipo de té / tés compramos? ¿O vos preferís café? ¿O mate?

5 A1-B1 **Today the concert of the year was held in the Teatro Nacional with a performance by the tenor José Caminos. Connect each group to their reactions. Underline the gender markers that helped you decide.**

→ La gente... — a. está encantada con la actuación.
1. Sus amigos...
2. Sus seguidoras...
3. El público...
4. La policía...

a. está encantada con la actuación.
b. está preocupada por la seguridad del concierto.
c. están muy interesadas.
d. parece muy contento.
e. aplauden emocionados cada cinco minutos.

6 A1-B1 **Maxitim department store is running a special two-for-the-price-of-one-offer. Make the nouns plural.**

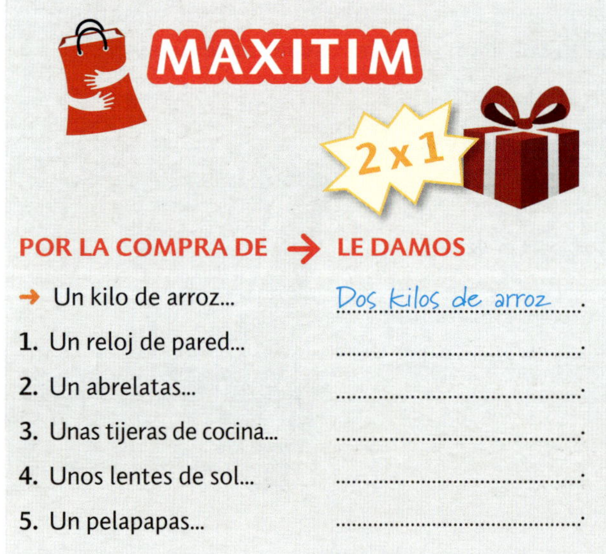

POR LA COMPRA DE → LE DAMOS

→ Un kilo de arroz... Dos kilos de arroz.
1. Un reloj de pared... ....
2. Un abrelatas... ....
3. Unas tijeras de cocina... ....
4. Unos lentes de sol... ....
5. Un pelapapas... ....

7 A2-B1 **Valentina had a terrible morning, everything went wrong. Look at what happened and complete the sentences by following the example.**

→ El gato le rompió dos jarrones. Solo le queda un jarrón.
1. Quemó dos pasteles de choclo de los tres que hizo. Solo le queda un .... para el postre.
2. Sin darse cuenta, botó la pecera con sus tres peces de colores. Solo sobrevivió el .... azul.
3. Quemó dos suéteres con la plancha. Afortunadamente tiene otro ....
4. Estropeó casi todas las luces de la casa. Únicamente funciona la .... del corredor.
5. Tenía sueño y se tomó diez cafés. Está muy nerviosa. Mañana solo piensa tomar un ....

4. Adjectives

Adjectives refer to the **qualities of the objects** we name when we use nouns:

- *un muchacho* ***bello***
- *una gata* ***cariñosa***
- *una casa* ***grande***
- *una idea* ***interesante***

A Gender: *bello, bella; interesante...*

Some adjectives have **one form for the masculine and another for the feminine.** The masculine is the basic form (that found in the dictionary).
If the masculine ends in ***-o***, the feminine is formed by **changing** the ***-o*** to an ***-a***.
If the masculine ends in ***-or***, or in a **stressed vowel** + ***n***, an ***-a*** is added:

-o		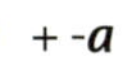 -o -a	
bello	• *¿Verdad que mi novio es bello?*	*bell**a***	• *¿Verdad que mi novia es bell**a**?*
italiano	• *Ese señor parece italiano.*	*italian**a***	• *Esa señora parece italian**a**.*
largo	• *A mí me gusta más el pañuelo largo.*	*larg**a***	• *A mí me gusta más la falda larg**a**.*

-or		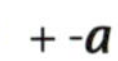 + -a	
*conversad**or***	• *Enrique no es muy conversad**or**.*	*conversad**ora***	• *Silvia no es muy conversad**ora**.*
*trabajad**or***	• *Pues Carlos es muy trabajad**or**.*	*trabajad**ora***	• *Pues Lucía es muy trabajad**ora**.*

-stressed vowel + n		+ -a	
*catal**án***	• *Josep es catal**án**.*	*catal**ana***	• *Montserrat es catal**ana**.*
*holgaz**án***	• *Luis es muy holgaz**án**. No le gusta trabajar.*	*holgaz**ana***	• *Ana es muy holgaz**ana**. No le gusta trabajar.*
*llor**ón***	• *El niño no es llor**ón** y duerme mucho.*	*llor**ona***	• *La niña no es llor**ona** y duerme mucho.*

The adjectives ***mayor***, ***menor***, ***mejor***, ***peor***, ***superior***, ***inferior***... don't have gender endings:

- *Este es mi hermano* ***mayor*** *y esta es mi hermana* ***menor***.
- *Mira, esa cafetería es* ***mejor*** *que aquella.*

Other adjectives, however, have **a single form for both masculine and feminine.** These adjectives may end in:

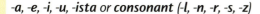

-a, -e, -i, -u, -ista or **consonant** ***(-l, -n, -r, -s, -z)***

*belg**a**, hipócrit**a**, lil**a**, malv**a**, pers**a**, aztec**a**...*	• *Ella es belg**a** y él es canadiense, ¿no?* ○ *No, al revés: ella es canadiense y él es belg**a**.*
*amabl**e**, estadounidens**e**, fuert**e**, pobr**e**, verd**e**...*	• *La situación de la economía es muy preocupant**e**, pero el paro es aún más preocupant**e**.*
*curs**i**, iran**í**, marroqu**í**, hind**ú**, zul**ú**...*	• *Tengo alumnos de muchos sitios. Hay una muchacha marroqu**í**, otra hind**ú** y un muchacho iran**í**.*
*pacif**ista**, progres**ista**, social**ista**...*	• *Raúl es un hombre muy pesim**ista**. Su novia, sin embargo, es bastante optim**ista**.*
*azu**l**, principa**l**, jove**n**, familia**r**, corté**s**, gri**s**, feli**z**...*	• *Siempre va vestida del mismo color. Hoy lleva una falda azu**l** y un suéter también azu**l**.*

With adjectives of **nationality or origin that end in a consonant**, the feminine is formed by adding an *-a* to the masculine:

-l:	*español*	→	*español**a***
-n:	*alemán*	→	*aleman**a***
-s:	*francés*	→	*frances**a**, inglés → ingles**a**, japonés → japones**a**, portugués → portugues**a***
-z:	*andaluz*	→	*andaluz**a***

1 A1-A2 **Mateo, his friend Mariana, and his cousin Diego are looking for a partner who is just like them. What should their partners be like?**

Mateo es...	Ella debe ser...	Mariana es...	Él debe ser...	Diego es...	Ella debe ser...
→ conversador	conversadora	6. ecologista	....	12. nervioso	....
1. cariñoso	....	7. tímida	....	13. fuerte	....
2. holgazán	....	8. alegre	....	14. optimista	....
3. bello	....	9. trabajadora	....	15. inteligente	....
4. superficial	....	10. independiente	....	16. feo	....
5. dormilón	....	11. puntual	....	17. pedante	....

2 A1-A2 **Think how the adjective is formed: which is the odd one out?**

→ inglés, francés, español, alemán, estadounidense (It is the only adjective with a single form for both masculine and feminine).

1. iraní, italiano, israelí, iraquí, marroquí
2. feliz, alegre, impaciente, contento, amable
3. optimista, pesimista, ecologista, socialista, lista
4. azul, joven, hermosa, débil, feliz
5. alemán, holgazán, llorón, joven, dormilón

B Number: *bellos, bellas; interesantes...*

The plural form of adjectives is formed following the same rules as nouns:

→ 3. Nouns. Number

SINGULAR ENDING IN *vowel* + *-s*	*conversadora*	→	*conversadora**s***
	importante	→	*importante**s***
	simpático	→	*simpático**s***
SINGULAR ENDING IN *consonant* + *-es*	*azul*	→	*azul**es***
	conversador	→	*conversador**es***
	feliz	→	*feli**ces***

The *-z* becomes a *-c*.

3 A1-A2 **Mario is 6 years old. He drew a picture for school. Compare the instructions with his drawing.**

Tiene que dibujar...	En el dibujo de Mario hay...	Tiene que dibujar...	En el dibujo de Mario hay...
→ un auto verde...	dos autos verdes	3. un lago azul...	....
		4. un edificio gris...	....
1. una flor lila...	....	5. un niño mayor...	....
2. un perro feliz...	....	6. un sol brillante...	....

 A1 Novice High; A2 Lower Intermediate, Intermediate Mid; B1 Intermediate Mid, Intermediate High; B2 Intermediate High, Advanced Low

C Agreement: *Unos amigos cubanos.*

■ The adjective has to have the same gender and number as the noun to which it refers. The form of the adjectives can indicate which nouns we are talking about:

- *Mañana vienen a casa unos amigos cubanos.*
- ○ *¿Aquellos tan simpáticos de la fiesta de Tania?*

- *Esa película es muy buena, pero un poco larga.*
- ○ *Sí, larga, lenta y aburrida...*
- *Pero interesante.*

- *Bueno, mira: ahí hay faldas y vestidos. ¿Te gusta algo?*
- ○ *El amarillo no está mal.*
  [We know that *amarillo* refers to a dress (*vestido*, masc.) because the adjective is masculine.]

■ When we talk about masculine and feminine nouns at the same time, the plural takes the masculine form:

- *Mira ese suéter y esa falda. Me encantan, pero son carísimos.*
- *Rafael tiene cuatro hermanos: tres muchachas y un muchacho. Los cuatro son muy simpáticos.*

4 A1-A2 **José and Alejandro are brothers but they are very different. José doesn't like spending money but Alejandro likes expensive things. Choose the most logical option.**

→ José siempre lleva ropa... — c
1. Alejandro siempre compra ropa...

a. elegante
b. caras
c. barata
d. viejo

2. José vive en una casa...
3. Alejandro vive en una casa...

a. pequeña y ruidosa
b. amplia y luminosa
c. grande y cómodo
d. pequeñas y oscuras

4. José tiene un auto...
5. Alejandro tiene un auto...

a. grande y rápido
b. vieja y fea
c. lujosos y lindos
d. lento y pequeño

6. Cuando viaja, José siempre va a hoteles...
7. Alejandro siempre va a hoteles...

a. impresionantes
b. económicos
c. sucia
d. maravillosas

5 A1-B1 **In our daily lives, we consume and use products from many different countries. Where are these things from? Pay attention to both gender and number.**

alemán ✓	español	holandés	finlandés	senegalés	japonés
colombiano	argentino	chino	turco	suizo	estadounidense

→ Si tu auto es de Alemania, es *alemán*.
1. Si tu computadora es de EE. UU., es ....
2. Si tu café es de Colombia, es ....
3. Si tus alfombras son de Turquía, son ....
4. Si tu mate es de Argentina, es ....
5. Si tu cámara de fotos es de Japón, es ....
6. Si tus quesos son de Holanda, son ....
7. Si tu cacao es de Senegal, es ....
8. Si tus relojes son de Suiza, son ....
9. Si tu sauna es de Finlandia, es ....
10. Si tus Chupa-Chup son de España, son ....
11. Si tu porcelana es de China, es ....

6 A1-B1 **Choose an appropriate ending for each sentence and complete with the correct gender and number markers.**

→ El asado y la ensalada de pasta... — están buenísim*os*........ ¿Quieres un poco?
1. Mi papá y mi mamá...
2. La catedral y los museos...
3. La radio y la prensa...
4. La moto y la bicicleta...
5. Cuidado, el piso y la bañera...

son más ecológic.......... Los autos contaminan mucho.
están buenísim*os*........ ¿Quieres un poco?
están mojad.......... y te puedes caer.
son medios de comunicación más objetiv.......... que la televisión.
son colombian.........., pero yo soy venezolano.
son maravillos.......... Hay que visitarlos.

D Adjective after noun: *¿Apartamento grande o apartamento pequeño?*

- In Spanish, adjectives can come **before** or **after** the noun.

- **After** the noun, adjectives are normally used to **distinguish** between the object we are referring to and other objects:
  - *Al final, ¿vas a comprarte la mesa **cuadrada** o la **redonda**?*
  - *Su oficina está en un edificio **alto**, **vanguardista**, realmente **lindo**.*
  - *Entonces, ¿qué prefiere?: ¿la casa, el apartamento **grande** o el apartamento **pequeño**?*
  - *Es una muchacha **inteligente**, **comprensiva** y **educada**. No es como su hermana.*

Some types of adjectives usually come **after the noun**, such as those which express:

COLOR:	• *un auto **azul** (negro, rojo, blanco, verde...)*
SHAPE/FORM:	• *un objeto **cuadrado** (redondo, alargado, rectangular, ovalado...)*
STATE:	• *una caja **abierta** (cerrada, llena, rota, vacía...)*
TYPE, ORIGIN:	• *un tema **fundamental** (familiar, internacional, político, fácil...)*

7 A1-B1 **Put the words into the right order in the following sentences.**

→ [un/guatemalteco/Tengo/amigo] Tengo un amigo guatemalteco y, por eso, este verano me voy a Antigua.

1. [abierta/una/Hay/ventana] .... Hace frío.
2. [siempre/Lleva/amarilla/ropa] .... Es su color favorito.
3. [Hay/casa/una/vacía] .... en la calle. No vive nadie.
4. [la/sucia/Trae/ropa] .... Voy a poner una lavadora.
5. [botella/llena/Mete/la] .... en el refrigerador y saca la vacía, por favor.
6. [auto/familiar/un/Es] .... Es para ocho personas.
7. [estudiantil/Vivo/una/en/residencia] .... , pero el año próximo quiero ir a un apartamento.
8. [vuelos/Los/internacionales] .... salen de otro aeropuerto.
9. [un/sobre/Está/en/cerrado] .... porque es confidencial.

E Adjective before noun: *Mi apartamento pequeño / Mi pequeño apartamento.*

- **Before** the noun, adjectives are normally used to **highlight an object's quality** rather than distinguish it from others:

Mira, Alicia, la ballena grande es la mamá y la ballena pequeña, el hijo.
BALLENA GRANDE
BALLENA PEQUEÑA

Sorprendentemente, la gran ballena se alimenta de las pequeñas criaturas del plancton.
BALLENA
Mamífero
Vive en el mar
Color oscuro
Grande (hasta 30 metros)

Before the noun you can use adjectives like: ***largo-corto, frío-caliente, pequeño-grande, fuerte-débil, rápido-lento, ancho-estrecho, claro-oscuro, viejo-joven, alegre-triste, lindo-feo***, etc. All of these have a relative meaning: something is *grande* o *pequeño*, *rápido* o *lento*, etc., depending on what we compare it with.

8 B1-B2 **In the following sentences, decide whether the adjective is highlighting an object's quality or is distinguishing it from others of the same type.**

	Distingue	Destaca
➜ La **vieja radio** todavía funciona.	....	✓
➜ Dame los **zapatos viejos**, por favor.	✓	....
1. Mire, verá, tengo una **pequeña duda** sobre el precio del pasaje.	....	....
2. Pásame el **cuchillo pequeño**, por favor; este no me sirve.	....	....
3. Nos tocó el **camarero lento** y nos demoramos tres horas.	....	....
4. Amelia dio un **lento paseo** por la ciudad y se fue al hotel.	....	....
5. Desde la puerta se veía un **ancho corredor** que llegaba al patio.	....	....
6. Es mejor que vayas por el **camino ancho**. Es menos peligroso.	....	....
7. Llegó muy tarde a casa y un plato de **fríos frijoles** le esperaba en la mesa.	....	....
8. Trae las **bebidas frías** a la mesa, ¿sí?	....	....

■ With adjectives of relative meaning (*largo/corto, oscuro/claro*, etc.), the position before the noun is a **formal option** (journalistic or literary language, etc.). Adjectives whose meaning is not relative (color, shape, state, etc.) are only used before the noun in **poetic language**.

EVERYDAY LANGUAGE	FORMAL LANGUAGE	POETIC LANGUAGE
• *La niña de los ojos azules estaba al fondo de una habitación **oscura**.*	• *La niña de los ojos azules se hallaba en una **oscura** habitación.*	• *Al fondo de una **oscura** habitación brillaban los **azules** ojos de la niña.*

9 B1-B2 **This article has some mistakes: there are adjectives (the example and five others) which should come after the noun. Cross them out and write the correct version.**

El presidente del país ha emprendido un largo viaje diplomático por lejanos lugares, acompañado de su ministro de ~~Exteriores~~ Asuntos y su cordial esposa. Durante los últimos días se han producido ya numerosas anécdotas. En la inauguración de un industrial edificio, por ejemplo, alguien entregó a la esposa del presidente un redondo objeto que resultó ser un japonés reloj de pared. Pero también ha habido malos momentos. Cuando iban en el oficial auto a la inauguración de un nuevo edificio por una estrecha carretera de montaña, el auto del presidente sufrió un pequeño accidente y chocó contra una vacía casa.

Asuntos Exteriores ....
....
....
....
....
....

■ Adjectives that indicate the **order of a series** (*primero, segundo, último, siguiente, próximo, futuro, nuevo, antiguo*, etc.) normally go **before** the noun:

- *Julieta fue mi **primera** compañera de apartamento.*
- *Solo te pido una **segunda** oportunidad.*
- *Todo esto lo veremos en la **siguiente** reunión.*
- *Esto son cosas del **antiguo** régimen.*

But when we are referring to the floors of a building or the chapters of a book, these adjectives are also used **after** the noun:

- ***Segunda** planta / Planta **segunda***
- ***Primer** capítulo / Capítulo **primero***

They are always used **after** when we refer to kings, queens, popes, etc.:

Moctezuma I [primero], *quinto rey azteca* *Pablo VI* [sexto] *Isabel II* [segunda]

10 B1-B2 **Andrés Méndez recalls his years at school. Fill in the blanks with the adjectives in the boxes.**

En el ...primer... curso ....—.......... tuve un ....—.......... profesor ...vegetariano... que solo comía lechuga. En el (1) .... curso ...., tuve una (2) .... profesora .... que en mitad de la clase hacía (3) .... ejercicios .... En el (4) .... curso ...., tuve un (5) .... profesor .... que tocaba la (6) .... guitarra .... y cantaba como Broos Printing. Seguro que mis (7) .... clases .... en la universidad no serán tan divertidas. Haré (8) .... amigos ...., pero echaré de menos a mis (9) .... compañeros ....

nuevos
segundo
tercer
antiguos
futuras
primer ✓
respiratorios
vegetariano ✓
eléctrica
budista
rockero

F *Un gran problema / Un problema grande.*

■ The adjectives ***grande***, ***bueno***, ***malo***, ***primero*** and ***tercero*** have a shortened form when they come before and refer to a singular noun:

CHANGE IN BOTH MASCULINE AND FEMININE		
Grande:	• *un auto **grande** / un **gran** auto*	• *una casa **grande** / una **gran** casa*
CHANGE ONLY IN MASCULINE		
Bueno:	• *un amigo **bueno** / un **buen** amigo*	• *una amiga **buena** / una **buena** amiga*
Malo:	• *un día **malo** / un **mal** día*	• *una noche **mala** / una **mala** noche*
Primero:	• *el capítulo **primero** / el **primer** capítulo*	• *la sección **primera** / la **primera** sección*
Tercero:	• *el piso **tercero** / el **tercer** piso*	• *la planta **tercera** / la **tercera** planta*
NO CHANGE WITH PLURAL NOUNS		

• *Las **grandes** casas, los **grandes** autos, las **buenas** amigas, las **malas** noches, los **primeros** capítulos...*

11 B1-B2 **Some things that happen in life are good and some are bad. Choose the correct option and fill in the blanks.**

→ Una tarde tranquila en la playa, oyendo el mar y tomando el sol, es una (buen/buena/mal/mala) ...buena... tarde.

1. Un lunes en el que se daña el auto, llegas tarde al trabajo y pierdes el celular es un (buen/bueno/mal/malo) .... día.
2. El (primer/primero) .... café del sábado, después de una ducha caliente, leyendo tranquilamente el diario es un (mal/malo/gran/grande) .... momento.
3. La (tercer/tercera) .... vez que llamas a la compañía de teléfonos y solo oyes la música de espera es una (buen/buena/mal/mala) .... experiencia.
4. Comer congelados y hamburguesas es una (buen/buena/mal/mala) .... costumbre.
5. Poner flores en la sala, cocinar nuevas recetas y ordenar el apartamento son (buen/buenas/mal/malas) .... ideas para pasar un fin de semana agradable.
6. Hacer exámenes por internet con muy poco tiempo para responder las preguntas es pasar un (buen/bueno/mal/malo) .... rato.
7. Aprender lenguas y hacer crucigramas es un (buen/bueno/mal/malo) .... ejercicio para la memoria.

SECTION 2

Determiners

5. Articles: *un, el, ø...*
6. Demonstratives: *este, ese, aquel...; esto, eso, aquello...*
7. Possessives: *mi, tu, su...; mío, tuyo, suyo...*
8. Indefinite Quantifiers: *todos, algunos, alguien, nada, otros...*
9. Cardinal Numbers: *uno, dos, tres...*
10. Ordinal Numbers: *primero, segundo, tercero...*
11. Quantifiers: *demasiado, mucho, bastante...*

5. Articles: *un, el, ø...*

A Forms.

■ Articles are classified as **indefinite** or **definite**. The forms of each group **vary according to the noun's gender and number**:

	INDEFINITE		DEFINITE	
	MASCULINE	FEMININE	MASCULINE	FEMININE
SINGULAR	***un*** *amigo*	***una*** *amiga*	***el*** *gato*	***la*** *gata*
PLURAL	***unos*** *niños*	***unas*** *niñas*	***los*** *muchachos*	***las*** *muchachas*

👁 When the noun is not mentioned, ***un*** becomes ***uno***:

¿Tienen helados? ¿Me da ~~un~~ uno de fresa?

■ After the prepositions ***a*** and ***de***, the article ***el*** combines with the prepositions to form one word:

a + el = ***al***	• *¿Puedes bajar un momento* ***al*** *supermercado, por favor?*
de + el = ***del***	• *¿Vas a ir* ***al*** *concierto* ***del*** *viernes?*

👁 **With proper nouns** (names), the article and the preposition **do not combine**:

- *Mañana me voy* ***a El*** *Cairo.*
- *Esta noticia es* ***de El*** *Universal. Un diario muy serio, ¿no?*

■ When we have to use the article with a **feminine singular noun** that starts with a stressed ***a-***, we use ***el/un*** if there are no other words between the article and the noun:

el agua, un águila, el ala, el alma, un arma, el área, un aula, un ave, el hada, el hambre...

But these nouns are **feminine** and, therefore, in all other cases, the agreement is always feminine:

WITH ADJECTIVES AND OTHER DETERMINERS:	WITH SINGULAR ARTICLES SEPARATED FROM THE NOUN:	WITH PLURAL ARTICLES:
El *agua fresca,* ***un*** *hambre tremenda, es**a** águila, algun**as** armas...*	***La*** *última águila,* ***la*** *misma arma,* ***una*** *gran aula...*	***Las*** *águilas,* ***las*** *aves,* ***unas*** *aulas...*

1 A1-A2 **Detective Rodrigo Trigo reaches the scene of a burglary. He notices many suspicious things. He goes to alert the police but when he returns, things have changed. Complete with the correct form of the article.**

When he arrives at the crime scene for the first time, he sees:

→ Una puerta de una habitación rota.

1. .... llaves de .... moto debajo de .... mesa.
2. .... billetera abierta y vacía junto a .... escritorio.
3. .... juguetes de .... bebé por el piso.
4. .... nota: "Vamos a regresar".

When he returns to the crime scene with the police, he sees:

→ La puerta de la habitación arreglada.

5. .... llaves de .... moto junto a .... escritorio.
6. .... billetera cerrada encima de .... mesa.
7. .... juguetes de .... bebé muy ordenados.
8. .... nota corregida, con esta frase: "Ya regresamos".

A1 Novice High; A2 Lower Intermediate, Intermediate Mid; B1 Intermediate Mid, Intermediate High; B2 Intermediate High, Advanced Low

2 A2-B1 **Complete with the correct form of the article.**

→ Vamos a buscar ..un.. aula libre para hacer el examen.

1. Tengo .... hambre que me muero.
2. ¿La profesora Mendoza? Mire en .... última aula del corredor. Tiene clase allí ahora.
3. Papá, ¿ .... hadas existen?
4. En la puerta del patio hay .... gran águila de piedra horrible.
5. En mi país están prohibidas .... armas. ¿Y acá?
6. .... hada buena transformó a la rana fea en un príncipe hermoso.
7. .... aguas de este balneario son excelentes para la salud.
8. Mamá, ¿dónde está .... agua?
9. Cuidado, agarra la olla por .... dos asas.

B Uses: *Toma una carta / Toma la carta.*

■ We use *un, una, unos, unas* to refer to something that is **not particularly easy for the listener to identify** among other people or objects of that type because, for example:

I. There are various people or objects of the same type.

- *Este es Pedro,* ***un*** *hermano de María.*
  [The person says *un hermano* because María has more brothers.]
- *Necesito* ***un*** *celular. Es para un regalo.*
  [The person is not looking for a specific cell phone. Any cell phone would do.]

Hay **una** carta para ti.

■ We use *el, la, los, las* to refer to something that is **identifiable to the listener** among all other people or objects because, for example:

I. There are no other people or objects like this one.

- *Este es Pedro,* ***el*** *hermano de María.*
  [The person says *el hermano* because María only has one brother.]
- *Tengo* ***el*** *celular roto. ¿Ustedes arreglan?*
  [The person is talking about his/her cell phone.]

II. We are talking about this person or object for the first time.

- *También vienen* ***unos*** *amigos de Ana: Pedro y Juan.* [They are specific friends, but they are not identifiable because we have not spoken about them before.]

II. We have talked about the person or object before.

- *Entonces, no cabemos en mi auto: ustedes tres,* ***los*** *amigos de Ana y yo. Somos muchos.*
  [They are talking about some friends who are identifiable because they have spoken about them before.]

Recibí **una** carta y un paquete.
...**una** carta y **un** paquete...
La carta es del banco.
La carta es para ti.
...**la** carta

3 A1-A2 **Carmen and Lucía have to do an assignment for class. Do you know what are they are talking about? Read the sentences and match each one to the corresponding situation.**

→ *Carmen:* Un amigo de Julia nos puede ayudar.	**a.** Lucía y Carmen ya hablaron del amigo de Julia.
→ *Carmen:* El amigo de Julia nos puede ayudar.	**b.** Lucía y Carmen no hablaron antes de ese muchacho.
1. *Lucía:* Traje unos libros de casa.	**a.** Carmen ya sabe de qué libros habla Lucía.
2. *Lucía:* Traje los libros de casa.	**b.** Carmen no sabe de qué libros habla Lucía.
3. *Carmen:* ¿Me prestas el bolígrafo?	**a.** Lucía tiene solo un bolígrafo.
4. *Carmen:* ¿Me prestas un bolígrafo?	**b.** Lucía tiene tres bolígrafos.
5. *Lucía:* Un profesor de Filosofía me recomendó este artículo.	**a.** Hablan de otro profesor de Filosofía.
6. *Lucía:* El profesor de Filosofía me recomendó este artículo.	**b.** Hablan de su profesor de Filosofía.
7. *Lucía:* Ha llamado Luis, un amigo de Guadalajara.	**a.** Lucía y Carmen saben quién es Luis.
8. *Lucía:* Ha llamado Luis, el amigo de Guadalajara.	**b.** Carmen no conoce a Luis.

4 A2-B1 **Look carefully at the context and complete with the appropriate article.**

→ *En la sala del apartamento de Raquel hay solo un cuadro en la pared.*
Jéssica: Me gusta mucho el cuadro de la sala. Siempre he querido tener una pintura como esa.

1. *Jéssica y Raquel terminaron su trabajo de Historia.*
Raquel: ¿Puedo llevarme .... trabajo a casa para leerlo otra vez? Si quieres, puedo hacer .... copia.

2. *Jéssica llega con una torta. Raquel no sabía nada.*
Jéssica: Mira, compré .... torta de frutillas. ¿Quieres .... pedacito?

3. *Jéssica acaba de cortar la torta. Hay un pedazo grande y otro pequeño.*
Raquel: A mí dame .... pedazo pequeño.

4. *Las dos muchachas conocen a toda la familia de Julia.*
Raquel: Voy a ir al cine con .... amigos. Bueno, tú los conoces, son Rodrigo y Federico, ... hermanos de Julia, ¿te acuerdas?

5. *Jéssica no encuentra su reloj. Hay varios relojes por la casa.*
Jéssica: ¿Sabes qué? Pues que perdí .... reloj.
Raquel: Bueno, yo vi .... reloj pequeño encima de la cama, no sé si es .... tuyo.

5 B1-B2 **Read the beginning of this story and mark whether the statements that follow are correct.**

Leopoldo Luis II, un rey de Gantea (→), salió el sábado de paseo en un caballo de la reina (1). En la puerta, un soldado lo despidió. Al llegar a un río (2), cruzó por un puente y se encontró con los duendes del agua (3) y estos le dijeron: "Va a venir un príncipe (4) del país vecino (5), se va a enamorar de tu esposa y va a huir con ella". El rey no creyó nada de las palabras de los duendes, cruzó el puente (6) y volvió a palacio. Pero en la puerta estaba el soldado (7) que, muy nervioso, le dijo: "Majestad, la reina se fue".

→ En Gantea solo hay y ha habido un rey.	Sí	No
1. La reina tiene varios caballos.	Sí	No
2. En Gantea solo hay un río.	Sí	No
3. Seguramente Leopoldo no había oído hablar de esos duendes.	Sí	No
4. Este príncipe viene mucho a Gantea.	Sí	No
5. Gantea tiene frontera con cinco países.	Sí	No
6. El mismo puente de antes.	Sí	No
7. Es el mismo soldado que lo había despedido.	Sí	No

 A1 Novice High; **A2** Lower Intermediate, Intermediate Mid; **B1** Intermediate Mid, Intermediate High; **B2** Intermediate High, Advanced Low

C *Un* or *el* or *ø*: *voy en bicicleta; tengo una bicicleta; arreglo la bicicleta*?

■ When we use a noun **without an article** (**Ø zero article**), we are not referring to any particular object:

Mi casa está bastante cerca.
Son diez minutos en **ø** bicicleta.

[They are not talking about a particular object, but a means of transportation.]

- *Tenemos wifi gratis en el hotel.*
- *Están recibiendo clases de guitarra.*
- *Hice un avión de papel.*
- *En ese restaurante hay que llevar traje y corbata.*

■ When we use a noun **with an article** (*un*... or *el*...), we are referring to individual objects: indefinite (*un*...) or definite (*el*...):

Irás más rápido.

[They are not talking about a specific bicycle. There are several and any would do.]

Antes de salir tengo que arreglar **la** bicicleta.

[They are talking about a specific object. It can be identified among others.]

- *Encontré **un** wifi que no necesita contraseña.*
- *Vi **una** guitarra ideal para ti.*
- *Anota esto en **un** papel.*
- *Voy a comprarme **un** traje y **una** corbata en las rebajas.*

- *Estoy en la oficina porque **el** wifi de casa no funciona.*
- *Acuérdate de guardar **la** guitarra en su sitio.*
- *Este es **el** papel que nos dijo.*
- *Me manché **el** traje y **la** corbata con salsa de tomate.*

■ When we are talking about an **unspecified amount** of something and we don't need to specify or identify any specific object, we use the noun **without an article** (**Ø zero article**):

COUNTABLE NOUNS (PLURAL)	UNCOUNTABLE NOUNS (SINGULAR)
• *¿Venden ustedes **alfombras**?*	• *Si vas al súper, compra **aceite** y **café**.*
• *Mi vecino arregla **computadoras**.*	• *No, no tengo **dinero**. Ni un centavo. Lo siento.*

6 A2-B1 **Cross out the incorrect option and match the sentences.**

→ ¿Me alzcanzás ~~Ø~~/**un** tomate, por favor? — a
1. ¿Le pusiste sal a Ø/**el** tomate?
2. ¿No te gusta la salsa de Ø/**un** tomate?
3. Máximo, no puedes recibir a los invitados en Ø/**una** bata.
4. Máximo, pon Ø/**la** bata en la lavadora.
5. Máximo, tienes que comprarte Ø/**una** bata.
6. Me duele Ø/**el** pie derecho.
7. Está cerca: vamos a Ø/**el** pie.
8. Vi Ø/**un** apartamento muy hermoso.
9. Perdí la llave de Ø/**el** apartamento.
10. Tenemos un nuevo profesor de Ø/**un** piano.
11. Cierra Ø/**el** piano con cuidado.

a. Voy a hacer una ensalada.
b. Están en oferta en el negocio de la esquina.
c. Ponte unos pantalones y una camisa.
d. Está muy insípido.
e. Hace quince días que no te la quitas.
f. Es casera. La hice con aceite de oliva.
g. Me di un golpe jugando al fútbol.
h. Puedes lastimarte los dedos.
i. No puedo entrar. ¿Puedo quedarme en tu casa?
j. Creo que voy a alquilarlo.
k. Me gusta. Tiene mucha paciencia.
l. Así hacemos ejercicio.

7 A2-B1 **Fill in the blanks with the words in the box. Some need to be made plural.**

pila	dinero	tomate ✓	aspirina	agua	huevo	café

Cariño, tienes que hacer tú la compra. Tienes que traer → tomates para la ensalada, que no hay, y también compra (1) .... para el revuelto. Necesitamos (2) .... mineral y (3) .... descafeinado. Trae (4) .... , que hacen falta para el control de la tele. Y tienes que ir a la farmacia. No quedan (5) .... Por cierto, saca (6) .... del banco. Yo no tengo nada de plata.

D Generalizing: *A los colombianos les gusta el café...*

■ When we refer to a whole class of people, animals or objects, we use ***el, la, los, las***:

COUNTABLE	UNCOUNTABLE
Singular (the group in general) **Plural** (all members of the group)	**Singular**
• ***El** perro es el mejor amigo **del** hombre.* [Dog and man considered as different classes of living things.] • ***Los** niños siempre dicen la verdad, excepto cuando mienten.* [All children, in general.] • ***Las** mujeres todavía no tienen las mismas oportunidades que **los** hombres.* [All women and men in general.]	• *Acá **la** gente va mucho al cine.* [Everybody, in general.] • *No me gusta **el** café, me pone nerviosa.* [Coffee, in general.]

■ When we talk about a person, animal or object as being representative of its class, we use ***un, una, uno***. We use ***unos, unas*** for nouns that are only referred to in the plural form (*lentes, tijeras...*):

El hombre es un mamífero.
MAMÍFEROS
AVES

- *¿Qué es **una** arepa?*
- ***Una** arepa es **un** pan de maíz, típico de Colombia y Venezuela.*
- ***Unos** binoculares permiten ver de lejos.*
- ***Un** médico tiene que saber tratar a los pacientes.*

In Spanish, when we generalize, the **subject** of the sentence must have an **article**:

- ***Un** perro necesita espacio para vivir bien.* ~~Perro necesita espacio para vivir bien.~~
- ***La** guayaba tiene vitamina C.* ~~Guayaba tiene vitamina C.~~
- *Me encanta **el** café.* ~~Me encanta café.~~
- ***Los** delfines son muy inteligentes.* ~~Delfines son muy inteligentes.~~

8 A2-B1 **Look carefully at the underlined words and classify each sentence as type I, II or III.**

I. A whole class of objects or people.	II. Any object or person of that class.	III. An unspecified amount of objects or people.

→ a. Los colchones de agua son muy relajantes. I
b. Evidentemente, prefiero dormir en un colchón a dormir en el piso. II
c. Tenemos colchones de látex, de algodón y de espuma. III

1. a. Se venden y alquilan apartamentos. Teléfono: 031676742. ....
b. Los apartamentos en este barrio son muy caros. ....
c. Un apartamento suele ser más pequeño que una casa. ....

2. a. Los dentistas ganan mucho dinero. ....
b. Lo conocí en un congreso de dentistas. ....
c. Un dentista no debe comer ajo antes de la consulta. ....

3. a. Linus solo bebe infusiones. ....
b. A estas horas, una infusión es mejor que un café. ....
c. Perdona, pero las infusiones calientes sientan mejor que las frías. ....

4. a. ¿Tú sabías que los aguacates tienen vitaminas A, C, D, K y B? ....
b. ¿Has comido aguacates alguna vez? Están buenísimos. ....
c. Prefiero comerme un aguacate por la mañana que algo dulce. Me sienta mejor. ....

5. a. No tengo hijos, pero tengo sobrinos. ....
b. Los hijos, a veces, dan muchos problemas. ....
c. Tener un hijo es lo mejor que te puede pasar en esta vida. ....

9 A2-B1 **Fill in the blanks with words from the box using the appropriate article where necessary.**

kioscos ✓ agua helados carrito hormigas abanico cajeros mouse té café carne

→ Los kioscos son negocios en los que se venden golosinas, chocolates y refrescos.

1. En España, ... es algo que se usa mucho en verano. Es perfecto para el calor.
2. .... automáticos son máquinas para sacar dinero con tarjeta.
3. ¿Ese arroz lleva ....?
4. Me encantan .... tanto en verano como en invierno. Pero engordan mucho.
5. .... van siempre en fila unas detrás de otras.
6. .... es tan excitante como ....
7. Puede estar tranquilo: .... inalámbrico no da problemas. Es más caro, pero funciona mucho mejor.
8. Pues .... es una cesta con ruedas para hacer la compra en los supermercados.
9. No te puedes duchar. No hay ....

10 B1-B2 **Some of the famous monsters from the land of Halloween are learning Spanish, but they're still having trouble: sometimes they forget to use the articles. Correct their words by adding *el, la, los, las* where necessary.**

→ Cuando noche llega, monstruos salen a pasear y a asustar a los seres humanos. Seres humanos siempre tienen miedo. la noche llega...; los monstruos salen...; los seres humanos siempre tienen...

1. Después de una noche de terror nos duele garganta, pero doctor Jek nos da jugo de aspirinas. ....
2. Monstruos quieren ser como seres humanos y respetan naturaleza. En realidad, solo comen plantas y frutos secos. ....
3. A monstruos les gusta mirar cielo gris mientras viejo vampiro Vlad toca en órgano canciones tristes. ....
4. Para monstruos miedo es sentimiento más hermoso, por eso les gusta ver películas de zombis y visitar "Casa Terror". ....
5. Monstruos hacen magia negra y bailan danza de muertos vivientes cuando sale luna llena. ....
6. Todas noches de tormenta esqueletos salen de tumbas para celebrar gran fiesta del trueno. Monstruos se divierten como locos. ....
7. Vampiros no se ven en espejo, pero saben que son bellos por selfis. ....

E *Uno alto, el de Barranquilla, el que te dije...*

When it is clear what we are talking about, ***uno, una, unos, unas*** can be used without mentioning the noun which they refer to:

- *Pásame un marcador.* ***Uno*** *de esos.* ***Uno*** *rojo vale.*
- *Necesito tomates. Tráeme* ***unos*** *que hay en el refrigerador.*
- *¿Has visto mis medias? Son* ***unas*** *azules y blancas.*
- *Estas camisas no están nada mal. Cómprate* ***una****.*
- *Tengo varios amigos, pero solo salgo con* ***uno****.*
- *Yo tengo tres o cuatro tijeras. ¿Te presto* ***unas****?*
- *No tiene binoculares. Regálale* ***unos****.*

The articles ***el, la, los, las*** can also be used without mentioning the noun which they refer to, but only when they are followed by an ADJECTIVE / ***de*** + NOUN / ***que*** + SENTENCE:

	ADJECTIVE
El, la, los, las +	***de*** + NOUN
	que + SENTENCE

- *Solo me queda bien un traje:* ***el*** *negro.*
- *Esa mesa no está mal, pero me gusta más* ***la de*** *vidrio.*
- *¿Quieres una empanada?* ***Las que*** *sirven acá son muy buenas.*

11 A2-B1 **Cross out the noun where it is not necessary and change *un* to *uno* as required.**

→ ● Prueba un sándwich.
○ Gracias, ya me he comido uno ~~sándwich~~.

1. ¡Qué horror! He olvidado mis lentes de sol. ¿Me prestas unos lentes de sol?
2. Estos sobres son muy chicos. Mejor usamos los sobres amarillos, los sobres que están ahí.
3. ● ¿Quieres una horchata?
○ No, gracias, acabo de tomarme una horchata.
4. ● Me regalaron un reloj con cronómetro.
○ Pues yo tengo un reloj que tiene wifi.
5. ● ¿Cuál de esas muchachas es tu hermana?
○ La muchacha de los lentes, la muchacha alta, la muchacha que está parada.
6. ● Vinieron unos amigos preguntando por ti.
○ Sí, ya lo sé. Son unos amigos que conocí en la discoteca.
7. ● ¿Me alcanzas ese libro, por favor?
○ ¿Cuál? ¿El libro grande? ¿El libro de física?
8. ● ¿Ustedes han pedido un café?
○ Dos: yo, un café expreso y él, un café con leche.

12 A2-B1 **These characters are the authors of this grammar guide. Complete the sentences to find out who is who.**

→ Los que *llevan lentes* son Jenaro, Alex y Pablo.
1. El que .... es Jenaro.
2. La de los .... es Rosa.
3. El de la .... es Alex.
4. El .... es José Plácido.
5. El del .... es Pablo.
6. La que .... es Lourdes.
7. Las .... son Lourdes y Rosa.

llevan lentes ✓
bellísimas
delgado
lleva peluca
guantes largos
pistola
pañuelo de lunares
está cantando

6. Demonstratives: *este, ese, aquel...; esto, eso, aquello...*

A *Este libro; ese libro; aquel libro.*

- Demonstratives can be masculine, feminine, or neuter:

	SINGULAR			PLURAL		
MASCULINE	***este*** *libro*	***ese*** *niño*	***aquel*** *edificio*	***estos*** *libros*	***esos*** *niños*	***aquellos*** *edificios*
FEMENINE	***esta*** *mesa*	***esa*** *niña*	***aquella*** *calle*	***estas*** *mesas*	***esas*** *niñas*	***aquellas*** *calles*
NEUTER	*esto*	*eso*	*aquello*			

Masculine and feminine forms agree in gender and number with the noun they are referring to.

- Demonstratives are used to **point to things, people** or **animals**, identifying them in terms of three different spaces:

Este indicates that the object is in **the same space as the person speaking** (*yo, nosotros, nosotras*).

Ese indicates that the object is in a **different but nearby space to the person speaking.**

Aquel indicates that the object is in **a space that is different and distant from the person speaking.**

- *¿Qué regalo quieres?: ¿**esta** pelota?, ¿**ese** carrito?, ¿**aquella** muñeca?*
  [Here, we use ***esta*** to point to a ball that is ***aquí/acá*** *(here)* next to the person speaking; we use ***ese*** to refer to a toy car that is ***ahí*** *(there)* not next to the person speaking, but not far away either, and we say ***aquella*** to refer to a doll that is ***allí/allá*** or *(over there)* distant from the person speaking.]

- To refer to **things that are in the personal space of the person we are talking to** (*tú, vos, usted, ustedes,* –or *vosotros y vosotras* in Spain–) we use ***ese/-a/-os/-as*** because we are talking about a space different from that occupied by the person speaking, but not far away:

- ***Este*** *bolígrafo no funciona, ¿me alcanzas* ***ese*** *lápiz?*
  [Here, we use ***este*** because we are talking about a pen we are using; and we use ***ese*** to point to a pencil that is near the person listening.]

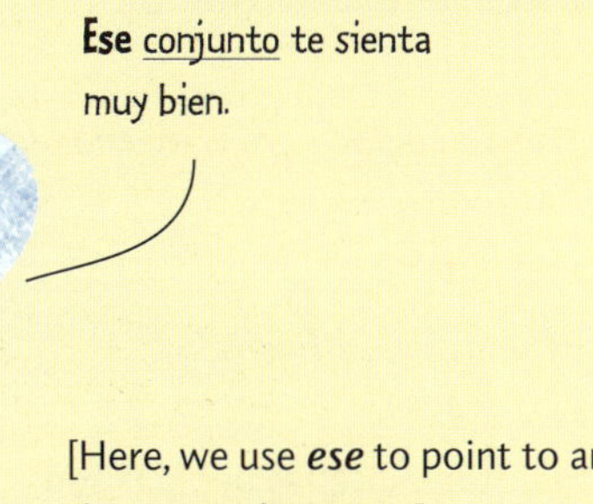

[Here, we use ***ese*** to point to an outfit worn by the person listening.]

1 A1-A2 Margarita is having dinner at a restaurant. She is very hungry. Complete what she says.

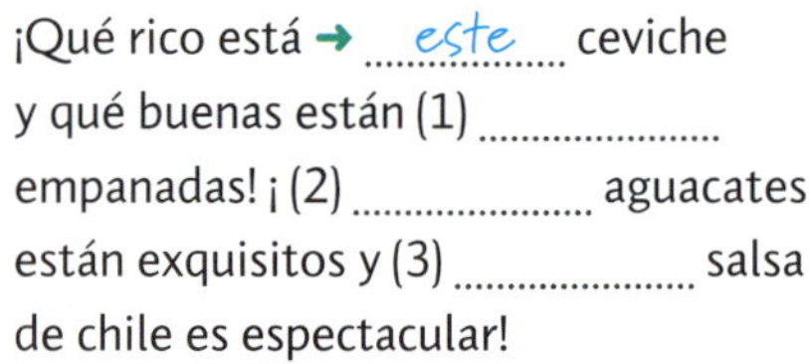

¡Qué rico está → este ceviche y qué buenas están (1) .... empanadas! ¡(2) .... aguacates están exquisitos y (3) .... salsa de chile es espectacular!

Póngame (4) .... salmón, (5) .... trucha, (6) .... sardinas y (7) .... camarones.

¿Me trae (8) .... torta, (9) .... profiteroles, (10) .... natillas y (11) .... flan de postre, por favor?

2 A1-A2 Match each dialog to the correct image.

→ *Gabriel:* **Este** suéter es muy lindo.
Ana: Sí, y **estos** zapatos tampoco están mal.

1. *Gabriel:* Mira, **ese** suéter es hermoso.
Ana: Un poco caro, ¿no? Mejor te compras **esos** zapatos.
Gabriel: Sí, o **esa** chaqueta azul.

2. *Ana:* **Este** suéter es hermoso, pero es carísimo.
Gabriel: Y **aquellas** chaquetas, ¿qué te parecen?
Ana: ¿Cuáles? ¿Las del fondo?

3. *Ana:* **Estos** zapatos son lindos, ¿verdad?
Gabriel: Sí, están bien, pero los suéteres me gustan más.
Ana: ¿**Esos** suéteres? A ver cuánto cuestan.

A →

B ......

C ......

D ......

3 A2-B1 Look carefully at the context in which the sentences are spoken and underline the appropriate demonstrative.

→ *Luis está leyendo un libro.*
Luis: **Este/Ese/Aquel** libro es excelente. ¿Lo conoces?

1. *Luis y Pedro están en la cocina comiendo mangos.*
Luis: ¿**Estos/Esos/Aquellos** mangos son de acá? Están buenísimos.

2. *Pedro saca unas bebidas del refrigerador. Luis está sentado en la mesa.*
Luis: Oye, que **estas/esas/aquellas** bebidas son para la cena de mañana.

3. *Luis y Pedro están de excursión. Muy a lo lejos hay un pequeño bosque.*
Luis: ¿Qué tal si nos acercamos a **este/ese/aquel** bosque tan hermoso?

4. *Luis va con Pedro y señala a una muchacha que está lejos.*
Luis: Mira, Pedro, **esta/esa/aquella** muchacha es Carla, la que tuvo mejor nota en el examen.

5. *Pedro tiene unos discos en la mano.*
Luis: Si te gustan **estos/esos/aquellos** discos, puedes llevártelos.

B Uses related to time: *este mes; ese día; aquel fin de semana.*

Demonstratives are also used to situate something in relation to time:

Este*, *esta*, *estos*, *estas are used to refer to the present as well as the most immediate past and future:

- ***Este** verano ha sido horroroso; **este** mes está siendo terrible, pero **estas** Navidades me voy a Cuba.*

Ese*, *esa*, *esos*, *esas can refer to the **future** or the **past**:

- *Del 1 al 8 de julio no trabajo. Y **esa** semana me voy de vacaciones.* [That week in the future is already identified.]
- ***Ese** día estaba muy cansado, por eso no te llamé.* [That day in the past which we have just spoken about.]

Aquel*, *aquella*, *aquellos*, *aquellas refer to a **distant past**:

- ***Aquella** semana fue la más feliz de mi vida.* [That week, in the distant past, that we have just spoken about.]
- ***Aquel** novio que tenías antes no me gustaba mucho.* [A boyfriend you had a long time ago.]

4 A2-B1 **Match the sentences so that they make sense.**

→ En 1999 mis padres vendieron el Volvo 240.
1. Podemos ir pasado mañana si quieres.
2. Nos conocimos en el Carnaval del 2020.
3. Me caso el 15 de febrero.
4. Mi antiguo profesor de español era mucho mejor que el que tenemos ahora.
5. Regresé a casa el día de Navidad, después de siete meses trabajando en el barco.

a. Ese día tienes que estar con nosotros.
b. Ese día supe que mi esposa estaba embarazada.
c. Me acuerdo porque aquellos días hizo un calor espantoso.
d. Esta semana no tengo mucho trabajo.
e. Aquel auto era excelente, de verdad.
f. Me encantaban aquellos excelentes ejemplos que ponía.

C *Este, ese, aquel...*

Demonstratives can be used **without mentioning the noun** to which they refer when it is clear what we are talking about:

- *Son hermosas **estas** valijas. Me llevo **esta**, **esa** y **aquella** roja.*
- ***Este** vaso está limpio, pero **ese** no.*

- *¿Cuál es tu clase?*
- ***Esa** de la derecha.*

- *¿Te acuerdas de Raquel, la antigua vecina de Juan Luis?*
- *Sí, claro, **aquella** sí que era simpática.*

5 A1-B1 **What do the following demonstratives refer to? Choose the best noun following the example.**

→ **Aquellas** me gustan más.	~~chaqueta~~	camisas	~~pantalones~~	~~lazos~~
1. Mira, son **estos**.	amigo	personas	muchacha	hombres
2. No, no, **esa** no.	hoja	libros	bolígrafo	plástico
3. **Aquel** es más hermoso.	película	novelas	discos	cuadro
4. Con **este** es suficiente, gracias.	libreta	tijeras	papel	papeles
5. **Esos** para ti y **estos**, para mí.	reloj	silla	pendientes	monedas

D Neuter demonstratives: *¿Dónde pongo esto? No me digas eso. ¿Qué es aquello?*

■ **Neuter demonstratives are always singular** and are never used with a noun because there are no neuter nouns in Spanish:

	SINGULAR			PLURAL		
MASCULINE	*este*	*ese*	*aquel*	*estos*	*esos*	*aquellos*
FEMENINE	*esta*	*esa*	*aquella*	*estas*	*esas*	*aquellas*
NEUTER	***esto***	***eso***	***aquello***			

■ **The neuter forms** of the demonstratives are used when we want to refer to something in relation to its proximity to us - ***aquí/acá, ahí*** and ***allí/allá*** - but **we do not know its name, its name is not relevant, or we are not talking about a specific object** (for example, an event, a situation, what somebody said, an unidentifiable object, etc.):

WE DON'T KNOW THE NAME OF THE OBJECT

[The speaker does not know what is inside a box covered in wrapping paper and therefore cannot refer to it with a noun.]

- *¿Quieres un...* umbrella*? ¿Cómo se dice **eso** en español?* [The speaker does not know the object's name.]
- *¿Viste **eso**? Parece un ratón, ¿no?* [The speaker does not know exactly what the thing is.]

THE OBJECT'S NAME IS NOT RELEVANT

- *Tengo que irme ya. ¿Puedes tú recoger todo **esto**?* [All the things that have to be cleaned up.]
- *Mira, **esto** lo pones encima del armario, **eso** dentro y **aquello** en la otra habitación.* [Three things identified by pointing a finger.]

IT IS NOT A SPECIFIC OBJECT

- *Trabajas mucho y duermes poco. Y **eso** no es bueno.* [The fact of working a lot and sleeping very little.]
- *Estábamos en casa y, de repente, oímos un ruido muy raro... **Aquello** no era normal...* [The situation he is talking about.]
- *Creo que nadie me quiere.*
- *¿Por qué dices **eso**?* [What the other person just said.]

We do not use these neuter forms to talk about **people**. Instead, we use the masculine or feminine forms:

- *¿Quién es ese?* ~~*¿Quién es eso?*~~
- *Es mi padre.*

6 A1-A2 **Victor has lost his memory and has great difficulty recognizing the objects around him. Help him get it back by filling in the blanks with the correct demonstratives.**

Están AQUÍ/ACÁ

- ¿Qué es → ...esto... ?
- ○ Son servilletas.
- ¿Y (1) .... tan raro?
- ○ Son tenedores y cuchillos, y (2) .... de acá son cucharas. ¿No te acuerdas?

Están AHÍ

- ¿Qué es (3) .... que se mueve ahí?
- ○ No te preocupes. Son las cortinas.
- ¿Y (4) .... con tanto pelo que está ahí?
- ○ Es una alfombra. Y (5) .... de ahí, al lado de la lámpara, también. Las compramos hace años.

Están ALLÍ/ALLÁ

- Oye, ¿y (6) ....? Parecen monstruos.
- ○ ¿Monstruos? Son las sombras de las plantas del jardín.
- ¿Y (7) .... tan peludo allí fuera, al fondo? ¿Son alfombras?
- ○ No, Víctor, no. Son tus perros, Caín y Abel...

7 A2-B1 **A tourist (T) has just arrived in Mexico and he is having a conversation with a Mexican man (M). Replace the sentences in italics with the sentences in the box.**

→ *T: Tiene una fruta en la mano que no conoce.*
M: Guanábana. Es una fruta muy jugosa.

1. *T: Señala un monumento que está bastante lejos.*
   M: Es el Monumento a la Revolución. Es del siglo XX. De 1938.
2. *T: Está en una discoteca. Le gusta el ambiente, la música, la gente...*
   M: Sí, es muy bueno. Es el local de moda.
3. *M:* ¿Qué vas a comer?
   T: Señala una comida que comen unas personas.
4. *T:* Yo no estoy acostumbrado a acostarme tan tarde.
   M: Comenta algo sobre esa costumbre en México.
5. *T: Le da un regalo a su acompañante.*
   M: Muchas gracias. Pero no tenías que regalarme nada.
6. *T:* Tengo 800 pesos.
   M: Explica para qué puede servir ese dinero.

a. ¿Cómo se llama esto?
b. Pues eso, acá, es bastante normal.
c. Esto es espectacular.
d. Toma, esto es para ti.
e. Con eso puedes pagar el taxi y poco más.
f. ¿Qué es aquello de allí?
g. Me provoca aquello que comen en la mesa del fondo.

Classify the answers. Which of the following possibilities is the most likely in each case?

He doesn't know the name of the object ....a..........
....

The object's name is not relevant ....
....

It's not a specific object ....
....

8 A2-B1 **Juan and Jorge have just moved to a new house. The whole place is a mess. They don't know what anything is but they are trying to sort things out. Complete the dialogs.**

● ¿Dónde pongo → ..*esto*.. ?

○ (1) .... ponlo en la cocina. Me parece que es la licuadora.

● ¿Y (2) .... que llevas ahí?

○ (3) .... voy a dejarlo en la habitación.

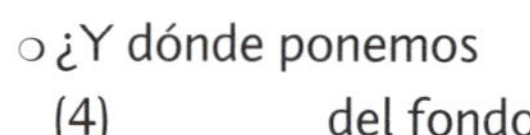

○ ¿Y dónde ponemos (4) .... del fondo?

● A ver... Huy, me parece que es la lámpara que nos regaló tu madre.

○ Cielos. Es horrible. ¿La ponemos en el clóset?

○ Oye, ¿y (5) .... que está ahí qué es?

● Ni idea. Déjalo por ahora.

9 A2-B1 **Underline the most appropriate option. Sometimes both are possible.**

→ ● ¿Quién es **ese muchacho**/**eso**?
○ El primo de Julio.

1. ● ¿Qué es **aquel pájaro**/**aquello**?
○ No sé, parece un pájaro.
2. ● Rigoberta dice que ya no te quiere.
○ **Esa chica**/**Eso** me da igual.
3. ● ¿Por qué no enviaste **esa carta**/**eso**?
○ Porque no la pude terminar.
4. ● ¿Quieres bananas?
○ Sí, pero solo una. Dame **esa**/**eso**.
5. ● ¿A qué se dedica **ese señor**/**eso**?
○ Me dijeron que es profesor de secundaria.
6. ● ¿En qué piensas?
○ En **aquella muchacha**/**aquello** que vino ayer.
7. ● ¿En qué piensas?
○ En **aquella muchacha**/**aquello** que ocurrió ayer.
8. ● ¿Dónde puedo poner **este mueble**/**esto**?
○ Acá no. En el corredor, mejor.
9. ● ¿**Ese**/**Eso** de la barba es tu hermano?
○ No, mi hermano es el de la gorra.

7. Possessives: *mi, tu, su...; mío, tuyo, suyo...*

A Possessives before the noun: *mi amigo, mi amiga...*

	SINGULAR		PLURAL	
Yo	***mi** amigo/amiga*		***mis** amigos/amigas*	
Tú/vos*	***tu** libro/revista*		***tus** libros/revistas*	
Usted/él/ella	***su** hermano/amiga*		***sus** hermanos/amigas*	
Nosotros/-as	***nuestro** primo*	***nuestra** prima*	***nuestros** primos*	***nuestras** primas*
Vosotros/-as**	***vuestro** libro*	***vuestra** revista*	***vuestros** libros*	***vuestras** revistas*
Ustedes/ellos/ellas	***su** tío/tía*		***sus** tíos/tías*	

* Especially in Argentina, Costa Rica, Paraguay, and Uruguay
** Only in Spain

Esta es **mi** cama y estos son **mis** amigos.

Esta es **nuestra** casa y estos son **nuestros** vecinos.

In Spanish, possessives **agree only with the object being talked about**. *Mi*, *tu* and *su* agree with the object being talked about **only in number**. *Nuestro* and *vuestro* agree both in **gender and number**:

- *Mamá, esta foto es del día de **tu** graduación, ¿no?*
- *Sí, es del día de **mi** graduación. A ver si reconoces a las personas que están en esa foto.*
- *Estos son **nuestros** abuelos, **tus** padres; este, **nuestro** tío Ricardo, **tu** hermano. Esta muchacha del sombrero, **tu** hermana pequeña, **nuestra** tía Alicia. Y estas son **nuestras** primas Ángela y Lucía, **tus** sobrinas.*

Su (referring to a single object) and ***sus*** (referring to various objects) mean:

DE USTED/USTEDES

- *¿Y usted? Vendrá a la boda, ¿verdad?*
- *Sí, claro, muchas gracias.*
- *¿Y **su** esposa y **sus** hijas?*
- *Sí, también. Están encantadas.*
- *Por el hotel no se preocupen ustedes, porque ya tengo **su** reservación.*

DE ÉL/ELLA/ELLOS/ELLAS

- *¿A quién más has invitado a la boda?*
- *Al jefe, con **su** esposa y **sus** tres hijas; a la tía Ana, con **su** novio y **sus** amigas; a los tíos de Buenos Aires, con **su** hijo, **su** nuera y **sus** dos nietos; y a las hermanas Aguirre, con **su** madre y **sus** sobrinos.*

1 A1-A2 **Here's a selection of summer vacation offers. Fill in the blanks with the correct possessives.**

1
Agencia Odisea
¡Viaje con nosotros y disfrute de nuestros espectaculares HOTELES,
de nuestra .... excelente COCINA TRADICIONAL,
de .... fantásticas EXCURSIONES
y de .... inmejorables PRECIOS!
2
Academia de baile RítmicA
Baila y disfruta con .... música favorita. En nuestras clases de salsa, merengue, tango o rumba vas a aprender todo lo necesario para sorprender a .... novio o a .... novia, a .... amigos y a .... amigas.
Especial para ti
3
El chef en casa
El cocinero para sus fiestas
Disfrute de:
.... delicioso asado criollo.
.... especialidades en cocina caribeña.
.... postres de chocolate.
.... experiencia en restaurantes de lujo y .... estudios en las mejores escuelas me permiten ofrecerle el mejor servicio de la ciudad.
Llámeme al 017 65 43 21
4
Hogar Botánico
Queridas familias:
¿Qué van a hacer con sus plantas este verano?
¿Quién va a cuidar .... jardín?
¿Quién va a regar .... macetas?
¿Quién va a podar .... rosas?
¡Llámennos! Tel. 013 45 67 89
A la vuelta lo verán todo VERDE.
5
BÚNKER
Empresa de seguridad y servicios
¿Preocupado por la seguridad de .... vivienda en vacaciones?
¡RELÁJESE!
Nosotros vigilamos .... apartamento o casa y recogemos .... correo.
Además, por un precio adicional, llenamos .... refrigerador justo a tiempo, regamos .... plantas y limpiamos .... casa.
Somos .... solución.

2 A1-A2 **Lupe and Tomás are separating and are dividing up their things. Read and complete the conversation with the appropriate possessives.**

Lupe: Te puedes quedar con el televisor, pero yo me llevo ➜ ...mis... películas y (1) .... libros, por supuesto.

Tomás: Perfecto, quédate con (2) .... películas y con (3) .... libros, pero yo me quedo con el microondas.

Lupe: ¡Ah, no! Perdona, pero este es (4) .... microondas. Tu microondas está en casa de tu hermana, ¿no te acuerdas?

Tomás: Pues la secadora y la lavadora sí son mías.

Lupe: Pues, quédate con (5) .... secadora y (6) .... lavadora; pero (7) .... cuadros y (8) .... sofá me los llevo.

Tomás: Muy bien, muy bien. Llévate (9) .... sofá y esos cuadros horribles. Ah, y llévate también el jarrón de (10) .... madre y la lámpara de (11) .... prima Jacinta, y yo me quedo con todo lo demás.

B Possessives after the noun: *un amigo mío, una amiga mía...*

	SINGULAR		PLURAL	
	MASCULINE	FEMININE	MASCULINE	FEMININE
Yo	*un amigo **mío***	*una amiga **mía***	*unos amigos **míos***	*unas amigas **mías***
Tú/Vos*	*ese libro **tuyo***	*esa casa **tuya***	*esos libros **tuyos***	*esas casas **tuyas***
Usted/él/ella	*otro poema **suyo***	*otra foto **suya***	*otros poemas **suyos***	*otras fotos **suyas***
Ustedes/ellos/ellas	*un amigo **suyo***	*una amiga **suya***	*unos amigos **suyos***	*unas amigas **suyas***
Vosotros/-as**	*ese libro **vuestro***	*esa casa **vuestra***	*esos libros **vuestros***	*esas casas **vuestras***
Nosotros/-as	*otro poema **nuestro***	*otra foto **nuestra***	*otros poemas **nuestros***	*otras fotos **nuestras***

* Especially in Argentina, Costa Rica, Paraguay, and Uruguay
** Only in Spain

■ These possessives are **adjectives** and, like all adjectives, **agree both in gender and number with the noun**, in the same way as articles, demonstratives, quantifiers and indefinite pronouns:

- *He traído muchos libros **míos**.*
- *Esta calculadora **tuya** no tiene pilas, ¿sabes?*
- *En mi mesa hay varios papeles **suyos**.*
- *Julio es un amigo **suyo** de la universidad, ¿no?*

un amigo ~~de mí~~ mío, un amigo ~~de ti~~ tuyo, un amigo ~~de nosotros~~ nuestro...

→ **4.** Adjectives

3 A1-B1 Match the sentences and complete with the appropriate possessive adjectives.

→ Estoy saliendo con un hombre bellísimo. —— a.

1. A tu esposo le gusta mucho Elton John, ¿verdad?
2. Pues nosotros tenemos una amiga que sabe mucho de informática.
3. No me gusta prestarle cosas a Aurelio.
4. ¿Qué les regaló Francisco por su boda?
5. Este año vamos a organizar una cena de Navidad para treinta personas.

a. ¡Ah, qué bien!, ¿y tienes alguna foto suya?
b. ¿Y solo vienen familiares .... o también amigos?
c. A mí tampoco. Tiene libros .... desde el año pasado.
d. Varios cuadros .... Son hermosos. Es un gran pintor.
e. ¿Y esa amiga .... no puede venir a mi casa un día a ayudarnos?
f. Sí, tiene muchos discos ....

4 A1-B1 Your Spanish teacher has asked you to correct your classmate's work. Write the corrections in the blanks following the example.

→ Estoy supercontento. El Museo de Arte Contemporáneo de Lima va a comprar un cuadro de mí.

1. No sé qué leer. ¿Me prestas un libro de ti?
2. ¿Ese es profesor de ustedes? Increíble, pero si es jovencísimo.
3. ¿Pero qué hace un zapato de ti en el refrigerador?
4. Toma, un regalo, una foto de nosotros, la última que tenemos.

→ un cuadro mío
1. ....
2. ....
3. ....
4. ....

C *Un amigo mío / Mi amigo.*

■ With ***mío, tuyo, suyo...***, as with other adjectives (*familiar, español, europeo, etc.*), we indicate that an object (or various) is part of a larger group of things related to something or someone:

- *Esther es vecina **nuestra**.*
  [She is part of the group of our neighbors.]
- *He encontrado fotografías **suyas***.*
  [An unspecified number of photos that are either yours (or taken by you) or theirs (or taken by them).]
- *Tres profesores **míos** hablan chino.*
  [Three of my teachers. I may have more.]
- *Una novela **suya*** ha ganado el premio.*
  [One of the novels that you (or he/she/they) have written. There may be more.]

* ***Suyo/a/os/as*** can refer to yours (*de usted/ustedes*) or his/hers/theirs (*de él/ella/ellos/ellas*)

■ With ***mi, tu, su...*** we refer to things that can be identified among all other things because of their relationship with something or somebody, there are no more or they are the only ones we have mentioned:

- *Esther es **nuestra** vecina.*
  [She is the only person identified as our neighbor.]
- *He encontrado **sus** fotografías.*
  [The photos, that are either yours (or taken by you) or his/hers/theirs (or taken by him/her/them), are the only ones we have mentioned.]
- ***Mis** tres profesores hablan chino.*
  [The three teachers that I have or the three that I have mentioned.]
- ***Su** novela ganó el premio.*
  [The only one he/she (or you/they) has written, the one that was entered for the prize, the one that we have mentioned.]

Mañana viene Lena Mercadal, **una** amiga **mía** de Menorca.

[We have not mentioned her before.]

Mira, esta es Lena Mercadal.

Ah, sí, **tu** amiga de Menorca. Encantado.

[We have mentioned her before.]

Esta es Paula, **mi** amiga.
¿Novia?, ¿amante? ¿solo tiene una amiga?...

[We have not mentioned Paula before. She is special for some reason...]

■ Possessives **before the noun** determine the noun and cannot combine with articles or demonstratives:

- ***Su** tío ha llamado. / **Un** tío **suyo** ha llamado.* ~~Un su~~ tío ha llamado.
- ***Ese** teléfono está sonando. / **Nuestro** teléfono está sonando.* ~~Ese nuestro~~ teléfono está sonando.
- *¿Fuiste con **tu** auto? / ¿Fuiste con **el** auto?* ¿Fuiste con ~~el tu~~ auto?

■ Possessives **after the noun** do combine with articles or demonstratives:

- *La computadora **suya** de la otra oficina es mucho más rápida.*
- *El otro día nos llamó un compañero **nuestro** de la escuela.*
- *No soporto esa manía **tuya** de gritar.*

→ **5.** Articles
→ **6.** Demonstratives

5 A2-B1 **Complete the sentences by following the example.**

→ Vinieron todos sus hermanos.
a. hermanos suyos
(b.) sus hermanos

1. .... vive en Nueva York y la otra en Vancouver.
a. Una hermana mía
b. Mi hermana

2. Me gustan mucho .... Tienen un color muy lindo.
a. ojos tuyos
b. tus ojos

3. Perdona, ¿puedes darle esto a ....?
a. compañero de apartamento tuyo
b. tu compañero de apartamento

4. Todos tuvimos que escribir .... en una lista para poder entrar.
a. nombres nuestros
b. nuestros nombres

5. ● Es un director de cine muy importante, ¿sabes?
○ Me gustaría ver ....
a. su película
b. alguna película suya

6. Yo no estoy de acuerdo, pero es .... Tú decides.
a. vida tuya
b. tu vida

7. Aquí tienes .... que estaban en mi casa. Hay más, pero no podía traértelos todos.
a. estos libros tuyos
b. tus libros

6 B1-B2 **There has been a robbery on the Occident Express. Complete the text by filling in the blanks with the right possessives.**

Marquesa de Montefosco: ¡Qué desgracia! Esto es terrible. Se llevaron → mis joyas —, todos (1) .... camisones de seda .... y (2) .... dentadura postiza ....

El Duque y la Duquesa de Aguasturbias: Pues nosotros perdimos todo el equipaje: (3) .... dieciocho maletas ...., (4) .... seis abrigos .... y (5) .... gorros de dormir .... Estamos desolados.

La Marquesa: Querido Duque, ¿y (6) .... magnífica colección de pipas .... ? ¿Está a salvo?

El Duque: Lamentablemente, no. También desapareció. Y la sortija de diamantes que le regalé a (7) .... esposa .... con motivo de (8) .... último cumpleaños ....

La Duquesa: Guillermo, te olvidas de (9) .... computadora portátil .... y de (10) .... doce palos de golf preferidos ....

Hércules Jolms: Cálmense. Parece que se han encontrado algunos (11) .... objetos .... en la Estación de Cusco. Señor Duque, ha aparecido (12) .... computadora ...., con documentos bastante comprometedores, por cierto.

El Duque: No sé a qué se refiere.

Hércules Jolms: Hay varios (13) .... poemas .... dedicados a la Marquesa de Montefosco. También encontramos algunas (14) .... joyas ...., Señora Marquesa, junto con (15) .... sortija ...., Señora Duquesa. Dos (16) .... pipas .... y (17) .... doce palos de golf .... estaban en los servicios de la estación, señor Duque. Hay otro asunto delicado: dos (18) .... camisones ...., Señora Marquesa, estaban en una (19) .... maleta ...., Señor Duque.

La Duquesa: Ahora lo comprendo todo: Querida Marquesa, aquí tiene (20) .... dentadura postiza .... La encontré en el bolsillo de (21) .... bata ...., Guillermo.

D Without a noun: *Tu casa es hermosa, pero la mía es más grande.*

■ We use ***el mío***, ***el tuyo***, ***el suyo***, etc. when it is not necessary to use the noun with the possessive because we already know what we are referring to:

- *¿Con qué lavas tus sábanas? Están más limpias que **las mías**.* [my sheets]
- *Mi sillón es más cómodo que **el tuyo**.* [your armchair]
- *Le presté la moto a mi hermano, **la suya** no funciona.* [his motorcycle]
- *Ustedes van en su auto y nosotros en **el nuestro**, ¿sí?* [our car]

8. Indefinite Quantifiers: *todos, algunos, alguien, nada, otros...*

A *Algún estudiante, ninguna casa, todos los días...*

■ These quantifiers are used to talk about **objects that we select from a group**. They always refer to a noun that expresses the **type** of person or thing we are talking about:

ALGUNO/-A/-OS/-AS	NINGUNO/-A/-OS/-AS	TODOS/-AS
One or more objects from a group, without specifying which or how many. • *Se comieron **algún** bombón.* • *Dejaron **algunos**.*	Nothing (ø) from a group. • *No se comieron **ningún** bombón.* • *No abrieron **ninguno**.*	The whole group. • *Se comieron **todos** los bombones.* • *Los abrieron **todos**.*

Before a masculine singular noun, ***alguno*** and ***ninguno*** are shortened to ***algún*** and ***ningún***:

Algún lápiz  ***Ningún lápiz*** 

■ These forms **agree** with the noun they refer to in both gender and number:

Algún** muchacho / **alguno	***Ningún** muchacho / **ninguno***	***Todos** los muchachos*
***Alguna** muchacha*	***Ninguna** muchacha*	***Todas** las muchachas*
***Algunos** muchachos*	***Ningunos** pantalones*	
***Algunas** muchachas*	***Ningunas** tijeras*	

Ningunos/-as is only used with nouns that we don't normally refer to in the singular form: *pantalones, tijeras, binoculares, lentes,* etc. With nouns that have a singular (*muchacho*) and a plural (*muchachos*) we use ***ninguno/-a***.

■ We can also use these forms **with or without the noun** that they refer to when we already know which noun we are talking about:

- *¿Tienen **alguna** pregunta?*
- *No, **ninguna**. Está todo clarísimo.*
- *No conozco a **ningún** cantante chileno.*
- *¿En serio? ¿A **ninguno**?*
- *Solo tengo cuatro amigos y **todos** son muy simpáticos.*

■ ***Alguno/-a/-os/-as*** and ***ninguno/-a*** are used without a noun and with the preposition ***de*** when we mention the group that we are selecting the objects from:

- ***Algunas** de las preguntas que nos hizo eran muy difíciles.*
- ***Ninguno** de esos discos es mío.*

1 A1-A2 **Complete the answers of three competitors in a television memory game, following the example. Pay attention to gender and number.**

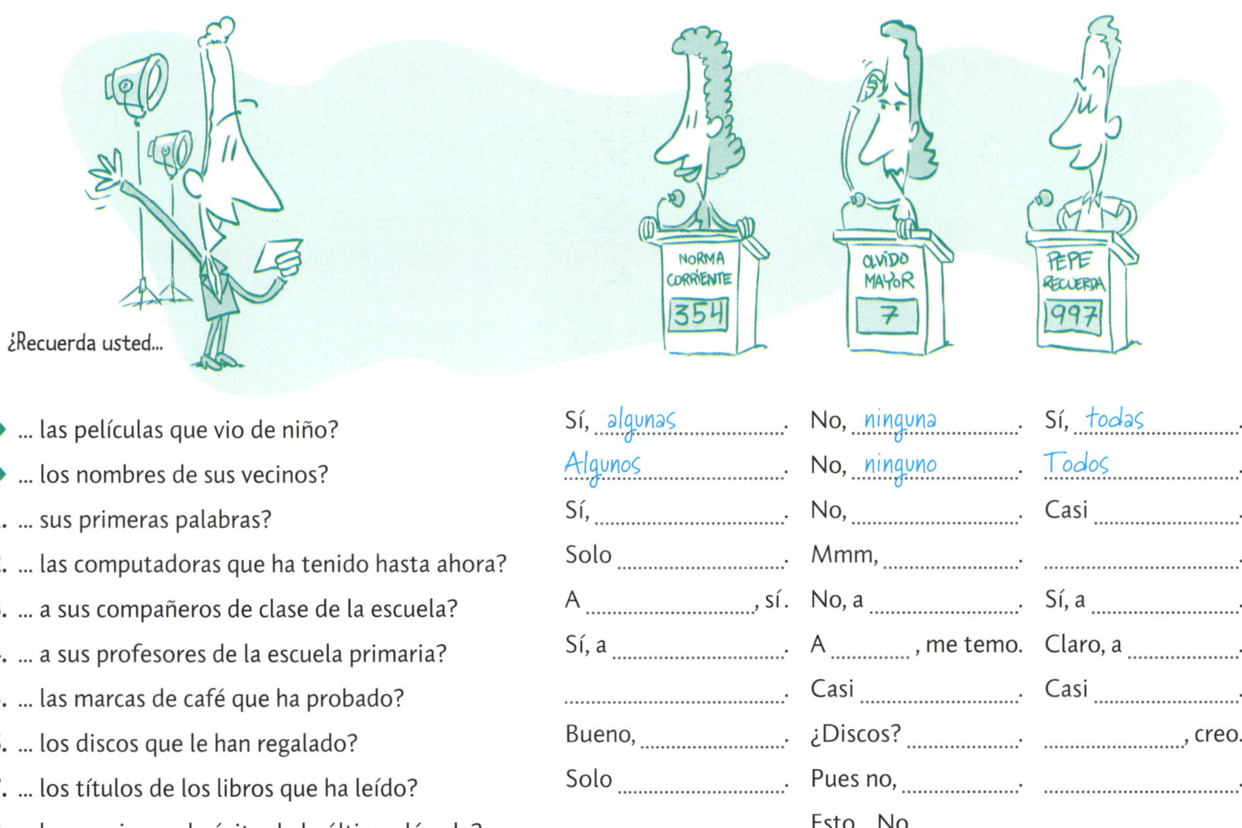

→ ... las películas que vio de niño?	Sí, algunas.	No, ninguna.	Sí, todas.
→ ... los nombres de sus vecinos?	Algunos.	No, ninguno.	Todos.
1. ... sus primeras palabras?	Sí, ...	No, ...	Casi ....
2. ... las computadoras que ha tenido hasta ahora?	Solo	Mmm, ...	....
3. ... a sus compañeros de clase de la escuela?	A ...., sí.	No, a	Sí, a ....
4. ... a sus profesores de la escuela primaria?	Sí, a	A ...., me temo.	Claro, a ....
5. ... las marcas de café que ha probado?	....	Casi	Casi ....
6. ... los discos que le han regalado?	Bueno, ...	¿Discos?	.........., creo.
7. ... los títulos de los libros que ha leído?	Solo	Pues no, ...	....
8. ... las canciones de éxito de la última década?	....	Esto... No, ...	....

2 A1-B1 **Fill in the blanks with the correct form of the indefinite from the box.**

alguna	algunas	algunos	algún ✓	algún	algún	ningún	ningún	ninguno	todas	todos

→ ¿Tienes algún día libre la semana que viene?

1. No entiendo .... cosas de este libro. ¿Puedes ayudarme?
2. .... jóvenes son muy responsables, más que los adultos a veces.
3. Te puedes llevar .... los diccionarios. No necesito ....
4. No me gustan las golosinas ni los helados. .... dulce me gusta.
5. ¿Qué te pasa? ¿Tienes .... problema?
6. Cuidado con el horno. En .... caso debes tocar el vidrio. Está muy caliente.
7. A Jaime le gustan .... las películas de ciencia ficción.
8. Si necesitas .... chaqueta, yo te puedo prestar una.
9. Si en .... momento necesitas ayuda, llámame y voy inmediatamente.

3 A2-B1 **Ana María Flores went to a school reunion. Complete with *todos, todas, algunos, algunas, ninguno, ninguna.***

→ Todos, sin excepción, estamos más viejos. ¡Cómo pasa el tiempo! (1) .... se quedaron calvos, aunque Fernando Dávila conserva su hermoso pelo...; (2) .... de nosotros ya usan lentes. Otros, todavía no. Pero (3) .... es muy diferente a como era. Vi (4) .... embarazadas también. En general, (5) .... las mujeres estamos mejor que los hombres, la verdad. (6) .... ya se divorciaron, creo que Juan Manuel Salinas y Patricia Aguirre, y vinieron a la fiesta con sus segundas parejas. Es curioso, pero (7) .... de ellos vive en el extranjero, (8) .... se quedaron en Bolivia. Solo yo vivo fuera. (9) .... las mujeres, sin excepción, trabajamos. Es una suerte. Sin embargo, no (10) .... los hombres tienen trabajo. (11) .... están en paro.

B *Alguien, nadie; algo, nada; todo.*

■ These quantifiers are used as nouns and refer to **people** (*alguien, nadie*) or **things** (*algo, nada, todo*) **without specifying which type of person or thing we are talking about**:

ALGUIEN [somebody]	NADIE [nobody]	ALGO [something]	NADA [nothing]	TODO [everything]

*Veo a **alguien**.*	*No veo a **nadie**.*	*Veo **algo**.*	*No veo **nada**.*	*Lo veo **todo**.*

■ ***Alguien**, **nadie**, **algo**, **nada*** and ***todo*** never change and they are **always in the masculine singular form**:

- *¡Hola! ¿Hay **alguien** despierto?*
  [We could be talking about a man, a woman, several men, several women...]
- *Tenía **algo** rojo en la mano.*
  [We could be talking about a toy, a ball, several pencils, several cherries...]
- *Me gusta este libro. **Todo** está muy claro.*
  [We could be talking about the text, the layout, the examples...]

4 A1-A2 **Fill in the blanks with the most suitable adjective in its correct gender.**

rápido/-a	sincero/-a	barato/-a	holgazán/a	perfecto/-a ✓	negro/-a

→ No importa. Fue un error, **nadie** es perfecto.

1. Una **persona** .... es alguien que no quiere trabajar mucho.
2. **Algo** que es tan .... no puede ser de buena calidad.
3. Eres demasiado pesimista, **todo** lo ves siempre ....
4. **Alguien** .... es una persona que siempre dice la verdad.
5. **Nada** es más .... que la velocidad de la luz.

5 A2-B1 **This is a fragment of the script from a detective film. Complete with the words *alguien, nadie, algo, nada* or *todo*.**

→ Alguien pone, con mucho cuidado, (1) .... en el bolso de la agente 069, Laura Ladrón. (2) .... se da cuenta: ni su compañero, el agente Cortés, ni su ayudante. Cuando la agente abre el bolso, ve que dentro hay (3) .... muy extraño, pero no dice (4) ...., porque Cortés siempre quiere saber (5) .... lo que ella hace. La agente cierra el bolso y va a su auto. Allí abre el bolso, pero ya no hay (6) .... El paquete ya no está. Laura se pone muy nerviosa y, de repente, ve que en el asiento de atrás hay (7) .... Es el conocido Manazas, un ayudante del mafioso Gil.

● ¿Estás buscando (8) ....?

○ No, no busco (9) ....

● Tengo un mensaje de mi jefe para ti. Tiene (10) .... que decirte. Tienes que ir a su casa hoy en la tarde, pero sola; (11) .... puede acompañarte.

○ ¿Y por qué tengo que ir a verlo? Gil es un mafioso y no tengo (12) .... que decirle.

● Pero Gil te interesa mucho. Tiene información sobre (13) ...., sobre una persona que estás buscando. A las cinco y media en su casa, sola, sin (14) .... ¿Lo entendiste (15) ....?

○ Sí.

● Toma, tengo (16)................ para ti.

Laura ve que Manazas le da (17) .... Es el paquete que antes estaba en su bolso.

6 A2-B1 **Fill in the blanks with the correct form of the words in the box.**

alguien	nadie	algo	nada	algún/-o (-a, -os, -as)	ningún/-o (-a, -os, -as)

→ ● Necesito otro pañuelo. ¿Tienes alguno más?
○ Lo siento. Ya no me queda ninguno. Si quieres una servilleta de papel...
● Bueno, algo es algo.

1. ● Es el primer día de clase y no conocí a .... de mis compañeros.
○ ¿No hablaste con ....?
● No, no dije .... en todo el día.

2. ● ¿Tienes .... para el dolor?
○ Pues me parece que no tengo .... Espera, sí, tengo aspirinas.
● ¿Sólo aspirinas?
○ Pues sí, mejor es .... que ...., ¿no?

3. ● ¿Tienes .... para decorar la ensalada? ¿Olivas, por ejemplo?
○ Sí, creo que tengo .... en el refrigerador.

4. ● ¿Quedan .... galletas? Estaban muy ricas.
○ Pues creo que no. Miré hace un momento y no quedaba ....

5. ● ¿Llamó ....?
○ Sí.
● ¿Quién era?
○ No me lo dijo. .... amigo tuyo, supongo.

6. ● Esta sopa necesita .... más. ¿Hay tomates?
○ Pues la verdad es que no queda .... tomate.
● ¿En serio? ¿..................? ¿Y cebolla?
○ Ni tomates ni cebolla. No queda ....

7. ● ¡Buen día! Estaba buscando .... para una fiesta.
○ Muy bien. Tenemos unos conjuntos muy modernos y unos vestidos realmente bellos.
● ¿Puede enseñarme .... barato?
○ ¿.................. vestido o .... conjunto?

8. ● ¿Crees realmente que tus compañeros de trabajo te odian?
○ Todos, todos, no. Pero .... sí.
● Pero, ¿tú les hiciste .... malo?
○ ¿Yo? No, ... Bueno, a .... de ellos, ... vez, puede ser, sin querer.

C Double negative: *No hay ninguno; no hay nadie; no hay nada.*

■ The negative forms ***nadie***, ***nada*** o ***ningún***/-o (***-a, -os, -as***) can go **before or after the verb. If they go after**, it is also necessary to include a **negative before the verb**:

- ***Ningún*** *problema es grave.* BUT: ***No*** *existe* ***ningún*** *problema grave.* ~~Existe ningún problema grave.~~
- ***Nada*** *le parece bien.* BUT: ***No*** *le parece bien* ***nada***. ~~Le parece bien nada.~~
- ***Nadie*** *me comprende.* BUT: ***No*** *me comprende* ***nadie***. ~~Me comprende nadie.~~

■ In Spanish, some kind of negative form must come before the verb. To do this, we use ***no*** together with **other forms that convey negative meaning** (a double negative):

No, ni, tampoco...	• ***No*** *me ha llamado* ***ningún*** *amigo.* ***Tampoco*** *me han hecho* ***ningún*** *regalo.* • ***Ni*** *me ha llamado* ***nadie ni*** *me han regalado* ***nada***.
Nunca, jamás...	• ***Nunca/Jamás*** *he tenido* ***ningún*** *problema con esa muchacha.* • ***Nunca/Jamás*** *he hecho* ***nada*** *malo ni he ofendido a* ***nadie***.
Nadie, nada...	• ***Nadie*** *ha dicho* ***nada*** *malo de vos.* • *Había mucha comida, pero* ***nada*** *le gustó a* ***nadie***.
Ningún/-o (***-a, -os, -as***)	• ***Ningún*** *empleado ha observado* ***ninguna*** *cosa extraña.* • *En* ***ningún*** *caso debes dejar* ***ninguna*** *ventana abierta.* • *Yo creo que en* ***ningún*** *momento he dicho* ***nada*** *en contra de ella, ¿no?* • *De* ***ningún*** *modo va a entrar* ***nadie*** *en esta casa.*

7 B1-B2 **Identify the four sentences that require a double negative and correct them following the example.**

→ Yo esperaba una visita, pero vino **nadie**. ......no vino nadie......

→ Si no lo dices, ninguno de ellos lo sabrá. ......✓......

1. A **nadie** le importan mis problemas. ....
2. Bueno, yo esperaba tu ayuda, pero si no puedes, pasa **nada**. ....
3. Llamé a Adriana, a Julia y a Tacho, pero **nadie** contestaba al teléfono. ....
4. Dicen que Sofía y aquel muchacho se besaron, pero yo vi **nada**. ....
5. Tiene cuatro gatos, pero quiere regalarme **ninguno**. ....
6. ¿Son hermanos? Se parecen en **nada**. ....

D *Otro, otra, otros, otras.*

■ ***Otro/-a/-os/-as*** refer to one or more different objects but of the same type:

¡Un billete!

¡**Otro** billete!

¡Qué bueno! ¡**Otros** dos!

¡Y **otro**!

- *¿Sabe si hay **otra** gasolinera por acá? La del centro está cerrada.*
  [The person is asking about a different gas station other than the one that they have just seen.]
- *¿Cambiaste de perfume? Creo que me gustaba más el **otro**.*
  [The previous perfume, different from the one the person is using now.]

■ These forms **agree in gender and number** with the noun that they refer to:

- *Tengo que buscar **otro** trabajo mejor.*
- *¡Qué cola! ¿No hay **otros** cajeros automáticos cerca?*
- *Si amas a Andrés, dale **otra** oportunidad.*
- *¿No tienen **otras** tijeras más baratas?*

■ When it is clear what the noun is, it is not necessary to repeat it:

- *Ya no vivo en ese apartamento. Ahora vivo en **otro**.*
- *Los Hidalgo tienen una casa en la costa y **otra** en la montaña.*

■ ***Otro/-a/-os/-as*** can combine with other determiners (demonstratives, possessives, definite articles, etc.) but **never** with ***un/-a/-os/-as***:

- *Hoy te llamaron **otras** dos clientes.*
- *Hay dos posibilidades: una, quedarnos en casa y la **otra**, salir.*
- *Es lindo, pero prefiero ese **otro**.*
- *El hijo mayor es muy simpático, pero sus **otros** hijos no.*

- *Dame **otro** café.* Dame ~~un otro~~ café.
- *Tienes que venir **otra** vez.* Tienes que venir ~~una otra~~ vez.

Cardinal numbers (dos, tres...) go **after *otros, otras***, not before.

Tengo ~~dos otros~~ trabajos para ti.
otros dos

8 A1-A2 **Isabel Préslez is a very demanding shopper. Match the sentences and complete them with *otro, otra, otros, otras*. Underline the noun that they refer to.**

→ Estas chaquetas son muy bellas, pero → ¿no tiene otras más baratas? No quiero gastar mucho.

1. ¡Oh, qué suéter tan lindo! Pero es un poco caro,
2. Me gusta muchísimo esta pulsera de plata, pero
3. Estas botas son bien hermosas, pero
4. ¡Qué pantalones tan increíbles! Pero

a. ¿no tiene .... más grande y más sofisticada?
b. ¿no tiene .... más barato? Es solo para hacer deporte.
c. ¿no tiene .... un poco más anchos y más oscuros?
d. ¿no tiene .... más elegantes? Negras, por ejemplo.

9 A2-B1 **There are special sales at the Mercatoma department store. When you buy a product, they give you more for free. Complete the ad, paying close attention to the number in parentheses.**

→ Si se lleva un perfume de señora, le regalamos (I) otro y si se lleva dos perfumes de caballero, le regalamos (III) otros tres.

1. Si se lleva unas medias, le regalamos (I) ....
2. Si se lleva tres libros, le regalamos (III) ....
3. Si se lleva un bañador, le regalamos (I) ....
4. Si se lleva dos cobijas, le regalamos (II) ....
5. Si se lleva una moderna máquina de afeitar, le regalamos (I) ....
6. Y si se lleva una calculadora, le regalamos (II) .... Así podrá calcular todo lo que se ha ahorrado.

10 A2-B1 **Vicenta writes to her brother Anselmo to tell him about the latest news from their hometown. Put the words in parentheses into the right order and cross out any elements that cannot be used in combination with *otro/-a/-os/-as*.**

De vicenta3@difu.com
Para anselmo76@difu.com
Asunto Novedades en Piedritas

Querido Anselmo:

Te escribo (una, vez, otra) (→) otra vez para contarte las últimas novedades en Piedritas. Papá y yo nos mudamos a (una, casa, ~~otra~~) (1) .... más pequeña en (otra, la, parte) (2) .... del pueblo. El tío Agapito ya no vive con su hijo Pancho, sino con (otra, su, hija) (3) ...., Elvira. Tu prima Felisa tuvo (hijos, otros, dos) (4) .... y están todos muy bien. La vaca también ha tenido (ternero, un, otro) (5) .... Tu hermano Aureliano compró (tres, casas, otras) (6) .... y quiere hacer un hotel y un restaurante para traer turistas a Piedritas. Y yo ya no salgo con Rogelio, sino con (muchacho, otro, aquel) (7) .... de Buenos Aires que conociste hace años. Ya ves que hay muchos cambios en el pueblo. ¿Cuándo piensas venir a vernos?

Un beso de tu hermana,

Vicenta

11 B1 **Apart from having relationship issues, Fránkez and Tristicia sometimes have trouble using *otro, otra, otros* and *otras*. Find the three errors and correct them, following the example.**

→ *Fránkez*: En las fiestas miras a ~~unos otros~~ muchachos. otros muchachos.

1. *Tristicia*: Estás celoso, ojitos de rana. Miro a otros, sí, pero no miro a nadie en especial. A mí los otros no me interesan. ....
2. *Fránkez*: ¿Por qué te fijas en unos otros si me tienes a mí? ....
3. *Tristicia*: Fránkez, yo no miro unos otros ojos, no miro otra boca, no miro otras manos. Yo solo te miro a ti. ....
4. *Fránkez*: Eso deseo yo, Tristicia. Porque tú eres mi dulce cucaracha y no hay en todo el mundo ninguna otra. Nunca podrá haber una otra. Solo te amo a ti. ....

9. Cardinal Numbers: *uno, dos, tres...*

Cardinal numbers are used to **express quantities**: ***un*** *globo*, ***dos*** *globos*, ***tres*** *globos.*

They always refer to a noun, but may also be used without one when **it is clear what we are talking about**:

- *Tengo **dos** entradas para el concierto, ¿y tú?*
- ○ *Yo tengo **tres**.*

A From 0 to 15.

0	***cero***	4	***cuatro***	8	***ocho***	12	***doce***
1	***uno***	5	***cinco***	9	***nueve***	13	***trece***
2	***dos***	6	***seis***	10	***diez***	14	***catorce***
3	***tres***	7	***siete***	11	***once***	15	***quince***

■ ***Uno, una*** have gender, and agree with the noun:

- *¿Qué desean?*
- ○ ***Una*** *limonada y dos tés, por favor.*

- *¿Cuántos tacos quieren?*
- ○ ***Uno.***

Uno changes to ***un*** before the noun:

- ***Un*** *té y tres cafés, por favor.*

1 A1 **Claudio is very jealous and always wants to outdo his friend Julio, doubling everything he does. Fill in the blanks writing the numbers in word form.**

→ Si Julio se come dos sándwiches, él se come cuatro sándwiches.

1. Si Julio se bebe cinco cafés, él se bebe .... cafés.
2. Si Julio se toma una limonada, él se bebe .... limonadas.
3. Si Julio juega a tres videojuegos, él juega a .... videojuegos.
4. Si Julio invita a seis amigos, él invita a .... amigos.
5. Si Julio se come siete empanadas, él se come .... empanadas.
6. Si Julio compra cuatro botellas de leche, él compra .... botellas de leche.
7. Si Julio ve cinco películas, él ve .... películas.
8. Si Julio se come dos platos de pasta, él se come .... platos de pasta.
9. Si Julio se cae una vez, él se cae .... veces.

2 A1-A2 **The following conversations between waiters and customers can be heard in *El Cafecito* bar. Write out the numbers, paying attention to *un, uno, una.***

→ ● Buenas tardes, quería (2) dos cafés y (1) un té con limón, por favor.

1. ○ ¿(2) .... tés?
   ● No, (1) ....
2. ● ¿Cuántas limonadas me dijo?
   ○ Solo (1) .... y (3) .... jugos de mango.
3. ● (1) .... jugo de piña, por favor. Y (1) .... horchata.
4. ● ¿Qué desean?
   ○ (1) .... sándwich de queso y (1) .... limonada.
5. ● ¿Cuántos cafés?
   ○ (3) .... : (2) .... expresos y (1) .... con leche.
6. ● ¿Cuánto es todo?
   ○ (2) .... sándwiches, (1) .... botella de agua y (1) .... vaso de leche. Un segundo, ahorita le digo.

 A1 Novice High; A2 Lower Intermediate, Intermediate Mid; B1 Intermediate Mid, Intermediate High; B2 Intermediate High, Advanced Low

3 A1-A2 **Help Jaime do his math homework.**

dos + uno = tres.................. | ....- dos = siete | diez + cuatro = ...
quince - ocho = ... | dos + nueve = ... | ....- tres = doce
nueve + cuatro = ... | trece - ....= siete | siete + cinco = ...

B From 16 to 99.

■ Numbers **16** to **29** are written as **a single word**:

16	*dieciséis*	20	*veinte*	25	*veinticinco*
17	*diecisiete*	21	*veintiuno*	26	*veintiséis*
18	*dieciocho*	22	*veintidós*	27	*veintisiete*
19	*diecinueve*	23	*veintitrés*	28	*veintiocho*
		24	*veinticuatro*	29	*veintinueve*

- *¿Cuántos años tienes?*
- ***Diecisiete**. ¿Y tú?*
- ***Veintitrés**.*

- *¿Qué día es hoy?*
- ***Diecinueve** de febrero.*

- *¿Cuánto cuestan esos cuadernos?*
- *Los grandes **veinticinco** dólares y los pequeños **dieciocho**.*

■ Numbers **31** to **99** are written as **two words** and joined together by ***y***:

			uno/a
30	*treinta*		*dos*
40	*cuarenta*		*tres*
50	*cincuenta*		*cuatro*
60	*sesenta*	*y*	*cinco*
70	*setenta*		*seis*
80	*ochenta*		*siete*
90	*noventa*		*ocho*
			nueve

- *Mi abuela Lupe tiene **ochenta y tres** años y mi abuelo **noventa**. La tía Amalia tiene unos **sesenta y cinco años** y su esposo, el tío Hernán, **setenta** o **setenta y dos**. Mi madre tiene **sesenta y siete** años. Mi hermana Silvia tiene **treinta y nueve** y Carlos, su exesposo, **treinta y dos**. Mi prima Eloísa, que está a la derecha, es la más joven del grupo: tiene **treinta** años.*

Remember that numbers ending in ***uno/una*** agree in gender with the noun. ***Uno*** changes to ***un*** before the noun:

- *Te has comido **treinta y una** galletas saladas. Te vas a enfermar.*
- *Carla cumple **veintiún** años pasado mañana.*

4 A1-A2 **All the following people were born on March 24. Imagine that today is March 24, 2026. How old is everybody? Write their ages in the blanks.**

→ Carmen, 24-03-1975: cincuenta y un................ años.
1. Dylan, 24-03-1923: .... años.
2. Celia, 24-03-1946: .... años.
3. Clara, 24-03-1958: .... años.
4. Marina, 24-03-1964: .... años.
5. Juan José, 24-03-1979: .... años.
6. Beatriz, 24-03-1981: .... años.
7. Pablo, 24-03-1977: .... años.

5 A1-A2 **Carla is moving and making a list of things to pack into boxes. Help her by filling the blanks. Pay attention to *un/una*.**

→ cuadros: 30 .... treinta cuadros

1. novelas: 71 ....
2. libros de arte: 63 ....
3. discos de jazz: 81 ....
4. discos de pop: 3 ....
5. sillas: 9 ....
6. cubiertos: 52 ....
7. plantas: 5 ....
8. lámparas: 2 ....

6 A1-A2 **Antoñito is learning to write numbers, but is having trouble. Can you help him? Fill in the blanks with the correct numbers.**

→ ~~veinte y dos~~: .... veintidós

1. diez y siete: ....
2. sietenta y nueve: ....
3. nueventa y seis: ....
4. treintaytrés: ....
5. vientiuno: ....
6. cuarentacinco: ....
7. seisenta y uno: ....
8. ochoenta y dos: ....

C From 100 to 999.

100	***cien; ciento...***
200	***doscientos/as***
300	***trescientos/as***
400	***cuatrocientos/as***
500	***quinientos/as***
600	***seiscientos/as***
700	***setecientos/as***
800	***ochocientos/as***
900	***novecientos/as***

- We only use ***cien*** when we refer to the exact number **100**:
  - *Doña Adela tiene **cien** años, ni uno más ni uno menos.*
- We use ***ciento*** in all other cases:
  - *Ese reloj cuesta **ciento dos** dólares.* [102]
  - *De Caracas a Valencia hay **ciento sesenta y siete** km.* [167]
  - *El noventa **por ciento** de la población está en contra de eso.* [90%]

  When we refer to approximate numbers we use ***cientos***:
  - *Había **cientos** de tortugas en la playa de Puntarenas.*
- The numbers from **200** to **999** agree with the noun which they refer to:
  - *Deme trescient**os** gramos de queso.*
  - *Necesito seiscient**as** cincuenta copias de este documento.*

  The hundreds (groups of 100 things) and the tens (groups of 10 things) are not joined together by ***y***:

  450 cuatrocientos cincuenta — cuatrocientos ~~y~~ cincuenta

  583 quinientos ochenta y tres — quinientos ~~y~~ ochenta y tres

7 A1-A2 **Anne and Julie are saving up for a trip. They make a note of the amounts saved in their notebooks (Anne in dollars and Julie in pounds). Help them by writing out the following numbers into the correct notebook with the digits next to each. Pay attention to the gender agreement.**

Cuaderno de Anne (dólares $):

Cuaderno de Julie (libras esterlinas £):

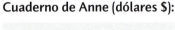

trescientas veintiuna (321)

Trescientas veintiuna ✓
Doscientos cincuenta
Seiscientas doce
Ochocientos
Setecientos dos
Quinientas treinta y una
Novecientos veintidós
Setecientas
Cuatrocientas cincuenta

8 A1-B1 **Help! It's the end of the month and there are lots of bills to pay. Write out the amounts in words.**

Alquiler: 999 dólares novecientos noventa y nueve
Electricidad: 281 dólares ....
Seguro de casa: 789 dólares ....
Celular: 411 dólares ....
Agua: 576 dólares ....
Farmacia: 125 dólares ....

D From 1.000 to 999.999.

■ The word ***mil*** does not change when talking about exact numbers:

1.000	2.000	3.000	10.000	100.000	500.000
mil	***dos mil***	***tres mil***	***diez mil***	***cien mil***	***quinientos/as mil***

- *1.635 $* *mil seiscien**tos** treinta y cinco dólares*
- *38.751 m²* *treinta y ocho mil setecien**tos** cincuenta y un metros cuadrados*
- *912.182 £* *novecien**tas** doce mil ciento ochenta y dos libras*

When we are talking about approximate numbers we use ***miles***:

- *Había **miles** de personas en el concierto.*

9 A2-B1 **Write the following numbers in reverse order, following the example.**

Dos mil trescientos veintiuno.
Mil doscientos treinta y dos.

→ (2.321) dos mil trescientos veintiuno (1.232) mil doscientos treinta y dos
1. (9.714) nueve mil setecientos catorce ....
2. (76.159) setenta y seis mil ciento cincuenta y nueve ....
3. (1.205) mil doscientos cinco ....
4. (48.118) cuarenta y ocho mil ciento dieciocho ....
5. (10.913) diez mil novecientos trece ....
6. (23.472) veintitrés mil cuatrocientos setenta y dos ....

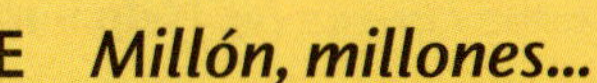

E *Millón, millones...*

■ The word ***millón*** is only used in the singular when talking about ***1 millón***. To talk about more than one million we use the plural: ***millones***.

1.000.000	2.000.000	10.000.000	100.000.000	200.000.000	1.000.000.000
un millón	***dos millones***	***diez millones***	***cien millones***	***doscientos millones***	***mil millones***

Millón is a masculine noun and therefore the hundreds (***doscientos, cuatrocientos***...) that precede it will always be in the masculine:

- *200.340.000 personas: doscien**tos** millones trescien**tas** cuarenta mil personas.*
- *700.278.000 palabras: setecien**tos** millones doscien**tas** setenta y ocho mil palabras.*

■ When the words ***millón*** or ***millones*** are immediately followed by a noun, they take the preposition ***de***:

- *Más de quinientos **millones de** personas hablan español.*
- ***Un millón de** turistas han visitado Punta Cana este año.*

*Un millón **cien mil** turistas han visitado Punta Cana este año.*

■ In Spanish, a ***billón*** (1.000.000.000.000) is a million million, and is therefore written with 12 zeros.

10 A2-B1 **You are working on the *Gran Enciclopedia Panhispánica*. You have the population data for these countries. Fill in the blanks, writing out the number of inhabitants.**

País	Habitantes	
→ Argentina	44.938.712	Cuarenta y cuatro millones novecientos treinta y ocho mil setecientos doce habitantes
1. México	127.575.529	....
2. Chile	18.952.038	....
3. España	47.076.781	....
4. Perú	32.510.453	....
5. Cuba	11.333.483	....
6. Venezuela	28.515.829	....

F How to say numbers in Spanish.

- **345** $ = *trescien**tos** cuarenta **y** cinco dólares.*
- **579** *personas = quinien**tas** setenta **y** nueve personas.*

When talking about ***thousands***, you say the number in two halves:

- **96.345** $ = *noventa **y** seis **mil** // trescien**tos** cuarenta **y** cinco dólares.*
- **269.579** *personas = doscien**tas** sesenta **y** nueve **mil** // quinien**tas** setenta **y** nueve personas.*

When talking about ***millions***, you pause after *millón/-es* and again after *mil/miles*:

- **204.796.345** $ = *doscien**tos** cuatro millones // setecien**tos** noventa **y** seis **mil** // trescien**tos** cuarenta **y** cinco dólares.*

You only use *y* to connect the tens and numbers

325. 456. 815
Trescientos veinticinco millones cuatrocientos/as cincuenta y seis mil ochocientos/as quince

[Hundreds of millions are always masculine (-*os*) because they agree with the word *millones*.]

[In the plural, hundreds of thousands and hundreds agree with the noun (-*os*/-*as*).]

11 B1-B2 **Andrew has a problem writing numbers: he does not know when to write the *i griega (y)*. Help him by crossing the *y* out when it isn't necessary. Then write the number in digits, following the example.**

→ Trescientos ~~y~~ veinte mil seiscientos ~~y~~ treinta y siete ...320.637...
1. Cuarenta y dos mil ciento y cinco ....
2. Tres millones y ochenta y ocho mil trescientos y cuarenta y seis ....
3. Cuatrocientos y cinco mil sesenta y uno ....
4. Cincuenta y nueve mil y once ....
5. Noventa y dos mil trescientos y quince ....
6. Ochocientos y cinco mil quinientos y ochenta ....
7. Trescientos y veintiséis ....
8. Setecientos y setenta mil ....
9. Cien mil y doscientos y ochenta y ocho ....

12 B1-B2 **Read the following text about the island of Golandia. Complete the half-written figures using the numbers in the box.**

Golandia tiene una superficie de ...seiscientos... quince ...mil... km² y un total de dos millones .... habitantes. La capital, Gola City, está situada al norte del país y tiene .... trescientos habitantes; la segunda ciudad importante de Golandia es Rúcola, con .... siete .... habitantes. El monte principal de la isla es El Golón, con una altura de .... y ocho metros, y tiene dos ríos principales: el Gologolo, de .... setenta .... kilómetros, y el Golín, de doscientos .... kilómetros.

4.058
615.000
849.300
235
307.000
2.565.000
479

10. Ordinal Numbers: *primero, segundo, tercero...*

A Meaning and forms.

- Ordinal numbers express **order** in a series:
  - *La **primera** novela de Isabel Allende me gustó mucho más que la **segunda**.*
  - *De los seis hijos del doctor Muñoz, solo el **segundo** y la **cuarta** son médicos.*

- These are the most commonly used ordinal numbers in Spanish:

1.º	*primero/a*	6.º	*sexto/a*	The masculine forms are written with a floating º symbol after the number: 1.º, 5.º, 10.º ...
2.º	*segundo/a*	7.º	*séptimo/a*	
3.º	*tercero/a*	8.º	*octavo/a*	The feminine forms have a floating ª symbol 2.ª, 4.ª, 7.ª...
4.º	*cuarto/a*	9.º	*noveno/a*	
5.º	*quinto/a*	10.º	*décimo/a*	

Before a masculine noun, ***primero*** and ***tercero*** use a shortened form: ***primer*** and ***tercer***.

- *Mira, este es mi **primer** trabajo con la nueva computadora.*
- *Este es el **tercer** año que vivimos en el extranjero.*

The feminine forms, ***primera*** and ***tercera***, do not change:

- *Vivís en la **primera** puerta de la **tercera** planta, ¿verdad?*

→ **4.** Adjectives

- In spoken language, ordinal numbers are generally used up to 10º. For higher ordinal numbers, the corresponding cardinal numbers are used:

- *La oficina está en el **primer** piso.*
- *La **cuarta** sinfonía de Mahler.*
- *Batió el récord en el **tercer** intento.*

BUT:

- *Vivimos en el piso **quince** de ese edificio.*
- *La sinfonía **cuarenta** de Mozart.*
- *Ganó la edición **treinta y dos** del Festival de la OTI.*

→ **9.** Cardinal Numbers

1 A1-A2 **The Blanco Moreno family has lots of children. Look at their ages and put them in order using ordinal numbers.**

Carlos tiene 25 años, María 18 y Juan 15. Francisco, no me acuerdo, pero es mayor que María y menor que Carlos. Laurita tiene 27 y Ana, la mayor, un año más. El más pequeño es Ricardo, que tiene 12 años.

Ana fue la → primera en nacer; Carlos es el .... ; María es la .... ; Juan es el ...., Francisco es el .... ; Laura es la .... y Ricardo es el ....

2 A1-A2 **The What's On section of the newspaper has information about the following cultural events. Write the ordinal numbers in words. Pay attention to the agreement.**

→ 7.º Séptimo Premio de Novela Histórica "Simón Bolívar"
1. 2.ª .... Exposición de Pintura de artistas locales
2. 9.º .... Festival de la Canción Popular
3. 8.º .... Concurso de Cocina "Sabores"
4. 1.ª .... Convención Provincial de Cómics
5. 3.er .... Concurso de Charango Ritmos del Sur
6. 4.ª .... Edición del Premio "Poesía Soy Yo"
7. 3.ª .... Exhibición de Bachata en Parque Colón
8. 1.er .... Congreso Nacional de Alimentación Ecológica y Agroturismo

3 A1-B1 **Write the corresponding ordinal or cardinal numbers next to the following kings and queens.**

→ Maximiliano I: *Maximiliano primero* [1]
1. Carlos IV: .... [4]
2. Felipe VI: .... [6]
3. Alfonso X: .... [10]
4. Isabel II: .... [2]
5. Alfonso XIII: .... [13]

B Position and agreement.

- Ordinal numbers agree with the noun in gender and number:
  - *Vivo en el **cuarto** piso, **segunda** puerta.*
  - *Las **primeras** computadoras que tuve eran muy lentas.*
- They are used with determiners:
  - *Mi **primera** sobrina se llama Carlota y el **segundo** sobrino, Arnaldo.*
- When used with nouns, they generally go before:
  - *¡Bien! Hoy es el **primer** día de las vacaciones...*
- It is not necessary to use the noun when it is clear what we are talking about:
  - *Esta es la **primera** casa de Luis Barragán en Ciudad de México. Y esta, la **segunda**.*

→ **4.** Adjectives

4 A1-A2 **Look at this week's concert program of the Orquesta Filarmónica de Medellín and complete the text. Pay attention to the agreement between ordinal numbers and nouns.**

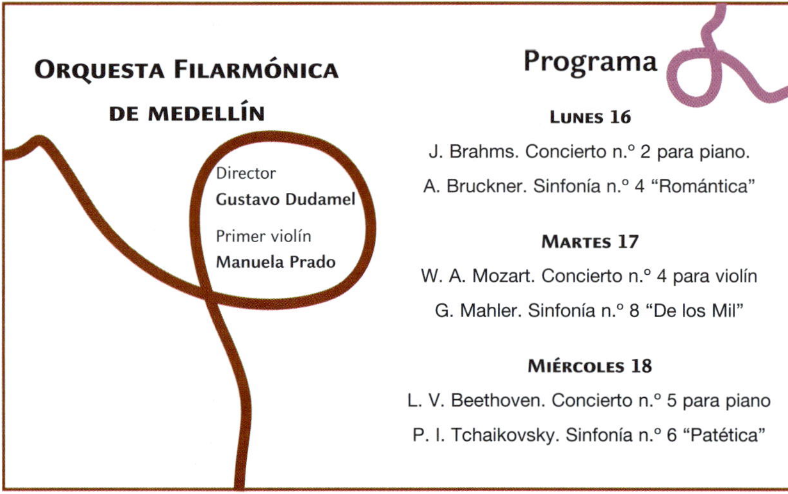

El → *primer* día, la orquesta va a tocar el .... concierto para piano de Brahms y la .... sinfonía de Bruckner. El .... día, el .... concierto de violín de Mozart y la .... sinfonía de Mahler. Y el .... día va a tocar el .... concierto para piano de Beethoven y la .... sinfonía de Tchaikovsky.

C Uses.

- Ordinal numbers are used to **indicate the order of things in a sequence** (in space and time):

To refer to the days of the month we use cardinal numbers, except for the first day of the month when an ordinal number is used:
- *Llegué el **primero** de enero, pero empecé a trabajar el cinco de ese mes.*

¿Dónde quedan los baños?
La **segunda** puerta a la derecha.

Recuerdo perfectamente la **primera** vez que viajé en avión.

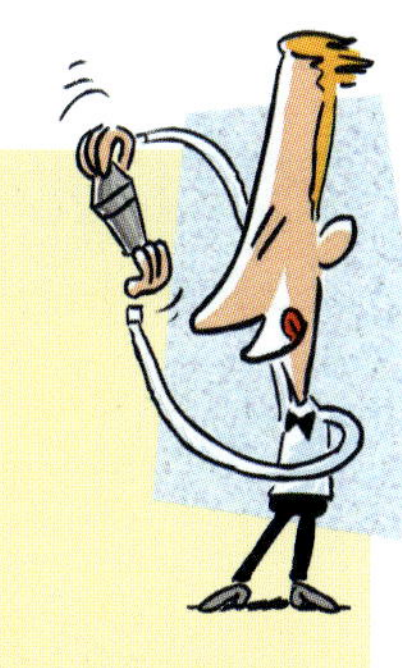

- To order the sequence of events in a text, we can use ***primero*, *segundo*, *tercero*...**
  - *¿Cómo preparas un San Francisco?*
  - *Pues, **primero*** [first of all...] *lleno la mitad de la coctelera con hielo y echo jugo de naranja, de piña y de melocotón. **Segundo,*** [After that...] *agito bien durante 30 segundos. **Tercero,*** [Next...] *pongo azúcar en un plato y dejo el borde del vaso unos segundos sobre el azúcar. Y, **cuarto,*** [then...] *lleno los vasos y pongo un trozo de naranja en el borde del vaso y una cereza dentro.*

5 A1-A2 **This recipe for scrambled eggs (*huevos revueltos*) is not right. Put the instructions in the correct order.**

.... se echan los huevos batidos en la sartén y se revuelven.

.... se pone a calentar un poco de aceite en la sartén.

....Primero,.... se cascan los huevos.

.... se baten los huevos con un poco de sal y pimienta.

D Ordinals from 10.º upwards.

- In formal language, ordinal numbers are used from 10.º upwards to refer to:

Events

- *Duodécima (12.ª) Asamblea de Astrología.*
- *Vigésimo cuarto (24.º) Encuentro Nacional de Libreros.*

Anniversaries

- *Trigésimo (30.º) aniversario de la muerte del poeta Octavio Paz.*
- *Undécimo (11.º) aniversario de la Sociedad Bonaerense de Psicología.*

Position in a series

- *España asciende al vigésimo (20.º) puesto de los países desarrollados.*
- *Décimo octavo (18.º) día de guerra en Afganistán.*
- *El corredor ecuatoriano llegó en el puesto trigésimo tercero (33.º).*

11.º	***undécimo/a***
12.º	***duodécimo/a***
13.º	***décimo tercero/a***
14.º	***décimo cuarto/a***
15.º	***décimo quinto/a***
...	...
20.º	***vigésimo/a***
30.º	***trigésimo/a***
40.º	***cuadragésimo/a***
50.º	***quincuagésimo/a***
60.º	***sexagésimo/a***
70.º	***septuagésimo/a***
80.º	***octogésimo/a***
90.º	***nonagésimo/a***

6 B1-B2 **Write the numbers in figures next to the following ordinals.**

→ Vigésimo séptimo: 27.º

1. Sexagésimo noveno: ....

2. Cuadragésimo sexto: ....

3. Nonagésimo primero: ....

4. Décimo octavo: ....

5. Undécimo: ....

6. Octogésimo segundo: ....

7. Septuagésimo sexto: ....

8. Trigésimo cuarto: ....

9. Quincuagésimo: ....

10. Duodécimo: ....

11. Nonagésimo noveno: ....

7 B1-B2 **Write the missing ordinals in the following newspaper headlines. Pay attention to the masculine and feminine nouns.**

→ Un corredor bengalí gana la (22.ª) ....vigésimo segunda.... carrera popular de Chapultepec.

1. Se reúne la comisión para la celebración del (45.º) .... aniversario del descubrimiento de la isla de Tacri.

2. El (26.º) .... Congreso de Medicina Natural tendrá lugar en Boston, en marzo.

3. La novelista Alameda Robles gana la (19.ª) .... edición del Premio Ciudad de Cali.

4. Nito Fons llega a la meta en la (31.ª) .... posición.

11. Quantifiers: *demasiado, mucho, bastante...*

Quantifiers are used to **modify the intensity or the quantity** of a noun, an adjective, a verb or some adverbs.

A With nouns: *mucho chocolate / muchas galletas.*

UNCOUNTABLE NOUNS

***Demasiado** chocolate*

***Mucho** chocolate*

***Bastante** chocolate*
[enough]

***Poco** chocolate*
[not enough]

***Nada de** chocolate*

COUNTABLE NOUNS

***Demasiadas** galletas*

***Muchas** galletas*

***Bastantes** galletas*
[enough]

***Pocas** galletas*
[not enough]

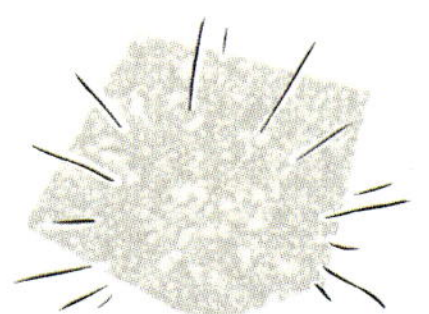

***Ninguna** galleta*
***Ningún** plato*

■ With nouns, quantifiers (with the exception of ***nada de***) behave like adjectives: ***demasiado***, ***mucho***, ***poco*** and ***ningún*** agree in gender and number, but ***bastante*** only agrees in number. These forms may be used without a noun when it is clear what we are talking about:

- *¿Tenemos **bastantes** cervezas para todos?*
- *Sí, en el refrigerador hay **muchas**.*
- *Yo pensaba que había **pocas**.*

- *Apúrate. Tenemos **poco** tiempo.*
- *Tenemos **bastante**. Todavía nos queda una hora.*
- *Sí, pero hay **mucho** tráfico. No te demores.*

→ **8.** Indefinite Quantifiers

1 A1-A2 **Describe the drawings using the quantifiers *nada de/ningún, poco, bastante, mucho* and *demasiado*. Pay attention to the agreement between quantifier and noun.**

→ Hay poca agua y muchos cubitos.
1. ....
2. ....
3. ....
4. ....

2 A1-B1 Complete with *ningún, ninguna* or *nada de*. Bear in mind whether the noun is countable or not.

→ No hay nada de agua y tampoco queda ningún vaso.
1. Puedes tomarlo. No tiene .... cafeína.
2. No puedo comprarlo. No tengo .... dinero.
3. Ya no queda .... botella de aceite.
4. Este mes no tengo .... examen.
5. Me gusta más así, sin .... azúcar.
6. No tengo .... comentario.
7. Pues ya no hay .... posibilidad más.

B *Poco / un poco de*: *Hay un poco de comida, pero hay poca bebida.*

■ Used with uncountable nouns, ***poco*** and ***un poco de*** express a small quantity. When we use ***poco*** we are focusing on what there isn't. When we use ***un poco de*** we are focusing on what there is. In other words, with ***poco*** we express a negative way of looking at quantity, and with ***un poco de*** we offer a more positive view.

No hay mucha limonada pero **hay**.
Hay **un poco de** limonada. Podemos probarla.
Hay **poca** limonada. No hay para los dos.
Hay limonada, pero **no suficiente**.

:

Poco/a/os/as agree with the noun. ***Un poco de*** does not change:

- *Queda **poca** leche.*
- *Dame **un poco de** leche.* ~~Dame una poca de leche.~~

3 A2-B1 The Rodríguez family finds it very difficult to write a shopping list. Bonifacio, the husband, always notices what they have, whereas his wife, Dolores, always notices what is missing. Fill in the blanks with the correct names.

Hay un poco de pollo en el refrigerador. → Bonifacio

Nos queda un poco de leche. 1. ....

Hay poco vinagre. 2. ....

Hay muy poco tomate frito. 3. ....

Queda un poco de chorizo. 4. ....

Hay un poco de fruta. 5. ....

Tenemos poco atún. 6. ....

Hay poca mantequilla de maní. 7. ....

4 A2-B1 Fill in the blanks with un *poco de* or with *poco, poca, pocos, pocas*.

→ No veo casi nada. Hay poca luz.
1. Todavía puedo leer. Hay .... luz.
2. La sopa está insípida. Creo que tiene .... sal.
3. La sopa está insípida. Ponle .... sal.
4. Queda .... arroz. Tenemos que comprar más.
5. Queda .... arroz. Puedes probarlo.
6. Tenemos .... dinero. Voy al banco.
7. Tenemos .... dinero. Podemos tomar algo.
8. Hace .... frío. ¿Prendo la calefacción?
9. Hace .... frío. ¿Vamos a dar un paseo?

C With adjectives, adverbs and verbs: *corre mucho; es muy rápido; está muy lejos.*

- When quantifiers refer to an adjective, adverb, or verb, they **do not change**:
  - *Mis vecinos son **muy** agradables.*
  - *Ya estamos **bastante** cerca de mi pueblo.*
  - *Las novelas policíacas me gustan **mucho**.*

- *Corre **demasiado**.*
- *Es **demasiado** rápido.*
- *Ha llegado **demasiado** lejos.*

META

Muy is only used with adjectives and adverbs.

- *Corre **mucho**.*
- *Es **muy** rápido.*
- *Ha llegado **muy** lejos.*

- *Corre **bastante**.*
- *Es **bastante** rápido.*
- *Ha llegado **bastante** lejos.*

- *Corre **poco**.*
- *Es **poco** rápido.*
- *Ha llegado **poco** lejos.*

- ***No** corre **nada**.*
- ***No** es **nada** rápido.*
- ***No** ha llegado **nada** lejos.*

When used with verbs, quantifiers normally come afterward:

- *Tu primo Rafael no habla **nada**.*
- *Habla **poco**, la verdad.*

5 A2-B1 **Complete the examples with a quantifier that expresses a greater degree than the previous one. To determine the correct form of the quantifier, bear in mind whether it refers to a noun or not.**

→ ● Hace **bastante** calor, ¿verdad?
○ Sí, mucho.

1. ● ¿Has recibido **muchos** emails?
○ ....: imposible leerlos todos.
2. ● Esta muchacha habla **poco**.
○ Pues conmigo sí habla ....
3. ● Vinieron **muchos** invitados.
○ ....; ya no cabemos.
4. ● ¿Tu hermano es un muchacho **bastante** alto?
○ Sí, ... alto: mide dos metros.
5. ● ¿Come usted **muchos** dulces?
○ Como ...., pero dulces, no.
6. ● Últimamente trabajas **mucho**.
○ .... Voy a buscar otro trabajo.
7. ● Este niño no come **nada**.
○ Es cierto. Come .... ¿Lo llevamos al médico?
8. ● Casi no nos vemos. Vivimos **muy** lejos.
○ ....: dos horas en avión.
9. ● Yo viajo **poco** porque no me gusta viajar.
○ Pues yo por mi trabajo viajo ....

6 A2-B1 **Complete with *poco, bastante* or *demasiado*. Pay attention to the agreement.**

→ Este ascensor es para cuatro personas y somos seis.
Es demasiado peso.

1. Corres .... El límite de velocidad es 120 kilómetros por hora y tú vas a 150.
2. Son dos personas y cada uno toma 2 litros de agua al día. Con 4 litros tienen .... agua para hoy.
3. Estudia .... Seguro que no pasa el examen.
4. Estoy engordando. Como .... dulces y hago .... deporte.
5. Todas las papayas no caben en esta bolsa. Son ....

A1 Novice High; A2 Lower Intermediate, Intermediate Mid; B1 Intermediate Mid, Intermediate High; B2 Intermediate High, Advanced Low

Section 3

Personal Pronouns

¿Qué piensa usted de las hadas?
¡Me encantan!

12. Personal Pronouns. Introduction

To use personal pronouns correctly, you need to be able to identify the **subject** and the different types of **objects** that a verb can have.

→ **13.** Subject Pronouns
→ **15.** Object Pronouns

A Subject, direct object, and indirect object.

■ In some cases, we only need to say the subject and the **verb** that agrees with it:

- *Laura pinta.*
  [We are only talking about one subject (*Laura*) who is carrying out an activity (*pintar*).]

→ **19.** Conjugation. The Basics

■ In other cases, we also have to talk about another element, other than the subject, that is **directly related to the verb**. This other element is the **direct object** (DO):

- *Laura pinta **paisajes**.*
- *Laura pinta <u>a</u> **sus hijos**.*

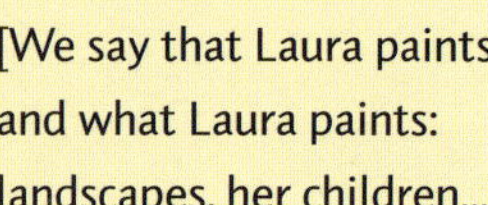
[We say that Laura paints and what Laura paints: landscapes, her children...]

The DO **can refer to people or things.** When it refers to people, it is preceded by the preposition ***a***:

- *Desde la ventana veo **muchos árboles**.*
- *Desde la ventana veo <u>a</u> **mi vecina**.*

■ In other cases, the verb can take another object that normally refers to the receiver of the action of the verb. This new element is called the **indirect object** (IO), and may be combined with the DO:

- *Laura les pinta **un paisaje** <u>a</u> **sus hijos**.*
- *Laura les pinta **hojas** <u>a</u> **los árboles**.*

[We can also indicate the person or thing that an action is done for (*a sus hijos*) or to (*a los árboles*).]

The IO can refer to people or things, **and is always preceded by** the preposition ***a***:

- *Les compré **unos juguetes a mis sobrinos**.*
- *Le quité **la mancha a la camisa**.*

1 A1-A2 The Ortega family is very large and everyone, except the baby, helps with the housework.

María, la madre, hace la compra.

Eva les prepara el desayuno a sus hermanos pequeños.

Eduardo pone la ropa en la lavadora.

Leonor les echa agua a las plantas cada día.

Pancho, el padre, les hace el almuerzo y la cena a todos.

Elisabeth lleva a los pequeños a la escuela.

Felipa, la niñera, limpia la casa y cuida al bebé.

Now, answer these questions to find out the subject of each sentence.

→ ¿Quién limpia la casa y cuida al bebé? Felipa

1. ¿Quién les echa agua a las plantas? ....
2. ¿Quién hace la compra? ....
3. ¿Quién prepara el desayuno? ....
4. ¿Quién lleva a los pequeños a la escuela? ....
5. ¿Quién pone la ropa en la lavadora? ....
6. ¿Quién hace el almuerzo? ....

Now, answer these questions to find out the direct object (DO) of each sentence.

→ ¿Qué limpia Felipa? La casa

7. ¿Qué les echa Leonor a las plantas? ....
8. ¿Qué prepara Eva? ....
9. ¿Qué hace el padre? ....
10. ¿A quién lleva Elizabeth a la escuela? ....
11. ¿Qué pone Eduardo en la lavadora? ....
12. ¿A quién cuida Felipa? ....
13. ¿Qué hace la madre? ....

Now, answer these questions to find out the indirect object (IO) of each sentence.

→ ¿A quién le hace Pancho el almuerzo? A todos

14. ¿A qué le echa agua Leonor? ....
15. ¿A quién le prepara Eva el desayuno? ....
16. ¿A quién le hace Pancho la cena? ....

2 A2-B1 Match the two parts of each sentence, following the example. Mark whether the words in the right-hand column are the DO or the IO of the sentence.

→ Inés riega cada dos días...	**a.** a sus amigos, que están de viaje IO
Inés les riega las plantas...	**b.** el jardín DO
1. El secretario anota siempre....	**a.** todas las citas ....
El secretario le anota sus citas...	**b.** a la directora ....
2. Olivia les enseña música...	**a.** matemáticas ....
Olivia enseña...	**b.** a sus hijos ....
3. El hijo les lava y les plancha la ropa...	**a.** a sus padres ....
La lavadora lava y seca en dos horas...	**b.** las camisas ....
4. Leo sirve en la mesa...	**a.** el almuerzo ....
Leo le sirve el almuerzo...	**b.** a Cecilia ....

B Reflexive constructions: *Ella se pinta.*

■ In reflexive constructions (***acostarse, lavarse, vestirse...***), the **object** (direct or indirect) and the **subject** refer to the same person or thing:

- ***Laura*** *se* ***pinta*** *en sus cuadros.*
  SUBJECT = DO

- ***Laura*** *se* *pinta los labios.*
  SUBJECT = IO

3 A2-B1 **Match the sentences following the example and mark which of the sentences on the left are reflexive.**

→ **a.** Raúl se ata los zapatos. Reflexive	**a.** Sus hermanos son todavía muy chicos y tiene que ayudarlos.
b. Raúl les ata los zapatos. X	**b.** Es ya mayor y puede hacerlo solo.
1. a. Tú siempre me sirves la comida primero.	**a.** Eres muy amable conmigo.
b. Tú siempre te sirves la comida primero.	**b.** Eres un maleducado.
2. a. Me corté el pelo.	**a.** Con mi nueva máquina no necesito a nadie.
b. Me cortaron el pelo.	**b.** Mis peluqueros son muy buenos.
3. a. Nos despertamos temprano esta mañana.	**a.** Nos enojamos mucho con ellos.
b. Nos despertaron temprano esta mañana.	**b.** Pusimos el despertador a las 6:30 para salir temprano.

C Constructions with verbs like *gustar*: *A Jaime le gustan las plantas.*

■ With **verbs** like ***gustar, encantar, doler, molestar, preocupar, provocar***, etc., the subject produces an effect (sensation, feeling, emotion or reaction) on someone, and the indirect object (IO) refers to the person who experiences this effect or feeling:

- ***A Alfredo*** *le gustan los cuadros de Laura.*
  IO SUBJECT

→ **18.** Reflexive Constructions and Constructions with Verbs like *gustar*

4 A1-B1 **Underline the subject of the following sentences.**

→ a. Eduardo tiene muchas plantas.
b. A Eduardo le gustan las plantas.

1. a. Esta mañana me duele la cabeza.
b. El gato tiene la cabeza muy pequeña, ¿verdad?

2. a. A Marina y a Dylan les encantan los helados.
b. Marina y Dylan compraron los helados.

3. a. A nosotros ese problema no nos afecta.
b. Nosotros podemos resolver ese problema.

4. a. ¿Tu padre ha llamado a los niños?
b. A Rubén le encantan los niños.

5. a. ¿Les molesta a ustedes el ruido?
b. Algunos electrodomésticos hacen mucho ruido.

6. a. Mis amigas prefieren la música pop.
b. A mis amigas les encanta la música pop.

7. a. La tele le gusta a tu hermana.
b. Tu hermana quiere ver la tele.

13. Subject Pronouns: *yo, tú, él...*

A Forms: *yo, tú, él...*

■ Personal pronouns that are used as the **SUBJECT** of the sentence and, therefore, agree with the verb are:

	SINGULAR	PLURAL
1st person	*yo*	*nosotros, nosotras*
2nd person	*tú/vos**	*vosotros, vosotras***
	usted	*ustedes*
3rd person	*él, ella*	*ellos, ellas*

* Especially in Argentina, Costa Rica, Paraguay, and Uruguay
** Only in Spain

Usted and *ustedes* always agree with verbs in the 3rd person:

- *Señora Beatriz, ¿necesit**a** **usted** ayuda con el celular?*
- *Muchachos, tien**en** **ustedes** que apagar los celulares.*
- *Señores, tien**en** **ustedes** que apagar los celulares.*

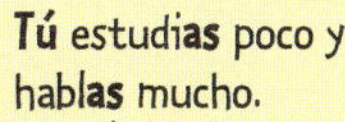

Tú estudi**as** poco y habl**as** mucho.

Ustedes tres estudi**an** poco y habl**an** mucho.

■ In Latin American Spanish, ***ustedes*** is used to refer to both formal and informal relationships. But ***usted*** is usually used to refer to the second person singular in a formal relationship:

INFORMAL	FORMAL
tú	*usted**
vos	

* In some countries (such as Chile and Colombia), *usted* is also used to refer to informal relationships.

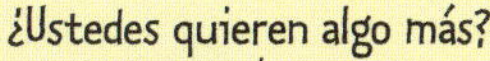

¿Ustedes quieren algo más?

¿Ustedes quieren algo más?

¿¿Quieres/querés algo más?
¿Usted quiere algo más?

In Spain, ***usted*** and ***ustedes*** are only used for formal relationships.

1 A1 **Claudia is talking to her friend Marta. Which pronoun does she use to talk about...?**

yo ✓ nosotras ellos ustedes ustedes nosotros tú/vos él ellas ella

→ Claudia ...yo...
1. Claudia y Marta ....
2. Claudia y el novio de Claudia ....
3. unos amigos de Claudia ....
4. Marta ....
5. el exnovio de Claudia ....
6. una amiga de Marta ....
7. las hermanas de Marta ....
8. Marta y el novio de Marta ....
9. Marta y su hermana ....

2 A1-A2 ***Tú/vos*** **or** ***usted*****? Match the sentences and write which form is used to talk to each of these people.**

→ Con una empleada de un negocio. ...usted... → c
1. Con la novia de un amigo. ....
2. Con una compañera de la universidad. ....
3. Con una vecina de ochenta años. ....
4. Con un policía de tránsito. ....
5. Con un vecino de dieciocho años. ....
6. Con un camarero en un restaurante. ....

a. ¿Sabe cómo llegar al centro de la ciudad?
b. ¿Y vas a venir mañana a clase?
c. ¿No me puede hacer una rebaja?
d. ¿Necesita ayuda, señora Eugenia?
e. Por favor, ¿nos trae la cuenta?
f. ¿Tienes/Tenés un poco de sal? Mañana te la devuelvo.
g. Eres/Sos la persona perfecta para Nando, en serio.

B Presence or absence of pronoun: *¿Cómo te llamas? / ¿Tú cómo te llamas?*

■ Unlike other languages, in Spanish the **subject** pronoun **is not always used** with the verb. Its use **is necessary** when we want **to highlight** or **contrast** the person or people identified as the subject with other people:

Hola, soy Juancho, el amigo de Camila.
01:34

[There are no people to contrast Juancho with, only him.]

Hola, **yo** soy Juancho y **él** es Javier.

[Two people are contrasted: *yo/él*.]

- ANDRÉS: *Alicia y yo vamos a cenar fuera, ¿vienen?*
- SONIA: *Es que **nosotras** vamos al concierto de Cansan Rosis.*

[Sonia says *nosotras* to contrast the plans she and her friend have with those suggested by Andrés.]

The ***usted*** form is not always used to mark a contrast. It is also used to make the formal register clear:

- *Adelante, pase **usted**, pase. Siéntese **usted**.*
- *Debe traer **usted** el pasaporte.*

3 A1-B1 **Complete with the best option.**

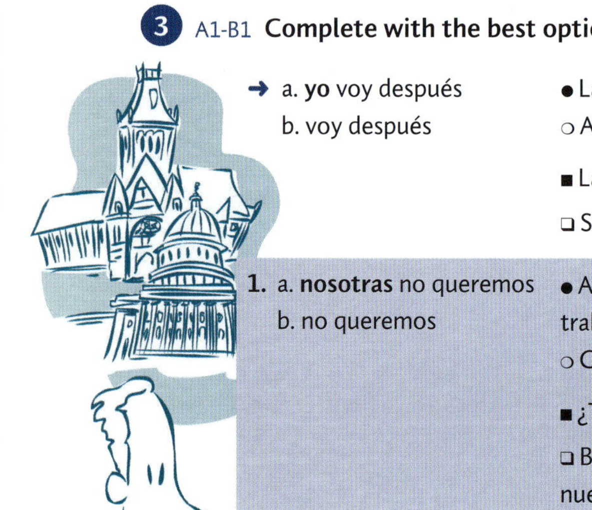

→ a. **yo** voy después
b. voy después

- La próxima semana voy a Washington y, si tengo tiempo, ...después voy... a Boston.
- Ah, ¿sí? ¡Qué bueno!

- La próxima semana Carlos va unos días a Washington.
- Sí, ya lo sé. ...Yo voy después..., del diez al veinte de mayo.

1. a. **nosotras** no queremos
b. no queremos

- Algunos compañeros van a venir a trabajar los sábados, pero .... Ya trabajamos bastante para venir también los sábados.
- Claro, claro. Hacen bien.

- ¿Tenemos que venir el sábado a trabajar? ¿Es obligatorio?
- Bueno, obligatorio no. Si ...., podemos quedarnos el lunes hasta las nueve.

2. a. sabe cocinar
b. **ella** sabe cocinar

- Lucía es increíble: trabaja muy bien, ... y, además, baila.
- Vos también bailás muy bien.

- Yo no tengo ni idea de cocina y vos tampoco. ¿....................?
- Espero que sí. Esta cena es importante para nosotras.

3. a. **él** no se levanta
b. no se levanta

- Carlos y María son bien diferentes. María se levanta a las seis, pero .... nunca tan temprano.

- Carlos se acuesta muy tarde, pero .... muy tarde por la mañana.

4. a. **ellas** no vienen
b. no vienen

- Marcela y Antonia al final .... porque tienen que estudiar para un examen.

- Avisamos a las mujeres y a los hombres, pero .... Solo los hombres.

5. a. lo rompiste **tú**
b. lo rompiste

- El jarrón no lo rompió el perro, ... ¿Por qué ....?

14. Pronouns with Prepositions: *a mí, para ti, con él...*

A Forms.

■ When personal pronouns are used after a preposition, we use the subject forms, except for ***yo*** and ***tú***:

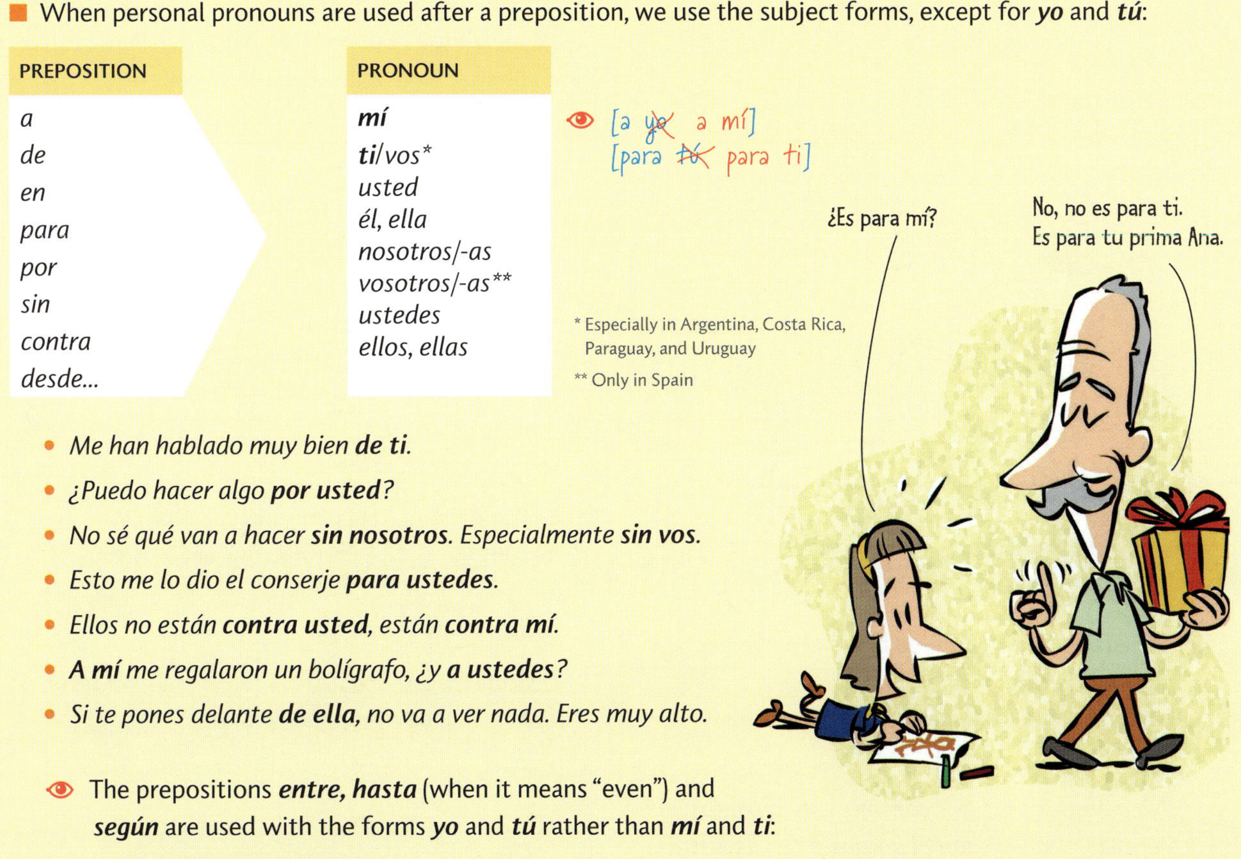

¿Es para mí?
No, no es para ti.
Es para tu prima Ana.

PREPOSITION	PRONOUN
a	***mí***
de	***ti****/vos**
en	*usted*
para	*él, ella*
por	*nosotros/-as*
sin	*vosotros/-as***
contra	*ustedes*
desde...	*ellos, ellas*

[a ~~yo~~ a mí]
[para ~~tú~~ para ti]

* Especially in Argentina, Costa Rica, Paraguay, and Uruguay

** Only in Spain

- *Me han hablado muy bien* ***de ti****.*
- *¿Puedo hacer algo* ***por usted****?*
- *No sé qué van a hacer* ***sin nosotros****. Especialmente* ***sin vos****.*
- *Esto me lo dio el conserje* ***para ustedes****.*
- *Ellos no están* ***contra usted****, están* ***contra mí****.*
- ***A mí*** *me regalaron un bolígrafo, ¿y* ***a ustedes****?*
- *Si te pones delante* ***de ella****, no va a ver nada. Eres muy alto.*

The prepositions ***entre, hasta*** (when it means "even") and ***según*** are used with the forms ***yo*** and ***tú*** rather than ***mí*** and ***ti***:

- ***Entre tú*** *y* ***yo*** *no hay nada.*
- *¡****Hasta yo*** *lo entiendo!*
- ***Según tú****, ¿quién ganará las elecciones?*

→ **13.** Subject Pronouns

1 A1-A2 **Complete with the appropriate pronouns. Then match each sentence in the first column to the correct response in the second.**

ustedes ustedes tú vos ✓ mí usted ustedes

yo ✓ mí nosotros nosotras ti ustedes

→ ● Mira, compré chocolate pensando en ..vos.., porque sé que te gusta mucho.

1. ● ¡Sorpresa! ¿Les gusta el dulce? Tengo una torta para ....
2. ● Señora Juárez, le traigo rosas porque sé que a .... le encantan.
3. ● Me compré esas papas fritas que .... compras siempre, a ver qué tal están.
4. ● Dime la verdad, ¿hay algo entre .... dos? Porque todo el mundo dice que son novios.
5. ● Tienen que venir a mi boda. Es muy importante para .... No sería igual sin ....

a. ○ Ah, ¿son para ....? Muchas gracias. Son muy lindas.

b. ○ Oh, ¡gracias! A Rebeca y a mí nos encanta. ¿Te quedas a comerla con ....?

c. ○ ..Yo.. también te compré una cosita. Mirá.

d. ○ Entre .... no hay absolutamente nada. Somos simplemente amigos.

e. ○ Muchas gracias por la invitación, nos alegramos mucho por ....

f. ○ Son buenísimas. ¿Son todas para ....? ¿Me das una?

B *Conmigo, contigo, con él...*

conmigo
contigo
*con vos**
con él, ella
con usted
con nosotros/-as
*con vosotros/-as***
con ustedes
con ellos/-as

[~~con mí~~]
[~~con ti~~]

* Especially in Argentina, Costa Rica, Paraguay, and Uruguay
** Only in Spain

Ni contigo ni sin ti
tienen mis males remedio.
Contigo porque me matas,
sin ti porque yo me muero.

- *Laura va a venir **conmigo** al médico, porque después iremos al cine.*
- *Voy a ir **con ella** al médico, porque después iremos al cine.*

- *No pienso irme a vivir **contigo**. Eres un desastre.*
- *No me voy a vivir **con él** porque es un desastre.*

- *Marina no quiere salir ni **contigo** ni **conmigo**.*
- *Marina no quiere salir **con nosotras**. No sé por qué está enojada.*

2 A1-B1 **Read Ana's email to her sister and fill in the blanks with the correct options below.**

Mensaje nuevo

Hermanita:

¿Cómo te va? ¿Dónde estás ahora? ¿En Perú o en Bolivia? Hace mucho que no sé nada de ...ti... . Imagino que la estás pasando muy bien. ¡Qué envidia!

Por aquí todo es más aburrido (1) sin ...., pero, bueno, no se acaba el mundo. Como Nico es tan callado casi no hablo (2) con .... (3) Para .... soy la hermana mayor. Papá y mamá trabajan mucho, como siempre, pero Nico y yo estamos contentos porque todos los fines de semana hacen cosas (4) con .... Este sábado vamos a ir todo el día a la playa.

Regresa pronto. Tengo muchas ganas de estar (5) con .... Eres más que una hermana (6) para .... Eres mi mejor amiga y te necesito aquí (7) con ....

Disfruta mucho y contesta a este e-mail, por favor. Todo el mundo me pregunta (8) por ....

Ana

→ tú / (ti) / te	3. él / le / lo	6. me / mí / yo
1. te / ti / tú	4. nosotros / nos	7. me / __migo / mí
2. lo / él / le	5. tú / __tigo / ti	8. te / tú / ti

3 A2-B1 **Write the preposition and the appropriate form of the pronoun, as shown in the example, and then place them in the appropriate sentence.**

Preposición	+	Pronombre
para	+	yo ✓ ...para mí...
a	+	vos ....
con	+	yo ....
sin	+	nosotras ....
entre	+	tú y yo ....
con	+	tú ....
según	+	tú ....
de	+	tú ....
hasta	+	yo ....
sobre	+	tú ....
de	+	yo ....
por	+	yo ....
para	+	ellos ....

→ ¿El regalo es ...para mí...? ¡Muchísimas gracias!
1. ¿Quieres venir .... al cine esta tarde?
2. No puedo salir .... esta noche. Lo siento.
3. Los aguacates que hay en la nevera son ....
4. Gracias ...., lo entendí todo. ¡Qué bien lo explicaste!
5. .... hay una gran diferencia. A mí eso no me gusta y a ti sí.
6. Sabes que .... el equipo no juega bien. Somos las mejores.
7. Cada día te siento más lejos ....
8. Este plato es muy sencillo. .... puedo prepararlo y eso que no sé cocinar.
9. ¿Las copas? En el armario, detrás ....
10. ¿Y, ..., cuál es la mejor solución al problema?
11. Sé que no quieres, pero hazlo ...., por favor.
12. Oye, en el noticiero hablaron .... Te vas a hacer famosa.

15. Object Pronouns: *me, te, nos...; lo, la, le, los...*

A First and second person: *me, te, nos, os.*

When the objects of a sentence refer to the persons ***yo, tú, vos, nosotros/-as, vosotros/-as***, we use **the same form** of the pronoun for both the direct object (DO) and indirect object (IO):

PERSON	*yo*	*tú/vos**	*nosotros/-as*	*vosotros/-as***
FORMS OF DO AND IO	***me***	***te***	***nos***	***os*****

* Especially in Argentina, Costa Rica, Paraguay, and Uruguay
** Only in Spain

- *¿Me llamaron?*
- *Sí, te llamaron tres clientes.*

- *¿Me das la dirección de Enrique?*
- *Te doy el celular y la dirección de su casa.*

- *Los ladrones nos dieron un susto tremendo.*

- *Paloma nos ha invitado a su casa. Os recojo a las nueve delante del Museo del Prado, ¿ok?*

→ **12.** Personal Pronouns
→ **16.** Position and Combination
→ **17.** Presence and Reduplication

1 A1-A2 **Some aliens are visiting Earth. Fill in the blanks with *me, te,* or *nos.***

→ ¿..Me.. llamaste tú a mi antena telepática?

1. Sí, fui yo. ¿.......... prestas dinero de la Tierra? Es que acabo de llegar y no tengo plata.

2. ¿.......... llevas a los dos a tu planeta? Queremos conocerlo.

3. ¿.......... enseñas tu nave espacial a mi hermano y a mí?

4. ¿Tú comes comida como la nuestra? ¿.......... preparo algo?

5. Es la primera vez que .... veo en esta casa. ¿Vives aquí?

6. ¿A ti .... escriben cartas desde tu planeta?

7. Los terrícolas .... hacen preguntas muy raras. Pero es que ellos no saben nada de nuestro planeta.

8. A todos los habitantes de la Tierra: Es el momento de la despedida. .... llevamos muy buenos recuerdos de todos ustedes. Regresaremos pronto.

B Different forms for DO and IO pronouns: *lo, la, los, las / le, les.*

■ When the object of a sentence refers to ***él, ella, usted, ustedes, ellos, ellas***, we use **different pronoun forms for the direct object** (DO) **and indirect object** (IO):

PERSON	DO FORMS		IO FORMS
	MASCULINE	FEMININE	MASCULINE AND FEMININE
Usted, él, ella	*lo*	*la*	*le*
Ustedes, ellos, ellas	*los*	*las*	*les*

■ We use these **pronouns** to refer to a person or a thing that **we have talked about before, or that has been clearly identified**:

DO

lo

- *¿Recibiste mi correo?*
- *Sí, **lo** leí. Es muy interesante.*

- *¿Y Juan? No **lo** encuentro.*

la

- *¿Llevas la cartera?*
- *Sí, **la** llevo en el bolso.*

- *¿Vino Elisa? Todavía no **la** he visto.*
- *Vino, pero **la** llamaron y se tuvo que ir.*

- *¿**La** llamo esta noche, señora Mendoza?*

los

- *¿Y los documentos? ¿**Los** vieron?*

- *Hablé con tus primos. **Los** invité a comer.*

- *¿Qué tal Ángela y Alfredo?*
- *Pues ayer **los** llamé y están muy bien.*

las

- *¿Estas llaves son tuyas? **Las** encontré en el auto.*

- *¿Sabes algo de las hermanas de Sofía?*
- *Recién **las** vi. Fuimos a dar un paseo.*

IO

le

- *¿Y el auto?*
- *En el taller. **Le** están cambiando **el aceite**.*

- *¿Hablaste con tu hermano?*
- *No, **le** escribí **un correo**.*

- *¿Ya hiciste la ensalada? ¿**Le** echaste **sal**?*

- *Hoy es el cumpleaños de Julia. Y no **le** he comprado **nada**.*

- *¿Quiere que **le** traiga **un café**, señor Mejía?*

les

- *Aquí tienes los tacos. ¿**Les** pones **tomate y queso**?*

- *Ayer quedé con mis amigos y **les** devolví **las llaves del apartamento**.*

- *¿Llamaste a sus padres?*
- *Sí, **les** dejé **un mensaje**.*

- *¿Metiste las camisas en la lavadora?*
- *No, **les** estoy quitando **las manchas** antes.*

- *Las nenas están muy contentas. **Les** dieron **un premio**.*

2 A2-B1 **Victoria's grandmother can't hear very well. Complete with the appropriate pronoun, following the example.**

→ *Victoria*: Víctor baila la rumba con mucho estilo.
Abuela: ¿Qué? ¿Que *la* baila vestido?

1. *Victoria*: Víctor plancha las camisas que le regaló mi madre.
   Abuela: ¿Qué? ¿Que .... plancha con vinagre?
2. *Victoria*: Víctor hace jugo de papaya por las mañanas.
   Abuela: ¿Qué? ¿Que .... bota por la ventana?
3. *Victoria*: Víctor prepara los espaguetis como nadie.
   Abuela: ¿Qué? ¿Que .... prepara con alguien?
4. *Víctor*: Conocí a Victoria en un gimnasio.
   Abuela: ¿Qué? ¿Que .... conociste en un armario?
5. *Víctor*: Victoria cuida a sus sobrinos todos los días.
   Abuela: ¿Qué? ¿Que .... lleva a la panadería?
6. *Víctor*: Victoria llama a su madre todas las mañanas.
   Abuela: ¿Qué? ¿Que .... llama desde la playa?
7. *Víctor*: Victoria ve siempre las películas en versión original.
   Abuela: ¿Qué? ¿Que .... ve siempre en el mismo canal?

3 A2-B1 **Complete the following conversations with the appropriate pronouns.**

→ *Victoria*: ¿Y mi vestido? No lo veo.
Víctor: Está secándose. *Le* he quitado las manchas.

1. *Victoria*: ¿Vas a ver a tus sobrinos este fin de semana?
   Víctor: Claro, ¿no te acuerdas? .... doy clases de natación todos los sábados.
2. *Victoria*: ¿No te parece que el guacamole está un poco insípido?
   Víctor: Es que .... eché poca sal. Es más sano.
3. *Victoria*: ¿Cómo están tus abuelos?
   Víctor: No sé nada de ellos porque esta semana no .... llevé los medicamentos.
4. *Víctor*: Llamó Gabriel preguntando por ti.
   Victoria: Ah, ¿sí? Lo llamo ahora mismo. .... tengo que pedir una cosa urgente.
5. *Víctor*: El perro está muy nervioso.
   Victoria: No te preocupes. Ahora .... pongo la correa y salimos a dar una vuelta.

4 A2-B1 **Complete the following sentences with *lo, la, los, las, le, les*.**

Nuestro robot C3PO hace cosas extrañas:

→ Sabe preparar enchiladas. *Las* hace muy ricas.

1. Se enojó y .... rompió un vidrio a mi auto.
2. Compró un reloj y .... metió en el microondas.
3. .... compró un ramo de flores a mi suegra.
4. Se comió mi falda y .... vomitó.
5. .... regaló una cama de agua a mis padres.
6. .... echó aceite y sal a las plantas.
7. Salió de paseo con los niños en domingo y .... llevó a la escuela.
8. Discutió con el abuelo y .... metió en el armario.
9. Se enamoró de mi hermana Fernanda y .... invitó a cenar.
10. Agarró algunos libros de mi padre y .... botó por la ventana.
11. No le gustan nada las amigas de mi madre, pero .... llama por teléfono todos los días.

B Combination of two pronouns: *Te lo compro. Me lo compras.*

■ When we need to use two pronouns (one DO and the other IO), the order is:

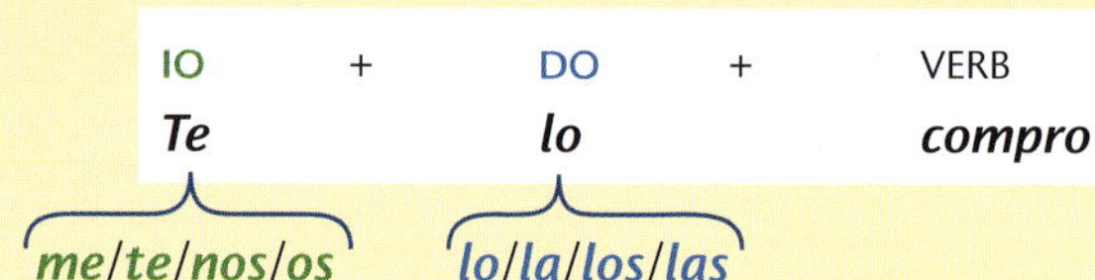

IO	+	DO	+	VERB
Te		*lo*		*compro*
me/te/nos/os		*lo/la/los/las*		

→ **12.** Personal Pronouns
→ **15.** Object Pronouns

- *Oye, me gusta mucho esa camisa tuya. ¿**Me la** prestas?*
- *Necesitamos tu auto. ¿**Nos lo** prestas?*
- *He recibido unas fotos preciosas de Silvio. ¿**Te las** envío?*
- *¿Y los boletos? ¿**Me los** das?*

2 A2-B1 **Ana and Andrés are about to have a baby daughter. They are very anxious and can't stop asking each other questions. Complete the replies.**

En casa

→ *Ana:* ¿Preparaste la ropa de la niña?
Andrés: Sí, ya ..la.. preparé.

1. *Andrés:* ¿Tenemos todos los documentos?
Ana: Sí, ... tenemos todos: el informe médico, la ecografía, todo.
2. *Andrés:* ¿Llevas tu valija?
Ana: No, no .... llevo. ¿Dónde está?
3. *Ana:* ¿Llevas el osito de peluche?
Andrés: Claro que .... llevo.

En el hospital

4. *Andrés:* ¿Te trajo el agua la enfermera?
Ana: Sí, ... trajo, pero está muy fría.
5. *Andrés:* ¿Cuándo nos van a dar los documentos?
Enfermera: Tranquilo. .... damos en un momento.
6. *Andrés:* ¿Te trajeron el café?
Abuelo: Sí, ... acaban de traer. No te preocupes.
7. *Ana:* ¿Me puedes comprar una revista?
Andrés: Ahorita .... compro.

C Combination of two pronouns: *Se lo compro. Se la compro.*

■ When the IO pronoun refers to a third person (***él, ella, ellos, ellas, usted*** or ***ustedes***) and it is combined with a DO pronoun (***lo/la/los/las***), the IO pronoun always takes the form ***se***:

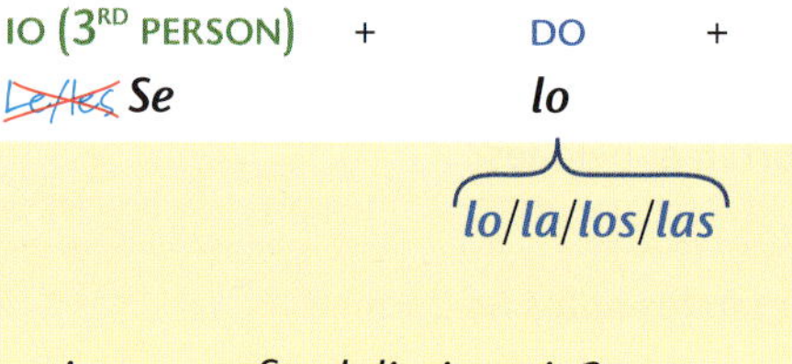

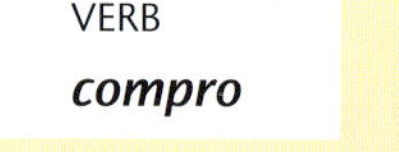

IO (3RD PERSON)	+	DO	+	VERB
~~Le/les~~ *Se*		*lo*		*compro*
		lo/la/los/las		

- *¿**Le** enviaron por fin el diccionario?*
- *Sí, **se lo** enviaron ayer.*

- *¿**Le** diste a Linus la receta?*
- *Sí, **se la** di por teléfono.*

- *¿**Les** robaron las joyas a tus padres?*
- *Sí, **se las** robaron todas.*

- *¿Podrían cambiar las toallas?*
- *Por supuesto, señores, ahora mismo **se las** subimos a la habitación.*

- *Señora, ¿**le** llevo el paquete al auto? ¿O **se lo** enviamos a su casa?*

¿Qué hiciste con los exámenes, Daniel?
Se los di...
¿A quién?

[***Se*** = ¿a él, a ella, a ellos, a ellas, a usted, a ustedes?]

- *¿**Les** compraste los bombones ya?*
- *Todavía no.*
- *Ah, ¿no? Pues no **se los** compres, que son alérgicos al chocolate.*

3 A2-B1 **Ana and Andrés' baby girl has now been born but her parents are still a little anxious. Complete with the appropriate pronouns, following the example.**

→ *Andrés:* ¿Le diste la infusión de manzanilla?
Ana: Sí, ...se... ...la... di hace un rato.

1. *Ana:* ¿Le pusiste el chupón?
Andrés: Sí, ... puse, pero no le gusta.
2. *Andrés:* ¿Le pusiste la música clásica?
Ana: Sí, ... puse. ¿.......... .... quieres poner tú otra vez?
3. *Ana:* ¿Le limpiaste los oídos?
Andrés: Sí, ... limpié.
4. *Ana:* ¿Le cambiaste el pañal?
Andrés: No, Ana, todavía no .... he cambiado.
5. *Andrés:* ¿Le diste el masaje?
Ana: Sí, ... di y le encantó.

4 A2-B1 **Elena is a teacher in a nursery school. Complete by following the example.**

→ *Marta:* Maestra Elena, ¿me puedes quitar el abrigo?
Elena: Sí, Marta, enseguida ...te lo quito....

1. *Elena:* Miguel, ¿le devolviste las tijeras a Omar?
Miguel: Sí, maestra, ... Creo que está cortando las cortinas de la ventana.
2. *Ángela:* Maestra, ¿me puedes limpiar los mocos?
Elena: Sí, Ángela, ahorita ....
3. *Sara y Sofía:* Maestra, ¿nos pones el video de Art Attack?
Elena: Dentro de un rato ...., ¿está bien?
4. *Elena:* ¿Quieren leer un cuento?
Niños: No, maestra. Tú .... Es que nosotros no sabemos leer mucho todavía.
5. *Elena:* ¿Le diste el lápiz verde a Adrián?
Leo: No, no .... Es mío.
6. *Lara:* Maestra, ¿me das una galleta?
Elena: Claro, Lara. .... ahorita.
7. *Carmen y Andrés:* Maestra, ¿nos das la plastilina?
Elena: Sí, enseguida ....
8. *Elena:* ¿Se lavaron las manos?
Niños: No, no ....
9. *Elena:* Omar, ¿les echaste la comida a los peces?
Omar: Sí, ... y .... comieron en un minuto.
10. *Elena:* Carmen, ¿tú le diste un empujón a Sofía?
Carmen: No, yo no .... Fue Miguel.

D With affirmative commands, infinitives, and gerund forms: *déjasela, dejársela, dejándosela...*

■ With **affirmative commands, infinitives,** and **gerund forms**, object pronouns come after the verb, forming a single word with it:

AFFIRMATIVE COMMANDS + DO/IO	INFINITIVE + DO/IO	GERUND + DO/IO
*Escríbe**la***	*Escribir**la***	*Escribiéndo**la***
*Escríbe**le***	*Escribir**le***	*Escribiéndo**le***

AFFIRMATIVE COMMANDS + IO + DO	INFINITIVE + IO + DO	GERUND + IO + DO
*Escríbe**sela***	*Escribír**sela***	*Escribiéndo**sela***
*Déja**sela** en su habitación.*	*Dejár**sela** en su habitación.*	*Dejándo**sela** en su habitación.*

When we add the pronouns to the verb, the word stress does not change. For this reason, when the stressed syllable becomes the third or fourth in the word before the last syllable, we have to mark it with an accent:

Deja	*Dejar*	*Dejando*
Déjasela (4)	*Dejársela* (3)	*Dejándosela* (4)

→ **20.** Non-personal Forms → **34.** Commands (Imperative) → **44.** Accentuation

5 A2-B1 **Graciela is in her yoga class. The instructor first repeats the actions so that they can be done individually and then again so they can be done with a partner. Fill in the blanks, following the examples.**

The instructor says:	The instructor explains:	Now, help your partner:
Levanta los brazos.	→ **a.** Así, levantándolos lentamente.	→ **b.** Así, levantándoselos lentamente.
Mueve las manos.	**1. a.** Muy bien, ... despacio.	**1. b.** Venga, ... poco a poco.
Dobla las rodillas.	**2. a.** Vamos, ... poco a poco.	**2. b.** Con calma, ... lentamente.
Gira la cintura.	**3. a.** Con calma, ... lentamente.	**3. b.** .... con tranquilidad.
Mueve las caderas.	**4. a.** .... con calma.	**4. b.** Así, ... sin apuro.
Sube la pierna derecha.	**5. a.** Así, ... despacio.	**5. b.** .... con calma.
Mueve el cuello en círculos.	**6. a.** .... en círculos, sin apuro. ¡Ommm!	**6. b.** .... en círculos, despacio. ¡Ommm!

6 A2-B1 **A film director is giving instructions to actors in two different movies. Fill in the blanks with the correct pronoun and don't forget the accents.**

Campamento en la selva

- Acércate despacio al animal. → ....Acarícialo....... suavemente , (1) ....habla....... en voz baja, (2) ....toca....... con cuidado y (3) ....agarra....... la pata. ¡Excelente!
- A ver, ahora, todos ustedes, (4) ....despierten.......; vamos, (5) ....levanten....... . Está saliendo el sol. Una nueva aventura les espera.

El traje verde

- Bien, ahora tú, (6) ....prueba....... el traje a Julia; (7) ....pon....... el sombrero y (8) ....mira....... directamente a los ojos. ¡Muy bien!
- Ahora tú, Julia, muy enojada, (9) ....lanza....... el sombrero a la cabeza. (10) ....Di....... que no te gustan nada ni el traje ni el sombrero. ¡Perfecto!

E With verb constructions: *Tienes que comértelo. / Te lo tienes que comer.*

■ With **verb constructions** (combinations of a personal and a non-personal verb), the object pronouns can come either before the personal verb or after the non-personal verb:

vas a comprar
+
te lo
Te lo vas a comprar.
Vas a comprártelo.

→ **37.** Verb Constructions

- *Te lo tengo que decir.*
- *Se lo voy a decir solo a ella.*
- *Te lo estoy enviando.*
- *Se la puedo enviar a todos ustedes.*
- *Tengo que decírtelo.*
- *Voy a decírselo solo a ella.*
- *Estoy enviándotelo.*
- *Puedo enviársela a todos ustedes.*

When the pronouns come after the verb, they form a single word with it (*Voy a regalárselo*); however, when the pronouns come before the verb they are written separately (***Se lo** voy a regalar*).

7 B1-B2 **Manolo and Ramón are roommates. They've been having some problems lately. Fill in the blanks with the appropriate pronoun and don't forget the accents, if needed. In some cases, two answers are possible.**

1. *Manolo:* Si no vienes a comer, ➜ llámame. El otro día .... estuve esperando.......... más de una hora con la mesa puesta.
2. *Ramón:* Tú siempre .... estás regañando.......... por el desorden. Estoy harto.
3. *Manolo:* Oye, ¿.......... puedes dejar.......... oír mi música tranquilamente? Haces tanto ruido...
4. *Ramón:* Pues .... compra.......... unos audífonos.
5. *Manolo:* Siempre estamos enojados. A partir de ahora .... tenemos que decir.......... siempre lo que pensamos uno del otro. Es mejor.
6. *Ramón:* La casa está muy sucia. Seguro que alguien .... puede ayudar.......... a limpiar uno o dos días a la semana. ¿Lo buscamos?
7. *Manolo:* Si organizas una fiesta, ... tienes que avisar.......... Quiero saberlo antes.

8 B1-B2 **Luciana is a bit of a rebel. Fill in the blanks with the appropriate pronoun and don't forget the accents, if needed. In some cases, two answers are possible.**

Mamá: Luciana, recoge tus juguetes. ➜ ....Récogelos, por favor, Luciana. ¿No (1) .... quieres recoger..........? Pues (2) .... vas a recoger.......... Dale, Luciana, (3) .... tienes que recoger.......... Apúrate.

Luciana: Ya (4) .... estoy recogiendo.........., mamá.

Mamá: Tómate la leche, ahorita mismo, Luciana.

Mamá: Luciana, (5) ¿.......... vas a tomar.......... la leche?

Luciana: Ya (6) .... estoy tomando.........., mamá.

Mamá: Luciana, apaga la televisión. (7) .... Apaga.........., por favor. Luciana, (8) .... tienes que apagar.........., ya es muy tarde. (9) ¿.......... vas a apagar.......... o no?

Luciana: Ya (10) .... estoy apagando.........., mamá.

F In reflexive constructions and constructions with verbs like *gustar*: *Se las lava. Le gusta el chocolate.*

■ We can combine IO and DO pronouns in reflexive constructions. In this case, **the reflexive pronoun goes before the non-reflexive pronoun**:

- *Se cortó las uñas, pero no **se las** pintó.*
- *Ese vestido está muy bien. ¿**Te lo** pruebas?*
- *Me aprietan los zapatos.*
- *Pues quítate**los**.*

➜ **18.** Constructions with Verbs like *gustar*

■ In constructions with verbs like ***gustar***, ***encantar***, ***interesar***, ***provocar***, ***preocupar***, ***molestar***, ***doler***, etc. we only use IO pronouns. They are never used with DO pronouns (***lo*** / ***la*** / ***los*** / ***las***), as these constructions don't have a DO, only a subject and an IO:

- ***Me** gustan mucho los frijoles, pero es que ahora no **me** provocan.* Me ~~los~~ provocan.
- *¿**Te** duele la garganta?*
- ***Me** molesta un poco, sí.* Me ~~la~~ molesta. "La garganta" and "los frijoles" are subjects and not direct objects.

9 B1-B2 **This family has some rather strange habits. Fill in the blanks with one or two pronouns.**

➜ Mi madre se lava las manos continuamente. Se las lava unas veinte veces al día.

1. A mi padre .... duelen los huesos cuando va a llover. Le molestan especialmente las rodillas.
2. Yo me pongo normalmente dos pares de medias de lana. Siempre tengo los pies fríos. ¡.......... pongo incluso en verano!
3. A mis hermanos les gustan mucho los animales. .... interesan sobre todo los insectos. Son coleccionistas.
4. A mi abuela le dan mucho miedo las tormentas. .... da pánico que le caiga un rayo en la cabeza.
5. Mis hermanas y yo nos pintamos las uñas de los pies de colores. .... pintamos así porque somos muy modernas.
6. En mi casa, nos acostamos todas las noches a las 10:30 y .... levantamos a las 6:30. En eso, mi padre es inflexible.
7. A mí me encanta mi familia. Y a ustedes, ¿qué .... parece?

17. Presence and Reduplication of Pronouns

A Use of *lo, la, los, las / le, les: Lo compró. Le dio un regalo a María.*

■ If we are referring to the DO, we use the **object pronouns** (*lo*/*la*/*los*/*las*) when talking about **things or people we have already identified:**

OBJECT IDENTIFIED BEFORE THE NOUN:

- *¿Dónde pusiste la caja?*
- *La boté. Estaba rota.*

- *¿Y mi equipaje?*
- *Ya lo guardé.*

- *Las toallas las cambié. Estaban mojadas.*

- *¿Encontraste a tus amigos?*
- *No, los estoy buscando.*

Unlike IO pronouns, we don't use DO pronouns if the direct object has not been previously identified:

- *Hice las fotocopias.*
  ~~Las~~ hice las fotocopias.
- *¿Llamaste al camarero?*
  ¿~~Lo~~ llamaste al camarero?
- *Lleva a tus padres al cine.*
  Lléva~~los~~ a tus padres al cine.

■ If we are referring to the IO, we use the **object pronouns** (*le*, *les* or *se* + *lo*/*la*/*los*/*las*) both **with an** IO **identified** before **and with an** IO **that we identify** after the pronoun:

OBJECT IDENTIFIED BEFORE THE NOUN:

- *¿Qué hiciste ayer?*
- *Me vi con mis amigas y les enseñé mi casa.*

- *Llama a tu hermano y dile que ya está la cena.*

- *¿Esto ya lo sabe la jefa?*
- *Sí, se lo expliqué yo.*

- *Ese libro es de tu esposa. Se lo pedí prestado.*

OBJECT IDENTIFIED AFTER THE NOUN:

- *¿Le dejarás el paquete a la recepcionista?*
- *Le compré este libro a Ana.*
- *Llévales estos vasos a tus padres.*
- *Le cambié el pañal al bebé.*
- *¿Le echaste bastante chile a la enchilada?*

- *¿Y el niño?*
- *Se lo llevé a mis tías.*

- *Esto tengo que decírselo a la niñera.*

→ **12.** Personal Pronouns → **15.** Object Pronouns

1 A2-B1 **Luis and Carmen are siblings. Sometimes they misbehave a bit, but not always. Replace the underlined words with *lo*/*la*/*los*/*las* or with *le*/*les* (*se*) as needed.**

→ *Papá:* ¡Luis! ¿Tienes tú las tijeras?
Luis: No, papá, yo no ...las... tengo.

1. *Papá:* ¡Luis! ¿Viste el control de la tele?
Luis: No, papá, no .... vi.
2. *Papá:* ¡Luis! ¿Llamaste a tu hermana? La cena está lista.
Luis: Sí, papá, ... llamé, pero no quiere venir.
3. *Papá*: ¡Carmen! ¿Viste las llaves del auto?
Carmen: Creo que Luis .... botó por la ventana hace un rato.
4. *Papá:* ¡Luis! ¿Viste al gato?
Luis: Creo que Carmen .... metió en su cama.
Papá: ¿Seguro que no .... volvió a meter en la bañera?

→ *Carmen:* Hoy vi a nuestra prima Laura en el recreo y ...le... di un abrazo.

5. *Luis:* Pues yo vi un pájaro y .... di un poco de mi sándwich.
6. *Luis:* Enrique llevó su pelota de baloncesto nueva y .... pedí para jugar un rato.
7. *Carmen:* ¿Por qué no llamamos a los abuelos y .... pedimos un poco de dinero para comprar dulces?
Luis: Ok. Y mañana es el cumpleaños de la tía Raquel. ¿.......... hacemos un dibujo?
8. *Carmen:* ¿Y las llaves del auto de mamá? ¿.......... diste?
Luis: Sí. Y el gato ya no tiene champú, ... lo quité con agua.

 A1 Novice High; **A2** Lower Intermediate, Intermediate Mid; **B1** Intermediate Mid, Intermediate High; **B2** Intermediate High, Advanced Low

2 A2-B1 **Cross out the unnecessary pronouns.**

→ No sé dónde ~~los~~ he puesto los lentes.
1. Ponle un poco de azúcar al pastel de choclo.
2. La abrí la ventana. Hace un poco de calor.
3. Voy a comprarle un hueso de plástico nuevo al perro.
4. ¡Qué dulces más buenos! ¿Dónde los compraste?
5. Les compré este regalo a Leo y Sofía por su boda.
6. A mi hermana no la veo mucho porque vive en el extranjero.
7. La preparé la yuca y la puse en el horno.
8. Le chequeamos el motor al auto y le cambiamos el aceite.
9. No las metí las camisas en la lavadora. Las lavé a mano porque son muy delicadas.

B Reduplication: *Me miró a mí.*

■ When we want to **highlight or make a contrast** between the person identified as the DO or IO and other people, we use ***a mí, a ti, a vos, a él, a ella, a usted, a nosotros/-as, a ustedes, a vosotros/-as, a ellos/-as***, in addition to the normal object pronouns:

Me pinta un paisaje.

Me pinta un paisaje **a mí**.
[No a ellos]
[No a él]

- ***Me*** *miró* ***a mí***, *y no* ***a ti***.
- ***Lo*** *llamé* ***a él***, *pero respondió ella.*
- ***Te*** *amo* ***a vos*** *y* ***a nadie*** *más.*
- ***Les*** *compró el regalo* ***a ellos***, *no* ***a ellas***.
- *A nuestros vecinos no les gusta el nuevo ascensor, pero* ***a nosotros*** *nos encanta.*
- *Yo* ***les*** *envié el correo* ***a ustedes***, *pero lo recibió la directora.*

■ Reduplication is also used to clarify the meaning of 3rd person object pronouns:

lo	→ *a él, a usted* (masc.)	*le*	→ *a él, a ella, a usted*
la	→ *a ella, a usted* (fem.)	*se*	→ *a él, a ella, a usted* / *a ellos, a ellas, a ustedes*
los	→ *a ellos, a ustedes* (masc.)		
las	→ *a ellas, a ustedes* (fem.)	*les*	→ *a ellos, a ellas, a ustedes*

Buenas tardes, señora:
Soy Carlos, compañero de trabajo de su hijo y amigo de su hija. Resulta que **la** llamé por teléfono **a ella** y **le** dejé un mensaje, pero no contestó. Ya **se** lo dije **a su hijo**, pero **la** llamo ahora **a usted** para que **se** lo recuerde **a ella**.

👁 Pronouns with prepositions can never be used by themselves to identify the DO or IO:

- ***Me*** *traerá un regalo* ***a mí***.
- *¿****Nos*** *llamó Pedro* ***a nosotros***?
- ***Les*** *pidieron un consejo* ***a ellos***.

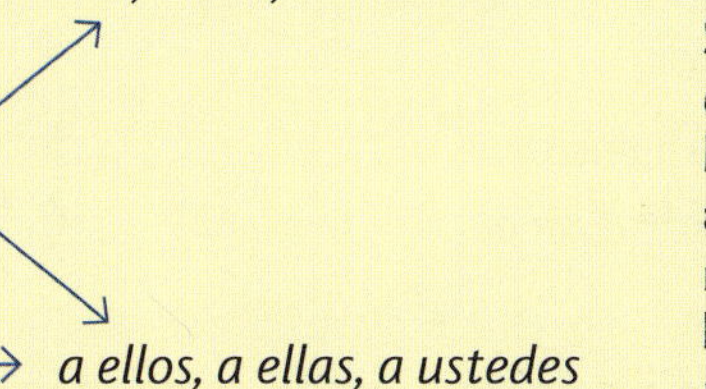
~~Traerá un regalo a mí.~~
~~¿Llamó Pedro a nosotros?~~
~~Pidieron un consejo a ellos.~~

3 A2-B1 Complete the sentences, following the example.

→ I. ● Adriana, te llamo para darte una buena noticia. ¡Tengo trabajo!
II. ● Adriana, te llamo a ti porque no puedo hablar con nadie más.
a. te llamo
b. te llamo a ti

1. I. ● Qué mala suerte: de todos los vecinos solo ....
II. ● ¿Qué les pasa?
○ Es que .... algunas cosas en casa.
a. nos robaron
b. nos robaron a nosotros

2. I. ● ¡Camarero, la cuenta! Yo ....
II. ● Es mi fiesta y, por eso, ..., pero a ellas no.
a. los invito
b. los invito a ustedes

3. I. ● A Rosa le preocupa mucho el medioambiente, pero ....
II. ● ¿Qué prefieres? ¿Pollo o ternera?
○ Pues, no sé, ...
a. a mí me da igual
b. me da igual

4. I. ● Señor, ¿quiere conocer nuestra nueva promoción de celulares?
○ No, gracias, ...
II. ● A mi novio le encanta ese concurso, pero ....
a. no me interesa
b. a mí no me interesa

5. I. ● A ti no, porque tú estás acostumbrado, pero ....
II. ● El humo .... Tiene asma.
a. le molesta mucho.
b. a ella le molesta mucho

4 A2-B1 The instructions for this game are a little complicated. Fill in the blanks, following the example.

→ Vamos a ver, Liliana, yo te doy a ti la pelota y tú se la das a Luis.

1. Y si no .... veo a él, ¿a quién se la doy?
2. No importa. .... la das a mí y yo .... la doy a ustedes, ¿sí? Sara y Sofía, ¿lo entendieron?
3. No, no lo entendimos. Tú .... la das a nosotras, ¿sí? Y nosotras, ¿a quién se la damos?
4. Ustedes .... la dan a nosotros, a Luis y a mí.
5. Perdona, mamá, pero desde aquí no .... veo a Luis y a ti.

5 B1 Fránkez and Tristicia are having problems both in their relationship and with pronouns. Help them use them correctly by transforming the sentences when necessary, as shown in the example.

Tristicia: → Fránkez, ya no esperas a mí a la salida del trabajo. → No me esperas a la salida del trabajo.

Fránkez: → Tristicia, ¿por qué ya no miras a mí como antes? → No me miras como antes.

Tristicia: (1) Pasa algo a nosotros.
(2) Antes besábamos a nosotros más.
Fránkez: (3) Yo te adoro, mi dulce cucaracha.
Tristicia: (4) Y yo también te amo a ti, más que a una tormenta con truenos y relámpagos.
Fránkez: (5) Pues si amamos tanto a nosotros,
(6) ¿por qué no compramos a nosotros un helado de araña?

1. ....
2. ....
3. ....
4. ....
5. ....
6. ....

6 B1-B2 Mark who the underlined pronoun can refer to in each sentence.

	a.	b.	c.	d.	e.
→ Le di la enhorabuena...	a. a Mónica ✓	b. a Felipe ✓	c. a ustedes	d. a usted ✓	e. a sus padres
1. Lo felicitó por su victoria...	a. a él	b. a ella	c. a ustedes	d. a usted	e. a las animadoras
2. Les dieron la noticia...	a. a su madre	b. a sus hijos	c. a ellas	d. a usted	e. a ustedes
3. La quise mucho...	a. a mi novio	b. a mi exnovia	c. a usted	d. a mis gatas	e. a mis canarios
4. Se la enseñó...	a. a ella	b. a su esposo	c. a ustedes	d. a ellos	e. a sus amigas
5. Los aplacé...	a. a ustedes	b. a ella	c. a ellos	d. a usted	e. a mi alumno
6. Las aprobé...	a. a él	b. a ustedes	c. a ellos	d. a ellas	e. a mi alumna

18. Reflexive Constructions and Constructions with Verbs like *gustar*

A Reflexive constructions: *Me baño. Me lavo los dientes.*

In reflexive constructions, the **subject** and **object** (direct or indirect) coincide; in other words, they refer to the same person or thing. When we conjugate a reflexive verb, **the action only has an effect on the subject**:

Yo me afeito por las mañanas.

- *Poncio se lava las manos.*

These are the **pronouns** used in the reflexive form:

Yo	*me acuesto*
Tú/vos*	*te acuestas/te acostás*
Usted, él, ella	*se acuesta*
Nosotros/-as	*nos acostamos*
Vosotros/-as**	*os acostáis*
Ustedes, ellos, ellas	*se acuestan*

The verb **ending** and the **pronoun** refer to the same person.

* Especially in Argentina, Costa Rica, Paraguay, and Uruguay
** Only in Spain

→ **15.** Object Pronouns

1 A1 **Underline which verbs are reflexive in the following sentences. Pay attention to the pronoun-verb agreements.**

→ Mañana me despierto a las diez.
1. ¿Me prestas cincuenta dólares?
2. Te acuestas siempre bien temprano.
3. Te veo esta tarde en el centro comercial.
4. Laura se pone ropa deportiva los domingos.
5. Le compré un regalo a Jimena.
6. Nos vestimos y salimos, ¿ok?
7. La gente nos mira mucho hoy, ¿no?
8. Si salimos, los llamo.
9. Si se sientan, verán peor.
10. A mis hermanos no les gusta esta música.
11. Mis padres se levantan sobre las 7.

2 A2 **Match the sentences as shown in the example.**

→ a. Nos pintamos toda la cara de blanco. b. Les pintamos toda la cara de blanco.	**a.** Parecían fantasmas. **b.** Parecíamos fantasmas.
1. a. Se baña todas las tardes. b. Lo baña todas las tardes.	**a.** Al bebé le encanta el agua. **b.** Quiere aprender a nadar este verano.
2. a. Siempre se viste a la moda. b. Siempre la viste a la moda.	**a.** Mi tía es muy moderna. **b.** Le encanta comprar ropa infantil.
3. a. Le echó una copa encima y le manchó el pantalón. b. Se echó una copa encima y se manchó el pantalón.	**a.** Era muy descuidado. Siempre llevaba la ropa sucia. **b.** Así fue como se conocieron.
4. a. Se quitaron la ropa. b. Les quitaron la ropa.	**a.** Y se pusieron el traje de baño. **b.** Les robaron todo.

B Uses: *Te mojaste. Te mojaste el pelo. Te mojaste la blusa.*

■ In Spanish, the reflexive form indicates that the subject carries out an action on themselves, on a part of their body or on something they have or carry:

VERBS	THE SUBJECT ON THEMSELVES	THE SUBJECT ON A PART OF THEIR BODY	THE SUBJECT ON SOMETHING THEY HAVE OR CARRY

bañarse ***ducharse*** ***vestirse*** etc.	• *Yo me baño todos los días, nunca me ducho.* • *Amalia se viste siempre de negro.*		
afeitarse ***depilarse*** ***tatuarse*** etc.	• *¿Todavía no te has afeitado?* • *Estoy harta de depilarme.*	• *Pepe se está afeitando el bigote.* • *Ana se depiló las piernas.*	
cortarse ***lavarse*** ***mancharse*** ***mojarse*** ***pintarse*** ***ponerse*** ***quitarse*** etc.	• *¿Me esperas un momento mientras me lavo?* • *Vaya, ya te manchaste.* • *¿Te pones al lado de Cati? Les voy a hacer una foto.*	• *¿Se lavaron las manos?* • *Nos vamos a manchar los pies.* • *Se puso un piercing en la nariz.*	• *Simón se lava la ropa a mano.* • *¡Me manché el bolso con el café!* • *¿Nos ponemos el traje de baño?*

■ We can use the direct object pronouns ***lo***, ***la***, ***los***, ***las***, with this type of construction:

- *¿Pepe se afeitó el bigote?, ¿en serio?*
- *Sí, se lo afeitó ayer.*
- *¿Me limo las uñas o me las corto?*

→ **7.** Possessives

→ **16.** Position and Combination of Object Pronouns

In Spanish, this construction is used to refer to actions that some other languages express with the possessive:

- *Me pongo la chaqueta.* ~~Pongo mi chaqueta.~~
- *¿Te cortaste el pelo?* 

- *Quítense el abrigo.* 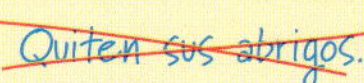

- *Se rompió la nariz.* 

3 A1-A2 **Complete the reflexive constructions in this children's song with the correct pronoun and verb ending.**

Me acuesto y me levanto

Mamá → se lava los dientes.
Papá (1) ..... duch.......... cantando.
Mis hermanitos (2) ..... acuest..........
y (3) ..... duerm.......... en su cuarto.
Todos en casa bien temprano
(4) ..... mete.......... en la cama,

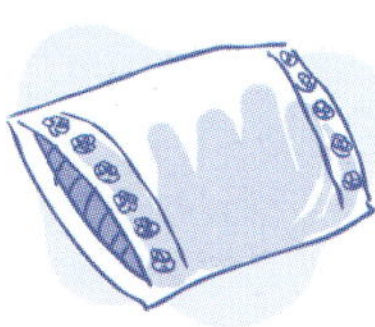

pues siempre (5) ..... levanta..........
a las seis de la mañana.
En cuanto el sol (6) ..... despiert..........,
yo (7) ..... levant.......... y (8) ..... vist..........,
papá (9) ..... afeit.......... la barba,
mamá (10) ..... bañ.......... y ..... pein...........
Y tú, ¿cómo (11) ..... levant..... ?

 A1 Novice High; **A2** Lower Intermediate, Intermediate Mid; **B1** Intermediate Mid, Intermediate High; **B2** Intermediate High, Advanced Low

4 A1-B1 **Candela's parents are talking about some things that their teenage daughter does. Fill in the blanks with the correct pronouns.**

➜ ..*Se*.. pinta ..*los*.. labios de color naranja.
1. No .... quita nunca .... lentes de sol.
2. No .... lava .... manos antes de cenar.
3. .... pone .... *jeans* más viejos que tiene.
4. .... corta .... pelo cada semana.
5. .... come .... uñas.
6. .... tatuó .... brazos.
7. .... tiñó .... pelo de azul.

5 A2-B1 **Who will wake up whom tomorrow morning? And who cuts whose hair at Pepe's salon? Match, following the example.**

➜ (Yo solo) — d
1. (Yo a ti)
2. (Tú a mí)
3. (Yo a mis amigos)
4. (Tú a tu hermana)
5. (Nosotros a vos)
6. (Ella a ustedes)
7. (Ustedes solos)

a. Los despierto.
b. Los despierta.
c. La despiertas.
d. Me despierto.
e. Se despiertan.
f. Te despierto.
g. Me despiertas.
h. Te despertamos.

8. (Pepe a mí)
9. (Pepe a sí mismo)
10. (Ustedes a ustedes mismos)
11. (Pepe a ti)
12. (Tú a Pepe)
13. (Laura y Pepe a sus hijos)
14. (Laura a Pepe)
15. (Laura a unos clientes)

i. Le cortas el pelo.
j. Te corta el pelo.
k. Me corta el pelo.
l. Les cortan el pelo.
m. Se corta el pelo.
n. Le corta el pelo.
o. Les corta el pelo.
p. Se cortan el pelo.

C Reciprocity: *Nos conocemos. Nos queremos.*

■ With the reflexive form we can express that two or more subjects carry out an action reciprocally, or to each other:

- *Pancho y Daniel se conocen desde niños.*
  [Pancho knows Daniel and Daniel knows Pancho.]
- *Ana y tú se escriben, ¿no?*
  [Ana writes letters to you and you write letters to Ana.]
- *Isabel y Fernando se aman.*
  [Isabel loves Fernando and Fernando loves Isabel.]

6 B1 **Nancy is telling Elvira about her relationship with Ercan. Fill in the blanks with the correct pronoun.**

Elvira: ¿Dónde ➜ ..*se*.. conocieron Ercan y tú?

Nancy: (1) .... vimos por primera vez en un viaje a Turquía. Él era el guía.

Elvira: ¿Y (2) .... enamoraron enseguida?

Nancy: ¡No, qué va! Al principio solo (3) .... caímos bien, pero un día me invitó a cenar, dimos un paseo y...

Elvira: Y (4) .... besaron.

Nancy: No, no. ¡Me llevó a ver a su madre! Desde ese día su madre y yo no (5) .... entendemos nada.

Elvira then gives Begoña a summary. Fill in the blanks with the correct pronoun and verb form.

Nancy y Ercan ➜ ..*se conocieron*.. en un viaje a Turquía, pero no (6) .... enseguida, al principio solo (7) .... bien. El primer día que salieron juntos no (8) .... ; él es muy tradicional y la llevó a conocer a su madre. Y desde ese día la madre de Ercan y Nancy no (9) ....

D Changes of state: *El fuego se apagó y la comida se enfrió.*

- With verbs such as:

abrir/cerrar; calentar/enfriar; levantar/acostar; divertir/aburrir; borrar, derramar, instalar, etc.

We refer to a SUBJECT (or **agent**), that carries out an action, and a DO that **receives** this action and changes as a result of it:

- *¿**Tú** calent**aste** **los frijoles**?*
  ["*Tú*", the person who causes the change, is the SUBJECT-**agent**;
  the "*frijoles*" are the DO that change as a result of this action: going from cold to hot.]
- *Borr**en** **ese texto**, por favor.*
  ["*Ustedes*", the people who bring about a change, are the SUBJECT-**agent**; the text "*ese texto*", which will be deleted, is the DO that changes as a result of the action.]
- ***Alberto** **nos** alegró con esa noticia.*
  ["*Alberto*", the person who produced the feeling, is the SUBJECT-**agent**;
  "*nosotros*", the people affected by this feeling, are the DO whose emotions change as a result of Alberto's news "*esa noticia*".]

- ***Marisa** derrama **el café** y mancha **el bolso**.*

- With these verbs, when we only want to talk about a change of state in a person or a thing and we don't consider who or what causes this change, we use a reflexive form. In this case, the SUBJECT is **the person or the thing affected by the change of state**:

- ***Los frijoles** ya **se** calent**aron**.*
  [The "frijoles", the thing affected by the change, going from cold to hot, is the SUBJECT.]
- ***El texto se** borr**ará**.*
  [The "texto", the thing affected by the change, is there now but will disappear, is the SUBJECT.]
- ***Nosotros nos** alegr**amos** con esa noticia.*
  ["Nosotros", the people affected by the news and who experience a feeling, are the SUBJECT.]

- ***El café se** derrama y **el bolso se** mancha.*

	NON-REFLEXIVE CONJUGATION	REFLEXIVE CONJUGATION
	Calentar	***Calentarse***
Yo	*calient**o***	***me** calient**o***
Tú/vos*	*calient**as**/calent**ás***	***te** calient**as**/**te** calent**ás***
Usted, él, ella	*calient**a*** + algo	***se** calient**a***
Nosotros/-as	*calent**amos***	***nos** calent**amos***
Vosotros/-as**	*calent**áis***	***os** calent**áis***
Ustedes, ellos, ellas	*calient**an***	***se** calient**an***

* Especially in Argentina, Costa Rica, Paraguay, and Uruguay
** Only in Spain

- *La fiesta está buenísima. **Me** estoy divirtiendo mucho.*
- ***Papá**, ¿ya **te** dormiste?*
- ***La puerta se** abrió con el viento.*
- *Aquí, sin calefacción, **nos** congelare**mos** muy pronto.*
- *Si no paran un poco, **se** cansar**án**.*
- *Hoy **los niños se** despertaron solos.*

Other verbs which use this type of construction are: ***mojar, secar, romper, manchar, parar, mover, dormir, marear, preocupar, cansar, alegrar, sorprender***, etc.

7 B1-B2 **In a scene from a movie, an invisible man enters a kid's bedroom. Read through the scene carefully, underlining all the things the invisible man does to scare him. Then, describe the 10 unbelievable things the poor child sees, as shown in the example.**

This is what the invisible man does:

El hombre invisible **abre** la puerta. Entra silenciosamente y **prende** la luz. El niño mira asustado. El hombre invisible prende la radio. Hay un vaso en la mesa de luz. El hombre invisible llena el vaso de agua. Después acerca el vaso a la cama del niño y luego aleja la mesa de luz de la cama. Todo esto asusta muchísimo al niño. Ahora el hombre invisible eleva el vaso sobre la cama del niño, derrama el agua sobre la cobija y rompe el vaso. El niño está a punto de gritar cuando el hombre invisible desconecta la radio, apaga la luz, cierra la puerta y se va.

This is what the child sees:

→ La puerta se abre.
→ La luz se prende.
1. ....
2. ....
3. ....
4. ....
5. ....
6. ....
7. ....
8. ....
9. ....
10. ....

8 B1-B2 **Choose the right verb, and the right person and tense, as shown in the example. In one case you need to use the reflexive form, and in the other the non-reflexive form of the same verb.**

alegrar(se)	cansar(se) ✓	mojar(se)	despertar(se)	
instalar(se)	secar(se)	acostar(se)	curar(se)	cansar(se)

→ ● Me canso muchísimo en esta clase de gimnasia.
  ○ Es que este tipo de ejercicio cansa muchísimo.

1. Esa herida .... sola con el tiempo, pero la infección de oído solo la puede .... el médico.
2. Está lloviendo. Si sales ahora, ... tú y .... al perro.
3. Yo .... cuando me dijeron que te habías graduado. Esas noticias siempre ....
4. ¿Cada noche .... tan tarde como hoy? ¿No se van a la cama en cuanto .... al bebé?
5. Puedes .... tú personalmente el programa o puedes darle a este botón y el programa .... automáticamente.
6. Esta secadora es rapidísima. .... en menos de quince minutos. Y la ropa .... completamente.
7. Nosotros .... a las ocho y, luego, media hora más tarde, ... a los niños.
8. Caminar no ...., dicen. Pues yo hoy caminé dos horas y .... muchísimo.

E *Ir(se), llevar(se) / venir(se), traer(se).*

■ The verbs ***ir*** and ***llevar*** are used to indicate a movement towards "there" ("ALLÍ/ALLÁ"); in other words, towards a space that is not the same as the space where the person is speaking from "here" ("AQUÍ/ACÁ"):

Bueno, mamá, **voy** a casa de la abuela a **llevar**le la tarta.
'ALLÍ/ALLÁ'
'AQUÍ/ACÁ'

Caperucita Roja **iba** todos los días a la casa de su abuela y le **llevaba** comida.
'ALLÍ/ALLÁ'
'ALLÍ/ALLÁ'

■ The verbs ***venir*** and ***traer*** are used to indicate a movement towards "here" ("AQUÍ/ACÁ'): towards the actual space where the person is speaking from:

¡Qué temprano **vienes** hoy, Caperucita! ¿Qué me **trajiste**?
'ALLÍ'
'AQUÍ/ACÁ'

■ We also use the verbs ***venir*** and ***traer*** when referring to movement towards the mental space where the person is speaking from, and which they think of as their space (a place where we will be in the future, our home, our place of work, with us, with me, etc.):

¿Puedes **venir** a MI CASA mañana y **traer**me la carta?
¡Claro que puedo **ir** a TU CASA mañana y **llevar**te la carta!

- *¿Quieres **venir** conmigo al teatro?*
- *Me encantaría **ir** contigo, pero no puedo.*

¡Claro que puedo ~~venir~~ a tu casa y ~~traerte~~ la carta!

- "Here" ("AQUÍ/ACÁ") the place where the person is speaking from, can be large or small, depending on the other space we compare it to:
  - *Ven aquí, a la cocina. No vayas al jardín ahora.* [the kitchen = HERE / the garden = THERE]
  - *Tienen que venir primero a ver mi apartamento y luego iremos nosotros a ver el suyo.* [my apartment = HERE / their apartment = THERE]
  - *¿Cuándo vienen a Madrid tus padres? ¿Van a un hotel o van a tu casa? Si quieres, pueden venir a casa.* [Madrid = HERE / their city = THERE; hotel and your house = THERE / my house = HERE]
  - *Cuando vengas a Argentina, no vayas a Posadas. Ven a Buenos Aires primero y, luego, ve a Bariloche.* [Argentina = HERE / your country = THERE; Posadas = THERE / Buenos Aires = HERE; Bariloche = THERE]

Tienes que venir a mi galaxia, a mi sistema solar, a mi planeta, a mi país, a mi casa...

9 A2-B1 **Brian is in his Spanish class in Lima. Fill in the blanks with one of these verbs *ir, venir, llevar* or *traer*.**

→ Tengo que ....ir.... a casa.
1. Tengo que .... al baño un momento.
2. Tengo que .... unos libros a la biblioteca.
3. Tengo que .... el diccionario a clase.
4. Tengo que .... a Caracas.
5. Tengo que .... a Perú cada año.
6. Tengo que .... a Suramérica cada año.
7. Tengo que .... comida a mi gato.
8. Tengo que .... a mirar por la ventana.

10 A2-B1 **Which place is Adela referring to? Complete, following the example.**

	AQUÍ/ACÁ A donde ella está	ALLÍ/ALLÁ A otro lugar
→ Mauricio, ¿vas a **traer** a ese amigo tuyo a mi fiesta?	✓	....
1. ¿Puedes **llevarme** el libro que te presté, por favor?	....	....
2. Ven mañana y hablamos. ¡Ah! Y **tráeme** el cuaderno si te acuerdas.	....	....
3. Espera, parece que sonó el timbre. ¡Un momento, ya **voy**!	....	....
4. Las gemelas, sí. Ellas **vienen** a verme de vez en cuando.	....	....
5. Liliana, no. Ella nunca **fue** a verme.	....	....
6. El otro día Jorge me **trajo** un ordenador que él ya no usa.	....	....
7. ¿Puedes **llevar** tú al niño mañana? Yo tengo una reunión a primera hora.	....	....
8. Es una larga historia. Si **vienes** luego, te lo explico.	....	....

11 A2-B1 **Adela talks to various people. Fill in the blanks with the appropriate form of *ir, venir, llevar* or *traer*.**

→ Mira, creo que no voy a ....ir.... a la fiesta. Está lloviendo mucho.
1. Oye, al final .... a la cena de Néstor. ¿Tenemos que .... algo?
2. ¿............ Cristina y tú de excursión este fin de semana? ¿Por qué no .... unos sándwiches?
3. Bueno, el jueves voy a estar todo el día aquí, en la oficina. ¿Por qué no .... y salimos a cenar juntas?
4. ¿No encuentras tus llaves? Mira en la habitación. Yo .... al garaje por si las dejaste en el auto.
5. La pasamos muy bien en la playa. Por cierto, que estuvimos esperándote y nada. ¿Por qué no ....?
6. ¿............ al cine conmigo mañana? Dan una película de ciencia ficción excelente.

■ With verbs that refer to movement (***ir, venir, llevar, traer***, etc.) we use the reflexive form to highlight the fact that something leaves its place of origin:

THE IDEA OF LEAVING THE PLACE OF ORIGIN IS NOT IMPORTANT FOR US.

Va corriendo. Lleva el tesoro.
Viene corriendo. Trae el tesoro.
The speaker is at the destination point (of the movement).
The speaker is not at the destination point (of the movement).

THE IDEA OF LEAVING THE PLACE OF ORIGIN IS IMPORTANT FOR US.

Se va corriendo.
Se lleva el tesoro.
Se viene corriendo. **Se** trae el tesoro.
The speaker is at the destination point (of the movement)
The speaker is not at the destination point (of the movement)

12 B1-B2 **What does Virginie really want to say? Read carefully the following situations and choose the most likely option for each.**

→ Virginie vive en París, pero encuentra un buen trabajo en Bogotá y decide cambiar de ciudad.	**a.** ¡Voy a Bogotá! **b.** ¡Me voy a Bogotá!
1. Cuando está haciendo la maleta, ve que no puede meter toda la ropa que tiene y tiene que elegir.	**a.** ¿Qué ropa llevo? **b.** ¿Qué ropa me llevo?
2. Cuando va a salir para el aeropuerto, mira el tiempo y tiene una duda.	**a.** ¿Qué ropa es mejor para llevar? **b.** ¿Qué ropa es mejor para llevarme?
3. Antes de ir al aeropuerto, quiere despedirse de su madre.	**a.** Primero voy a casa de mi madre. **b.** Primero me voy a casa de mi madre.
4. En el aeropuerto, alguien le pregunta sobre su vuelo.	**a.** Voy a Bogotá. **b.** Me voy a Bogotá.
5. Ya en Bogotá, recuerda que no se despidió de su amiga Marion en París.	**a.** ¡Me vine sin decirle adiós! **b.** ¡Vine sin decirle adiós!
6. Su amiga Marcela la espera en el aeropuerto.	**a.** Mira, traje un regalo para ti. **b.** Mira, me traje un regalo para ti.
7. Le pide ayuda a Marcela con las maletas.	**a.** ¿Tú puedes llevar esta? **b.** ¿Tú puedes llevarte esta?

13 B1-B2 **Consider whether Virginie uses the verbs *ir/se, venir/se, llevar/se* y *traer/se* correctly. If she doesn't, correct them as shown in the example.**

→ Lo siento, pero tengo que **irme** a las cuatro. Me esperan en casa. → ✓

→ ¡No soporto más tu música! ¡Mañana mismo **voy** a casa de mis padres! → me voy

1. ¿A dónde **va** Liz con esas maletas? ¿Es que **se va**? 1. ....
2. El niño no puede estar solo ni un segundo. En cuanto **me voy**, se pone a llorar. 2. ....
3. ● ¿Sabéis que Sebastián hace hoy una fiesta con comida brasileña?
   ○ Es la primera noticia que tengo. ¿Tú piensas **irte**? 3. ....
   ● Pues no sé. Si tú **vas**, quizá yo también. ....
4. Espera un momento. **Voy** a comprar el diario nomás y regreso enseguida. 4. ....
5. No quiero hablar más contigo. **Voy** a mi casa. 5. ....
6. Mis amigas **van** todas las noches, pero a mí no me gusta ese lugar. 6. ....
7. Yo **vengo** mucho a este bar porque es barato. 7. ....
8. ¡A dormir, niños! ¡Que Papá Noel **se viene** esta noche! 8. ....
9. Antes de **irte** a Ibagué, deberías **llevarte** el auto al taller para un chequeo. 9. ....
10. Marcela estará enojada. **Traje** sus libros sin darme cuenta. 10. ....

F Verbs of consumption: *comer(se), beber(se), tomar(se)...*

■ With verbs such as *comer, beber, fumar, tomar, tragar*, etc., we use the **non-reflexive form** when:

WE DON'T SPECIFY WHAT IS BEING CONSUMED:

- *Come con la boca cerrada, por favor.*
- *No comas mucho.*
- *Come despacio.*

WE TALK ABOUT TYPES OF FOOD, TYPES OF DISHES, ETC.:

- *No consumo azúcar porque soy diabético.*
- *Mis hijas solo comen cereales en el desayuno.*
- *Hoy vamos a comer salmón. ¿Te provoca?*

WE REFER TO UNSPECIFIED AMOUNTS:

- *Comieron muchos dulces y se sintieron mal.*
- *Si vas en un avión, a veces tienes que tragar saliva para oír mejor.*
- *¿Probaste mi torta?*
- ○ *He comido un poco. Está muy rica.*
- *Comiste pocas empanadas. Come más.*
- *¿Viste? Ese niño tan pequeño está comiendo pasta, él solo y sin mancharse.*

Comí un poco en casa. Creo que no voy a **comer** nada. Bueno, quizás una ensalada.
Pues yo voy a **comer** ensalada también y pescado con arroz.

■ However, we use the **reflexive form** only when referring to consuming specific things:

WE TALK ABOUT CONSUMING SPECIFIC THINGS:

- *¿Todavía no **te** has bebido el jugo de piña?*
- *Yo **me** estoy comiendo este muslo de pollo.*
- *¿**Me** puedo comer tu fruta?*
- *¿Y mi chocolate? ¿**Te** lo comiste?*
- *Trága**te** lo que tienes en la boca.*
- ***Me** comí dos manzanas riquísimas.*
- ***Se** bebe toda la botella de leche sin parar.*

Creo que primero voy a **comerme** el pescado.

14 B1-B2 **¿*Comer* or *comerse*? Put each expression in the right column, following the example.**

	Comer	Comerse
→ mucho	mucho	
→ lo que tienes en la mano		lo que tienes en la mano
1. carne de pollo		
2. un filete de carne de res		
3. ese mango		
4. mangos		
5. poco pan		
6. un poco de pan en las cenas		
7. yuca frita		
8. la yuca de ayer		
9. todo eso		
10. nada		
11. su sándwich		
12. rápido		
13. de mi plato		
14. el martes		
15. 35 aceitunas seguidas		
16. muchas aceitunas		

15 B1-B2 **Fill in the blanks with either *comer* or *comerse* in its correct form.**

→ ¿Ese niño va a comerse eso tan grande él solo?

1. Si te provoca .... pescado, vente a cenar a casa. Tengo ceviche.
2. ¿Te gusta el caviar? Puedes .... el mío. Yo lo odio.
3. Si no cabemos todos en la mesa, los niños pueden .... antes y luego nosotros .... tranquilamente.
4. Tienes que .... lo que queda en el plato. Si no, te quedas sin postre.
5. Yo .... todas las mañanas un ajo crudo. Es bueno para todo.
6. Últimamente .... muy poco. Está a dieta.
7. Creo que me equivoqué con el postre: no .... ni uno solo de los pasteles que le llevé.
8. De repente, se puso a .... empanadas como un loco y .... todas.

16 B1-B2 **Choose the best form in each case, following the example.**

→ (Tomo/Me tomo) Me tomo el café y tú (1. bebes/te bebes) .... el refresco y nos vamos. Recuerda que esta noche (2. comemos/nos comemos) .... en casa de mis padres.

Yo normalmente (3. tomo/me tomo) leche (4. comiendo/comiéndome) ...., pero si lo que (5. como/me como) .... es pescado, entonces no. ¿Tú vas a (6. tomar/tomarte) .... tu sopa sin nada? ¿Quieres (7. beber/beberte) .... un refresco o algo?

Aquí tienes, Renato, (8. toma/tómate) .... el jarabe primero y, luego, (9. tomas/te tomas) .... la pastilla, pero (10. la tragas/te la tragas) .... entera, ¿eh?

G Impersonal constructions with *se*: *Aquí se vive bien / Se invitó a toda la familia.*

■ When we don't want to identify the agent (the person or thing that carries aout the action), we use a verb in the 3rd person of the reflexive form (*se vende/se venden*):

PERSONAL CONSTRUCTION
We identify the agent:

- ***Mis vecinos*** *venden* ***la casa.***

IMPERSONAL CONSTRUCTION
We don't identify the agent:

■ In impersonal constructions with ***se***:

When an unidentified person **carries out an action that affects something or someone**, we identify this thing or person in two different ways:

If it is **an unspecific person or a thing**, it agrees with the verb as the SUBJECT:

- *Así* ***se riegan las plantas.***
- ***Se vende auto*** *de segunda mano. /* ***Se venden motos.***
- ***Se compra ropa*** *usada. /* ***Se compran muebles.***
- ***Se necesita camarero. / Se necesitan camareros.***

If it is a **specific person**, then it is a direct object (with the preposition *a*) and we use the verb in the **3rd person singular form**:

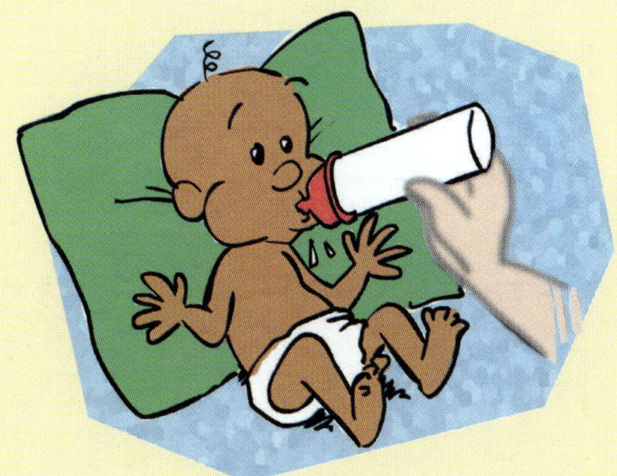

- *Así* ***se alimenta a los bebés.***
- ***Se contrató a un profesor / a dos profesores.***
- ***Se avisará al vecino del 5.º / a todos los vecinos.***

When an unidentified person **carries out an action which doesn't affect anybody or anything**, the verb is always in the 3rd person singular form:

- *En las ciudades pequeñas* ***se vive*** *sin estrés.*
- *En mi país* ***se viaja*** *mucho en vacaciones.*
- ***Se está*** *bien en el patio. Podemos comer afuera.*

■ We use the impersonal construction with ***se*** to **generalize** in the same way as we generalize when using phrases such as ***la gente, todo el mundo, nadie, las personas***, etc.

- *Acá en invierno no **se** sale a la calle.*

- *Acá en invierno la gente no sale a la calle.*
- *Acá en invierno nadie sale a la calle.*
- *Acá en invierno las personas no salen a la calle.*

GENERALIZING WITH *SE* (It doesn't matter who carried out the action)	SPECIFYING (The subject is explicit)
• *Acá no **se** puede jugar con la pelota.*	*Pero yo siempre juego.*
• ***Se** duerme mejor en invierno.*	*¿Tú no duermes mejor?*
• *Cada día **se** lee menos.*	*Excepto nosotros, que leemos muchísimo.*
• *¡Eso no **se** toca!*	*No lo toquen, por favor.*

17 B1 **Write the signs for each of the following ideas, as shown in the example.**

➜ Vender auto usado.

1. Dar clases de tango.

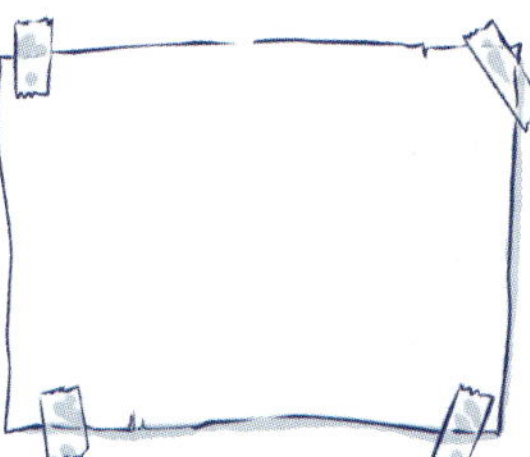

2. Comprar oro.

3. Hacer fotocopias.

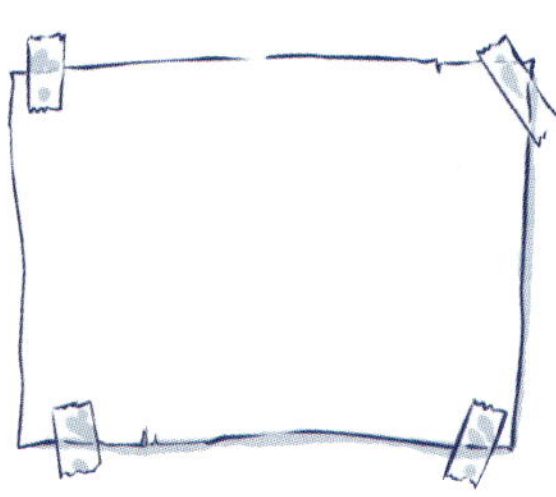

4. Alquilar motos de agua.

5. Vender boletos de lotería.

6. Cuidar a personas enfermas.

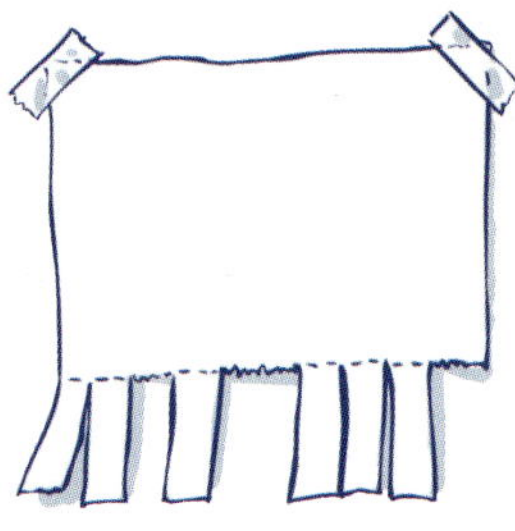

7. Regalar dos perritos.

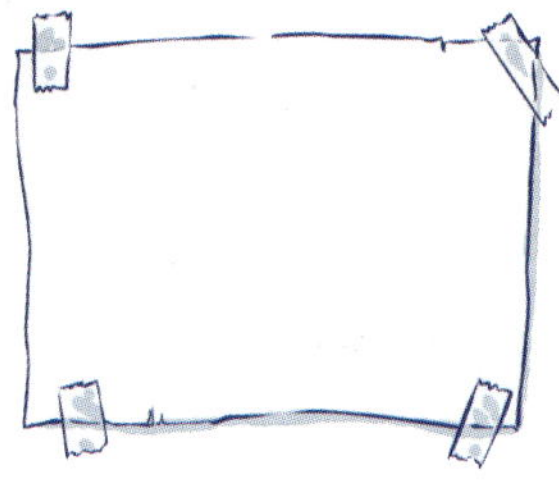

8. Prohibir botar basura.

9. Arreglar ropa.

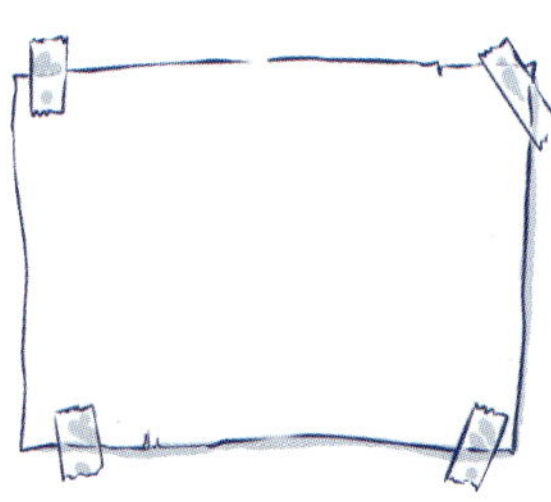

10. Hacer tatuajes.

11. No admitir devoluciones.

A1 Novice High; **A2** Lower Intermediate, Intermediate Mid; **B1** Intermediate Mid, Intermediate High; **B2** Intermediate High, Advanced Low

18 B1-B2 **Read the following situations carefully. Complete them with the most appropriate verb from the box in its correct form.**

dar
crear
necesitar
buscar
construir ✓
respetar
hablar
ver
saber
comer
esperar
obtener
pensar

→ Cada vez *se construyen* edificios más altos en la ciudad.

1. Para este trabajo .... personas con conocimiento de idiomas.
2. No .... nuevos puestos de trabajo por la crisis económica.
3. ¿En tu país .... mucho a los profesores?
4. En España, fuera del País Vasco, casi no .... eusquera.
5. .... camarero/a para los fines de semana. Imprescindible experiencia e idiomas.
6. En esta escuela .... cursos de cocina online.
7. Desde aquí .... su ventana.
8. No .... quién es el autor. .... que es un filósofo del siglo XV.
9. En verano .... muchas frutas.
10. Cuando .... demasiadas cosas, ... pocas.

19 B1-B2 **Give this recipe for ceviche a more impersonal style, using constructions with *se*.**

INGREDIENTES:

- 1/2 kilo de pescado (blanco o azul) cortado en cuadrados pequeños
- 2 cebollas rojas, muy picadas
- 4 tomates, bien picados
- 2 pimientos (uno amarillo y otro naranja), muy picados
- 20 limones
- Un poco de cilantro, muy picado
- Sal y aceite de girasol

→ Ponga / *Se ponen* los pedacitos de pescado crudo en una fuente de vidrio.

1. Cúbralos / .... con sal y el jugo de unos diez o doce limones.
2. Tape / .... la fuente con plástico de cocina.
3. Poner / .... en el refrigerador durante al menos 4 horas.
4. Mezcle / .... las cebollas, los tomates, los pimientos y el cilantro con el jugo de los limones que quedan.
5. Ponga / .... un poco de sal.
6. Deje / .... reposar una hora.
7. Saque / .... el pescado del refrigerador y lávelo / .... bien.
8. Mezcle / .... con los ingredientes anteriores.
9. Añada / .... sal y aceite al gusto.
10. Puede / .... servir inmediatamente o dejar reposar para que todos los sabores se combinen.

20 B1-B2 **Change the sentences, as shown in the example, using the verb in its impersonal form without identifying the subject.**

→ Dentro de unos años **nadie** escribirá en papel. *no se escribirá...*

1. En una maratón **los corredores** llegan agotados a la meta. ....
2. En Argentina y en España **todo el mundo** habla mucho de fútbol. ....
3. En mi casa **hablamos** bastante alto. ....
4. **Los estudiantes** estudian mucho en la secundaria .... y luego tienen la prueba de acceso a la universidad ....
5. Aquí por las tardes **la gente** pasea por ese parque tan lindo. ....
6. Donde **las personas** están bien de verdad es en casa. ....

H Constructions with verbs like *gustar*: *Me gusta... Les da miedo... Nos parece bien...*

In this type of construction, there is an element (the **subject**) that produces an emotion, sensation, feeling or reaction (expressed by the **verb**) in someone (the **indirect object** or IO):

Me gusta mucho **el pan**.
IO — SUBJECT

	INDIRECT OBJECT	GUSTAR
(A mí)	*me*	*gusto (yo)*
(A ti/a vos*)	*te*	*gustas (tú) / gustás (vos)**
(A usted, él, ella)	*le*	*gusta (él, ella...)*
(A nosotros/-as)	*nos*	*gustamos (nosotros/-as)*
(A vosotros/-as**)	*os*	*gustáis (vosotros/-as)***
(A ustedes, ellos, ellas)	*les*	*gustan (ellos, ellas...)*

* Especially in Argentina, Costa Rica, Paraguay, and Uruguay.
** Only in Spain.

gusta (él, ella...):
Osvaldo
el fútbol
la comida japonesa
Nueva York...

salir y cenar fuera
dormir la siesta...

gustan (ellos, ellas...):
Osvaldo y Carolina
los lentes de sol
los días de lluvia
el café y el té...

- *¿A ustedes **les** gusta **la playa**?*
- *Pues **a Daniel** no **le** gust**an** **las series**. Prefiere leer.*

The verb ***gustar*** can also be used with any other person:

- *¿**Te** pasa algo conmigo? ¿No **te** gust**o**?*
- *¡Por supuesto que sí! **Vos me** gust**ás** muchísimo.*

Apart from ***gustar***, other verbs like ***doler***, ***encantar***, ***fastidiar***, ***interesar***, ***molestar***, ***preocupar***, ***provocar***, etc. are used in the same way:

- *¿No **te** preocup**a** nada **el futuro**?*
- *Pues hoy, con este aguacero, no **nos** provoc**a** **salir**.*
- ***A mi madre le** duel**en** **los huesos** cuando cambia el tiempo.*
- *¿**A usted le** interes**an** **las películas de ciencia ficción**?*

In some constructions of this type, the effect (emotion, reaction, sensation, etc.) that the subject causes on someone is expressed with the verb followed by an adjective, noun or adverb:

Dar + *igual, miedo, pena, rabia, risa, vergüenza...*
- ***Me** d**an** risa **tus chistes**.*

Caer + *bien, mal, regular...*
- *¿**A ti te** cae bien **el actor principal**?*

Resultar/Parecer + *excelente, increíble, raro...*
- ***Les** parece fatal **ir a la cena sin un regalo**.*

21 A1-A2 **Sofía is preparing for a conversation exchange with Pierre, a French boy, and she makes two lists: things she wants to tell Pierre and questions she wants to ask him. Write out the lists correctly in your notebook, following the example.**

Things about me and my family

→ A mi padre ~~ENCANTAR~~ cocinar. *le encanta*
1. A mi madre NO GUSTAR los productos lácteos.
2. A mis hermanas GUSTAR salir por la noche.
3. A mí ENCANTAR los viajes. Mejor exóticos.
4. A todos nosotros GUSTAR mucho el queso francés.
5. A todos nosotros DOLER a menudo la cabeza.

Things I'd like to know about you and your family

→ ¿A ti GUSTAR las motos? ✓
6. ¿A tus padres MOLESTAR el ruido?
7. ¿A tus hermanos INTERESAR la ecología?
8. ¿A ustedes GUSTAR la comida picante?
9. ¿A ustedes MOLESTAR los gatos?
10. ¿A tu hermana GUSTAR esquiar?

22 A2 **At times, people have contradictory tastes. Choose the most appropriate form of the verb and match the sentences in the two columns as in the example.**

➜ Le gust*an*...... las películas de terror...	**a.** pero no le gust*an*...... los huevos fritos.
➜ Le gust*a*...... el huevo duro...	**b.** pero no le gust*an*...... las historias de vampiros.
1. Me encant.......... ducharme...	**a.** pero no me gust.......... nada bañarme.
2. Me gust.......... los instrumentos de viento...	**b.** pero no me apasion.......... el oboe.
3. Siempre te provoc .... bailar...	**a.** pero no te gust.......... el sol.
4. Te gust.......... la playa...	**b.** pero casi nunca te provoc.......... cantar.
5. Nos preocup.......... los problemas de la sociedad...	**a.** pero no nos ca.......... bien los gatos.
6. Nos encant.......... las mascotas...	**b.** pero no nos interes.......... la política.
7. Les provoc.......... hacer ejercicio...	**a.** pero no les gust.......... pasear.
8. Les gust.......... los bombones...	**b.** pero no les gust.......... el chocolate caliente.
9. Les molest.......... el ruido...	**a.** pero no les import.......... cantar delante de mucha gente.
10. Les d.......... vergüenza hablar en público...	**b.** pero les d.......... igual la música muy alta.

23 B1-B2 **Elena thinks of many things before she falls asleep. Fill in the gaps with the correct pronouns and the most appropriate form of the verb.**

➜ (PROVOCAR) *Me provoca* un vaso de leche caliente, pero ahora no tengo ganas de levantarme.

1. A Sandra y a Elías (FASTIDIAR) .... mucho el cambio de horario en el trabajo. Pero, en fin, los jefes mandan.
2. A Pablo y a mí (ENCANTAR) .... los nuevos capítulos de *Espías en la Pampa*. Es una serie genial.
3. Mañana le tengo que decir exactamente esto a Miriam: "¿(INTERESAR) .... trabajar aquí o prefieres ir a Boston? Por favor, decídete ya".
4. Tengo que llamar a Carlos para felicitarlo por su último artículo. (PARECER EXCELENTE) .... lo que escribió.
5. ¡Qué extraño lo de hoy en clase de yoga! Cuando les pregunté a Jon y a Hanna: "¿A ustedes (DOLER) .... la espalda? Es que yo estoy fatal...", me dijeron que se me ve muy estresada y que tengo que aprender a cuidarme más.
6. Mañana me voy a cortar las uñas. No (GUSTAR) .... tan largas.
7. Sé que al jefe (DAR IGUAL) .... el nuevo proyecto. (DAR RABIA) .... porque trabajé muchísimo y (DAR PENA) .... que no lo valore.
8. Tengo que llamar al restaurante Cielito Lindo. A Iveth y a Ana (ENCANTAR) .... la comida mexicana y quedamos en cenar juntas mañana.
9. ¡(CAER MUY MAL) .... el vecino del sexto! ¡Deja la basura fuera del contenedor y hace mucho ruido por las noches!
10. A ver, un pensamiento positivo antes de dormir... ¡Ah, sí! (ENCANTAR) .... la planta que compré para la oficina. Es muy linda.

24 B1-B2 **A group of influencers talk about their followers. Write the verb *gustar* in its correct form and translate each sentence into your language.**

→ A los amantes del rap les ...gusta... Alberto.

1. A los aficionados a los videojuegos les .... yo.
2. A los que practican yoga y a ti les .... Carlo y Alba.
3. A los fanáticos de la música les .... todos nosotros.
4. A los aficionados a la decoración y mí nos .... tú y tus hermanas.
5. A los interesados en jardinería les .... tú.

- In these kinds of constructions, when the subject is a combination of several infinitives, or of an infinitive followed by a noun, the verb goes in the singular. The verb only goes in the plural if there is a plural noun closer to the verb than the infinitive:

SINGULAR VERB	PLURAL VERB
• *Me gusta **ir** al cine y **leer** en la cama.*	• *Me gustan **las novelas de misterio y leer en la cama.***
• *Me gusta **el cine** y **leer** en la cama.*	• *Me gustan **las películas de zombis y escuchar tecno.***
• *Me gusta **ir** al cine y **las novelas de misterio.***	

25 B1-B2 **Fránkez and Tristicia chat using their crystal balls. Here are some of their messages. Help them "translate" their words into correct Spanish, as shown in the examples.**

→ Encantar las fiestas de Jálogüin y los gritos en la noche. ...Me encantan...
1. Dar rabia llevar cadenas y asustar a la gente. ....
2. Alegrar la luna llena en el cementerio y tus ojos. ....
3. Caer fatal Lobezna, la sobrina menor del Hombre Lobo. ....
4. Apasionar la Noche de Difuntos, viajar en escoba y tus ojos. ....
5. Parecer espantoso lavarme los dientes y visitar al doctor Chéquil. ....
6. Dar alergia los yogures de hormigas negras y el champú. ....

Ahora Fránkez le cuenta a Vic Fut cómo es Tristicia.

Ahora Tristicia le cuenta a La Momia cómo es Fránkez.

A Fránkez le encantan las fiestas de Jálogüin y los gritos en la noche.

 A1 Novice High; **A2** Lower Intermediate, Intermediate Mid; **B1** Intermediate Mid, Intermediate High; **B2** Intermediate High, Advanced Low

SECTION 4

Verbs

19. Conjugation. The Basics

A Referring to verbs: the infinitive.

■ When we **talk about a verb**, we use the **infinitive**, which is the verb form that can be found in a dictionary. It is a non-personal verb form, meaning that it doesn't conjugate.

→ **20.** Non-personal Forms

■ In Spanish, the infinitive has **three endings**, each with a different classifying vowel. All verbs are classified according to these endings:

-AR ENDING	*-ER* ENDING	*-IR* ENDING
*Estudi**ar***	*Aprend**er***	*Recib**ir***
*Habl**ar***	*Com**er***	*Dec**ir***
*Jug**ar***	*Corr**er***	*Escrib**ir***
*Pase**ar***	*Le**er***	*Sal**ir***
*Trabaj**ar***	*V**er***	*Ped**ir***

pasear. (De *paso*). intr. Ir andando por distracción o por ejercicio.

ver. (Del lat. *videre*). tr. Percibir objetos mediante los ojos.

decir. (Del lat. *dicere*). tr. Manifestar con palabras el pensamiento. **2.** Asegurar.

For verbs with a reflexive form, the pronoun ***-se*** is added to the infinitive. For example: *duchar<u>se</u>*, *mover<u>se</u>*, *vestir<u>se</u>*, enoj*ar<u>se</u>*.

→ **18.** Reflexive Constructions and Constructions with Verbs like *gustar*

1 A1 **Ms. Morpheme is an instructor in the Grammex gym. Today she has prepared an exercise routine in order to perfect conjugation. In this first task, put the infinitives into the appropriate group in the table.**

salir escuchar ✓ poner ser manejar oír entrar escribir tener poder decir aprender reproducir haber partir

-ar	-er	-ir
escuchar	....	....
....	....	....
....	....	....
....	....	....
....	....	....
....	....	....

Put these other verbs in the correct order into the same table. They are all in their reflexive form.

levantarse irse sentarse afeitarse vestirse acostarse perderse ducharse ponerse lastimarse

Look up some of these verbs in your dictionary. Notice the abbreviations that accompany them.

2 A1-A2 **This is the second exercise that Ms. Morpheme has prepared for today. Look at the conjugated verbs in the box. Identify the infinitives and put them in the correct column below. Remember to focus on the vowel endings.**

estudiamos ✓ tomás cocina aprenden estás escribimos comés vemos bebe trabajan traen limpian ponemos vivimos sentamos sentimos cantas lee

-ar	-er	-ir
estudiar	....	....
....	....	....
....	....	....
....	....	....
....	....	....
....	....	....

B Conjugate a verb.

■ In Spanish, the **endings** of the verb tenses are essential because they inform us of the tense and the person we are referring to. So, verb conjugation is all about using the correct form regarding the tense and person we are referring to.

To conjugate a **regular verb**, we change the ending of the infinitive according to the tense and person. For example:

ESTUDIAR		APRENDER		ESCRIBIR	
estudi + ENDING		*aprend* + ENDING		*escrib* + ENDING	
estudio	[yo, Present]	*aprendo*	[yo, Present]	*escribo*	[yo, Present]
estudias	[tú, Present]	*aprendes*	[tú, Present]	*escribes*	[tú, Present]
estudiás	[vos, Present]*	*aprendés*	[vos, Present]*	*escribís*	[vos, Present]*
estudié	[yo, Preterite]	*aprendí*	[yo, Preterite]	*escribí*	[yo, Preterite]
estudiaste	[tú/vos, Preterite]	*aprendiste*	[tú/vos, Preterite]	*escribiste*	[tú/vos, Preterite]

*Especially in Argentina, Costa Rica, Paraguay, and Uruguay

■ To conjugate an **irregular verb**, apart from changing the endings, we need to know what kind of irregular form it takes. This irregularity generally **affects the stem, or first part of the verb**. For example:

Jugar, in the present, the ***-u*** changes to ***-ue-***, for some persons:

- *jugar* ➜ [*jueg* + TENSE AND PERSON ENDING]

Querer, in the present, the ***-e*** changes to ***-ie-***, for some persons:

- *querer* ➜ [*quier* + TENSE AND PERSON ENDING]

Pedir, in the some tenses, the ***-e-*** changes to ***-i-***, for some persons:

- *pedir* ➜ [*pid* + TENSE AND PERSON ENDING]

3 A1 **To be able to conjugate, it is essential to know how to separate verbs. In this third exercise in conjugation, separate the stems, or the first part of the verb, from the endings in the infinitives below, as shown in the example.**

cambiar	cambi + ar	poder	....	nacer	....
abrir	....	manejar	....	estacionar	....
terminar	....	pedir	....	romper	....
escribir	....	recibir	....	soñar	....
aprender	....	salir	....	dormir	....
comer	....	querer	....	enfermar	....

C Verb and subject agreement.

■ In Spanish, verb conjugation has **different endings** for the six possible persons/subjects. The verb always **agrees with the subject**, with whichever person that is:

SINGULAR	1st person	yo	*com**o***
	2nd person	tú	*com**es***
		vos*	*com**és***
	3rd person	usted, él, ella	*com**e***
PLURAL	1st person	nosotros/-as	*com**emos***
	2nd person	vosotros/-as**	*com**éis***
	3rd person	ustedes, ellos, ellas	*com**en***

* Especially in Argentina, Costa Rica, Paraguay, and Uruguay
** Only in Spain

- *Tú sabes más de lo que dices.*
- *Sara y yo no sabemos nada de eso.*
- *¿**Saben** ellos ya lo que pasó?*

¡Creo que descubrí algo importante! Pero no sé qué...
CANTA ABA-S

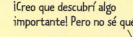

■ **Some person endings are always the same** and are repeated in all verb tenses. Focus on the endings below as it will make conjugation easier:

VERBAL PERSON		VERBAL MARKER
yo	→	-vocal*
tú/vos	→	*-s***
usted, él, ella	→	-vocal*
nosotros/-as	→	***-mos***
vosotros/-as	→	***-is***
ustedes, ellos, ellas	→	***-n***

* There is no single vowel, as this changes according to the tense.
** Except in the preterite and commands.

4 A1 **This is the last exercise in today's gym routine. Write each of the verb forms in the box next to its corresponding person. There are forms from many different tenses, so pay particular attention to the verb endings.**

desayunas salimos hacés tenemos escribes cantamos envías sabés creo ✓
llamarán sabe sabemos fueron decían saldremos tradujeron sabes estaban manejás

Yo ......Creo......
Tú ....
Vos ....
Usted, él, ella ....
Nosotros/-as ....
Ustedes, ellos, ellas ....

5 A1-A2 **This evening, Ana has invited some friends for dinner. They have been talking about the special occasion. Complete the conversation with the verbs in the box, paying particular attention to the verb and subject agreement.**

van ✓ tienen llegas cenan estamos sales llevamos pueden

→ ¿Ustedes a qué hora ......van...... a llegar?
1. Nosotros .... allá a las ocho.
2. ¿Tú .... a esa hora?, ¿seguro? Como .... tan tarde del trabajo...
3. ¿Y Ana y su familia por qué .... tan temprano?
4. Bueno, ¿qué les ....?: ¿vino, una torta, unas flores...?
5. Nada de chocolate, que los niños de Ana no .... comer.
6. ¿Ustedes .... la dirección exacta?

20. Non-personal Forms: *hablar, hablando, hablado*

A Meaning and form of the infinitive: *hablar, comer, vivir.*

■ The infinitive is a verbal noun. It is the **name** we give to **an action, a process, or a state of being**.

■ The infinitive is the basic form of the verb, which is why it is the form found in a dictionary. In Spanish, the infinitive can have three endings:

1.st CONJUGATION -AR	2.nd CONJUGATION -ER	3.rd CONJUGATION -IR
*Cant**ar***	*Com**er***	*Sal**ir***
*Salt**ar***	*Sab**er***	*Dorm**ir***
*Vol**ar***	*Ten**er***	*Ven**ir***
*Soñ**ar***	*Volv**er***	*Eleg**ir***
*Compr**ar***	*Conoc**er***	*Abr**ir***

- ***Pintar** es hacer dibujos.*

→ **19.** Conjugation. The Basics

→ **37.** Verb Constructions

1 A1-A2 **Can you find the infinitive that corresponds to the nouns below?**

la canción	→ cantar	la entrada	5.	el gusto	10. ....
el salto	1.	la dirección	6.	el amor	11. ....
el cuento	2.	la venta	7.	la carrera	12. ....
el sueño	3.	el hecho	8.	la vuelta	13. ....
la salida	4.	el sentimiento	9.	la vista	14. ....

B The infinitive as noun.

■ The infinitive can be used in the same way as a noun and behaves as such:

AS A SUBJECT	AS A DIRECT OBJECT	WITH PREPOSITIONS
• *La salida fue difícil.*	• *¿Quieres jugo de mango?*	• *No puedes salir sin paraguas.*
• ***Salir** fue difícil.*	• *¿Quieres **beber**?*	• *No puedes salir sin **llevar** paraguas.*
• *El descanso ayuda mucho.*	• *No sabe informática.*	• *¿Vas a Caracas?*
• ***Descansar** ayuda mucho.*	• *No sabe **programar**.*	• *¿Vas a **viajar**?*
• *Está prohibido el baño.*	• *Prefiero la soledad.*	• *Es la hora del almuerzo.*
• *Está prohibido **bañarse**.*	• *Prefiero **estar** solo.*	• *Es la hora de **almorzar**.*

■ With constructions such as ***me gusta, me encanta, me pone nervioso, me da miedo***, etc., the thing that you like, love, makes you nervous or makes you frightened is the **subject**. For that reason, in these cases, we use nouns or **infinitives**:

- *Me gusta mucho la natación.*
- *Me gusta mucho **nadar**.*

- *¿A ustedes les da miedo la oscuridad?*
- *¿A ustedes les da miedo **salir** de noche?*

- *Nos tranquilizan tus palabras.*
- *Nos tranquiliza **saber** que estás bien.*

¿Que es lo que más te gusta **hacer** los fines de semana?
Pues no sé... **Salir** con los amigos, **hacer** deporte, **dormir** mucho, **ver** la tele...

→ **18.** Reflexive Constructions and Constructions with Verbs like *gustar*

A Sara le gusta ~~bailando~~ bailar   Me da vergüenza ~~hablando en~~ hablar en público.

2 A1-A2 **Cross out the only option that is not a possible response to the questions, following the example.**

→ ¿Qué quieres ahora?	~~Comiendo un poco~~ / Comer un poco / Un poco de comida
1. ¿Qué te gusta más?	El auto rojo / Ver la tele / Manejando motos
2. ¿Qué te preocupa?	La carrera de mañana / Correr mañana / Corriendo mañana
3. ¿Qué quieres hacer?	Salir un rato / Un descanso / Dando un paseo
4. ¿Qué cosas te dan miedo?	Hablando en público / Ir al dentista / Las arañas
5. ¿Qué es bueno para el resfriado?	Un té de menta / Durmiendo mucho / Tomar el sol

C The infinitive as verb.

■ As a verb, the infinitive takes a **subject**. Normally, the context is enough for us to identify what the subject is, so we only mention it explicitly to avoid possible confusion:

WE DON'T MENTION THE SUBJECT BECAUSE THE CONTEXT MAKES IT CLEAR

- *Si quieres **comer**, tengo algo en el refrigerador.* [comer – you]
- *No **le** gusta **esperar**.* [esperar – he/she/you]
- *El sueño de **Mario** es **no trabajar**.* [no trabajar – Mario]
- *¿Está prohibido **estacionar** aquí?* [estacionar – in general]
- *Antes de **llegar**, la llamé.* [llegar – I]

NO ESTACIONAR

WE MENTION THE SUBJECT TO AVOID CONFUSION

- *Antes de **llegar** ellos, la llamé.* [if I only say *llegar*, you would think that it refers to I]
- *Después de **llegar** yo, se fueron.* [if I only say *llegar*, you wouldn't know if I was referring to I or they]

■ Likewise, the infinitive can take objects, adverbials, and other structures that normally go with verbs:

DIRECT OBJECT (DO):	• ***Decir** eso me parece irrespetuoso.*
INDIRECT OBJECT (IO):	• ***Decirle** eso a tu madre me parece irrespetuoso.*
ADVERBIALS OF PLACE, TIME, MANNER:	• ***Decirle** eso a tu madre a las cuatro de la mañana y en su propia casa me parece irrespetuoso.*
SUBORDINATE CLAUSES:	• ***Decirle** a tu madre a las cuatro de la mañana y en su propia casa que nunca vas a volver me parece irrespetuoso.*

3 A2 **Write the meanings of the signs using an infinitive. Use the verbs in bold in the box to help you choose the correct verb in each case.**

→ No doblar a la izquierda

1. ....

2. ....

3. ....

4. ....

5. ....

6. ....

7. ....

No **nades** aquí. No se puede.
No pasa nada. Vamos un poco más lejos y **comemos** allá.
No **dobles a la izquierda**. Está prohibido. ✓
¿**Jugamos a la pelota**? Pero vamos a la calle, mejor.
Si te **duermes**, vamos a otro sitio.
No es posible **doblar a la derecha**.
¿Por qué estás **tocando la bocina**?
Si **adelantas**, nos van a multar.

4 B1 **What is the subject of the following infinitives? Fill in the blanks, as shown in the example.**

➜ **Trabajar** tanto no debe ser bueno. En general
➜ Siéntense. ¿Quieren **tomar** algo? Ustedes
1. Me encanta **caminar** por las montañas. ....
2. Yo dije que me iba antes de **salir** Graciela. ....
3. Yo dije que me iba antes de **salir**. ....
4. **Viajar** por el mundo es una experiencia inolvidable. ....
5. Tus amigos saben **ser** muy amables con la gente. ....
6. ¿Les prohibió **pasar** la policía? ....
7. ¿Me permite **entrar**, Sra. Roth? ....
8. Mi profesor dice que es muy útil **hablar** varias lenguas. ....
9. No me obligues a **hacer** eso. ....
10. ¿No las invitó Nicolás a **comer** en su casa? ....
11. Ese trabajo es bueno. El problema es que piden **tener** estudios superiores. ....

¡Me encanta caminar por las montañas!

D Meaning and form of the gerund: *hablando, comiendo, viviendo.*

■ The gerund is a verbal adverb that refers to **an activity in the process of being carried out**. Its **regular form** is made by changing the ending of the infinitive to the following endings:

-ar	*-ando*	*Hablar*	➜	*hablando*
-er, -ir	*-iendo*	*Comer*	➜	*comiendo*
		Vivir	➜	*viviendo*
(vowel + *-iendo*) =	*-yendo*	*Caer*	➜	*cayendo*
		Ir	➜	*yendo*
		Oír	➜	*oyendo*

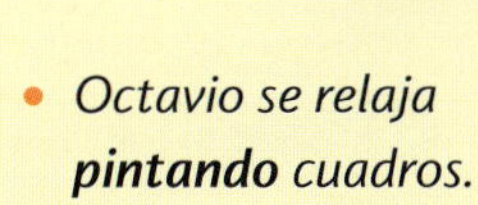

• *Octavio se relaja **pintando** cuadros.*

■ Verbs ending in *-ir* with an *-e-* or an *-o-* in the last syllable of the stem (e...ir, o...ir) have an **irregular form**: these vowels are replaced by *-i-* and *-u-*, respectively:

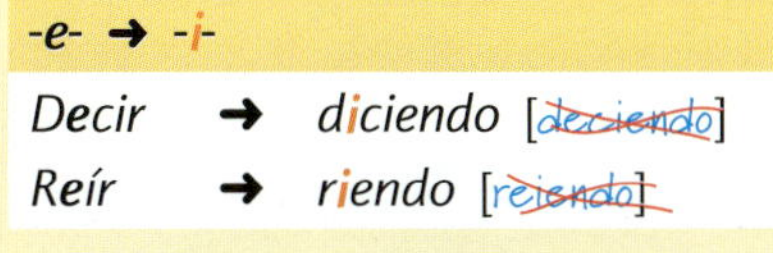

-e- ➜ *-i-*		
Decir ➜	*diciendo*	[~~deciendo~~]
Reír ➜	*riendo*	[~~reiendo~~]

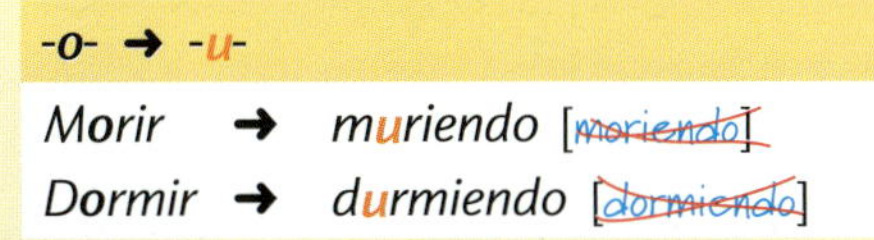

-o- ➜ *-u-*		
Morir ➜	*muriendo*	[~~moriendo~~]
Dormir ➜	*durmiendo*	[~~dormiendo~~]

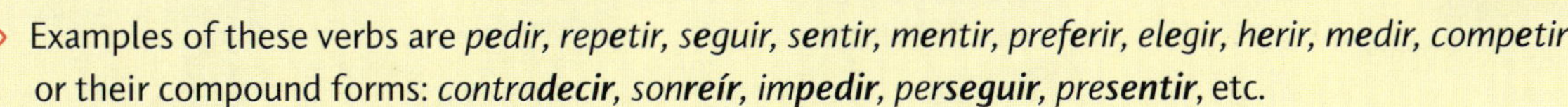

Examples of these verbs are *pedir, repetir, seguir, sentir, mentir, preferir, elegir, herir, medir, competir* or their compound forms: *contra**decir**, son**reír**, im**pedir**, per**seguir**, pre**sentir***, etc.

The verb ***poder*** also takes this irregular form: *poder* ➜ *pudiendo*

5 A2 **What can you see in these drawings? Fill in the blanks using the verbs in the box, as shown in the example.**

nadar
hacer
hablar ✓
poner
morder

➜ Veo a un hombre hablando con una mujer.
1. Veo a una niña .... en la piscina.
2. Veo a un niño .... dibujos.
3. Veo a un policía .... una multa.
4. Veo a un perro .... un hueso.

6 A1-A2 **All these verbs end in *-ir*. Circle the irregular ones (*e...ir, o...ir*) and in each case write the appropriate gerund form, as shown in the examples.**

→ vivir viviendo
→ morir muriendo
1. repetir ....
2. dormir ....
3. reír ....
4. abrir ....
5. oír ....
6. decidir ....
7. ir ....
8. pedir ....
9. producir ....
10. mentir ....

E Uses of the gerund: *Está subiendo. Subiendo a la derecha.*

■ The ***estar*** + GERUND construction enables us to talk about the **development** of an action **in any verb tense**:

UNFINISHED ACTIONS	FINISHED ACTIONS
• *Apúrate. Los invitados ya **están llegando**.*	• *El pobre está muy cansado. **Estuvo trabajando** todo el día.*
• ***Estábamos viendo** el partido tranquilamente y, de pronto, se fue.*	• ***Estuve hablando** dos horas con ella, pero no logré nada.*

¿Puedes venir un momento?
Ahora no puedo. Me **estoy duchando**.

→ **37.** Verb Constructions

7 B1 **Transform the verbs in bold, following the example. Pay particular attention to the verb tense in each case.**

Talking about the action (v.gr. *trabajar*)	Talking about the development of the action (v.gr. *estar trabajando*)
• Mi primo **trabajó** tres años como camarero.	→ Estuvo trabajando tres años...
• Me encontré con Patricia cuando **entraba** al cine.	1. ... cuando ....
• Ilsa **estudia** español desde el mes pasado.	2. Ilsa .... español...
• Yo **compartí** dos años un apartamento con una francesa.	3. Yo .... un apartamento con una francesa...
• Yo ya me **iba**, cuando, de pronto, ella me llamó.	4. Yo ya me ...., cuando...
• **Viví** en esa casa hasta que me mudé de ciudad.	5. .... en esa casa...

■ We also use the gerund to talk about **the way** we do something, or get somewhere:

¿**Cómo** se aprende mejor una lengua?
Estudiando y, sobre todo, **hablando** mucho.
Perdone, ¿**dónde** está el baño?
Bajando las escaleras, a la izquierda.

8 A2-B1 **Match each question (1-5) to the most logical answer (a-e).**

→ ¿Cómo resolviste el problema?
1. ¿Cómo puedo mejorar, doctor?
2. Rodríguez, ¿dónde está mi valija?
3. Eso está muy lejos. ¿Cómo voy a ir?
4. ¿Dónde hay una farmacia, por favor?
5. ¿Cómo adelgazaste tanto?

a. Cuidando su alimentación y durmiendo 8 horas al día.
b. Pues fácil, yendo al gimnasio tres veces por semana.
c. Tomando un taxi. Si tienes plata, claro.
d. Siguiendo recto, a dos cuadras hay una.
e. Mira, entrando al comedor, a la derecha de la puerta.
f. Simplemente hablando con ella.

→ f.
1. ....
2. ....
3. ....
4. ....
5. ....

■ In these cases, we don't use the gerund but rather the **infinitive**:

AS A SUBJECT	AS A DIRECT OBJECT	WITH PREPOSITIONS
• ***Pilotear** aviones* es emocionante. [~~Piloteando~~ aviones es emocionante.]	• *Ella odia **llegar** tarde.* [Ella odia ~~llegando~~ tarde.]	• *Perdona por no **llamar**te.* [Perdona por no ~~llamándote~~.] • *Lávate las manos antes de **comer**.* [Lávate las manos antes de ~~comiendo~~.]

9 A2-B1 **Margaret is studying Spanish and is still having trouble with the infinitive and gerund. Correct her mistakes, as shown in the example.**

A mí me gusta mucho (➜) ~~**haciendo**~~ deporte porque (➜) **haciendo** deporte estás mejor físicamente. Antes de (1) **viniendo** a Costa Rica, yo jugaba en un equipo de béisbol en Cuba. (2) **Jugando** al béisbol es muy divertido.

Ahora estoy (3) **buscando** aquí gente para (4) **hacer** un equipo y poder jugar otra vez. Empecé a (5) **buscando** hace una semana y ya somos seis.

También me gusta (6) **estudiar** lenguas, claro, y (7) **hablando** con los costarricenses.

Después de (8) **estando** en Costa Rica dos meses, voy a ir a Bolivia. (9) **Viajar** es muy interesante para mí.

➜ hacer ....
➜ ✓ ....
....
....
....
....
....
....
....
....
....

F Meaning and form of the past participle: *hablado, comido, vivido.*

■ The past participle is a verbal adjective that expresses **the result of an activity**.

■ Its **regular form** is made by changing the ending of the infinitive to the following endings:

-ar	-ado	*Hablar* ➜ *hablado*
-er, -ir	-ido	*Comer* ➜ *comido* *Vivir* ➜ *vivido*

• *Un cuadro **pintado**.*
[The result of the action of painting is a painted picture.]

■ The most common **irregular past participles** are the following:

Hacer ➜	***hecho***	*Romper* ➜	***roto***	*Morir* ➜	***muerto***
Satisfacer ➜	***satisfecho***	*Volver* ➜	***vuelto***	*Abrir* ➜	***abierto***
Decir ➜	***dicho***	*Poner* ➜	***puesto***	*Cubrir* ➜	***cubierto***
Ver ➜	***visto***	*Escribir* ➜	***escrito***	*Freír* ➜	***frito*** *(o freído)*
		Resolver ➜	***resuelto***	*Imprimir* ➜	***impreso*** *(o imprimido)*

👁 All their compound forms take the same irregular form:

Deshacer ➜ ***deshecho***	*Contradecir* ➜ ***contradicho***	*Prever* ➜ ***previsto***
Devolver ➜ ***devuelto***	*Descubrir* ➜ ***descubierto***	*Reabrir* ➜ ***reabierto***

10 A1-A2 **Carmencita is still very young and thinks that all past participles are regular. Help her by identifying and correcting the six mistakes she has made in addition to the one in the example.**

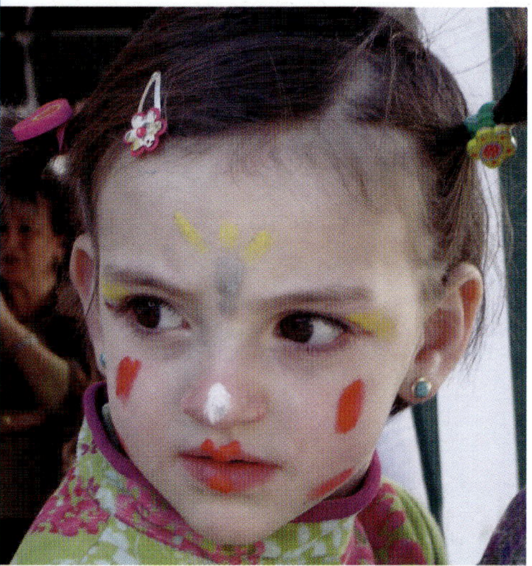

➜ A lo largo de mi vida he ~~rompido~~ ...roto... muchos corazones, pero todavía no he **encontrado** ...✓... el amor en la escuela.

1. También he **comido** .... platos de muchos países, ¡hasta un plátano **frito** ....!
2. He **descubrido** .... cosas increíbles y casi me he **morido** .... del susto. Por ejemplo, varias veces he **visto** .... a mi papá haciendo el trabajo de Papá Noel.
3. Muchas Navidades ha **ponido** .... los regalos debajo del árbol y luego ha **volvido** .... a la cama con mi mamá.
4. Yo nunca he **dicho** .... nada porque siempre he **escribido** .... muchas cosas en mi carta y he **tenido** .... miedo a no tener regalos si lo digo. Hasta ahora he **abrido** .... los regalos al día siguiente con cara de sorpresa.

G Use as adjective: *Una cosa terminada. Está terminada. La tengo terminada.*

■ When used as an adjective, the past participle **always agrees with the noun it refers to in both gender and number**. Here are some examples with the past participle used as an adjective:

Noun + PAST PARTICIPLE

- *Los archivos **protegidos** con contraseña no se pueden abrir fácilmente.*
- *En verano hay muchos perros **abandonados** en las carreteras.*

Estar + PAST PARTICIPLE

- *No puedes abrir los archivos de mi computadora. Están **protegidos** con contraseña.*
- *Mira esa pobre perrita. Está **abandonada**.*

Tener + PAST PARTICIPLE

- *No puedes abrir los archivos de mi computadora. Los tengo **protegidos** con contraseña.*
- *Tienes **abandonadas** esas pobres plantas. Cuídalas un poco más, que son muy hermosas.*

Ya tengo los platos **lavados**. ¿Qué más hay que hacer?

11 A2-B1 **Complete the results of the following actions with the correct form of the past participle. Pay particular attention to the agreement of gender and number.**

➜ • Se oyó un ruido extraño. Alguien había abierto una ventana. — ➜ Había una ventana ...abierta....

- Cuando llegué, vos habías puesto la comida en la mesa.
- Ya habían dicho todo lo que tenían que decir.
- Los niños habían roto tres platos en la cocina.
- Gustavo había hecho todas las tareas ayer noche.
- Habían sorprendido a los amigos con una visita inesperada.
- La profesora había resuelto varias dudas en la clase anterior.
- Ya habían estudiado la mitad de los temas de Historia antes de ir a la fiesta.

1. La comida estaba .... en la mesa.
2. Todo estaba ya ....
3. Había tres platos .... en la cocina.
4. Ya las tiene ....
5. Los amigos estaban ....
6. Esas dudas ya están ....
7. Ya tienen .... la mitad de los temas.

H Use of the combined forms of the verb: *he salido, había salido, habré salido...*

■ With the auxiliary verb **haber** + past participle, we can make the following compound verb tenses:

PRESENT PERFECT	Present of ***haber*** + PAST PARTICIPLE	• *He **comido**, has **comido**, ha **comido**...*
PAST PERFECT	Imperfect of ***haber*** + PAST PARTICIPLE	• *Había **sido**, habías **sido**, había **sido**...*
FUTURE PERFECT	Future of ***haber*** + PAST PARTICIPLE	• *Habré **ido**, habrás **ido**, habrá **ido**...*

■ In these forms, the past participle **cannot be separated** from the auxiliary ***haber***:

- ***Habíamos hablado** mucho antes de eso.* [~~Habíamos mucho antes hablado.~~]
- *No **han llegado** todavía.* [~~No han todavía llegado.~~]

■ In addition, **these forms do not change**, meaning that **they do not agree** with any other element of the sentence:

- *Nosotras hemos **ido** varias veces allá.* [Nosotras hemos ~~idas~~ varias veces allá.]
- *A María la había **llamado** hacía poco.* [A María la había ~~llamada~~ hacía poco.]

→ **22.** Present Perfect Indicative
→ **27.** Past Perfect Indicative
→ **29.** Future Perfect

12 B1 **Complete with the correct past participle form of the verb in each case. Pay particular attention to the agreement of gender and number.**

publicar
→ La editorial Infusión ha publicado muchos libros sobre comida dietética.
→ Ese es un libro publicado en Infusión.
→ Ese libro que tú dices está publicado en Infusión.
→ Infusión tiene publicadas muchas obras sobre comida dietética.

romper
1. ¿Qué crees que le pasó? Parece que tiene las dos piernas ....
2. ¿La pierna derecha también está ....?
3. Con las dos piernas .... no se puede ni mover, el pobre.
4. Pobre Julio. Se ha .... las piernas tres o cuatro veces en su vida.

abrir
5. Si tienes niños, una ventana .... es un peligro.
6. ¿Por qué habías .... la ventana?
7. ¿Por qué tienes todas las ventanas ....?
8. ¿La ventana de la habitación está ....?

resolver
9. Si tú quieres, el problema está ....
10. Todavía no tengo los dos problemas más importantes ....
11. Se lo dije claramente y ya está. Problema ....
12. ¿Has .... problemas de este tipo alguna vez en tu vida?

13 B1 **Order the words to make coherent sentences, changing the infinitive into the correct form of the past participle, as shown in the example.**

- **Demorarse** / el / mucho / tren / había → El tren se había demorado mucho.
- **Resolver** / han / muchos / ya / problemas / Los / científicos 1. ....
- **Convencer** / Elena / me / había / explicación / no / con / su 2. ....
- **Devolver** / ¿no / Todavía / libros / has / los? 3. ....
- **Asustar** / habrá / la / Pedro / con / teorías / sus 4. ....
- **Prever** / Los / habían / economistas / crisis / una 5. ....

21. Present Indicative

A Regular verbs: *hablo, como, vivo...*

■ To form the present indicative, we change the infinitive ending to the following endings:

	-ar	*-er*	*-ir*	HABLAR	COMER	VIVIR
Yo	*-o*	*-o*	*-o*	*hablo*	*como*	*vivo*
Tú, vos*	*-as/-ás*	*-es/-és*	*-es/-ís*	*hablas/hablás*	*comes/comés*	*vives/vivís*
Usted, él, ella	*-a*	*-e*	*-e*	*habla*	*come*	*vive*
Nosotros/-as	*-amos*	*-emos*	*-imos*	*hablamos*	*comemos*	*vivimos*
Vosotros/-as**	*-áis*	*-éis*	*-ís*	*habláis*	*coméis*	*vivís*
Ustedes, ellos, ellas	*-an*	*-en*	*-en*	*hablan*	*comen*	*viven*

* Especially in Argentina, Costa Rica, Paraguay, and Uruguay
** Only in Spain

■ The word stress always falls on the verb stem for *yo, tú, él,* and *ellos*, and on the ending for *vos, nosotros* and *vosotros*, as shown by the underlining in the examples above.

1 A1 **Which person is the verb form talking about? Choose the possible subject or subjects from the box and circle the verb ending that lets you know, as shown in the example.**

Tú	Lucía y Ruth	Usted	Usted y su esposo	Yo	El amigo de Hans	Elena y yo	Ellos tres	Vos

→ ¿Habla español? (Usted / El amigo de Hans)

1. Como a las dos, más o menos, y ceno sobre las diez. (..........)
2. No puede aprender español si no estudia, no lee, no escribe, no practica. (........../..........)
3. Si vives en México, seguro que comes muchos tacos. (..........)
4. Mirá: subís hasta el segundo piso, llamás a la puerta C o abrís con la llave, y entrás. (..........)
5. ¿Qué miran? (........../........../..........)
6. Si cantan (........../........../..........), entonces bailamos. (..........)
7. ¿Dónde viven? (........../........../..........)

2 A1-A2 **Fill in the blanks with the correct present indicative verb ending. You should be able to work out the person from the context.**

→ Mira, te presento a Sasha. Enseña búlgaro en una escuela privada.

1. ● Perdona mis errores, es que todavía no toc.......... la guitarra muy bien.
   ○ Es verdad que no toc.......... muy bien. ¿Por qué no dej.......... la música y te dedic.......... a otra cosa?
2. ● ¿Qué signific.......... "madrugar"?
   ○ Si un día tú te levant.......... temprano, eso signific.......... que madrug.......... .
3. Por aquí pas.......... un bus cada cinco minutos.
4. ● Perdona, pero me march.......... . Mis padres me esper.......... para comer.
   ○ Bueno, pero antes nos tom.......... algo, ¿sí?
5. Alberto, ¿por qué lleg.......... siempre tarde? ¿El trabajo no signific.......... nada para vos?
6. ● Simón y tú habl.......... muy bien inglés.
   ○ Bueno, ni él ni yo habl.......... tan bien, pero es verdad que practic.......... mucho.
7. ¿Mafalda y tú trabaj.......... en la misma oficina y también viv.......... juntos?

B Verbs with vowel changes: *quiero, puedo, juego...*

In many verbs, **the last vowel of the stem changes when it is stressed**. This means that it changes for all persons except *vos, nosotros* y *vosotros*:

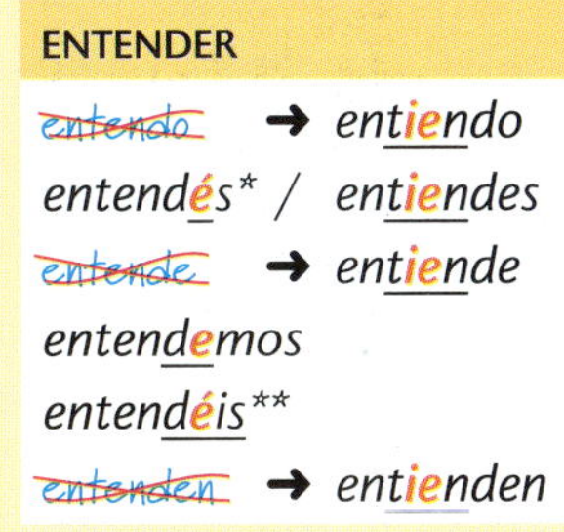

ENTENDER
~~entendo~~ ➜ *entiendo*
*entendés** / *entiendes*
~~entende~~ ➜ *entiende*
entendemos
*entendéis***
~~entenden~~ ➜ *entienden*

* Especially in Argentina, Costa Rica, Paraguay, and Uruguay
** Only in Spain

With some verbs, this change means that the vowels ***e, o,*** and ***u*** at the end of the stem **lengthen** into a diphthong *-ie-*, *-ue-* when they are stressed:

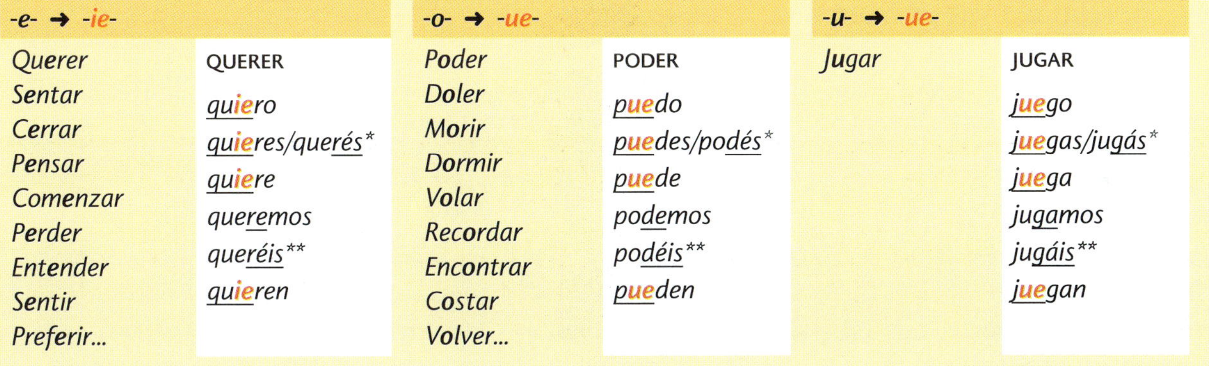

-e- ➜ -ie-	QUERER	-o- ➜ -ue-	PODER	-u- ➜ -ue-	JUGAR
Querer	*quiero*	*Poder*	*puedo*	*Jugar*	*juego*
Sentar	*quieres/querés**	*Doler*	*puedes/podés**		*juegas/jugás**
Cerrar	*quiere*	*Morir*	*puede*		*juega*
Pensar	*queremos*	*Dormir*	*podemos*		*jugamos*
Comenzar	*queréis***	*Volar*	*podéis***		*jugáis***
Perder	*quieren*	*Recordar*	*pueden*		*juegan*
Entender		*Encontrar*			
Sentir		*Costar*			
Preferir...		*Volver...*			

3 A1-A2 **Does the vowel change or not? Identify the verb, check the person markers and fill in the blanks, as in the example.**

-e- ➜ -ie-

➜ Qui*ie*ro almorzar temprano.
1. P.......rden el tiempo.
2. ¿Com.......nzo ya?
3. Pref.......ren salir mañana.
4. ¿Vos c.......rrás la puerta?
5. No ent.......ndemos nada.
6. Lo s.......ntimos mucho.

-o-, -u- ➜ -ue-

7. Me d.......le la cabeza.
8. ¿Rec.......rdas a Saúl?
9. Sin agua, las plantas se m.......ren.
10. ¿J.......gamos un partido de tenis?
11. No enc.......ntro el control de la tele.
12. D.......rmes demasiado.
13. C.......sta mucha plata.
14. ¿Cuándo p.......dés llamarlo vos?
15. V.......lamos a 900 km/h.

C Verbs with vowel changes: *pido, repito...*

With other verbs, the vowel *-e-* at the end of the stem is replaced by an *-i-* when it is stressed, except for *vos, nosotros* and *vosotros*:

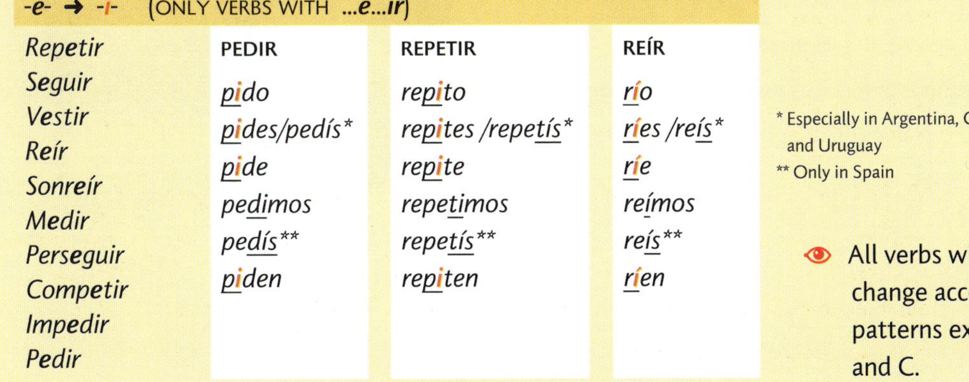

-e- ➜ -i- (ONLY VERBS WITH ...*e*...*ir*)	PEDIR	REPETIR	REÍR
Repetir	*pido*	*repito*	*río*
Seguir	*pides/pedís**	*repites /repetís**	*ríes /reís**
Vestir	*pide*	*repite*	*ríe*
Reír	*pedimos*	*repetimos*	*reímos*
Sonreír	*pedís***	*repetís***	*reís***
Medir	*piden*	*repiten*	*ríen*
Perseguir			
Competir			
Impedir			
Pedir			

* Especially in Argentina, Costa Rica, Paraguay and Uruguay
** Only in Spain

All verbs with ...*e*...*ir* and ...*o*...*ir* change according to one of the patterns explained in sections B and C.

4 A1-A2 **The director of the Escuela Natur is describing how the school works. Focus on the verbs in bold and fill in the blanks with the correct verb in the present indicative tense.**

En otras escuelas:	En esta escuela nosotros:
➜ los estudiantes **compiten** mucho entre ellos.	➜ no competimos. Nos ayudamos unos a otros.
➜ los estudiantes repiten todo de memoria.	➜ no **repetimos** de memoria, aprendemos pensando.
1. en las clases todos están muy serios, no .... nunca.	1. **reímos** todo el tiempo. Con la risa se aprende mejor.
2. los profesores siempre **piden** tareas a los estudiantes.	2. no .... tareas nunca. Así pueden jugar en casa.
3. los profesores .... un método muy tradicional.	3. **seguimos** un método moderno y divertido.
4. los estudiantes no **eligen** nunca nada.	4. .... todo hablando con los estudiantes.
5. los estudiantes .... de uniforme.	5. **vestimos** como queremos.
6. los profesores **corrigen** con bolígrafo rojo.	6. .... con bolígrafo verde.

D Irregular first person: *hago, pongo, salgo...*

■ There is a group of very common verbs that **are irregular only in the first person singular**. The rest of the persons are regular (*hacés, hacemos...; ponés, ponemos...; salís, salimos...* etc.):

		-ecer, -ocer, -ucir: -zco
Hacer ➜ *hago, haces...*	*Ver* ➜ *veo, ves...*	*Parecer* ➜ *parezco, pareces...*
Poner ➜ *pongo, pones...*	*Dar* ➜ *doy, das...*	*Agradecer* ➜ *agradezco, agradeces...*
Salir ➜ *salgo, sales...*	*Saber* ➜ *sé, sabes...*	*Conocer* ➜ *conozco, conoces...*
Valer ➜ *valgo, vales...*	*Caber* ➜ *quepo, cabes...*	*Traducir* ➜ *traduzco, traduces...*
Caer ➜ *caigo, caes...*		*Introducir* ➜ *introduzco, introduces...*
		Conducir ➜ *conduzco, conduces...*
		Producir ➜ *produzco, produces...*

■ When a verb has this irregular form, it is also found in all its corresponding **compound verbs**:

Deshacer ➜ *deshago*	*Atraer* ➜ *atraigo*	*Suponer* ➜ *supongo*	*Aparecer* ➜ *aparezco*
Rehacer ➜ *rehago*	*Distraer* ➜ *distraigo*	*Proponer* ➜ *propongo*	*Desaparecer* ➜ *desaparezco*

5 A1-A2 **Joselito is learning to talk. Help him by identifying and correcting his mistakes (there are seven more).**

➜ Ahora **pono** pongo el papel aquí y **escribo** ✓, ¿ves?
1. Yo **hablo** ——— mejor que Hanna porque **sabo** .... más.
2. Hanna se **parece** .... a su papá, y yo me **parezo** .... a mi mamá.
3. Yo no **conozo** .... ni Honduras ni Ecuador y quiero ir.
4. Yo no **salo** .... solo a la calle solo porque me **caio** ....
5. Ya soy grande y no **cabo** .... en mi sillita de bebé.
6. Tengo poderes mágicos, si quiero, **desaparezco** ....
7. Yo soy muy bueno con mis hermanitas. Les **doy** .... mis juguetes.
8. **Supono** .... que Antonio Iván es mi amigo porque siempre quiere jugar conmigo.

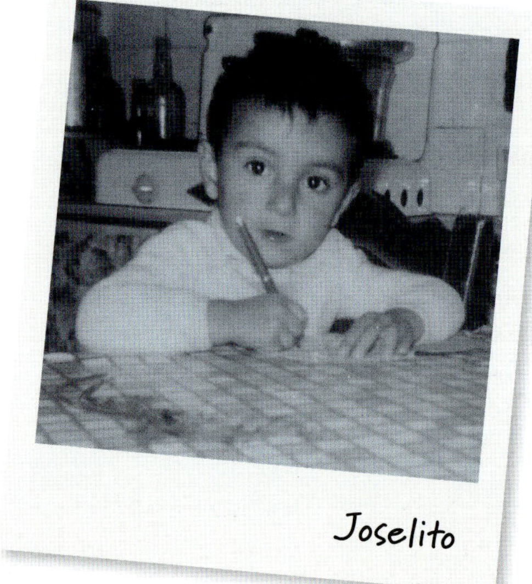
Joselito

6 A1-A2 **The ant (*la hormiga*) and the bear (*el oso*) are very different animals. Fill in the blanks with the verbs in bold in the correct person. Then indicate which animal says each sentence.**

	el oso	la hormiga
→ Yo *tengo* dos hijos y tú **tienes** miles.	✓	....
1. La gente se va corriendo cuando yo .... Cuanto tú **apareces**, la gente ni te ve.	....	....
2. Yo .... en cualquier parte. Tú no **cabes** en mi casa.	....	....
3. Yo .... normalmente solo o con mis hijos, tú **sales** siempre en grupo.	....	....
4. Yo .... peligroso. Tú **pareces** muy frágil.	....	....
5. Yo **desaparezco** bajo tierra. Tú .... durante el invierno.	....	....
6. Yo .... pescar en el río. Tú no **sabes** pescar.	....	....
7. Yo solo **veo** lo que hay en el suelo. Tú lo .... todo desde más arriba.	....	....
8. Yo, cuando me .... desde un árbol, no me lastimo. Tú, si te **caes**, puedes matarte.	....	....
9. Yo **atraigo** a los niños al zoo. Tú solo .... a los pájaros que comen insectos.	....	....

E Irregular first person and other changes: *tener, venir, decir, oír, estar.*

■ In addition to having **an irregular first person singular**, some verbs also have other **irregular forms**. The stressed syllable is underlined:

	1st PERS. / *e* → *-ie-*		1st PERS. / *e* → *-i-*	1st PERS. / + *-y-*	1st PERS. / *stress*
	Tener	***Venir***	***Decir***	***Oír***	***Estar***
Yo	*tengo*	*vengo*	*digo*	*oigo*	*estoy*
Tú, vos*	*tienes/tenés*	*vienes/venís*	*dices/decís*	*oyes/oís*	*estás*
Usted, él, ella	*tiene*	*viene*	*dice*	*oye*	*está*
Nosotros/-as	*tenemos*	*venimos*	*decimos*	*oímos*	*estamos*
Vosotros/-as**	*tenéis*	*venís*	*decís*	*oís*	*estáis*
Ustedes, ellos, ellas	*tienen*	*vienen*	*dicen*	*oyen*	*están*
	Irregular first person and vowel changes			Irregular first person and *-y-* added	Irregular first person, change of stressed syllable, and the *tú* and *vos* form are the same

* Especially in Argentina, Costa Rica, Paraguay, and Uruguay
** Only in Spain

7 A1-A2 **Complete the sentences with the most appropriate verb from the box in the present indicative tense. Watch out for the subject / verb agreement.**

decir oír venir estar tener

→ Yo *vengo* aquí todos los días solo para verte. Tú *vienes* para verme también. Tú y yo *venimos* por nuestro amor.

1. Cuando hablo de ti, siempre .... cosas hermosas. Tú también .... cosas hermosas de mí. Los dos nos .... cosas hermosas.
2. Yo .... el corazón lleno de amor por ti. Tú lo .... lleno de amor por mí. Los dos .... el corazón lleno de amor.
3. Yo me pongo nervioso cuando .... tu voz. Tú cierras los ojos cuando .... mi nombre. Nosotros dos sentimos algo cuando .... nuestras voces.
4. Creo que yo .... enamorado de ti y que tú también .... enamorada de mí. Está claro que tú y yo .... enamorados.
5. Si tú .... a mi casa, yo .... contento. Cuando yo te .... "Te amo", tú .... música en tu corazón. Cuando tú .... conmigo, yo no .... miedo.

¿Te quieres casar conmigo?
¡Dale nomás!

F Highly irregular verbs: *ir, ser, haber.*

	IR	SER	HABER
Yo	*voy*	*soy*	*he...*
Tú/vos*	*vas*	*eres/sos*	*has...*
Usted, él, ella	*va*	*es*	*ha... (hay)*
Nosotros/-as	*vamos*	*somos*	*hemos...*
Vosotros/-as**	*vais*	*sois*	*habéis...*
Ustedes, ellos, ellas	*van*	*son*	*han...*

* Especially in Argentina, Costa Rica, Paraguay and Uruguay
** Only in Spain

Ser is not an auxiliary verb

Haber is an auxiliary verb. We use the present of haber to form the present perfect: ***he*** *comido*, ***has*** *ido*, ***ha*** *dicho...*

Hay is an impersonal form:
- *Aquí **hay** muchos productos internacionales, porque **hay** mucha gente extranjera.*

→ **36.** *Haber* and *Estar*
→ **35.** *Ser* and *Estar*

8 A1-A2 **Fill in the blanks with the correct verb from the box in its correct person.**

ir ser haber

→ Hola, ...soy... Ernesto. ¿Tú cómo te llamas?

1. ● ¡Todos los adolescentes .... iguales!
   ○ No es verdad. Es que no me entiendes.
2. ● ¿Lo pueden hacer solos o .... yo a casa de ustedes?
   ○ Sí, gracias, porque aún no lo .... aprendido. Nos .... a casa. Lo esperamos.
3. ● Perdone, ¿.......... un banco por acá?
   ○ Sí, ... uno a una cuadra, al final de esta calle.
4. ● Hola, Pancho. ¿.......... a la reunión?
   ○ No, no. .... a hablar con la directora.
5. Raquel .... venezolana, pero sus abuelos .... españoles.
6. Quiero comprarme una lámpara en Yanokea, pero no tengo auto. ¿Cuándo .... ustedes?

G Uses. Asserting the present: *Mi novio está en Valparaíso.*

■ We use the present indicative tense to state things in present time, that we want to assert as things that we know for certain. This way, we can say **what we know about the present** or ask others what they know about it.

What things are like in the PRESENT:

¿Qué gato **es** ese?
Es Julio César, el gatito de mi hermano.

CHARACTERISTICS OF THINGS
- ***Es*** *una casa antigua y* ***tiene*** *un patio interior muy hermoso.*
- *Me gusta más el otro auto.* ***Corre*** *más y* ***gasta*** *menos gasolina.*

HABITUAL SITUATIONS
- *Yo* ***duermo*** *normalmente ocho o nueve horas al día.*
- *¿**Vives** todavía en aquel apartamento tan céntrico y ruidoso?*

MOMENTARY SITUATIONS
- *Podemos vernos ahora.* ***Tengo*** *media hora libre.*
- *Marcela* ***tiene*** *fiebre y no* ***puede*** *ponerse al teléfono en este momento.*
- *¿**Está** todavía abierto el supermercado?*

■ If we want to present the information as not totally certain, we use the **future**:
- *No sé.* ***Será*** *un gato jugando.*

■ If we assert things that refer to the past, we use the **imperfect**:
- *Aquel gatito* ***era*** *Julio César.*

→ **28.** Future
→ **25.** Imperfect Indicative

9 A2 Read the following assertions and choose the correct option, as shown in the example.

We have this information:	Is this true now?	Yes	We don't know
→ A Claudio le **encantaba** el fútbol.	Claudio **juega** al fútbol.	....	✓
1. Las llaves **están** en el bolso de Jimena.	Jimena **tiene** las llaves.	....	....
2. Estuve en casa de Juan. **Tenía** un jardín muy lindo.	Juan **tiene** un lindo jardín.	....	....
3. Rosalía **es** una excelente bailarina.	Rosalía **baila** muy bien.	....	....
4. ¿Gerardo y Luisa? Hace mucho tiempo que se casaron. Ya **tendrán** hijos.	Gerardo y Luisa **son** padres.	....	....
5. Ernestina **tiene** fiebre.	Ernestina **está** enferma.	....	....
6. Julio **pasaba** los veranos en Cancún.	Julio **va** a Cancún todos los veranos.	....	....
7. Los Juárez se **irán** a vivir a una casa nueva.	Los Juárez **viven** en una casa nueva.	....	....

H Uses. Asserting the future: *Mi novio regresa mañana.*

■ We also use the present to talk about the future (making it clear that we're referring to future time) when we **present this information as something that we know for certain or that is sure to happen.** This way, **we can say what we know about the future** or ask others what they know about it.

What things are like in the FUTURE:

INFORMATION THAT IS CERTAIN

- *Mi novio **regresa** mañana. Si quieres, nos **vemos** esta tarde.*
- *El martes no **hay** clase, pero el jueves **tenemos** dos exámenes.*
- *El día 23 **es** el cumpleaños de Samuel. **Cumple** un año.*
- *Vos, Aleja, ¿qué **hacés** mañana por la tarde? ¿**Trabajás**?*

INSTRUCTIONS

- *Mira, **sales** por esa puerta, **doblas** a la izquierda y **sigues** hasta el final...*
- *¿Primero **apago** el celular y luego **pulso** el botón o al contrario?*

¿Te vienes a estudiar mañana a mi casa?
Vale, a las cuatro en punto **estoy** allí.

■ If we want to present the information as a prediction, we use the future:

- *A las cuatro **estaré** allí.*

→ **28.** Future

10 A2 Look at the agenda and complete the text with the correct form of the present indicative. Use the verbs in the box.

cenar ✓	ir	tener	tener	tener	ser	ser	regresar

- ¿Cuándo tienes un par de días para terminar nuestro trabajo?
- Pues por ahora lo veo difícil. A ver. El martes ceno con Marta. El miércoles no .... nada, pero el jueves .... mis padres de Florida y tengo que ir a recogerlos al aeropuerto, y el viernes .... el cumpleaños de Inés. Luego, la semana siguiente, el lunes .... una reunión de trabajo muy importante. El día 11 .... el concierto de mi sobrino Arnaldo, y eso no me lo pierdo, y al día siguiente me .... a la playa, al apartamento de Horacio, que está libre ese día. Pero el martes 9 y el miércoles 10 no .... nada. ¿Trabajamos esos días?

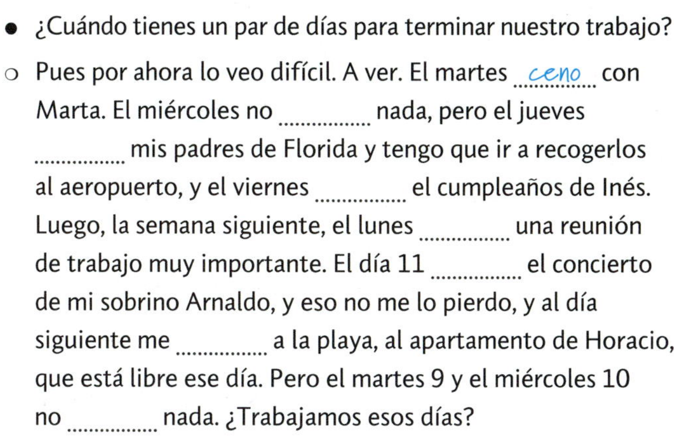

I Uses. General assertions: *Los hombres son así.*

■ We use the present to make or ask for assertions about things in general. We present this information as something that we know for certain. We are thus saying **what we know about things in general**.

What things **are** ALWAYS like:

PROVEN FACTS

- *Los niños **son** niños.*
- *Un león nunca **ataca** a un elefante.*
- *¿Cuánto **es** 9 x 8?*

11 A2-B1 **Which concept are we referring to with these sentences in the present indicative? Complete, as shown in the example.**

Present moment (P)	Future moment (F)	In general (G)

→ Los triángulos **tienen** tres lados. (..G..)
1. Recordá que **estamos** en una iglesia. (........)
2. No te preocupes. **Estoy** en tu casa a las seis en punto. (........)
3. Ya sé que la comida se está quemando. Ahora mismo **voy**. (........)
4. Los elefantes no **vuelan**, hijo. (........)
5. **Vas**, le **das** el regalo y **vuelves**, ¿sí? (........)
6. La paciencia **es** la madre de la ciencia. (........)
7. ¿A qué hora **comienza** el partido? (........)

12 A2-B1 **Complete the definitions of different kinds of people with the verbs from the box. Then match the people (1-5) with the appropriate definitions (a-e).**

hacer ✓ gastar ver reírse pensar invitar sentir

→ Una persona muy ordenada... —— → siempre ..hace.. las cosas de la misma manera.
1. Una persona egoísta...
2. Una persona sensible...
3. Una persona tacaña...
4. Una persona con sentido del humor...
5. Una persona pesimista...

a. .... las emociones con mucha intensidad.
b. .... de todo.
c. .... mucho en sí misma y poco en las otras personas.
d. lo .... todo negro.
e. .... poco y nunca .... a nada.

13 B1 **Find out about the Bengal cat by filling in the blanks with the correct verb from the corresponding boxes. Use a dictionary if necessary.**

Gato de Bengala NATURALEZA | ANIMALES | GATOS

ser ✓ tener pesar poder poder ayudar medir

El gato de Bengala .....es..... un felino salvaje, natural de Asia, pero también .... vivir como gato doméstico. Las madres .... de 2 a 4 cachorros después de una gestación de unos 65 días. A veces, el padre .... a criar a los cachorros. .... vivir de 12 a 15 años. .... normalmente 60 cm más la cola, que alcanza los 45 cm. .... entre 3 y 8 kg.

nadar mantener necesitar alimentar amar encantar

Se .... de mamíferos medianos y pequeños, aves, reptiles y peces. Es de hábitos nocturnos, se .... activo desde el atardecer hasta el amanecer. A pesar de ser un animal de origen salvaje, es de carácter noble, ... la vida familiar y .... cariño. Lo más curioso, quizá, es que le .... el agua y .... con gran agilidad.

22. Present Perfect Indicative

A Meanings and forms: *he hablado, he comido, he vivido...*

■ The present perfect is formed by:

Yo	*he*	
Tú/vos*	*has*	*hablado*
Usted, él, ella	*ha*	*comido*
Nosotros/-as	*hemos*	*vivido*
Vosotros/-as**	*habéis*	
Ustedes, ellos, ellas	*han*	

The **present** of the auxiliary verb ***haber***.

The **participle** refers to the action or fact we are talking about.

* Especially in Argentina, Costa Rica, Paraguay, and Uruguay
** Only in Spain

■ With the present perfect, we refer to **finished** actions or facts which **we relate to the present moment**, the moment in which we are speaking.

Hoy **ha llovido** todo el día.

1 A1 **Who are we talking about in each case? Fill in the blanks with the correct person.**

yo tú/vos él ustedes ellas nosotros ✓

→ **Hemos** estado guardando dinero para comprar la casa desde 2015. Ya lo tenemos casi todo. (nosotros)

1. **Han** ido a Guatemala tres veces, ¿sabés? (........................)
2. ¿Nunca **han** estado acá? Pues tienen que venir. (........................)
3. ¡Qué lindo poema! Siempre **ha** escrito maravillosamente. Seguro que gana el premio del concurso de este año. (........................)
4. **He** estado estudiando español desde que ingresé en la universidad hasta ahora. Este año es el último. (........................)
5. ¿**Has** comido alguna vez torta de tres leches? Pues es muy rica. (........................)

2 A2 **Complete the sentences with the correct verb and person in the present perfect. Then match each sentence to a picture, as shown in the example. There may be more than one option in some cases.**

meter tener beber llegar ✓ hacer ganar terminar querer

→ ¡Siéntate! No hemos llegado todavía a la terminal. (D)

1. Si no .... los ejercicios, pueden continuarlos en casa. (.........)
2. .... la estufa encendida todo el día. Hace mucho frío. (.........)
3. Rebeca adora su flotador. Desde que lo tiene se .... en la piscina todas las tardes. (.........)
4. ¡Mira qué grande! ¡Yo siempre .... pescar uno así! Espero lograrlo. (.........)
5. ¿Me das un poco de agua? ¡Es que no .... nada desde que salí de casa! (.........)
6. ¡Hasta ahora .... todas las competencias! ¡Somos los mejores! (.........)
7. ¡.................................... buen tiempo toda esta semana! Y mirá qué día tan espectacular hace hoy también. (.........)

A B C D E F G H

B Use of the present perfect: *He ido a todos sus conciertos.*

■ The present perfect* is used to refer to **finished facts** and actions in a period of time **up to the present**. We refer to facts that **continued occurring** from a time in the past **up to now**, the moment in which **we assess the result** of these facts.

En mi vida **he plantado** muchos árboles.

[I've planted a lot of trees so far. I can count them. I notice the result of my actions.]

- *Sus calificaciones **han mejorado** año tras año.*
- *Esta planta **ha crecido** casi 5 cm cada mes.*
- *Ya **he comprado** el 70% de los libros de la colección.*

[Facts that evolve or are repeated from a time in the past up to now and that we think could continue to evolve.]

- *Llama a tu mamá. **Ha estado** muy enojada esta semana.*
- ***Hemos vivido** en esta ciudad desde que llegamos a Venezuela. Estamos acostumbrados a ella.*

[Situations or actions occurring continuously up to now (including 'now').]

- *¿Todavía no **han recibido** el paquete que les envié?*
- *No **hemos estado** nunca en el Machu Picchu.*

[Facts or situations which haven't occurred up to now but the speaker leaves the possibility open for them to occur.]

- *En mi vida **he conocido** a muchas personas interesantes.*
- *El homo sapiens no **ha parado** de inventar nuevas herramientas desde su origen.*
- *¿**Has visitado** alguna vez la isla de Pascua?*
- *Sí, **he ido** dos veces.*

[Facts or actions that have occurred throughout one's life up to now.]

→ **24.** Preterite or Present Perfect?

*The present perfect is used differently according to the country in question. The uses here are those shared by the majority of Spanish speakers. In general, it is used far less frequently than the preterite.

3 A2 **What has happened? Complete the sentences using the verbs in the box in the present and present perfect tenses, following the example.**

leer ✓	cantar	dormir	llamar	hacer	desayunar	ir

→ Armando ...lee... mucho. ...Ha leído... más de 500 libros hasta el momento.

1. Yo .... muy temprano: mi jugo, mis tostadas... Hoy me levanté tarde y todavía no ....
2. Estoy cansado porque .... poco últimamente. Normalmente .... ocho horas al día.
3. Mariana .... unas tortas riquísimas, pero, no sé por qué, nunca en su vida .... una de limón.
4. Yo .... a Nueva York todos los años muchas veces por trabajo. Pero este año todavía no .... ninguna vez.
5. Mi prima .... muy bien. Últimamente .... en varios programas de televisión. Ya casi es famosa.
6. Miguel no me .... todavía. ¡Qué raro! Me .... todos los días muy temprano.

4 A2-B1 **Violeta and Reina are very different women. Violeta is very studious and Reina is really into physical fitness. Read the sentences and decide who they apply to, as in the example.**

	Violeta	Reina
→ Siempre ha querido ser escritora	✓	....
1. Ha ganado muchos trofeos en su club de béisbol.	....	....
2. Ha asistido a todas las conferencias que han organizado en su ciudad.	....	....
3. Ha visitado las bibliotecas más importantes del mundo.	....	....
4. Ha practicado toda clase de deportes.	....	....
5. Toda su vida le han gustado los debates.	....	....
6. No ha leído en su vida un libro de poesía.	....	....
7. Ha asistido a todas las olimpiadas.	....	....
8. No ha ido nunca a un gimnasio.	....	....
9. Ha escalado los picos más altos de los Andes.	....	....
10. Desde muy joven ha estudiado la historia de los aztecas y de los incas. Adora ese tema.	....	....

5 A2-B1 **Mariela has just completed this task for her therapist. Complete with the corresponding verbs in the present perfect in their correct form.**

Tarea: Escriba una lista de las cosas que siente que todavía necesita hacer en la vida. Cosas que deseaba haber hecho, pero que se han demorado.

querer

→ Siempre *he querido* aprender italiano. Me encanta la música italiana, la comida y la moda de Milán.

encontrar intentar lograr

1. Muchas veces, desde joven, ... meditar, pero hasta ahorita no lo .... Todavía no .... el momento. Pero pienso hacerlo.

pedir calentar hacer

2. Mi madre cocina divinamente, pero yo no .... ni un huevo frito en mi vida. Hasta ahora solo .... congelados en el microondas y .... comida a domicilio.

escribir actuar cantar

3. Me gusta mucho escribir y cantar, pero hasta el día de hoy solo .... un diario y solo .... en un karaoke. También quiero hacer teatro, pero, por ahora, solo .... en la función de Navidad de la escuela.

hacer

4. Ahora piense en todas las etapas de su vida hasta el presente y perdónese por las cosas que todavía no ....

23. Preterite

A Meaning and regular forms: *hablé, comí, viví...*

■ The preterite is used **to refer to past facts and actions that are considered completed**.

Llovió mucho esta mañana.

■ To form the preterite, we replace the infinitive ending with the following **endings**:

	-ar	*-er/-ir*
Yo	*-é*	*-í*
Tú/vos*	*-aste*	*-iste*
Usted, él, ella	*-ó*	*-ió*
Nosotros/-as	*-amos*	*-imos*
Vosotros/-as**	*-asteis*	*-isteis*
Ustedes, ellos, ellas	*-aron*	*-ieron*

* Especially in Argentina, Costa Rica, Paraguay, and Uruguay
** Only in Spain

■ When the stem ends in a vowel, the *-i-* becomes a *-y-*: *caer, construir, creer, huir, influir, leer, oír, sustituir...*

➜ *-yó* — *Caer* ➜ *cayó* ~~[caió]~~; *Oír* ➜ *oyó* ~~[oió]~~

➜ *-yeron* — *Caer* ➜ *cayeron* ~~[caieron]~~; *Oír* ➜ *oyeron* ~~[oieron]~~

In the preterite, there is no final *-s* for the 2nd person singular (***tú/vos***).

■ Additionally, with the preterite of regular verbs, **the stress always falls on the final syllable**, as shown by the underlined parts of the verbs:

	HABLAR	COMER	VIVIR
Yo	*Hablé*	*Comí*	*Viví*
Tú/vos*	*Hablaste*	*Comiste*	*Viviste*
Usted, él, ella	*Habló*	*Comió*	*Vivió*
Nosotros/-as	*Hablamos*	*Comimos*	*Vivimos*
Vosotros/-as**	*Hablasteis*	*Comisteis*	*Vivisteis*
Ustedes, ellos, ellas	*Hablaron*	*Comieron*	*Vivieron*

These forms of *nosotros/-as* coincide with the present indicative.

The word stress is often the only way to differentiate the preterite from other verb forms:

[yo, present]		[él, preterite]
Hablo	➜	*Habló*
Entro	➜	*Entró*
Bailo	➜	*Bailó*

1 A2 **Which is the odd one out?**

➜ manejó, habló, compró, estaciono, entró, dobló
1. almorcé, tomé, comí, salí, trabajé, vive
2. dormimos, enfermaron, llegamos, comenzamos, hablamos, salimos
3. saliste, comiste, hablasteis, sonreíste, estudiaste, regresaste
4. manejaron, comimos, vivieron, durmieron, agarraron, terminaron
5. desayuné, almorcé, respondí, pone, demoré, caminé
6. corrió, saludó, despertó, cocinó, soñó, sonreí
7. abrieron, cerraron, saltan, perdieron, ganaron, limpiaron

2 A2 Place the accent on those verbs which require it.

Me llamo (0) Diego Cipriano Franklin, pero mi abuela me **llamó** siempre (0) Fran. Es más corto.

Nunca **trabajo** (1) después de almorzar. **Camino** (2) un rato y así no **engordo** (3). Mi padre **trabajo** (4) toda su vida en una oficina y **engordo** (5) mucho, porque no **camino** (6) jamás.

Cuando **llego** (7) a casa, **miro** (8) el correo electrónico para ver si **llego** (9) un mail de mi novia que está en Europa.
Espero (10) siempre sus noticias. Ella no me **espero** (11) y se **marcho** (12) en un barco que se llamaba "Libertad".

3 A2 Severo leads a very orderly lifestyle, but not as much as he claims. Fill in the blanks with the bold verbs in their correct form, as shown in the example.

→ "Todos los días **tomo** tres litros de agua y nada de alcohol". Pero ayer se *tomó* unos tragos en el bar de la esquina.

1. "Nunca .... con desconocidos". Pero anteayer **habló** con una vecina nueva.
2. "Normalmente **miro** el ticket de todas las compras". En la compra de ayer no lo .... y pagó dos veces el agua mineral.
3. "Siempre **descanso** los domingos. Es necesario desconectar del trabajo". Pero el domingo pasado estuvo teletrabajando todo el día. No .... nada.
4. "Jamás me .... con nadie". Pero conmigo se **enojó** hace tiempo y ya no me habla.

4 A2-B1 First, identify all the verbs that are in the preterite tense. Then, change the others into the right form of the preterite, as shown in the example.

compraron	→ *✓*	he decidido	8.	leés	17. ....
llamo	→ *llamé*	pasó	9.	vimos	18. ....
abres	1.	apurabas	10.	encontrarás	19. ....
cerrábamos	2.	ha salido	11.	manejaba	20. ....
regresas	3.	comíamos	12.	estudió	21. ....
canto	4.	dejaste	13.	demoraron	22. ....
acabaron	5.	terminarán	14.	saludé	23. ....
oías	6.	vivíamos	15.	estacionaban	24. ....
hablo	7.	cree	16.	escondes	25. ....

5 A2-B1 Is the verb in bold in the present or the preterite tense? Use the context to help you decide.

→ Ana y yo **dormimos** mucho. Si no dormimos, estamos siempre muy cansados. → *Present*
→ Ana y yo **dormimos** mucho. Ellos casi no dormían. Estaban haciendo turismo a todas horas. → *Preterite*

1. **Hablamos** de los problemas del país. ¿Quieres participar? 1. ....
2. **Hablamos** de los problemas del país. Pero nadie dijo nada interesante. 2. ....
3. **Llegamos** a Madrid el martes y todavía no hemos visto el Museo del Prado. 3. ....
4. **Llegamos** a Madrid el martes. ¿Nos vas a recoger en el aeropuerto? 4. ....
5. **Compramos** una botella de agua mineral y nos vamos, ¿sí? 5. ....
6. **Compramos** una botella de agua mineral que nos costó carísima. 6. ....
7. Le **escribimos** un e-mail y todavía no nos ha contestado. 7. ....
8. Le **escribimos** un e-mail y a ver qué nos dice. 8. ....

B Verbs with an irregular stem: *dijo, puso, estuvo...*

■ Most of the verbs that are irregular in the preterite tense have an **irregular stem**:

								Verbs ending in *-ducir* → *duj-*		
Saber →	*sup-*		*Tener* →	*tuv-*		*Querer* →	*quis-*	*Traducir* →	*traduj-*	
Poder →	*pud-*		*Estar* →	*estuv-*		*Venir* →	*vin-*	*Producir* →	*produj-*	
Poner →	*pus-*		*Decir* →	*dij-*		*Hacer* →	*hic- e*	*Conducir* →	*conduj-*	
Haber →	*hub-*		*Traer* →	*traj-*			*hic- iste*	*Introducir* →	*introduj-*	
Caber →	*cup-*		*Andar* →	*anduv-*			*hiz- o*	*Reducir* →	*reduj-*	

👁 As do their related compound verbs: *contener*, *intervenir*, *deshacer*, *contradecir*, *reproducir*, etc.

■ All the following verbs take a single, **special ending** in the preterite:

		ESTAR	HACER	DECIR
Yo	*-e*	*estuve*	*hice*	*dije*
Tú/vos*	*-iste*	*estuviste*	*hiciste*	*dijiste*
Usted, él, ella	*-o*	*estuvo*	*hizo*	*dijo*
Nosotros/-as	*-imos*	*estuvimos*	*hicimos*	*dijimos*
Vosotros/-as**	*-isteis*	*estuvisteis*	*hicisteis*	*dijisteis*
Ustedes, ellos, ellas	*-ieron* (*-eron**)	*estuvieron*	*hicieron*	*dijeron*

* Especially in Argentina, Costa Rica, Paraguay, and Uruguay
** Only in Spain

* If the stem ends in *-j*.

■ Unlike regularly conjugated verbs in the preterite, the stress falls on the stem in the 1st and 3rd person singular (*yo* and *usted- él-ella-*), as indicated by the underlined parts of the verbs.

6 A2-B1 **Lourdes is still very young and thinks that all verbs in the preterite are regular. Help her by finding and correcting the six mistakes she has made (apart from the example). Note that the four other verbs are correct.**

→ Ayer **estuvimos** ....✓.... en casa de Susi y sus papás nos ~~**ponieron**~~ ....pusieron.... una película de dibujos animados muy bonita.

1. ¿Por qué no **veniste** .... con nosotras a la playa? **Hacimos** .... un castillo de arena y nos **bañamos** ....

2. Montse **traió** .... una bicicleta rosa y yo **quise** .... también montar en la bicicleta, pero no **podí** .... porque Rosendo me la **quitó** ....

3. Papá me **dició** .... que me ibas a comprar un regalo. ¿Por qué no me lo **compraste** ....? ¿Es que no **teniste** .... tiempo?

Lourdes

7 A2-B1 **Augusto is not a very good poet. He also has no idea how to use the preterite tense. Help him by transforming the verbs in parentheses into their correct preterite form.**

Estaciones

→ El verano (concluir) ....concluyó.....
1. Y el otoño lo (sustituir) ....
2. El calor (huir) ....
3. Y ningún insecto se (oír) ....
4. El frío mi amor (destruir) ....
5. Hasta que la primavera (llegar) ....

Extranjera

6. Sus palabras (traducir, yo) ....
7. Y en mi cabeza las (introducir, yo) ....
8. Un cambio en mi vida se (producir) ....
9. Y a la felicidad me (conducir) ....

Final feliz

10. Al principio no lo (saber, él) ....
11. Luego, ni una duda (caber) ....
12. En sus manos se (poner, él) ....
13. Y, desde entonces, con todo (poder, él) ....

8 A2-B1 **Rearrange the letters to make preterite verb forms and then complete the sentences with them.**

→ No entendimos nada porque no **DUTRARONJE** ...tradujeron... los subtítulos de la película.

1. ¡Qué bien! **TEVISTU** .... mucha suerte en el examen. Felicidades.
2. No **SOQUI** .... sentarse. Se quedó parado todo el tiempo.
3. ¡Qué caos en la reunión! Suerte que nosotras **SIMOSPU** .... orden.
4. No **PESU** .... el final de la película porque me dormí.
5. No **MOSDIPU** .... llegar a tiempo por el aguacero. ¡Cuánta agua!
6. En la cafetería nos **JEDIRON** .... que era demasiado temprano para almorzar.
7. La falta de petróleo **DUPROJO** .... una subida de precios mundial.
8. Me **JOTRA** .... un jugo de mango y una tostada con mermelada a la cama.
9. **HIRONCIE** .... todo lo posible para ingresar en la conferencia *online*, pero no **DIERONPU** ....

9 A2-B1 **Transform the verbs into the correct preterite form. Then match questions 1-9 with answers *a-i*.**

→ ¿Cuál fue el último país que **INTRODUCIR** ...introdujo... la Coca Cola? —— Myanmar ✓

1. ¿Quién **TENER** .... más premios Óscar que Meryl Streep?	a. Al inglés
2. ¿Qué **REPRODUCIR** .... la fotografía más antigua del mundo?	b. Simón Bolívar
3. ¿Quién fue la primera mujer que **OBTENER** .... el Premio Nobel?	c. Jane Goodall
4. ¿Quién **QUERER** .... una América Latina unida?	d. ¿Pitágoras?, ¿Aristóteles?
5. ¿Quién fue la primera persona que **SABER** .... que la Tierra es redonda?	e. Un hombre limpiándose los zapatos
6. ¿**HABER** .... un hombre que se murió de risa?	f. El dios Quetzalcoatl
7. Según la leyenda azteca, ¿quién **TRAER** .... el chocolate al mundo?	g. El filósofo griego Crisipo de Solos
8. ¿A qué idioma **TRADUCIRSE** .... el Quijote por primera vez?	h. Walt Disney
9. ¿Qué mujer **ESTAR** .... viviendo años entre chimpancés?	i. Marie Curie

10 A2-B1 **Match each sentence with a group of verbs in the box. Then, select the appropriate verb and fill in the blanks with the correct form of that verb in the preterite.**

venir/decir/querer
saber/poner ✓
producir/introducir
traducir/poder
haber/hacer
tener/conducir

→ Cuando vi el fuego y el humo, me ...puse... muy nervioso y no ...supe... qué hacer.

1. El otro día me pasó una cosa muy extraña en la computadora del trabajo: cuando .... la contraseña, se .... una falla general en el servidor de la oficina.
2. Yo te .... que tú podías venir conmigo. Si no ...., es porque no ....
3. La pasamos muy bien y, además, ... un viaje muy bueno porque Roberto nos .... a lugares muy hermosos.
4. Me dieron un texto muy largo para traducir, pero tenía demasiado trabajo en aquel momento. Solo .... cuatro páginas. No .... hacer más. Y no van a pagarme ni un centavo.
5. Uff, se lo dijimos y se puso como loco. No .... manera de calmarlo. Yo .... todo lo que pude.

11 A2 **A small explosion has shocked residents in the Barranco neighborhood. Complete the news bulletin with the verbs in their correct preterite form.**

A las 2:20 a. m., una explosión (**despertar**) despertó a los vecinos del distrito de Barranco. Lo primero que (**1. oír, ellos**) .... fue un ruido terrible. Al principio (**2. creer**) .... que era un terremoto y muchos (**3. huir**) .... a las afueras. Afortunadamente, no (**4. haber**) .... muertos ni heridos.

Por desgracia, la estatua de Lady Gaga (**5. caerse**) .... de la fuente de la plaza y (**6. hacerse**) .... pedazos: "Estamos acostumbrados", (**7. decir**) .... los vecinos. Hay un fabricante de fuegos artificiales que vive en la plaza que (**8. destruir**) .... el quiosco de la esquina el mes pasado. De hecho, la estatua de Lady Gaga (**9. sustituir**) __________ a otra estatua de Shakira que, a su vez, (**10. sustituir**) __________ a otra de Madonna. "Es mejor no poner nada", (**11. concluir**) .... un policía que (**12. venir**) .... a ayudar. "Quizá (**13. influir**) .... la luna llena. El tipo está muy loco."

Nuestra pregunta, y la de los vecinos, es esta: ¿Cuál va a ser la nueva estatua?

C Verbs with vowel changes: *pidió, durmió...*

■ **Verbs ending in *-ir* that have an *-e-* or an *-o-* in the last syllable of the stem** (*e...ir, o...ir*, and that are also irregular in the present indicative) change this vowel in the third person singular and plural as follows:

e → *i* PEDIR	*o* → *u* DORMIR
pedí	*dormí*
pediste	*dormiste*
pidió	*durmió*
pedimos	*dormimos*
*pedisteis***	*dormisteis***
pidieron	*durmieron*

** Only in Spain

These are verbs like *repetir, sentir, seguir, mentir, competir, elegir, herir, medir, reír, preferir, morir* or their related compounds: *sonreír, impedir, perseguir, presentir*, etc. The verb ***oír*** is regular (*oyó, oyeron*).

12 A2-B1 **Complete the sentences with the appropriate verb forms to find out how Alfredo and Violeta's relationship has changed.**

A few days ago

→ Alfredo te **MENTIR** mintió. No te quería.
1. Te **PEDIR** .... un beso.
2. **SONREÍR** .... sin ganas.
3. No **SENTIR** .... mariposas en el estómago.
4. **DORMIRSE** .... en tus brazos.
5. **PREFERIR** .... marcharse.
6. **SEGUIR** .... su camino.

Today

→ Alfredo ya no **MENTIR** miente. Te ama.
7. Solo te **PEDIR** .... comprensión.
8. **SONREÍR** .... sinceramente.
9. **SENTIR** .... culpa y dolor.
10. Tiene insomnio. No **DORMIR** ....
11. **PREFERIR** .... estar a tu lado.
12. **SEGUIR** .... contigo.

13 A2-B1 **All of the following verbs end in *–ir*. However, six of them are regular [R] and eleven are irregular [IRR]. Identify them as such, and then write the third person singular and plural forms of each.**

→ morir IRR
murió, murieron
→ vivir R
vivió, vivieron
1. repetir ....
2. elegir ....
3. discutir ....
4. oír ....
5. impedir ....
6. medir ....
7. salir ....
8. repartir ....
9. mentir ....
10. decidir ....
11. preferir ....
12. perseguir ....
13. reír ....
14. presentir ....
15. competir ....

D *Dar, ir, ser.*

DAR	IR / SER
di	*fui*
diste	*fuiste*
dio	*fue*
dimos	*fuimos*
*disteis**	*fuisteis**
dieron	*fueron*

Ir and *Ser* have **the same form** in the preterite.

- *La manifestación **fue** un éxito: **fue** mucha gente.*

* Only in Spain

14 A2-B1 **Decide if the verbs in the bold refer to *ser* or *ir*.**

Santiago **fue** → (ir) a Santiago a trabajar. Pero **fue** (1) .... un viaje muy accidentado. **Fue** (2) .... en tren un jueves. **Fue** (3) .... a un hotel. Y esa noche **fue** (4) .... la noche de la gran explosión. **Fue** (5) .... una experiencia espantosa. **Fue** (6) .... el peor día de su vida. Al día siguiente se **fue** (7) .... Santiago no **fue** (8) .... nunca más a Santiago. **Fue** (9) .... demasiado fuerte para él. Pero un día volverá.

15 A2-B1 **Complete the lyrics of this song using the preterite of the verb *dar* to find out the ingredients in Amanda's juice.**

Yo te **DAR (0)** di una paraguaya, Amanda,
una paraguayita chiquita.
Vos le **DAR (1)** .... tres.
Él le **DAR (2)** .... un mango, ya ves.
Entre los tres, le **DAR (3)** .... un exprimidor,
¡qué horror!

Y ustedes le **DAR (4)** .... un coco.
Un coco, ¿pa' qué?
Un coco, ¿pa' qué?

Pa' moler café.
¡Cumbia!

16 A2-B1 **Complete the sentences with the preterite form of the appropriate verb from the box.**

ser	ir	dar

→ La pasé muy bien, de verdad. Fue una fiesta de cumpleaños excelente..

1. ● ¿Les dio Alberto algo para mí?
   ○ Pues no. .... los dos con él al cine este domingo, pero no nos .... nada.
2. ● ¿Qué tal con Celia?
   ○ Muy mal. Marta y yo .... a su casa para hablar tranquilamente. Al principio .... muy amables y muy educados, pero, luego, ella comenzó a insultarnos y nos ....
3. Ayer Federico cumplió dieciocho años. Hicimos una fiesta sorpresa y le .... su regalo: un fin de semana en Hollywood. .... una tarde genial y él estuvo muy contento.

B Preterite or present perfect: current and non-current time markers.

■ We use the **preterite** with time markers which refer **to both non-current time periods far from the present** (*ayer, el jueves, la semana pasada, en 2005*, etc.) **and current time periods close to the present** (*hoy, esta mañana, esta semana, hace un momento*, etc.) to talk about finished facts and actions:

NON-CURRENT TIME PERIODS	CURRENT TIME PERIODS
• *En febrero **murió** mi gato...*	*...pero esta semana **adopté** uno bellísimo.*
• *La semana pasada me **pusieron** una multa...*	*...y hoy me **pusieron** otra. Voy a dejar de manejar.*
• *El otro día **me enojé** con Manuel...*	*...y esta mañana **tuve** una discusión con Amanda.*
• *Hace cuatro días **compré** aguacates...*	*... y estaban verdes. Pero hace un momento nos los **comimos**.*
• *El año pasado no **ganamos** ningún partido...*	*... Sin embargo, este año los **ganamos** todos.*
• *En 2020, el 2 de abril, **nació** mi primera hija...*	*... y hoy, a las 12, **nació** la segunda.*
• ***Presentaron** la solicitud el otoño pasado...*	*... y recién les **contestaron** de la Gobernación.*

■ When we use the **preterite** to refer to present time periods, we refer to the facts and actions considered in themselves as finished:

- *Esta mañana **estuve** muy ocupado. Discúlpame, no pude atenderte.*
- *Este semestre **fue** el más difícil. Menos mal que ya terminó.*
- *Hoy Luisa no **vino**. Está enferma.*

Esta semana **fui** al centro comercial tres veces. Necesitábamos muchas cosas.
Lunes
Martes
Miércoles
Jueves
Viernes
Sábado
Domingo

■ We use the **present perfect** with markers such as *hoy, esta mañana, esta semana, este mes, este año, este curso, este semestre, esta década, este siglo, este verano, estas vacaciones*, etc., when we refer to **unfinished time periods at the moment of speaking**: we are summing up actions finished up to now.

- *Esta mañana **he estado** muy ocupado. Hay muchos clientes en la tienda hoy.*
- *Este semestre **ha sido** el más difícil. Menos mal que pronto termina.*
- *Hoy Luisa no **ha venido**. Tal vez llegará más tarde.*

Esta semana **he ido** al centro comercial tres veces. Necesitamos muchas cosas para el nuevo apartamento.
Lunes
Martes
Miércoles
Jueves
Viernes
Sábado
Domingo

■ We also use the **present perfect** with time markers such as *últimamente, todavía, hasta ahora, desde hace dos años*, etc., **if we want to refer to 'up to the moment in which we are speaking'**:

- *Siempre está alegre pero últimamente **ha estado** de mal humor. Tiene muchos problemas.* [The person we are talking about is still in a bad mood]
- *Todavía no **he hablado** con ella.* [I intend to do so.]
- *Hasta ahora no **han llegado**. Seguimos esperándolos.* [We think that they could arrive at any moment]
- *Desde hace un año **hemos entrenado** todos los días.* [And they are still training currently.]

3 A2 **Eduardo moved a month ago from Mexico City to New York. Choose the correct tense.**

→ Todo es tan diferente. Hace mucho frío. Esta mañana **quité/he quitado** la nieve de mi puerta con una pala.
1. A veces veo luces en las ventanas, pero hasta ahora no **conocí/he conocido** a ningún vecino.
2. Mis padres **vinieron/han venido** a visitarme esta semana pero ya **regresaron/han regresado** a México. Allá hace calor.
3. Esta semana **decoré/he decorado** la casa para la Navidad. Está muy linda. Mi primera Navidad blanca.
4. **Estuve/He estado** cantando en inglés *Noche de paz* desde el ocho de diciembre. Ya casi recuerdo toda la letra.
5. Toda esta semana **he preparado/preparé** galletas de jengibre para mis vecinos. ¡No puedo parar! Ahora tengo dos bandejas en el horno y dos más para poner luego. ¡Y todavía no conozco a ningún vecino!

C Preterite and present perfect: with other time markers.

■ With other time markers such as *siempre, nunca, todavía, ya, alguna vez, varias veces, en los últimos años,* we can refer to **current or non-current time periods**, depending on the context. In these cases, we can use both tenses: the present perfect or the preterite, to clearly show whether we are referring to **'in a past time period'** or **'up to now.'**

Nunca he subido al Aconcagua.
[There's a possibility of doing so.]

Nunca subí al Aconcagua.
[There's no hope of doing so.]

4 A2-B1 **Margaret is American and is studying Spanish in Caracas. She needs your help in choosing the most appropriate tense for each situation. Choose *a* or *b*, as shown in the example.**

→ Su padre se ha vuelto a casar y está esperando un bebé.
a. ¡Siempre **quise** tener un hermano!
b. ¡Siempre **he querido** tener un hermano!

1. Margaret vive en Caracas y una compañera de apartamento está preparando hallacas para la cena de Navidad.
   a. Nunca **comí** hallacas.
   b. Nunca **he comido** hallacas.
2. Raúl es un primo caraqueño de Margaret y hablan de cuando eran niños.
   a. **Fuimos** juntos al circo alguna vez.
   b. **Hemos ido** juntos al circo alguna vez.
3. Margaret y una amiga están discutiendo ahora sobre el padre de Margaret.
   a. **Hablamos** de mi papá en muchas ocasiones.
   b. **Hemos hablado** de mi papá en muchas ocasiones.
4. Margaret tuvo problemas con el dueño de su anterior apartamento.
   a. Me **enojé** con él varias veces.
   b. Me **he enojado** con él varias veces.

5 B1-B2 **Choose the most appropriate verb and then fill in each blank with the correct form of either the preterite or present perfect tense, as shown in the example.**

estar **ir** **ir**	→ ● ¿Tú has ido alguna vez a Disneylandia? ○ Yo sí. Cuando era pequeño fui tres veces. ● Pues yo no he estado nunca.
dar **funcionar**	1. ● ¿Qué tal va tu computadora nueva? ○ Fatal, siempre se estropea. ● A mí, la mía, hasta ahora, ... muy bien. ○ Pues me alegro por ti. Yo echo de menos la que tenía antes. Esa nunca me .... ningún problema.
pasar **pasar** **casarse**	2. Mi bisabuelo, y también sus padres, ... la mayor parte de su vida en Argentina. Pero mi madre .... hace muchos años con un español. Por eso yo nací aquí en España y .... toda mi vida en Madrid.
estar **decir** **tener**	3. ● ¿Cómo va la cosa con Julieta? ○ Mal. En este último mes .... muchos problemas. La última vez que nos vimos .... discutiendo todo el día y, el otro día, me .... que me dejaba.

C Highly irregular verbs: *ir, ser, ver.*

	IR	SER	VER
Yo	*iba*	*era*	*veía*
Tú, vos*	*ibas*	*eras*	*veías*
Usted, él, ella	*iba*	*era*	*veía*
Nosotros/-as	*íbamos*	*éramos*	*veíamos*
Vosotros/-as**	*ibais*	*erais*	*veíais*
Ustedes, ellos, ellas	*iban*	*eran*	*veían*

* Especially in Argentina, Costa Rica, Paraguay, and Uruguay
** Only in Spain

- *Diego **era** un poco raro: **iba** al cementerio los días de luna llena y solo **veía** películas de zombis.*

The stress falls on the stem of the verbs ***ir*** and ***ser***.

4 A2-B1 **Fill in the blanks with the appropriate form of the imperfect tense.**

→ Ya no vemos mucho a nuestra hija. Antes sí la veíamos.
1. Ya no voy a la playa en verano. Antes sí ....
2. Ya no soy tan optimista. Antes sí lo ....
3. Son muy antipáticos conmigo. Antes .... más simpáticos.
4. No veo nada con la nueva lámpara del escritorio. Con la de antes .... mucho mejor.
5. Mi dietista ya no es tan estricto conmigo. Antes .... mucho más estricto.
6. ¿Ven mucho a Roberta ahora? Antes la .... todos los días, ¿no?
7. Ir al gimnasio nos da flojera, pero antes .... todos los días.
8. ¿Vos no vas a Tegucigalpa en Navidades? Antes .... siempre, ¿no es cierto?

When we use the present indicative tense, we are within a present scene describing what is happening at this particular moment. The imperfect indicative transfers this perspective to a moment in the past: we are **within a past scene** describing what happened **at that particular moment**. For that reason, the uses of the imperfect are the same as those of the present tense, but transferred to a past moment in time.

→ **21.** Present Indicative

D Uses of the imperfect indicative. Describing qualities: *Era una mujer muy inteligente.*

- We use the present indicative to describe what people or things are like at the moment:

Es una computadora muy buena. **Tiene** un disco duro de 500 MB y el procesador **va** a 348 MHz. **Puedes** hacer muchas cosas con ella.

- We use the imperfect indicative to do the same thing, recalling **people or things from the past**:

Mi primera computadora **era** muy mala. **Tenía** solo 500 MB de disco duro y el procesador **iba** lentísimo. No **podías** hacer casi nada con ella.

5 A2-B1 **Victoria is recalling the following people and things and describing what they were like. Complete her descriptions, using the appropriate verbs from the boxes.**

1. La **CASA** donde vivía de pequeña.

ser estar haber tener

Estaba en las afueras de la ciudad. .... unas vistas hermosas. .... un parque muy cerca. .... muy fresca en verano.

2. Un **MUCHACHO** que conoció en una fiesta de disfraces.

parecerse ir llevar ser

Manuel .... el hermano de mi mejor amiga, pero no .... en nada a ella. En aquella fiesta .... disfrazado de pollo y .... zapatos amarillos.

3. Su primer **JEFE**.

tener gustar saber llamarse

.... Eugenio. .... una mirada un poco extraña. Le .... mucho mandar y .... que todos le teníamos mucho miedo.

4. El **AUTO** que tenía su vecina.

llegar gastar costar ser

.... un deportivo rojo muy lindo. .... 85 000 dólares, ... hasta 200 km/h y solo .... 6,5 litros de gasolina cada 100 km.

E Uses of the imperfect indicative. Describing habitual situations: *Antes dormía mucho.*

- We use the present indicative to describe regular situations and habitual facts and actions that develop in the present.

- We use the imperfect indicative to do the same thing, but recalling habitual facts and actions or regular situations **in the past**.

Me **encanta** el agua. Mi madre me **lleva** todas las semanas a la piscina. Algunas veces **vamos** con mis amigos. Mi madre **está** casi siempre conmigo, pero a veces me **baño** yo sola con mi flotador.

Cuando era pequeña me **encantaba** el agua. Mi madre me **llevaba** todas las semanas a la piscina. Algunas veces **íbamos** con mis amigos. Mi madre **estaba** casi siempre conmigo, pero muchas veces me **bañaba** yo sola con mi flotador.

6 A2-B1 **Fránkez and Tristicia have a new castle and are very happy. Transform their sentences using the imperfect and present tenses, as shown in the example.**

→ Antes **dormir** en el piso del castillo. Ahora **dormir** en un ataúd muy cómodo.
→ Antes dormíamos en el piso del castillo. Ahora dormimos en un ataúd muy cómodo.

1. Antes **cocinar** con fuego y **ser** muy difícil. Ahora **tener** horno y microondas.
   Antes .... con fuego y .... muy difícil. Ahora .... horno y microondas.
2. Ahora **poder** ver el mundo entero en la televisión. Antes siempre **ver** el mismo cementerio.
   Ahora .... ver el mundo entero en la televisión. Antes siempre .... el mismo cementerio.
3. Antes **buscar** veneno de serpiente en el bosque. Ahora **comprarlo** por internet.
   Antes .... veneno de serpiente en el bosque. Ahora lo .... por internet.
4. Ahora **estar** calientes todo el invierno. Antes **pasar** frío si no **hacer** fuego con los árboles de los cementerios.
   Ahora .... calientes todo el invierno. Antes .... frío si no .... fuego con los árboles de los cementerios.

F Uses of the imperfect indicative. Describing specific temporary situations: *A las dos estaba durmiendo.*

■ We use the present indicative to describe what is happening at a specific moment in the present:

Mira, creo que no **voy** a ir a la fiesta. **Estoy** cansada, **tengo** un montón de trabajo y, además, **hace** mucho frío y **está** lloviendo.

■ We use the imperfect indicative to do the same thing, but recalling what was happening at **a specific moment in the past**:

Me llamó Lupe a las cinco porque no **iba** a venir a mi fiesta. **Estaba** cansada, **tenía** un montón de trabajo y, además, **hacía** mucho frío y **estaba** lloviendo.

→ **37.** Verb Constructions

7 B1 **Yesterday, five crimes were committed in the city. Where were you at these times? Complete this brief report for the police explaining where you were and what you were doing.**

8:40 En el Bar Ranco, desayunando con dos amigos.	11:05 En la oficina, hablando con la jefa.	14:20 En casa, comiendo solo.	16:00 En unos grandes almacenes, comprando ropa.	21:45 En la cama, leyendo una novela.

¿Dónde estaba usted?	**¿Qué hacía en ese momento?**
→ A las 8:40 *Estaba en el Bar Ranco.*	→ *Estaba desayunando con dos amigos.*
1. A las 11:05	**1.** ....
2. A las 14:20	**2.** ....
3. A las 16:00	**3.** ....
4. A las 21:45	**4.** ....

8 B1 **Lidia is recalling when she met the two great loves of her life. Complete her memories by putting the verbs in the correct form of the imperfect.**

Yo → *estaba* sentada en un banco del parque. (1) .... las cinco de la tarde. (2) .... primavera. (3) .... un sol radiante. En el parque (4) .... un intenso olor a hierba fresca y a flores. En los árboles, los pajaritos (5) .... La gente (6) ...., los niños (7) .... de un lado a otro, jugando. Ella (8) .... leyendo un libro en un banco enfrente de mí y de vez en cuando me (9) .... Entonces llegó un hombre con un bebé y le dio un beso en la mejilla.

> ser ser haber hacer estar ✓ estar mirar correr cantar pasear

Aquella noche yo estaba con unos amigos en una discoteca. Ella (10) .... amiga del amigo de una amiga, y yo no la (11) ...., pero me (12) .... una mujer muy interesante. Mientras yo (13) ...., ella me (14) .... y yo no (15) .... hacer otra cosa más que mirarla a ella también. (16) .... ya muy tarde y yo (17) .... cansada y (18) .... irme a casa, pero me (19) .... aquel juego de miradas. De pronto, ella sacó unos lentes de su bolso, se los puso y se fue corriendo.

> conocer bailar parecer ser mirar poder gustar querer estar ser

26. Imperfect Indicative or Preterite?

- The **imperfect** is used **to describe** the past:

With the **imperfect**, we position ourselves 'WITHIN' a past action or fact and we describe a process that didn't end THEN.

Llovía mucho aquel día.
Unfinished 'THEN'

- The **preterite** is used **to narrate** the past:

With the **preterite**, we position ourselves 'AFTER' a past action or fact and we talk about an event or a process that ended THEN.

Llovió mucho aquel día.
Finished 'THEN'

A Describing temporary situations (imperfect) or narrating completed facts and actions (preterite).

- With the imperfect, we present a fact or action as **not yet finished** at a specific moment in the past. We describe a **temporary situation**:
  - *Ayer, a las cinco, todavía **estaba** estudiando.*

- With the preterite, we present an activity as having **already finished** at that moment. We refer to a **completed fact or action**:
  - *Ayer **estuve** estudiando hasta las siete.*

- *Cuando **bajaba** las escaleras,* [I'm on my way down] *me encontré un maletín.*

- *Cuando **bajé** las escaleras,* [I'm at the bottom] *me encontré un maletín.*

→ **37.** Verb Constructions

1 A2-B1 **Decide which verb form goes with which interpretation, following the example.**

Cuando **cruzaba** la calle, escuché una voz que me llamaba...

Cuando **crucé** la calle, escuché una voz que me llamaba...

		Tense	Interpretation
→ Esta mañana iba a la farmacia y, cuando **cruzaba**/**crucé** la calle, escuché una voz que me llamaba...	**a.**	crucé	Ya estaba al otro lado de la calle.
	b.	cruzaba	Oyó la voz cruzando la calle.
1. Cuando **regresábamos**/**regresamos** a casa, nos encontramos un maletín lleno de joyas...	**a.**	....	El maletín estaba en su casa.
	b.	....	El maletín estaba en la calle.
2. Cuando la **llevábamos**/**llevamos** al hospital, dijo que ya se sentía bien y regresamos a casa...	**a.**	....	Llegaron al hospital.
	b.	....	No llegaron al hospital.
3. La pobre María estaba muy triste y yo muy nervioso. No **sabía**/**supe** qué decirle...	**a.**	....	No le dijo nada.
	b.	....	No sabemos si le dijo algo o no.
4. El otro día fui a ver *Continuator III*. La película me **parecía**/**pareció** muy interesante...	**a.**	....	Finalmente le gustó la película.
	b.	....	No sabemos si finalmente le gustó.
5. Cuando los atracadores **escondían**/**escondieron** el dinero, apareció la policía...	**a.**	....	La policía vio dónde lo escondieron.
	b.	....	La policía no vio el dinero.

B Completed processes (preterite) and parts of a process (imperfect).

■ We can talk about short processes (*comerse un sándwich*) or longer ones (*estudiar Medicina durante cinco años*). The duration doesn't matter:

COMPLETED PROCESS: we position ourselves 'AFTER' this process and use the **preterite tense.**

SHORT ACTIVITIES

*Me **comí** el sándwich **en tres minutos***

LONG ACTIVITIES

Violeta ***estuvo*** estudiando Medicina ***cinco años***.

PART OF A PROCESS: we position ourselves 'WITHIN' this process and use the **imperfect tense.**

1:06 1:07 1:08

A la 1:07 ***estaba*** comiéndome un sándwich.

2017 2018 2019 2020 2021

En 2020 ***estaba*** estudiando Medicina.

For this reason, when we refer to the **total duration** of an activity (*en una hora, durante tres años, toda la tarde, dos días, hasta las 7, tres veces, mucho tiempo*, etc.), we use the **preterite**, and not the **imperfect**:

- *Ayer **trabajé** todo el día.* [Ayer ~~trabajaba~~ todo el día.]
- *Anoche **estuvimos** jugando hasta muy tarde.* [Anoche ~~estábamos~~ jugando hasta muy tarde.]
- ***Estuvo** en el hospital tres meses.* [~~Estaba~~ en el hospital tres meses.]

2 A2-B1 **Look at the examples and fill in the blanks with the verb *estar* in the imperfect or preterite tense.**

→ **Cuando nos llamaste** al celular, Daniela y yo ...estábamos... esperando a Diana en la parada del bus. ...Estuvimos... esperándola **más de media hora**, hasta que, al final, nos cansamos y nos fuimos.

1. Estoy cansado, sí. Es que ayer .... trabajando **desde** las 8 **hasta** casi las 11. O sea, que **a las diez y media** de la noche todavía .... chequeando documentos allí solo, en la oficina.
2. Mi jefe .... de viaje en Canadá **tres meses** el año pasado. Cuando tuvimos el accidente en la empresa, nos llamó desde Toronto, porque **en aquel momento** .... allí visitando a una hermana suya.
3. ● **Cuando nació Martina**, nosotros .... viviendo en Montevideo.
   ○ ¡Ah! ¿Sí? ¿Y **cuánto tiempo** .... allí?
   ● Pues .... viviendo allí **hasta** que Martina cumplió dos años y entonces regresamos a Managua.
4. ● Oye, te llamé hoy en la mañana, **a las nueve**, y no .... en casa.
   ○ Sí, es que **a esa hora** .... durmiendo. .... en la cama **toda la mañana**.
5. **El día de mi último cumpleaños** yo .... haciendo un curso de español de dos semanas en Puebla. Pero solo .... allí **diez días**.
6. Mira **esta foto**: aquí .... todos celebrando la boda de Bea y Samuel. .... bailando y contando chistes **toda la noche**. Fue una noche inolvidable.

C Stative qualities (imperfect) and dynamic qualities (preterite).

■ When we refer to the stative properties or characteristics of an object or person, we are recalling **an image** from the past **and describing the way** the object or person was in those terms:

STATIVE QUALITIES: **objects/people**

***Una muchacha* muy divertida**

- *La muchacha que conocí ayer* ***era*** *muy divertida.*
  [La muchacha que conocí ayer ~~fue~~ muy divertida.]

■ When we refer to the dynamic properties or characteristics of an activity, we are recalling **a sequence of images** from beginning to end and **we are narrating what the process was like**:

DYNAMIC QUALITIES: **processes**

***Una fiesta* muy divertida**

- *La fiesta del sábado* ***fue*** *muy divertida.*
  [La fiesta del sábado ~~era~~ muy divertida.]

3 A2-B1 **How would you ask about the characteristics of the following things or people? Choose between *¿Cómo era?* or *¿Cómo fue?*, as shown in the examples.**

→ La fiesta de cumpleaños	• ¿Cómo fue la fiesta de cumpleaños?	❍ Espectacular. La pasamos muy bien.
→ Tu profesora de español	• ¿Cómo era tu profesora?	❍ Un poco seria, pero excelente.
1. Tu primer apartamento	•	❍ Enorme. Teníamos cinco habitaciones.
2. El partido de fútbol	•	❍ Aburridísimo. No metieron ni un gol.
3. El perrito que tenías	•	❍ Pequeñito, con mucho pelo y un poco tonto.
4. La falda que llevaba Elena	•	❍ Roja, creo, y muy moderna.
5. Tu primer día de trabajo	•	❍ Un poco duro porque no conocía a nadie.
6. Tu hermana de pequeña	•	❍ Muy alegre y muy cariñosa.
7. El ladrón	•	❍ Rubio, alto, con los ojos azules.
8. La conferencia	•	❍ Aburrida. No había nadie, y ahora comprendo.
9. El hotel donde dormiste	•	❍ De tres estrellas, bastante nuevo.
10. El viaje	•	❍ Muy tranquilo. Un poco largo, pero tranquilo.
11. El curso de alemán	•	❍ Fue muy difícil. Y el profesor era terrible.
12. El reloj que te regalaron	•	❍ Lindo, pero muy malo: solo funcionó dos días.

If we refer to the **total duration** (*una hora, durante dos semanas, todo el día, mucho tiempo...*) of a fact or state, we are then talking about a complete process and **the preterite is the only option**:

- *Yo antes* ***tenía*** *el pelo largo.*
- ***Tuve*** *el pelo largo dos o tres años, pero luego me cansé.* [~~Tenía~~ el pelo largo dos o tres años.]

4 B1-B2 **Imperfect or preterite? Fill in the blanks with the verb on the left, as shown in the examples.**

llevar
→ Recuerdo perfectamente que en aquella fiesta llevaba puesto su abrigo negro, ese tan lindo.
→ Llevó puesto su abrigo negro toda la noche.

ser
1. Cuando yo la conocí, Gladys .... una buena estudiante. Luego cambió mucho.
2. .... una buena estudiante durante un par de años. Luego cambió mucho.

estar
3. Gonzalo .... muy gordo una temporada, pero se puso a dieta y adelgazó.
4. Gonzalo .... muy gordo, por eso se puso a dieta, para adelgazar.

ser
5. Cuando se construyó, el edificio de la Gobernación .... azul.
6. El edificio de la Gobernación .... azul durante varios siglos, pero ahora es blanco.

llamarse
7. Este pueblo .... Guarromán mucho tiempo, pero le cambiaron el nombre por Limpiadillo.
8. Antes, este pueblo .... Guarromán, pero ahora se llama Limpiadillo.

trabajar
9. Durante un tiempo .... como actor.
10. En 2020 ya no .... como actor. Lo dejó unos años antes.

D Describing habitual situations (imperfect).

■ When we talk about facts and actions that we wish to present as habitual during a past time period, we position ourselves 'WITHIN' that period and describe what the situation was like 'THEN':

- *Yo, antes, **era** muy buen estudiante.*
  ***Escribía** y **leía** todas las tardes...*

■ For this reason, **we use the imperfect** to indicate recurrence (*antes, habitualmente, normalmente, frecuentemente, siempre, nunca, cada día, a veces, dos veces al día, una vez por semana...*):

- *En aquella empresa **trabajaba** normalmente todo el día.*
  [En aquella empresa ~~trabajé~~ normalmente todo el día.]
- *Cuando éramos pequeños siempre **estábamos** jugando hasta muy tarde.*
  [Cuando éramos pequeños siempre ~~estuvimos~~ jugando hasta muy tarde.]
- *Antes **íbamos** al cine todos los fines de semana.*
  [Antes ~~fuimos~~ al cine todos los fines de semana.]

5 A2-B1 **In each of the sentences below, decide what we are talking about and circle the correct form of the verb in each case, as shown in the examples.**

Imperfect ➜ *Habitual situation*
Preterite ➜ *Completed event*

➜ **a.** Antes **iba/fui** mucho al cine Ideal. (Habitual situation)
b. Ayer **iba/fui** al cine Ideal. (Completed event)

1. **a.** Cuando era niño, solo **iba/fui** a un parque de atracciones una vez. (..............................)
   b. Cuando era niño, cada fin de semana **iba/fui** al parque de atracciones. (..............................)
2. **a.** El verano pasado **estábamos/estuvimos** 15 días en la playa y 15 días en la montaña, pero este año no salimos de casa. (..............................)
   b. Cuando Estela era pequeña, todos los veranos **estábamos/estuvimos** 15 días en la playa y 15 días en la montaña, pero ahora no quiere viajar con nosotros y nos quedamos en casa. (..............................)
3. **a.** Los padres no sabían qué nombre ponerle, pero al final la **llamaban/llamaron** Nicasia. (..............................)
   b. Se llamaba Nicasia, pero sus amigos la **llamaban/llamaron** siempre Casi. (..............................)
4. **a.** Quería mucho a su gato. Lo **llevaba/llevó** al veterinario dos veces al mes. (..............................)
   b. No cuidaba nada a su gato. Lo **llevaba/llevó** dos veces al veterinario en toda su vida. (..............................)
5. **a.** Aquel primer concierto de Broos Printing **era/fue** increíble. (..............................)
   b. Cuando era más joven, sus conciertos **eran/fueron** increíbles, pero ya no es lo mismo. (..............................)

E Narrating stories.

■ With the **imperfect**, **we stop time** in a story to describe a temporary situation; with the **preterite**, we indicate that a completed action took place and, in doing so, **we move time forward** to a new situation:

Hace un rato ***salíamos*** del cine [at this point in the story, they are leaving] cuando, de pronto, un señor vestido como en el siglo XVIII ***se acercó*** a nosotros [at this point in the story, the man is together with them] y ***comenzó*** a cantarnos una canción [at this point in the story, the man is now singing] en una lengua muy extraña. Nosotros no ***entendíamos*** nada y no ***sabíamos*** qué hacer [at this point in the story, they are surprised and confused]. ***Estuvo*** cantando así dos o tres minutos [at this point in the story, the man has already stopped singing] y, cuando ya ***se iba*** [at this point in the story, the man is now leaving], ***llegó*** una limusina [at this point in the story, the limousine is now with them] y el señor se ***subió*** [at this point in the story, the man is now in the car] y ***se marchó*** [at this point in the story, the limousine has already left]...

6 A2 - B1 **Construct the whole story: at the moment, the unfinished actions expressed with the imperfect tense are missing. Complete the information by placing each sentence (1-6) in the correct gap.**

...0... Aquel martes 8 de julio Hortensia **encontró** en el suelo un boleto de lotería. Lo **guardó** en el bolsillo y regresó a casa caminando. (..........) **Llegó** a su casa y **puso** el boleto en un cajón de la cocina. **Memorizó** el número con facilidad (..........). **Pasaron** los días y Hortensia no **volvió** a pensar en la lotería; (..........), así que se **olvidó** del asunto.
Un día, por casualidad, **escuchó** en la radio algo increíble: (..........) pero no **pudo** entender muy bien el número... (..........). **Fue** a la cocina corriendo, **abrió** el cajón, (..........).

0. Hortensia daba clases a niños para pagar sus estudios. Los martes y los jueves iba a trabajar a una escuela en el barrio de la Condesa.
1. ¿Terminaba en 72?
2. tenía mucho trabajo y, además, estudiaba por las noches
3. estaban buscando al único ganador de la lotería del 12 de julio
4. porque era su fecha de nacimiento al revés: 301072.
5. pero donde antes estaba el boleto, ahora solo había facturas... y una nota.
6. No era muy tarde y, además, había mucha gente en la calle.

7 A2 - B1 **Finish Hortensia's story by filling in the blanks with the verbs in parentheses in either the imperfect or preterite tense, according to the context.**

Hortensia (0. leer) ...leyó... la nota, que (1. decir) ....: "(2. Agarrar, yo) .... el boleto para guardarlo en un lugar seguro. Papá". Hortensia (3. llamar) .... por teléfono a su padre, pero su padre (4. estar) .... en el cine con el celular en silencio. Hortensia (5. estar) .... muy nerviosa, pero (6. decidir) .... esperar a su padre. (7. Tener) .... hambre, así que (8. preparar) .... la cena para los dos. Cuando (9. escuchar) .... la puerta, (10. correr) .... hasta la entrada y (11. ver) .... que su padre (12. llevar) .... unos boletos de avión en la mano y (13. estar) .... sonriendo. "Mañana nos vamos de viaje –(14 decir) .... su padre–. Tenemos mucho que celebrar".

8 A2 - B1 **Obnubilada Vargas is recalling some moments from her life. Fill in the blanks with verbs from the corresponding boxes in the imperfect or preterite, according to the context.**

1. El otro día, mientras ...estaba... sin cobertura, me ...llamó... mi novio para cortar conmigo y mi jefe para echarme del trabajo. Y no me enteré.

llamar ✓
estar ✓

2. El verano pasado, mientras .... en el vagón de un tren, un pasajero .... un ataque al corazón; una turista .... de la litera y .... una pierna y un niño .... la maleta de su madre por la ventanilla. Y no me enteré.

tener
romperse
botar
caerse
dormir

3. Hace dos semanas, mientras ...., ... unos ladrones a robar. .... varios vidrios de las ventanas y .... la computadora y dos cuadros. Y no me enteré.

entrar
ducharse
llevarse
romper

4. La otra tarde, cuando .... por el centro, un bus .... con un auto, ... un rayo en la torre de la catedral y .... la luz en toda la ciudad. Y no me enteré.

caer
irse
chocar
pasear

5. Durante la pandemia de 2020-2021, yo .... en una islita del Pacífico, sin tele ni wifi ni nada y, hasta que ...., no me enteré de nada.

estar
regresar

9 B1 **Fránkez is telling a story about something incredible that happened to him yesterday. Can you help him with his short story? Choose the appropriate form of the imperfect or the preterite tense of the verbs in bold, following the example.**

Ayer yo **caminar** tranquilamente por el cementerio, porque **ir** al castillo de Tristicia para llevarle pasteles de serpiente, y, de pronto, en el camino, un hombre lobo muy malo **salir** de detrás de un árbol y **ponerse** enfrente de mí, enseñándome los dientes. Yo **estar** muerto de miedo, pero **salir** corriendo y, al final, **lograr** escapar de él. **Poder** hacer dos cosas: o **regresar** a mi casa o **intentar** llegar al castillo de Tristicia, a pesar de todo. **Decidir** seguir caminando para visitarla. Cuando **entrar** en el castillo, ella **estar** en la cama, pero **tener** una cara muy extraña y peluda. Por eso yo, rápidamente, **dejar** la comida al lado de su cama y **regresar** a mi castillo corriendo. Yo soy Fránkez, no soy Brus Güilis.

Ayer yo caminaba tranquilamente por el cementerio...

....

....

....

....

....

....

....

10 B1-B2 **Imperfect or preterite? Fill in the blanks with the appropriate tense of the verbs in context.**

➜ conocer ✓ (1) estudiar (2) trabajar (3) ser (4) tener (5) preguntar
(6) decir (7) estar (8) pensar (9) estar (10) querer (11) invitar (12) proponer
(13) saber (14) llamar (15) ir (16) decir (17) ser (18) poner (19) hacer

➜ Conocí a Mario en Vancouver. Yo (1) .... inglés y (2) .... como profesora de español en una escuela, y él (3) .... empleado en una oficina de la embajada colombiana. En aquel tiempo, yo (4) .... 25 años y él 30.
Un día me (5) .... por mis planes futuros y le (6) .... la verdad: que yo no (7) .... contenta con mi trabajo y (8) .... regresar a Colombia. Creo que él (9) .... un poco enamorado de mí, pero yo en aquella época no (10) .... salir con nadie.
Un día me (11) .... al cine y me (12) .... ir a cenar a su casa. Yo no (13) .... qué hacer, así que (14) .... a un amigo canadiense y (15) .... los dos juntos a la cena. Le (16) .... a Mario que Justin (17) .... mi novio. Para mi sorpresa, Mario no se (18) .... nada triste y al final... ¡Justin y él se (19) .... muy amigos!

27. Past Perfect (Pluperfect) Indicative

A Meaning and forms: *había hablado, había comido, había vivido...*

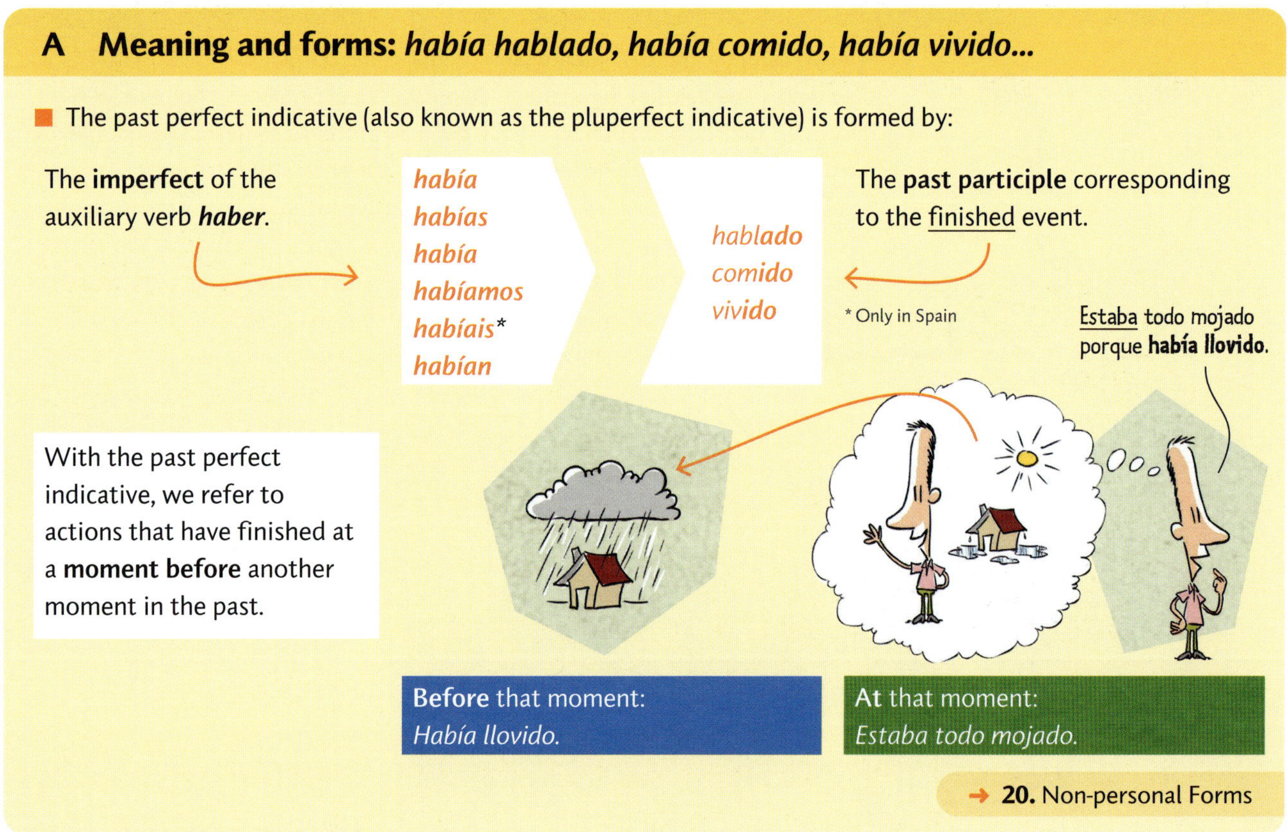

- The past perfect indicative (also known as the pluperfect indicative) is formed by:

The **imperfect** of the auxiliary verb ***haber***.

había
habías
había
habíamos
*habíais**
habían

hablado
comido
vivido

The **past participle** corresponding to the finished event.

* Only in Spain

Estaba todo mojado porque **había llovido**.

With the past perfect indicative, we refer to actions that have finished at a **moment before** another moment in the past.

Before that moment:
Había llovido.

At that moment:
Estaba todo mojado.

→ **20.** Non-personal Forms

1 B1-B2 **Write each verb in the appropriate form of the past perfect and then match them with the corresponding images (a-f), as shown in the example.**

- ¿Sabes que Toby se escapó ayer en la tarde? No me lo explico.
- Pues es fácil. Cuando se escapó, tú → ......habías salido (C)...... con Antonio a dar una vuelta. Toby pudo salir perfectamente por la puerta principal, porque, cuando yo regresé, me di cuenta de que Antonio y tú se (1) ......dejado...... la puerta abierta al salir. Yo, por mi parte, (2) ......ido...... a comprar al supermercado porque necesitábamos comida para la noche. También las ventanas se (3) ......quedado...... abiertas, porque también las encontré abiertas al regresar. Y Marina se (4) ......quedado...... dormida después del almuerzo y ella, cuando duerme, duerme. Si, además de todo esto, recuerdas que Toby ya (5) ......visto...... por la ventana a Mopa, la nueva perrita de la vecina, está ya todo explicado, ¿o no?

(A)
(B)
(C) ✓
(D)
(E)
(F)

B Use: the past of the past.

■ From the present, we can express finished actions in the past with the **preterite** or the **present perfect**. However, when we position ourselves at a specific point in the past, we use the **past perfect** to refer to events that were already finished **before this time in the past**:

¿Y papá?
No está. Se fue a trabajar esta mañana.
En aquel momento, mi padre no estaba en casa. Se **había ido** a trabajar.
Before that moment: *Se había ido a trabajar.*
At that moment: *Mi papá no estaba.*

- *¡Qué lástima! Cuando llegamos a nuestra terminal, el avión ya **había salido**.*
- *No le he dicho nada a Miriam porque **habíamos decidido** eso, ¿no?*
- *Está riquísimo. Nunca **había comido** algo así.*
- *Alguien se **había tomado** toda la leche porque no quedaba ni una gota.*

We don't use the past perfect to refer to events which are unfinished in that moment.

- *Cuando llegué, la puerta ~~había estado~~ estaba cerrada con llave y no pude entrar.*

2 B1-B2 **Patricia is a Peruvian film director who just moved to Hollywood to direct a blockbuster film. Choose the appropriate verb and put it in its most suitable tense for each situation, as shown in the example. Watch out! In each sentence, there is always a verb in the preterite tense and another one in the past perfect.**

→ Patricia nunca ...había vivido... en EE. UU. antes y, por eso, ...se encontró... con muchos problemas al llegar: el idioma, el alojamiento... [encontrarse vivir]

1. El martes pasado cenó con los actores. .... por fin a Tom Jolan, pero con Raian Goslin .... dos años antes en otra película. [trabajar conocer]
2. El lunes Patricia .... una reunión con los productores. Hasta entonces solo .... con ellos por teléfono. [tener hablar]
3. Patricia siempre .... en español. Por eso el mes pasado .... un curso intensivo de inglés. [hacer rodar]
4. La película se basa en la novela que .... el premio Policer hace dos años. El autor ya .... el mismo premio cinco años antes. [ganar ganar]
5. El viernes .... el rodaje de la película. ¡Nunca antes Patricia .... tan nerviosa! [comenzar sentirse]

3 B1-B2 **Move these actions back into the past, transforming the verbs into the past perfect tense as shown in the example.**

At a moment in the past	Prior to that moment
→ "Oye, son las seis y todavía no **ha llegado** nadie".	→ A las seis todavía no ...había llegado... nadie.
1. "¡Ya estoy aquí! ¡Qué bien! ¡Lo **arreglaron** ya todo!".	1. Guillermo y Juan lo .... ya todo.
2. "**Preparé** unas enchiladas. ¿Quieren?".	2. .... unas enchiladas, pero no comieron nada.
3. "Sí, ella, hasta ahorita, siempre **ha sido** muy buena conmigo".	3. Le mentí diciéndole que ella .... muy buena conmigo.
4. "Si tiene buenas notas es porque **ha estudiado** mucho".	4. Tenía muy buenas notas. Es lógico: .... mucho.
5. "Nos **olvidamos** las llaves adentro. ¿Cómo entramos ahora? ¡Qué lío! "	5. No pudimos entrar porque nos .... las llaves adentro.
6. "¡Qué horror! ¡Nuestro tren ya se **fue**! ¡Qué desastre! ¿Qué hacemos ahora?".	6. Llegaron a la hora exacta a la estación, pero el tren se ....

■ We can only use the **past perfect** tense if we present an event as **happening before a very specific point** in the past:

[Before arriving] • ***Cuando llegué, ya*** *se* ***habían comido*** *todos los tamales.*

[Before telling me] • *El otro día me encontré a Pancho.* ***Me dijo*** *que* ***había estado*** *enfermo.*

[Before calling her] • ***A las seis*** *la volví a llamar, pero se* ***había ido.***

■ If this point of reference in the past is not clear, we use the **preterite** rather than the past perfect tense:

- *Ayer* ***fui*** *al cine.*
- *¡Ah! ¿Sí? ¿Y qué película* ***fuiste*** *a ver?*

Ayer había ido al cine.
¿Habías ido?
¿Antes de qué?

4 B1-B2 **Look at the following sentences and decide whether they make sense or whether the preterite should substitute the past perfect. If the past perfect is wrong, write the correct form of the verb, as shown in the example.**

→ La sopa no estaba buena porque le **había echado** mucha sal. (.......✓.......)

→ El sábado ~~**habíamos ido**~~ a un restaurante muy bueno, pero este restaurante es terrible. (.......fuimos.......)

1. Estábamos ya en la puerta, pero no pudimos entrar al concierto porque Jorge **había dejado** las entradas en casa. (..............................)
2. En marzo **había viajado** por primera vez a Lima y, después, visité Arequipa y Cusco. (..............................)
3. Compró dos libros y le **había regalado** uno a su amigo. (..............................) ¿El otro era para vos?
4. Héctor nació muy pequeño pero, cuando lo vi por segunda vez, ya **había crecido** un montón. (..............................)
5. Nosotros ya **habíamos almorzado** cuando llegamos. (..............................)
6. El fin de semana pasado mi amiga Alicia **había venido** a verme. (..............................)
7. El programa no te funcionó porque no lo **habías instalado** correctamente. (..............................)

28. Future

A Meaning.

■ As with the present indicative tense, the future tense refers to a present or future reality. It differs from the present in that with the future, we can only **predict** or **make suppositions (guesses or assumptions) about this reality** since we have not yet fully experienced it.

MAKING ASSERTIONS ABOUT THE PRESENT OR THE FUTURE:

- *Ahora **tiene** mucho trabajo.*
  [An assertion about something in present time.]
- *Mañana **acaba** el trabajo.*
  [An assertion about something in future time.]

MAKING A SUPPOSITION ABOUT THE PRESENT OR MAKING A PREDICTION ABOUT THE FUTURE:

- *Ahora **tendrá** mucho trabajo.*
  [A supposition about something in present time.]
- *Mañana **acabará** el trabajo.*
  [A prediction about something in future time.]

1 A2-B1 **Which moment are we referring to with these forms of the future? Complete, as shown in the example.**

Present moment (P) | Future moment (F)

→ Al mundo vendrán trece millones de naves. Vendrá una confederación intergaláctica de Ganímedes, de la constelación Orión, de Raticulín, de Alfa y de Beta. (F)

1. ● ¿El hijo pequeño de Alfredo es rubio?
   ○ Pues no sé, pero si todos sus hijos son rubios, este también será rubio. (..........)
2. Si tú se lo pides, no dirá nada. (..........)
3. ● ¿Y tus amigos? No los veo.
   ○ Estarán en el banco. Tenían que retirar dinero. (..........)
4. ● No nos queda ni un centavo.
   ○ Iré al banco, vos no te preocupes. (..........)
5. Mi hijo se llamará Aureliano. Me encanta ese nombre. (..........)
6. ● ¿Cómo se llama el hijo de Inma?
   ○ Pues no sé, pero se llamará Aureliano. A ella le encanta ese nombre. (..........)

B Regular forms: *hablaré, comeré, viviré...*

■ To form the future of regular verbs, we use the **infinitive** plus the **endings** of the present indicative of ***haber***:

	Present of *haber*		*-ar/-er/-ir*	HABLAR	COMER	VIVIR
Yo	*he*	*Hablar*	*-é*	*hablaré*	*comeré*	*viviré*
Tú, vos*	*has*	*Comer*	*-ás*	*hablarás*	*comerás*	*vivirás*
Usted, él, ella	*ha*	*Vivir*	*-á*	*hablará*	*comerá*	*vivirá*
Nosotros/-as	*hemos*		*-emos*	*hablaremos*	*comeremos*	*viviremos*
Vosotros/-as**	*habéis*		*-éis*	*hablaréis*	*comeréis*	*viviréis*
Ustedes, ellos, ellas	*han*		*-án*	*hablarán*	*comerán*	*vivirán*

* Especially in Argentina, Costa Rica, Paraguay, and Uruguay
** Only in Spain

■ **The stress always falls on the verb ending**, as shown by the underlining in the examples above.

2 B1 **Transform the following assertions into predictions or suppositions using the appropriate form of the verb in the future.**

Assertions	Predictions or suppositions
➜ Si no estudias, no **eres** nada en la vida.	➜ Si no estudias, no ....*serás*........ nada en la vida.
1. María Elena **regresa** a las cinco.	1. María Elena .... a las cinco, más o menos.
2. Nunca **cambio** de opinión.	2. Nunca .... de opinión, nunca.
3. No hay problema. Si llueve, **almorzamos** adentro.	3. Mejor fuera, pero, si llueve, ... adentro.
4. No puede correr mucho. Le **duele** el pie.	4. No sé, le .... el pie y, por eso, no corre mucho.
5. ¿Me **invitas** a cenar esta noche?	5. ¿Me .... a cenar algún día?
6. Si no quieres hablar tú, **hablo** yo.	6. Si no quieres hablar tú, ... yo.
7. ¿Puedo ir a verlos mañana? ¿**Están** en casa?	7. ¿Puedo ir a verlos mañana? ¿................ en casa?
8. ¿Gabriel mañana **trabaja** en casa o en la oficina?	8. Gabriel mañana .... en la oficina, supongo...

C Irregular verbs: *diré, querré, tendré...*

■ Irregularities in the future always affect the stem, or first part of the verb.
The most common verbs with **irregular stems** are these:

Decir ➜ *dir-*		*Querer* ➜ *querr-*		*Tener* ➜ *tendr-*	
Hacer ➜ *har-*		*Haber* ➜ *habr-*		*Poner* ➜ *pondr-*	
		Poder ➜ *podr-*		*Venir* ➜ *vendr-*	
		Saber ➜ *sabr-*		*Salir* ➜ *saldr-*	
		Caber ➜ *cabr-*		*Valer* ➜ *valdr-*	

■ The **ending** is always regular:

DECIR	QUERER	TENER
diré	*querré*	*tendré*
dirás	*querrás*	*tendrás*
dirá	*querrá*	*tendrá*
diremos	*querremos*	*tendremos*
*diréis***	*querréis***	*tendréis***
dirán	*querrán*	*tendrán*

** Only in Spain

¿Cómo **seré** de mayor, mamá? ¿**Tendré** muchos amigos? ¿**Seré** feliz?
Todavía eres muy chica, pero dentro de poco **sabrás** lo que quieres ser y **podrás** decidir. Y estoy segura de que **harás** cosas importantes. **Habrá** muchas cosas nuevas en tu vida. **Saldrás** de casa para vivir sola y **vendrás** a visitarme alguna vez, espero.

The corresponding compound verbs also have the same irregular form:

Deshacer ➜ *desharé* *Rehacer* ➜ *reharé*
Mantener ➜ *mantendré* *Suponer* ➜ *supondré*

3 A2-B1 **Samuel José thinks that all verbs are regular in the future. Help him learn by finding and correcting his mistakes (there are five more).**

➜ Yo **teneré** ......*tendré*...... una bicicleta, como mi hermana, y **seré** ......✓...... muy deportista, como mi papá.

1. Si tú no juegas conmigo, se lo **deciré** .... a mi tío José y él **venirá** .... y **estará** .... conmigo y me **dará** .... unos caramelos.

2. Mi mamá **regresará** .... pronto y me **ponerá** .... la tele para ver los dibujos animados.

3. Después de merendar **saliré** .... a la calle y **jugaré** .... con mis amigos.

4. El año que viene **iré** .... a la escuela y así **saberé** .... leer cuentos y **poderé** .... escribir cartas a Papá Noel.

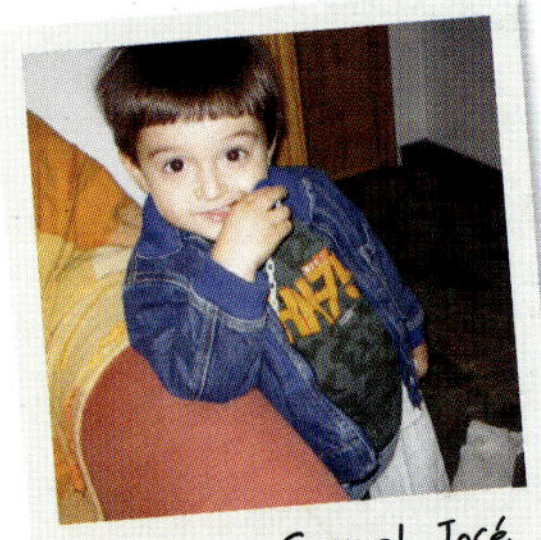
Samuel José

4 A2-B1 **Compare today's robots with the robots of the future. Fill in the blanks with the correct form of the verb.**

Los robots de ahora...	Los robots del futuro...
➜ **Tienen** menos inteligencia que los humanos.	➜ Tendrán más inteligencia que todos nosotros juntos.
1. No **saben** educar a los bebés.	1. .... educar a los bebés, cantarles canciones y leerles cuentos. Pero no les gustará hacerlo.
2. **Hacen** cosas muy mecánicas.	2. .... cosas muy creativas y sorprendentes. Demasiado sorprendentes, quizás.
3. No **vienen** cuando los llamas.	3. .... a ayudarnos telepáticamente.
4. **Salen** poco de casa.	4. .... a la calle con todas nuestras cosas (nuestra cartera, nuestro celular, nuestras llaves...).
5. Son muy grandes. No **caben** en muchos lugares.	5. .... en todas partes. También en los bolsillos.
6. **Cuestan** muchísimo dinero.	6. .... poco. Como un celular.
7. No **quieren** ser humanos.	7. .... ser más humanos que los humanos.
8. Todavía no **hay** muchos.	8. .... muchísimos y los humanos desapareceremos.

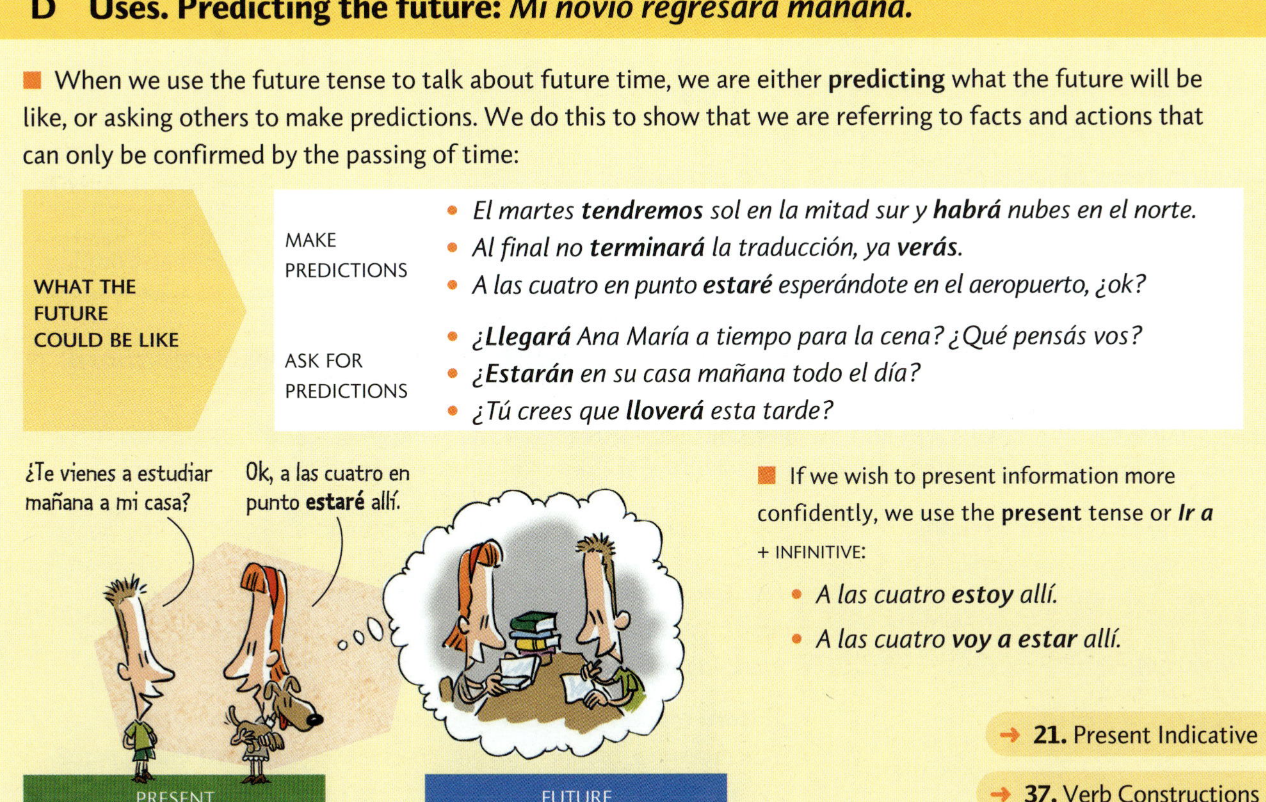

D Uses. Predicting the future: *Mi novio regresará mañana.*

■ When we use the future tense to talk about future time, we are either **predicting** what the future will be like, or asking others to make predictions. We do this to show that we are referring to facts and actions that can only be confirmed by the passing of time:

WHAT THE FUTURE COULD BE LIKE		
	MAKE PREDICTIONS	• *El martes **tendremos** sol en la mitad sur y **habrá** nubes en el norte.* • *Al final no **terminará** la traducción, ya **verás**.* • *A las cuatro en punto **estaré** esperándote en el aeropuerto, ¿ok?*
	ASK FOR PREDICTIONS	• *¿**Llegará** Ana María a tiempo para la cena? ¿Qué pensás vos?* • *¿**Estarán** en su casa mañana todo el día?* • *¿Tú crees que **lloverá** esta tarde?*

¿Te vienes a estudiar mañana a mi casa?
Ok, a las cuatro en punto **estaré** allí.
PRESENT
FUTURE

■ If we wish to present information more confidently, we use the **present** tense or ***Ir a*** + INFINITIVE:

• *A las cuatro **estoy** allí.*
• *A las cuatro **voy a estar** allí.*

➜ **21.** Present Indicative
➜ **37.** Verb Constructions

5 B1 **Match the sentences on the left with those on the right, as shown in the example.**

➜ Ven a tu concesionario Aupel y prueba nuestros autos.	(...f...)	a. Pues este plato te encantará.
1. ¿Te gusta la carne de res?	(...a...)	b. Otro día me lo dirás.
2. Préstame el libro de cocina peruana.	(...d...)	c. Y nunca estarás solo.
3. ¿Tendrás tiempo mañana para ayudarme?	(...g...)	d. Te lo devolveré mañana.
4. Esta niña será futbolista.	(...h...)	e. Dentro de media hora te sentirás mejor.
5. Bueno, si no quieres hablar ahora, está bien.	(...b...)	f. Vivirás experiencias inolvidables. ✓
6. Tómate estas medicinas.	(...e...)	g. Yo no puedo mover estos muebles solo.
7. Cuida bien a tus amigos.	(...c...)	h. Se pasa todo el día jugando con la pelota.

6 A2-B1 **Complete the fortune teller's predictions with the most appropriate verb from the box in its correct future form.**

quedar ✓	sentir	cambiar	conocer	morir	tener	querer	ganar	abandonar

→ Pronto te *quedarás* sin trabajo.

1. Antes de un mes .... a una persona muy bella y te .... muy enamorado de ella.
2. En ese momento tu vida .... completamente.
3. Tu pareja te ....
4. .... 100.000 dólares en un concurso de televisión.
5. Tu pareja .... regresar contigo.
6. .... siete hijos y cuatro perros.
7. Y, si no me pagas, ... joven.

7 B1 **The Télez-Holehole marriage is not going well. Look at their problems (1-5) and fill in the blanks with the most appropriate consequence from the box in its correct future form.**

Romperse la comunicación ✓
La próxima Navidad no estar juntos
Quedarse sin dinero
Tener nuevos amigos
Separarse
Enamorarse de él

→ Casi no se hablan. *Se romperá la comunicación.*

1. Él sale mucho y conoce a mucha gente nueva. ....
2. Ella pasa mucho tiempo con su entrenador personal. ....
3. Los dos gastan demasiado. ....
4. Nunca están juntos en las fiestas importantes. ....
5. Cada vez tienen menos cosas en común. ....

E Uses. Suppositions about the present: *Mi novio estará en Buenos Aires ahora.*

■ We use the future tense to talk about present time when we refer to something that we don't know for sure. We are just **making suppositions** about what the present may be, or asking others to do the same:

- *Estará en Buenos Aires ahora.* = - *Supongo que está en Buenos Aires ahora.*

WHAT THE PRESENT MAY BE LIKE		
	MAKING SUPPOSITIONS	• *No debes preocuparte por Raúl.* ***Estará*** *jugando a béisbol.* • ***Será*** *una casa antigua, porque le costó muy poco dinero.* • *Marcela tiene fiebre.* ***Tendrá*** *gripe otra vez.*
	ASKING FOR SUPPOSITIONS	• *¿**Estará** todavía abierto el supermercado? ¿Tú qué piensas?* • *Este auto no está mal, pero ¿no crees que el Tesla **será** más rápido?* • *¿**Vivirá** Claudio todavía en aquella casa tan incómoda y fría?*

¿Qué **será** eso que se mueve?
No sé, **será** un gato buscando comida.
REALITY NOT FULLY KNOWN

■ If we refer to current facts and actions but in a confident and certain way, we use the **present** tense:

- *Es un gato buscando comida.*

→ **21.** Present Indicative

8 B1 **You are going to a friend's party. There, you meet somebody who neither you nor your friend know. You can either talk to this person directly or talk about him/her with your friend. Fill in the blanks with the most appropriate verbs from the box in their correct form.**

salir	ser	tener	importar	conocer	gustar	dar	llamar ✓	usar

If you talk to this person directly:

→ ¿Cómo te llamas?
1. ¿Cuántos años ....?
2. ¿De dónde ....?
3. ¿A quién .... en esta fiesta?
4. ¿Te .... bailar?
5. ¿Qué perfume ....?
6. ¿................. con alguien?
7. ¿Me .... tu número de teléfono?
8. ¿Te .... que te llame?

If you talk to your friend about this person:

→ ¿Cómo se llamará?
1. ¿Cuántos años ....?
2. ¿De dónde ....?
3. ¿A quién .... en esta fiesta?
4. ¿Le .... bailar?
5. ¿Qué perfume ....?
6. ¿................. con alguien?
7. ¿Me .... su número de teléfono?
8. ¿Le .... que lo/la llame?

9 B1-B2 **Say it in fewer words! Transform the parts of the sentences in bold using the corresponding future form.**

→ **Me da la impresión de que no le gusta** estar con nosotros. → No le gustará estar con nosotros.
1. **Me imagino que tiene** cosas más interesantes que hacer. — 1. .... cosas más interesantes que hacer.
2. **Yo pienso que no sabe** dónde estamos. — 2. No .... dónde estamos.
3. **Posiblemente tiene** demasiado trabajo. — 3. .... demasiado trabajo.
4. **Supongo que no le gustan** las fiestas. — 4. No le .... las fiestas.
5. **Seguro que viene** más tarde. — 5. .... más tarde.
6. **Quizá está** enfermo, ¿no? — 6. .... enfermo.
7. **A mí me parece que no quiere** encontrarse con María. — 7. No .... encontrarse con María.
8. **Probablemente no sabe** nada sobre la fiesta. — 8. No .... nada sobre la fiesta.
9. **A lo mejor tiene** que cuidar a su hermanito. — 9. .... que cuidar a su hermanito.

10 B1-B2 **Match what Gabriel says on the left with the most likely situation in each case on the right.**

→ Es mejor no molestar a Luis ahora. **Estará** cenando.	**a.** Gabriel sabe qué está haciendo Luis ahora. **b.** Gabriel imagina qué puede estar haciendo Luis.
1. ● ¿Quién toca a la puerta? ○ **Será** el cartero.	**a.** Gabriel está mirando por la ventana. **b.** Gabriel está duchándose.
2. ● ¿De quién es este bolígrafo? ○ **Será** mío. Déjalo ahí.	**a.** Gabriel reconoce perfectamente su bolígrafo. **b.** Gabriel no recuerda exactamente si ese bolígrafo es suyo.
3. ● Gabriel, ¿quién sabe que somos novios? ○ Tranquilo, solo lo **sabe** Emilio.	**a.** Sin duda, Emilio conoce su relación. **b.** Posiblemente Emilio conoce su relación.
4. ● Barti no comió nada. ○ No le **gustará** el pescado.	**a.** Barti es el gato de Gabriel. **b.** Barti es el gato del amigo de Gabriel.
5. ○ Oye, Liliana, ¿cuántos años **tiene** Alejo?	**a.** Alejo es el hijo de Liliana. **b.** Alejo es un vecino.
6. ● ¿Tiene sal la carne, Gabriel? ○ **Tendrá** un poco.	**a.** Gabriel probó ya la carne. **b.** Gabriel no ha probado todavía la carne.
7. ● A Julia le duele mucho la cabeza. ○ Es que **está** con gripe. **Tiene** fiebre.	**a.** Gabriel conoce la enfermedad de Julia, pero no tiene termómetro. **b.** Gabriel conoce la enfermedad de Julia y le puso el termómetro.

29. Future Perfect

A Meaning and forms: *habré hablado, habré comido, habré vivido...*

■ The future perfect tense is formed by:

The **future** of the auxiliary verb ***haber***.

habré	
habrás	*hablado*
habrá	*comido*
habremos	*vivido*
*habréis***	
habrán	

The **past participle** corresponding to the finished fact or action.

** Only in Spain

We use the future perfect tense to **predict** or **make suppositions** about facts and actions that have **already finished** or that **will finish before a given moment in the future**.

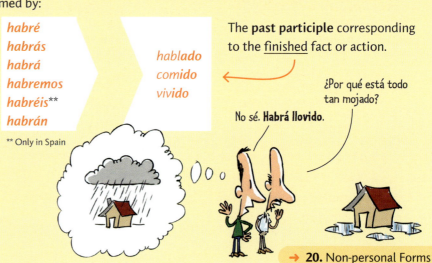

¿Por qué está todo tan mojado?

No sé. **Habrá llovido.**

→ **20.** Non-personal Forms

1 B1-B2 **Transform the following assertions into suppositions by using the appropriate future perfect form of the verbs in bold.**

If we assert something	If we only make a supposition
→ Esto no funciona. **Hicimos** algo mal.	→ Esto no funciona. Habremos hecho algo mal.
1. **Trabajaste** mucho, pero no veo el resultado.	1. .... mucho, pero no veo el resultado.
2. Recién **puse** las llaves dentro del armario.	2. ¿Dónde .... las llaves?
3. Creo que **tomamos** la carretera equivocada.	3. .... la carretera equivocada, me temo.
4. Ya no me llama. Me **olvidó**.	4. Ya no me llama. Me ....
5. No llama porque últimamente **viaja** mucho.	5. Pues no llama... ¿....................?
6. María **salió** un momento a comprar pan.	6. ¿María? No sé. .... un momento.

B Uses. Making suppositions about the recent past: *Habrá dormido poco, supongo.*

■ We use the future perfect tense to refer to a **past reality** which we are not totally sure about, we can only **make suppositions** about it:

ASSERTING A FACT: **WE ARE SURE** ABOUT THE INFORMATION.

- *¿Por qué estás tan cansada, Nancy?*
- *Es que esta noche dormí poco.*

- *¿Dónde están las llaves?*
- *Las puse en el cajón.*

- *Ayer no hicieron la reunión.*
- *No, es hoy. Pero todavía no ha comenzado.*

MAKING SUPPOSITIONS ABOUT A FACT: **WE ARE NOT TOTALLY SURE** ABOUT THE INFORMATION.

- *¿Por qué está Nancy tan cansada?*
- ***Habrá dormido** poco.*

- *¿Dónde están las llaves?*
- *Las **habré puesto** en el cajón, no sé.*

- *Ayer no hicieron la reunión.*
- *No, pero la **habrán hecho** esta mañana.*

→ **22.** Present Perfect Indicative

- ***Habrá salido.*** = ***Supongo que** salió.*

→ **23.** Preterite

2 B1-B2 **Rafael is writing in his diary about a neighbor who lives above him. Which things does Rafael know for sure and which does he only suppose? Check the correct column, as shown in the example.**

29 de enero

¡Qué raro! En todo el mes no me ha llegado ni una carta, ni recibos del banco ni propaganda. El vecino de arriba habrá abierto mi buzón y me habrá robado la correspondencia, no hay otra explicación. Esta noche oí ruidos extraños. Seguramente habrá cambiado los muebles de sitio y habrá bailado todo el rato. Es insoportable.

30 de enero

Hoy me llegaron diez pizzas que no había pedido. Las habrá encargado él para molestarme. Además, sus bolsas de basura estaban en la puerta de mi casa. Las habrá dejado ahí porque le he dicho varias veces que no recicla bien. Últimamente he tenido muchas pesadillas. Seguramente me habré tomado la pastilla equivocada.

	He knows	He supposes
→ Rafael no ha recibido correo en un mes.	✓	....
→ El vecino abrió su buzón.	....	✓
1. El vecino le robó la correspondencia.	....	....
2. Rafael oyó ruidos en el piso de arriba.	....	....
3. El vecino cambió los muebles de sitio.	....	....
4. El vecino bailó durante toda la noche.	....	....
5. Llegaron diez pizzas al apartamento de Rafael.	....	....
6. El vecino encargó las pizzas.	....	....
7. Rafael tenía la basura del vecino delante de su casa.	....	....
8. El vecino dejó la basura en la puerta del apartamento de Rafael.	....	....
9. Rafael ha dormido mal últimamente.	....	....
10. Rafael no tomó las pastillas correctas.	....	....

C Uses. Predicting the past in the future: *Mañana habré terminado.*

■ We use the future perfect to make statements about future events that will happen before a given point in the future. We do this when we specifically place ourselves **at a precise point of reference in the future** and **predict** what will be done by this time.

- *¿Cómo va eso?*
- *Ya queda poco. En dos horas lo **habremos pintado** todo.*

- *Oigan, déjenme empanadas, ¿sí? Llego enseguida.*
- *No sé. Me temo que, cuando llegues, ya **habrán desaparecido**.*

- *Si salimos mañana a las siete, ¿está bien? ¿Estarás cansado para manejar?*
- *No, con seis horas **habré dormido** lo suficiente.*

A las cinco ya **habré llegado** a la estación.

3 B1-B2 **Somebody made the predictions on the left. On the right, you can see what ended up happening. Was the prediction right or wrong? Check the correct column in each case as in the example.**

		Yes	No
→ A las siete **habré terminado**.	**Terminó a las 6:30 p. m.**	✓	....
→ **Terminaré** a las 7 p. m.		....	✓
1. En marzo ya **habrá nacido** Luisito.	**Nació en febrero.**	....	....
2. En marzo **nacerá** Luisito.		....	....
3. Cuando venga tu madre el domingo, **arreglaré** el horno.	**Lo arregló el jueves.**	....	....
4. Cuando venga tu madre el domingo, ya **habré arreglado** el horno.		....	....
5. El avión **aterrizará** a las 11:15 p. m. en el aeropuerto de Tocumen.	**Aterrizó a las 11:05 p. m.**	....	....
6. A las 11:15 p. m., el avión ya **habrá aterrizado** en Tocumen.		....	....
7. El viernes **habré presentado** el informe.	**Lo presentó el sábado.**	....	....
8. El viernes **presentaré** el informe.		....	....

30. Conditional

A Regular and irregular forms: *hablaría, comería, viviría, querría...*

■ To form the conditional of regular verbs, we use the **infinitive** plus the **endings** of the imperfect of *haber*:

	Imperfect of *haber*		*-ar/-er/-ir*	HABLAR	COMER	VIVIR
Yo	*había*	*Hablar*	*-ía*	*hablaría*	*comería*	*viviría*
Tú, vos*	*habías*	*Comer*	*-ías*	*hablarías*	*comerías*	*vivirías*
Usted, él, ella	*había*	*Vivir*	*-ía*	*hablaría*	*comería*	*viviría*
Nosotros/-as	*habíamos*		*-íamos*	*hablaríamos*	*comeríamos*	*viviríamos*
Vosotros/-as**	*habíais*		*-íais*	*hablaríais*	*comeríais*	*viviríais*
Ustedes, ellos, ellas	*habían*		*-ían*	*hablarían*	*comerían*	*vivirían*

* Especially in Argentina, Costa Rica, Paraguay, and Uruguay
** Only in Spain

■ **The stress always falls on the verb ending**, as shown by the underlining in the examples above.

- *No sé si **regresaré** a Tierra del Fuego.*
- *Yo, en tu lugar, no **regresaría** en agosto. ¡Qué frío hace!*

■ In addition, the **verbs that are irregular** in the conditional are exactly the same as those that are irregular in the future:

Decir →	*diría*	*Querer* →	*querría*	*Tener* →	*tendría*
Hacer →	*haría*	*Haber* →	*habría*	*Poner* →	*pondría*

- *¿Tú qué **harías**? ¿**Saldrías** con ella y le **dirías** algo?*
- *Yo tampoco **sabría** qué hacer, la verdad.*
- *¿Dónde **pondrías** el sillón? ¿Al lado de la ventana o acá?*

→ **28.** Future

1 B1 **Pablito thinks that all verbs in the conditional are regular. Help him learn by finding and correcting his mistakes, as shown in the example (you have to find nine more).**

→ Si fuera mayor, ~~**tenería**~~ ....tendría........ muchos libros muy gordos y **leería** ....✓........ mucho todos los días.

1. Y así **sabería** .... mucho de gramática y **podría** .... hablar perfectamente.
2. Y también **salería** .... yo solo a la calle, porque ahora no me dejan mis papás, y **pasearía** .... por toda la ciudad y **hacería** .... todo lo que me gusta y tú **venirías** .... conmigo.
3. Si yo fuera ya mayor, **sería** .... un profesor muy inteligente y **daría** .... conferencias y **deciría** .... cosas muy interesantes.
4. Yo **querería** .... escribir un libro de aventuras, pero no sé escribir todavía. En mis historias **ponería** .... cosas muy divertidas y no **habería** .... ningún libro mejor que el mío y yo **sería** .... muy feliz.
5. Yo, en tu lugar, no me **reiría** .... tanto de mí y de mi hermano. **Poderías** .... tener problemas si se lo decimos a nuestra mamá.

Pablito

B Making suppositions about the past: *Serían las cinco, más o menos.*

- With the future, we make or ask for suppositions about things in the present that we are not sure about:

- With the conditional, we **make suppositions about a past reality** or ask for suppositions about this past time:

Saldría	=	***Supongo que*** salía/salió

¿Qué **será** eso que se mueve ahí?
No sé. **Será** un gato jugando.
¿Qué **sería** aquello que se movía allí?
No sé. **Sería** un gato jugando.

- MAKING AN ASSERTION ABOUT THE PAST:
  - *Eran las cinco, más o menos.*
  - *Estaba muy caliente. ¿Tenía fiebre?*
  - *Anoche llegamos tarde porque perdimos el bus.*

MAKING A SUPPOSITION ABOUT THE PAST:
- *En aquel momento **serían** las cinco, más o menos.*
- *Estaba muy caliente. ¿**Tendría** fiebre?*
- ***Perderían** el bus y, por eso, llegaron tarde.*

2 B1 **Change the form of the verb to indicate that the people are making suppositions about something that happened in the past, following the example.**

If they are talking during the party

¿Por qué no vino Jorge a la fiesta?

→ Pues no sé, **estará** enfermo...
1. o no **sabrá** la dirección...
2. o **estará** enojado con nosotros...
3. o **tendrá** cosas más interesantes que hacer...
4. o no le **provocará**... ¿Quién sabe...?

If they are talking the day after the party

¿Por qué no vendría Jorge a la fiesta de ayer?

→ Pues no sé, estaría enfermo...
1. o no .... la dirección...
2. o .... enojado con nosotros...
3. o .... cosas más interesantes que hacer...
4. o no le ....? ¿Quién sabe...?

3 B1-B2 **People are saying that Jorge was seen passionately kissing someone in the Plaza de Armas yesterday. How does the form of the verb change if the people speaking know for sure what happened or are merely making suppositions?**

If they know what happened, they say...

No ➜ ...era... Jorge. ➜ ...Era... otro muchacho.
(1) .... su novia y (2) .... despidiéndose.
Es que no la **veía** desde hacía mucho tiempo.
(4) .... muy contentos de verse.
(5) .... feliz y (6) .... ganas de demostrar su amor a todo el mundo. **Querían** llamar la atención de la gente.

If they only imagine what happened, they say...

No ➜ ...sería... Jorge. ➜ ...Sería... otro muchacho.
Sería su novia y **estarían** despidiéndose.
No la (3) .... desde hacía mucho tiempo.
Estarían muy contentos de verse.
Estaría feliz y **tendría** ganas de demostrar su amor a todo el mundo. (7) .... llamar la atención de la gente.

C Making hypothetical suppositions about the present and future: *Yo no diría nada...*

■ When we use the conditional to refer to something in the present or the future, we are talking or asking about a **hypothetical reality**:

STATING (OR ASKING ABOUT) SOMETHING HYPOTHETICALLY

- *Yo, en tu lugar, **iría** al médico.* [But I am not you, and I cannot go in your place.]
- *Te **ayudaría** con mucho gusto, pero es que tengo que irme.* [I cannot help you.]
- *Eres muy ágil. **Serías** muy buena deportista.* [But you are not a sportsperson.]
- *Si vos tuvieras tiempo, ¿**harías** más deporte?* [Because you don't have time to play sports.]

■ Thanks to this hypothetical sense, we can also use the conditional to make a request or a suggestion **more indirect** or **polite**:

NORMAL REQUESTS AND SUGGESTIONS:

- *¿Puedes ayudarme a pintar este mueble?*
- *¿Tienes un bolígrafo rojo, por casualidad?*
- *¿Le importa si abro un poco la ventana?*
- *Yo creo que lo mejor es no decir nada.*

REQUESTS AND SUGGESTIONS EXPRESSED MORE POLITELY:

- *¿**Podrías** ayudarme a pintar este mueble?*
- *¿**Tendrías** un bolígrafo rojo, por casualidad?*
- *¿Le **importaría** si abro un poco la ventana?*
- *Yo creo que lo mejor **sería** no decir nada.*

4 B1-B2 **Decide whether the two options are possible or not, and if not, cross it out, as shown in the example.**

➜ ¿**Tienes/Tendrías** unas monedas para prestarme?
➜ ¿~~Tienes~~/**Tendrías** muchos hijos si fueras rico?

1. Me **gusta**/Me **gustaría** mucho tu camisa. ¿Dónde la compraste?
2. Imagina que puedes ser un animal, ¿qué animal **serás/ serías**?
3. ¿Qué tres cosas **se llevarán/llevarían** a una isla desierta?
4. Mi trabajo ideal es ser director de orquesta. Lo **cambiaré/cambiaría** por el mío ahora mismo.
5. Yo, en tu situación, no **sabré/sabría** qué hacer. No te puedo aconsejar. Lo siento.
6. ¿Cómo **será/sería** tu mundo ideal?
7. Es mejor guardar el secreto. Yo, en tu lugar, no le **diré/ diría** nada.
8. ¿Les **importa/importaría** hablar más alto?
9. ¿**Puedes/Podrías** venir conmigo mañana al banco?
10. Ha sido muy amable con nosotros. Yo creo que **debemos/deberíamos** regalarle algo.
11. Me **encantaría**/Me **encanta** manejar el auto de mis padres, pero tengo diez años.
12. Han estado muy distantes durante todo el día. **Podríamos/Podemos** hablar con ellos para aclarar las cosas.

31. Conditional Perfect

A Forms: *habría hablado, habría comido, habría vivido...*

■ The conditional perfect is formed by:

The **conditional** of the auxiliary verb ***haber***.		The **past participle** corresponding to the finished fact or action.
habría *habrías* *habría* *habríamos* *habríais*** *habrían*		*hablado* *comido* *vivido*

** Only in Spain

→ **20.** Non-personal Forms

1 B1-B2 **Indicate whether the sentence contains a verb in the conditional perfect tense. There are three more.**

→ El niño no tenía hambre. Supongo que habría comido golosinas o algo. → C.C.

1. Si todos fuéramos más tolerantes, habría más justicia en el mundo. ....
2. ● Entonces me dijo que yo era muy mal amigo y yo no dije nada.
   ○ Pues yo, en tu lugar, le habría dicho algo. ....
3. No queda nada de leche. Habría que ir al supermercado, ¿no crees? ....
4. Me fui temprano de la fiesta. Me habría quedado porque era muy divertida, pero tenía muchas cosas que hacer. ....
5. Si el niño estaba en la calle jugando es porque sus padres le habrían dado permiso, creo yo. ....
6. Augusto no estaba en la fiesta porque se había ido a Quito a ver a su madre. ....

B Making suppositions about the past: *Habría salido, porque no abría la puerta.*

■ With the future perfect, we make or ask for suppositions about the past of the present:

■ With the conditional perfect, we **make a supposition about a past time before a moment in the past** or ask for a supposition about this time:

Habría salido	=	***Supongo que*** había salido

¿Por qué está todo tan mojado?
No sé. Habrá llovido.

¿Por qué estaba todo tan mojado aquel día?
Pues no sé. Habría llovido.

■ MAKING A STATEMENT ABOUT THE PAST OF THE PAST:

- *Ya lo sabía porque se lo había dicho Rosaura.*
- *Ayer tenías mala cara. ¿Es que habías dormido mal?*
- *No pudo llamar: le habías dado el número equivocado.*

MAKING A SUPPOSITION ABOUT THE PAST OF THE PAST:

- *¿Ya lo sabía? Se lo **habría dicho** Rosaura, seguro.*
- *Tenía mala cara, el pobre. ¿**Habría dormido** mal?*
- *Le **habrías dado** el número equivocado y no pudo llamar.*

→ **27.** Past Perfect Indicative
→ **29.** Future Perfect

2 B1-B2 **Change the form of the verbs in bold to indicate that the speakers are speculating about something that happened before another moment in the past.**

If they are talking during the party

¿Por qué no vino Jorge a la fiesta?

→ Pues no sé, **habrá tenido** algún problema...
1. o se **habrá equivocado** de dirección...
2. o se **habrá enfermado**...
3. o **habrá tenido** que ir a otro sitio...
4. o **habrá olvidado** que era hoy... ¿Quién sabe...?

If they are talking a few days after the party

¿Por qué no vendría Jorge a la fiesta del domingo?

→ Pues no sé, habría tenido algún problema...
1. o se .... de dirección...
2. o se ....
3. o .... que ir a otro sitio...
4. o .... que era ese día... ¿Quién sabe...?

C Making hypothetical suppositions about the past: *Yo no habría dicho nada...*

When we use a verb in the conditional perfect tense, we are stating or asking about a **hypothetical reality** that can no longer be true since we know the truth was something different:

WE STATE OR ASK ABOUT A HYPOTHETICAL REALITY

- *Yo, en tu lugar, **habría ido** al médico hace ya meses.* [But I am not you and I didn't go.]
- *Te **habría ayudado** con mucho gusto, pero es que tenía mucha prisa.* [And I couldn't help you.]
- *Eres muy ágil. **Habrías sido** muy buena deportista.* [But you were never a sportsperson.]
- *Si hubieras tenido tiempo, ¿**habrías hecho** más deporte?* [You never played much sport.]

→ **42.** Linking Sentences

3 B1-B2 **Guillermina had a terrible day yesterday and at Eva's birthday party she behaved really badly. Today, she is telling everything to her brother Federico. He never would have done the things she did. Complete the sentences with her brother's hypothetical statements in the correct form of the conditional perfect tense.**

→ **Insulté** a Eva. → Yo, en tu lugar, no la habría insultado.
1. **Llamé** tonto a su mejor amigo. — Yo que tú, no lo .... tonto.
2. Le **tiré** la torta a la cara. — Yo no se la ....
3. Le **dije** cosas malas. — Yo no le .... esas cosas.
4. Me **fui** de la fiesta llorando. — Yo, en tu lugar, no me .... así.
5. No le **pedí** perdón. — Yo que tú, le .... perdón.
6. ¡Qué mal lo **hice** todo! — ¡Yo lo .... mucho mejor!

32. Forms of the Subjunctive: *hable, haya hablado...*

A Regular forms of the present subjunctive: *hable, coma, viva...*

■ We form the present subjunctive by changing the classifying vowels of the present indicative as follows:

PRESENT INDICATIVE	*-ar*	*-er*	HABLAR	COMER	VIVIR
Yo	*-o*	*-o*	*hablo*	*como*	*vivo*
Tú, vos*	*-as/-ás*	*-es/-és*	*hablas/hablás*	*comes/comés*	*vives/vivís*
Usted, él, ella	*-a*	*-e*	*habla*	*come*	*vive*
Nosotros/-as	*-amos*	*-emos*	*hablamos*	*comemos*	*vivimos*
Vosotros/-as**	*-áis*	*-éis*	*habláis*	*coméis*	*vivís*
Ustedes, ellos, ellas	*-an*	*-en*	*hablan*	*comen*	*viven*

PRESENT SUBJUNCTIVE	*-ar*	*-er / -ir*	*-ar* → *e*	*-er / -ir* → *a*	
Yo	*-e*	*-a*	*hable*	*coma*	*viva*
Tú, vos*	*-es*	*-as*	*hables*	*comas*	*vivas*
Usted, él, ella	*-e*	*-a*	*hable*	*coma*	*viva*
Nosotros/-as	*-emos*	*-amos*	*hablemos*	*comamos*	*vivamos*
Vosotros/-as**	*-éis*	*-áis*	*habléis*	*comáis*	*viváis*
Ustedes, ellos, ellas	*-en*	*-an*	*hablen*	*coman*	*vivan*

* Especially in Argentina, Costa Rica, Paraguay, and Uruguay
** Only in Spain

Unlike the present indicative, in the present subjunctive *vos* and *tú* have the same form:

- *Vos no tenés / Tú no tienes ni un centavo. No es necesario que me **invites**, de veras.*

■ **The word stress** falls on the stem of *yo, tú, vos, él, ella, usted, ellos, ellas, ustedes*; and on the verb ending in *nosotros/-as* and *vosotros/-as*, as shown by the underlining in the examples above.

■ If we need to use the subjunctive, we use the present to refer to both the present and the future, according to the following mode:

IF IN THE **INDICATIVE** WE SAY...		IN THE **SUBJUNCTIVE** WE SAY...
• ***Está** en Brasil. / **Estará** en Brasil.*	→	• *No creo que **esté** en Brasil.*

→ **33.** Indicative or Subjunctive?

1 B1 **Present indicative or present subjunctive? Identify the verb form in each case with a check mark and write the other form in the same person in the appropriate column, following the examples.**

		Indicative	Subjunctive
cantan	→	✓	canten
hablemos	→	hablamos	✓
bebes	1.		
perdona	2.		
rompo	3.		
estacionás	4.		
miran	5.		
cocinas	6.		

		Indicative	Subjunctive
cuide	7.		
camines	8.		
corras	9.		
limpiamos	10.		
manejes	11.		
partimos	12.		
beban	13.		
corro	14.		

B Verbs with vowel changes: *pedir, sentir, dormir...*

■ Verbs with vowel changes in the present indicative also have them in the present subjunctive. Almost all the changes are the same, but there are some verbs that have additional changes.

■ If in the present indicative the vowel *-e-* at the end of the stem **changes** to an *-i-* in *yo, tú, él, ella, usted, ellos, ellas, ustedes*, in the present subjunctive this change affects all persons:

	PEDIR	
	PRESENT INDICATIVE	PRESENT SUBJUNCTIVE
Yo	*pido*	*pida*
Tú, vos*	*pides/pedís*	*pidas*
Usted, él, ella	*pide*	*pida*
Nosotros/-as	*pedimos*	*pidamos*
Vosotros/-as**	*pedís*	*pidáis*
Ustedes, ellos, ellas	*piden*	*pidan*

¡También cambian!

Vos, nosotros, vosotros

* Especially in Argentina, Costa Rica, Paraguay, and Uruguay
** Only in Spain

→ **21.** Present Indicative

Other verbs which conjugate like *pedir*: *vestir, repetir, corregir, seguir, reír, sonreír, elegir, medir, impedir...*

■ Other verbs with *...e...ir* and *...o...ir* that do not change vowel in the present indicative in *nosotros/-as* and *vosotros/-as* (*mentimos, sentimos, dormimos...*), do introduce this change in the present subjunctive:

	e → *i*			*o* → *u*	
	MENTIR	SENTIR	PREFERIR	DORMIR	MORIR
Nosotros/-as	*mintamos*	*sintamos*	*prefiramos*	*durmamos*	*muramos*
Vosotros/-as**	*mintáis*	*sintáis*	*prefiráis*	*durmáis*	*muráis*

2 B1 **Fránkez and Tristicia are arguing with their neighbors Count and Countess Dráculez. Complete the missing verb in the right tense and person as shown in the examples.**

	Present indicative	Present subjunctive
→ ● Ustedes **mentir** siempre.	→ ○ Bueno, a veces sí mentimos,	pero no es verdad que siempre mintamos.
1. ● Ustedes **sonreír** por cualquier cosa.	1. ○ Sí, muchas veces ....,	pero es mentira que .... por cualquier cosa.
2. ● Ustedes **amar** naturaleza y **sentir** gran respeto por animales.	2. ○ Sí, es verdad que nosotros .... la naturaleza,	pero es falso que .... tanto respeto por los animales: ayer nos comimos dos murciélagos...
3. ● Ustedes **competir** continuamente.	3. ○ Sí, nosotros .... muchas veces,	pero no es verdad que .... continuamente.
4. ● Ustedes ser ecológicos: **preferir** reciclar a botar y pasear a manejar.	4. ○ Sí, es evidente que .... reciclar a botar,	pero es mentira que .... pasear a manejar. Tenemos un auto deportivo.
5. ● Nosotros **dormir** de noche, pero ustedes **dormir** solo de día.	5. ○ Es cierto que nosotros .... sobre todo de día,	pero es mentira que no .... nunca por la noche.

C Verbs with an irregular stem: *salga, diga, ponga...*

■ When a verb has an irregular stem in the first person singular in the present indicative, we use this irregular stem to form **all the persons of the present subjunctive**:

→ **21.** Present Indicative

	HACER		
	PRESENT INDICATIVE		PRESENT SUBJUNCTIVE
Yo	*hago*	→	*haga*
Tú, vos*	*haces/hacés*		*hagas*
Usted, él, ella	*hace*		*haga*
Nosotros/-as	*hacemos*		*hagamos*
Vosotros/-as**	*hacéis*		*hagáis*
Ustedes, ellos, ellas	*hacen*		*hagan*

* Especially in Argentina, Costa Rica, Paraguay, and Uruguay
** Only in Spain

■ This rules applies to verbs such as:

Decir	→	*dig-*	*Venir*	→	*veng-*	*Conocer*	→	*conozc-*
Traer	→	*traig-*	*Caer*	→	*caig-*	*Parecer*	→	*parezc-*
Poner	→	*pong-*	*Tener*	→	*teng-*	*Agradecer*	→	*agradezc-*
Salir	→	*salg-*	*Oír*	→	*oig-*	*Producir*	→	*produzc-*
Valer	→	*valg-*	*Crecer*	→	*crezc-*	*Traducir*	→	*traduzc-*

And their compounds:

*Contra**decir***	→	*contradig-*
*Su**poner***	→	*supong-*
*Desa**parecer***	→	*desaparezc-*
...		

3 B1 **Siblings Lucía and Ángela sometimes make mistakes with some of the irregular subjunctives. Can you find and correct their mistakes? There are five, in addition to the example.**

→ ● Mira a papá, Ángela. ¿No ves cómo te pareces a él?
○ Es extraño que **digas** ✓ eso. Yo no veo que me ~~**pareza**~~ parezca a él.

1. ● ¿Quieres que **ponamos** .... un programa de dibujos animados?
○ Sí. Espera que **traiga** .... la tableta y vemos los dibujos.

2. ● ¿Quieres que **salamos** .... a jugar al parque con papá?
○ Vale, pero no creo que papá **tena** .... tiempo. Trabaja mucho.
● Voy a decirle que **vena** .... con nosotras, a ver qué dice...

3. ● Papá traduce mucho mejor que nadie en el mundo.
○ Yo no creo que **traduza** .... tan bien.
● ¡Calla! Es mejor que no te **oiga** .... decir eso...

Lucía y Ángela

D Highly irregular verbs: *ser, estar, ver, ir, haber, saber.*

	SER	VER	ESTAR	IR	HABER	SABER
Yo	*sea*	*vea*	*esté*	*vaya*	*haya*	*sepa*
Tú, vos*	*seas*	*veas*	*estés*	*vayas*	*hayas*	*sepas*
Usted, él, ella	*sea*	*vea*	*esté*	*vaya*	*haya*	*sepa*
Nosotros/-as	*seamos*	*veamos*	*estemos*	*vayamos*	*hayamos*	*sepamos*
Vosotros/-as**	*seáis*	*veáis*	*estéis*	*vayáis*	*hayáis*	*sepáis*
Ustedes, ellos, ellas	*sean*	*vean*	*estén*	*vayan*	*hayan*	*sepan*

* Especially in Argentina, Costa Rica, Paraguay, and Uruguay
** Only in Spain

The verb ***estar*** is only irregular in its word stress, which always falls on the verb ending.

Haber is an auxiliary verb. The present perfect subjunctive is formed by the present subjunctive of *haber*: ***haya** comido, **hayas** ido...*

Haya corresponds both to the personal form (*ha*) and the impersonal form (*hay*) of the present indicative.

4 B1 **Spanish students at the Escuela Oleolé have shared some of their expectations and complaints with their teacher. The school's management sends them this email responding to everything the students have requested. Fill in the gaps with the correct form of the present subjunctive.**

- Queremos **saber** todas las formas del subjuntivo.
- Queremos **ver** cómo funciona el subjuntivo.
- Queremos **ser** los mejores estudiantes.
- Queremos **estar** con nativos para practicarlo.
- Queremos **ir** a Chile pronto.
- En esta escuela **hay** poca comunicación entre la dirección y los alumnos.

De direccion@escuela.com
Para Grupo estudiantes español
Asunto Respuestas de la Dirección

Queridos estudiantes:

Gracias por informarnos de sus deseos. Queremos que (➜) ....sepan.... que, en estos días, van a aprender todas las formas del subjuntivo. Tengan un poco de paciencia. Las formas les van a servir para que todos (1) .... su funcionamiento, claro, y para que, luego, (2) .... unos estudiantes excelentes. Estamos haciendo todo lo posible para que, pronto, (3) .... en clase con nativos. Es una buena idea. Y, si no les importa pagar el doble de la matrícula, podemos organizar un viaje para que (4) .... a otras ciudades de América Latina.

Esperamos que, así, (5) .... una mejor comunicación entre ustedes y nosotros.

Saludos,

La Dirección

E Forms of the imperfect subjunctive: *hablara(-se), comiera(-se), viviera(-se)...*

To form the imperfect subjunctive, simply take the **third person plural** (ustedes, ellos/-as) of the **preterite tense** (regular or irregular) of the verb we wish to conjugate and substitute the ending ***-ron*** for the following endings:

Hablar *hablaron*	IMPERFECT SUBJUNCTIVE	*Ser* *fueron*	IMPERFECT SUBJUNCTIVE	*Salir* *salieron*	IMPERFECT SUBJUNCTIVE
	hablara		*fuera*		*saliera*
	hablaras		*fueras*		*salieras*
	hablara		*fuera*		*saliera*
	habláramos		*fuéramos*		*saliéramos*
	*hablarais***		*fuerais***		*salierais***
** Only in Spain	*hablaran*		*fueran*		*salieran*

The word stress in the imperfect subjunctive always falls in the same place as in the preterite, as shown by the underlining in the examples above.

If we need to use the subjunctive, we use the imperfect to refer to both the **past** and the **hypothetical present** or **future**, according to the following model:

IF IN THE **INDICATIVE** WE SAY...		IN THE **SUBJUNCTIVE** WE SAY...
• ***Estuvo/Estaba*** *en Brasil.*	• ***Estaría*** *en Brasil ayer.* [I suppose.] • ***Estaría*** *en Brasil ahora.* [But he / she missed the flight.] • ***Estaría*** *en Brasil mañana.* [Taking the flight on time.]	• *Es posible que **estuviera** en Brasil.*

➜ **33.** Indicative or Subjunctive?

5 B1-B2 **Write the verbs in bold on the left in the third person plural of the preterite tense. Then, based on the forms you have just written, complete the answers on the right in the imperfect subjunctive, following the examples.**

	Preterite (they)	Imperfect subjunctive
➜ ● ¿Pudiste ver si **estaban** ya preparados?	estuvie-ron	➜ ○ No, no parecía que estuvieran todavía preparados.
1. ● Mi perro **vivió** 20 años.	....	1. ○ No es posible que .... tanto...
2. ● ¿De verdad **comiste** insectos?	....	2. ○ Sí, pero solo dos o tres. Ellos querían que .... la comida típica de allí.
3. ● Yo, en tu lugar, le **mentiría**.	....	3. ○ No. Sería muy injusto que le ....
4. ● Antes **veníamos** mucho aquí.	....	4. ○ Sí, y a tu madre no le gustaba que nosotros .... aquí.
5. ● ¿**Decidiste** vos el color para pintar la casa?	....	5. ○ No, en absoluto. No me permitieron que lo .... yo.
6. ● Y cuando se lo dije, se **rió** de mí.	....	6. ○ ¡No puedo creer que se .... de ti!
7. ● ¿Tú crees que yo **podría** lograr ese trabajo si hablara búlgaro?	....	7. ○ No, la verdad es que no creo que .... lograrlo.
8. ● ¿Recuerdas el viaje a Trujillo? ¡Qué mal **manejaba** Mario!	....	8. ○ Sí, fue horrible. Nadie quería que .... él, pero manejó todo el tiempo.
9. ● Me propuso ir a bailar, pero yo no **quise**.	....	9. ○ Pues me parece raro que no .... ir, con lo que te gusta bailar...
10. No sé qué pasó con tu perrito Toby. Supongo que se **escaparía**.		10. ○ Sí, es muy posible que se .... Le gustaba mucho la perrita de los vecinos.

■ Apart from the *-ra* form of the imperfect subjunctive, there is an another equivalent ***-se*** form*. This is formed by changing the ***-ron*** ending of the 3rd person plural (ustedes, *ellos/-as*) of the preterite for the following endings:

Hablar *habla~~ron~~*	IMPERFECT SUBJUNCTIVE	*Ser* *fue~~ron~~*	IMPERFECT SUBJUNCTIVE	*Salir* *salie~~ron~~*	IMPERFECT SUBJUNCTIVE
	hablase		*fuese*		*saliese*
	hablases		*fueses*		*salieses*
	hablase		*fuese*		*saliese*
	hablásemos		*fuésemos*		*saliésemos*
** Only in Spain	*hablaseis***		*fueseis***		*salieseis***
	hablasen		*fuesen*		*saliesen*

*This form is used less frequently, especially in Latin America.

6 B1-B2 **Indicate which verb is the odd one out and explain why, as shown in the example.**

➜ aceptara	estuviese	tenga	(salimos)	Es la única forma que no es subjuntivo.
1. hubiera	dijéramos	supiesen	tuvieron	....
2. vieron	fuese	oyéramos	agradeciesen	....
3. trajeras	trajeses	manejes	viniéramos	....
4. cayese	caería	caíamos	caigo	....
5. oyes	oyen	oiremos	oyera	....

¡Ojalá lloviera!

¡Sí, ojalá lloviese!

F Forms of the present perfect subjunctive: *haya hablado/comido/vivido...*

■ The present perfect subjunctive is formed by:

The **present subjunctive** of the auxiliary verb ***haber***.

haya
hayas
haya
hayamos
*hayáis***
hayan

hablado
comido
vivido

The **past participle** corresponding to the finished fact or action.

** Only in Spain

■ If we need to use the subjunctive, we use the present perfect to refer to the **past of the present** or the **past of the future**, according to the following model:

IF IN THE **INDICATIVE** WE SAY...	IN THE **SUBJUNCTIVE** WE SAY...
• ***Estuvo / Ha estado*** *en Brasil. /* ***Habrá estado*** *en Brasil.*	• *No creo que* ***haya estado*** *en Brasil.*

→ **20.** Non-personal Forms
→ **33.** Indicative or Subjunctive?

7 B1-B2 **Transform the verbs in bold in the following dialogues into the corresponding subjunctive forms, as shown in the example.**

→ • Dicen que **estuvieron** un año viviendo en California.
○ No creo que hayan estado tanto tiempo allí.

1. • **Encontramos** la película que queríamos ver.
○ ¡Qué raro que la .... ! Es muy antigua.

2. • ¿**Llegó** ya el paquete de la tía Ágata?
○ No recuerdo que .... ningún paquete...

3. • No te preocupes: a las 2 lo **habré terminado**.
○ Dudo mucho que para esa hora lo ....

4. • No **hemos estado** nunca en Cuba.
○ ¡Qué sorprendente que no .... nunca!

5. • **Acertaron** totalmente con el regalo. Gracias.
○ ¡Pues qué bien que .... !

G Forms of the past perfect subjunctive: *hubiera(-se) hablado/comido/vivido...*

■ The past perfect subjunctive is formed by:

The **imperfect subjunctive** of the auxiliary verb ***haber***.

hubiera (-se)
hubieras (-ses)
hubiera (-se)
hubiéramos (-semos)
*hubierais (-seis)***
hubieran (-sen)

hablado
comido
vivido

The **past participle** corresponding to the finished fact or action.

** Only in Spain

■ If we need to use the subjunctive, we use the past perfect **to refer to the past of the past**, according to the following model:

IF IN THE **INDICATIVE** WE SAY...	IN THE **SUBJUNCTIVE** WE SAY...
• ***Había estado*** *en Brasil. /* ***Habría estado*** *en Brasil.*	• *No creo que* ***hubiera estado*** *en Brasil.*

→ **20.** Non-personal Forms
→ **33.** Indicative or Subjunctive?

8 B1-B2 **Gabriel Vargas was supposed to get lunch ready but he didn't do so. His wife thinks he's just making excuses. Complete her replies in the corresponding form of the subjunctive as shown in the example.**

→ Es que las sartenes se **habían perdido**... → No es verdad que las sartenes se hubieran perdido.
1. Es que me **había cortado** un dedo con el cuchillo... 1. No es verdad que te .... un dedo con el cuchillo.
2. Es que la luz se **había ido**... 2. No es verdad que la luz se ....
3. Es que pensé que quizá **habrías cambiado** de opinión... 3. No es verdad que yo .... de opinión...
4. Es que **habíamos decidido** almorzar fuera... 4. No es verdad que .... eso.

 A1 Novice High; **A2** Lower Intermediate, Intermediate Mid; **B1** Intermediate Mid, Intermediate High; **B2** Intermediate High, Advanced Low

33. Indicative or Subjunctive?

A Stating (indicative) or not stating (subjunctive).

■ We use a verb in the **indicative** when **we want to state** the meaning of the verb in question: we want to express what someone knows (**an assertion**) or thinks (**a supposition**) about a particular situation.
We can state information directly (in a simple sentence) or after a MATRIX that introduces a statement (in a subordinate clause):

	SIMPLE SENTENCE STATEMENT (INDICATIVE)	MATRIX		SUBORDINATE CLAUSE STATEMENT (INDICATIVE)
ASSERTION SUPPOSITION	*Susana* ***tiene*** / ***tendrá*** *novio.*	*Está claro* *Yo creo* *Él piensa* *Supongo*	*que*	*Susana* ***tiene*** / ***tendrá*** *novio.*

¿Qué gato **es** ese?
Es Julio César.
¿Qué **será** eso que se mueve ahí?
Me imagino que **será** Julio César.

■ We use a verb in the **subjunctive** (or the infinitive) when **we do not want to state** the meaning of the verb in question because we do not want to make either an assertion or a supposition, but express the **mere idea** of one. A verb in the subjunctive is **always dependent on a** MATRIX that we use to express desire, denial, possibility, or comment.

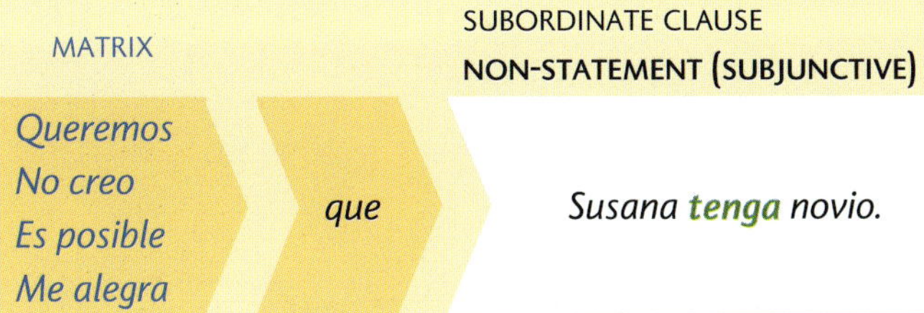

MATRIX
SUBORDINATE CLAUSE
NON-STATEMENT (SUBJUNCTIVE)
Queremos
No creo
Es posible
Me alegra
que
Susana ***tenga*** *novio.*

Es posible que **sea** Julio César.
Yo no creo que **sea** Julio César.
A él no le gusta **jugar** con la basura.

We never use the subjunctive to directly express an opinion (in a simple sentence):

1 B1 **The famous inspector Cher Loc Jolms is interrogating a suspect about a robbery. Are the notes the secretary took during his statement completely accurate? Read the sentences carefully and write "yes" or "no" as shown in the example.**

What the suspect said:	What the secretary wrote:	Yes/No
➜ Me **llamo** Mario Roldán.	➜ Declara que se **llama** Mario Roldán.	Yes
1. **Tenga** paciencia conmigo, inspector.	**1.** Declara que el inspector **tiene** paciencia con él.	....
2. Sé que Pablo Margi **tiene** una parte del dinero.	**2.** Declara que Pablo **tiene** una parte del dinero.	....
3. Creo que Alejandro Cascas se **llevó** las joyas.	**3.** Declara que, en su opinión, Alejandro se **llevó** las joyas.	....
4. Supongo que Jenaro Orol **estará** ya en otro país.	**4.** Declara que, en su opinión, Jenaro **está** ya en otro país.	....
5. Es posible que Lourdes Milo **esté** todavía en España.	**5.** Declara que Lourdes todavía **está** en España.	....
6. La verdad es que yo necesitaba **conseguir** dinero.	**6.** Declara que **consiguió** dinero.	....
7. Me alegro de que me **haga** esa pregunta.	**7.** Declara que el inspector le **hace** esa pregunta.	....
8. No creo que Rosa Alora **esté** implicada en el robo.	**8.** Declara que Rosa **está** implicada en el robo.	....
9. Quiero que **venga** mi abogado inmediatamente.	**9.** Declara que su abogado **viene** inmediatamente.	....
10. Es muy triste **ir** a prisión.	**10.** Declara que **va** a prisión.	....

B Expressing wishes and objectives: *Quiero que venga.*

■ When we talk about wanting something, the thing that we wish for **never takes the form of a statement**. It is merely an **idea** concerning something that may or may not happen, and that we propose as an eventual objective:

- ***Quiero** que me ayudes.*
  [I cannot state "me ayudas" since it is only a wish.]

[It is **not** a statement, merely an **idea**]

Quiero...
Deseo...
Necesito...

*que te **cases** conmigo / **casar**me contigo.*

■ For this reason, we always use the subjunctive (or the infinitive) with verbs that are subordinate to MATRICES that express wishes or objectives, recommendations or requests:

(No) Quiero...
(No) Desea...
(No) Esperan...
Él (no) prefiere...
Ojalá...
(No) Necesita...

[What I am going to say **is not a statement**: it is merely **something that is wished** or **not wished for**.]

*que te **cases** conmigo*

(No) Te pido...
(No) Te ha prohibido...
(No) Permite...
(No) Te recomiendo...
(No) Es importante...
(No) Es necesario...
... para...

[What I am going to say **is not a statement**: it is **something that should** or **should not occur**.]

Ojalá can also be used without ***que***:
*Ojalá te **cases** conmigo.*

2 B1 **Place the matrices into the correct category according to their meaning.**

No le exijo que... ✓	Está claro que... ✓	Ellos creen que... ✓	¿Le propusieron que...? ✓
¿Me permite que...?	¿Me recomiendas que...?	Estamos seguros de que...	Sé que...
Es fundamental que...	Me parece que...	No me puedes pedir que...	Me han contado que...
¿No prefieren que...?	¿Necesitás que...?	Todos imaginan que...	Pensamos que...

Introducing an assertion or supposition

Está claro que...
Ellos creen que...
....
....
....
....
....
....

... **habla** con ella.
(INDICATIVE)

Introducing a wish or an objective, recommendation or request

No le exijo que...
¿Le propusieron que...?
....
....
....
....
....
....

... **hable** con ella.
(SUBJUNCTIVE)

■ When we express wishes or objectives, recommendations or requests, we can put the subordinate verb into a personal form of the **subjunctive** (introduced by ***que***), or use just an **infinitive**:

	WE USE THE **INFINITIVE**	WE USE THE **SUBJUNCTIVE**
With MATRICES such as...	If the subject of the main and subordinate verbs is the same:	If the subjects of the main and subordinate verbs are different:
Querer, Desear, Necesitar, Pretender, Preferir, Tener ganas de, Intentar, Lograr, Tratar de...	*Quiero **salir**.* [yo] = [yo]	*Quiero **que salgas / salgan**...* [yo] ⟷ [tú] **[ellos]**
With MATRICES such as...	To generalize:	To specify the person:
Es importante/necesario/mejor... *Hay que intentar/lograr...*	*¿Es necesario **pasar** por ahí?* [en general] = **[tú, yo, nosotros...]**	*¿Es necesario **que pasemos** por ahí?* [en general] ⟷ **[nosotros en concreto]**

3 B1 **Identify the subject of the verbs in bold, as shown in the examples.**

→ ¡No te vayas, Mariana, que Elena quiere que le **cortes** el pelo! → Tú (Mariana)
→ Vamos a esperar. Es mejor **tomar**se las cosas con calma. → En general
1. Se ha puesto muy nervioso. Vamos a intentar **tranquilizar**lo. 1. ....
2. Trata de **tranquilizar**te, Luisito. Tu papá vendrá pronto... 2. ....
3. Para aprender español es necesario **estudiar** con una buena gramática. 3. ....
4. Creo que ella debe saberlo. Es mejor que se lo **digas** ya. 4. ....
5. Si logramos **pasar** el examen, vamos a hacer una fiesta. 5. ....
6. Tengo muchas ganas de que **vengan** a visitarme. Organícenlo ya. 6. ....
7. Es necesario **descansar** un poco antes de seguir. 7. ....
8. Oye, ¿y por qué no intentas **hablar** con ella otra vez? 8. ....
9. No me gusta nada la idea de comer fuera. Prefiero que **comamos** aquí en casa. 9. ....

4 B1-B2 **Tristicia wants to write an email to her best friend Pesadilla, but she isn't sure how to form the verbs in bold. Should she use the** INFINITIVE **or *que* +** SUBJUNCTIVE**? Can you help her? Fill in the blanks, as shown in the examples.**

→ Necesito yo **expresar** mis deseos.
→ Espero tú **comprender** mis sentimientos.
1. Estoy en crisis. Tengo ganas de yo **cambiar** de vida.
2. Pero mis padres no quieren yo **irme** de Monstruolandia.
3. Estoy cansada de tanta oscuridad. Necesito yo **ver** más luz.
4. Mi familia me ordena yo **vestir** siempre de negro.
5. Y yo prefiero **llevar** vestidos de colores y flores en el pelo.
6. Tengo ganas de tú y yo **ir** juntas a Japiland.
7. Tengo que lograr la gente **aceptarme** como soy.
8. Deseo yo **tener** muchos amigos.
9. Es muy importante yo **saber** tu opinión.
10. Tengo que intentar yo **hacer** realidad mis sueños.

→ Necesito expresar mis deseos.
→ Espero que comprendas mis sentimientos.
1. Tengo ganas de .... de vida.
2. Pero mis padres no quieren .... de Monstruolandia.
3. Necesito .... más luz.
4. Mi familia me ordena .... siempre de negro.
5. Y yo prefiero .... vestidos de colores y flores en el pelo.
6. Tengo ganas de .... juntas a Japiland.
7. Tengo que lograr .... como soy.
8. Deseo .... muchos amigos.
9. Es muy importante .... tu opinión.
10. Tengo que intentar .... realidad mis sueños.

5 B1-B2 **Tristicia has now received Pesadilla's email and these are her suggestions. Help Pesadilla as well, deciding in each case between** INFINITIVE**, *que* +** INDICATIVE**, or *que* +** SUBJUNCTIVE**, as shown in the examples.**

De pesadilla@difu.com
Para tristy@fusion.com
Asunto Consejos

Querida Tristicia:

Creo, efectivamente, tú **estar** en crisis y, en mi opinión, lo mejor es **actuar** con tranquilidad. Es comprensible tú **querer** cambiar de vida. Pienso **ser** normal a tu edad. Pero no es necesario **dejar** a la familia para ser independiente. No obstante, tenemos que hacer algo porque yo quiero tú **ser** feliz. En primer lugar, si prefieres ropa de colores alegres, te recomiendo tú **comprarte** ropa nueva. Hay un negocio muy lindo en la calle Mórguez. También te aconsejo tú **ir** a Rayos UVA Sunshine. Está claro **ser** menos natural que el verdadero sol, pero ayuda. Pienso tú **ser** muy joven todavía para comenzar a trabajar. Es importante **estudiar** y es conveniente tú **pedir** becas para estudiar fuera el año que viene. Sabes yo **estar** a tu lado siempre. Lo único que deseo es tú **tener** una vida maravillosa. Tu amiga,

Pesadilla

Asunto Consejos

Querida Tristicia:

Creo, efectivamente, ➜ ...que estás... en crisis y, en mi opinión, lo mejor es ➜ ...actuar... con tranquilidad. Es comprensible (1) .... cambiar de vida. Pienso (2) .... normal a tu edad. Pero no es necesario (3) .... a la familia para ser independiente. No obstante, tenemos que hacer algo porque yo quiero (4) .... feliz. En primer lugar, si prefieres ropa de colores alegres, te recomiendo (5) .... ropa nueva. Hay un negocio muy lindo en la calle Mórguez. También te aconsejo (6) .... a Rayos UVA Sunshine. Está claro (7) .... menos natural que el verdadero sol, pero ayuda. Pienso (8) .... muy joven todavía para comenzar a trabajar. Es importante (9) .... y es conveniente (10) .... becas para estudiar fuera el año que viene. Sabes (11) .... a tu lado siempre. Lo único que deseo es (12) .... una vida maravillosa. Tu amiga,

Pesadilla

■ With the ***Que* + present subjunctive** structure, we can express wishes in everyday communication scenarios as well as advice:

WISHES	ADVICE
• *¡Que **aproveche**!* ['I hope you enjoy your meal': when someone is about to start eating.]	• *¡Que **tengas** cuidado!* ['You should be careful': when someone is going to do something dangerous.]
• *¡Que la **pases** bien!* ['Have a good time', 'Have fun': when someone is going to a party, for example.]	• *¡Que no **corran**!* ['You shouldn't drive too fast': when someone is about to go on a road trip.]

6 B1 **Fránkez is going through a lot, both good and bad, and Tristicia wants to wish him well with everything. Help her improve her grammar and then work out in which circumstances she would use these expressions (*a-g*).**

➜ ¡Tú **mejorar**te!	¡Que te ...mejores...!	...e)...
1. ¡Tú **cumplir** muchos más!	¡Que .... muchos más!	....
2. ¡Tú **tener** suerte!	¡Que .... suerte!	....
3. ¡Tú **divertir**te!	¡Que te ....!	....
4. ¡Tú **descansar**!	¡Que ....!	....
5. ¡Tú **tener** buen viaje!	¡Que .... buen viaje!	....
6. ¡Tú **pasar** buen fin de semana!	¡Que .... buen fin de semana!	....

a. Fránkez se va a una fiesta.
b. Frankéz va a hacer un examen.
c. Acaba de decir "buenas noches" y se va a la cama.
d. Fránkez estará fuera sábado y domingo.
e. Está enfermo y Tristicia se despide de él. ✓
f. Tristicia despide a Fránkez en el aeropuerto.
g. Es el día del cumpleaños de Fránkez.

7 B1 **Camilita is going on a field trip with her classmates and her mother gives her three more pieces of advice on how she should behave. Choose the correct options, and then rephrase them using *Que* + present subjunctive, as shown in the example.**

- Tienes que comer muchos caramelos.
- Tienes que ser buena compañera. ✓
- No debes hacer cosas peligrosas.
- Debes comerte tu sándwich entero.
- Tienes que estar siempre cerca de la maestra.
- No debes obedecer a tu maestra.

➜ ...Que seas buena compañera...
1. ....
2. ....
3. ....

C Stating or questioning information: *Creo que viene. / No creo que venga.*

■ We use a subordinate verb in the **indicative** when **we want to state** what this verb refers to:

Todos saben
Está claro
Yo creo
Es verdad
...

SUBORDINATE VERB

*que **tienes** novio.*

[This is a **statement**. It is what the subject is intending to state.]

■ We use a subordinate verb in the subjunctive when we do not want to state what this verb refers to:

Puede ser
Dudo
No creo
Es mentira
...

SUBORDINATE VERB

*que **tengas** novio.*

[This is **not a statement**. The subject is not intending to state that she has a boyfriend, but rather express the mere idea of having one.]

■ For this reason, we use the indicative after MATRICES **that introduce or ask for statements** (more or less firmly held), but the subjunctive after MATRICES **that question**, to some extent, the information in the subordinate clause:

MATRICES that introduce information

INDICATIVE

ASSERTING

Yo sé que...
Me han contado que...
¿No es evidente que...?
¿Es verdad que...?
No hay duda de que...

es la Tierra.

Está claro que **es** la Tierra.

[We are making a statement. The information presented is what the speaker believes.]

SUPPOSING

Ellos creen que...
¿Piensas que...?
¿No les parece que...?
Supongo que...
Me imagino que...

***es/será** la Tierra.*

Me parece que **es** la Tierra.

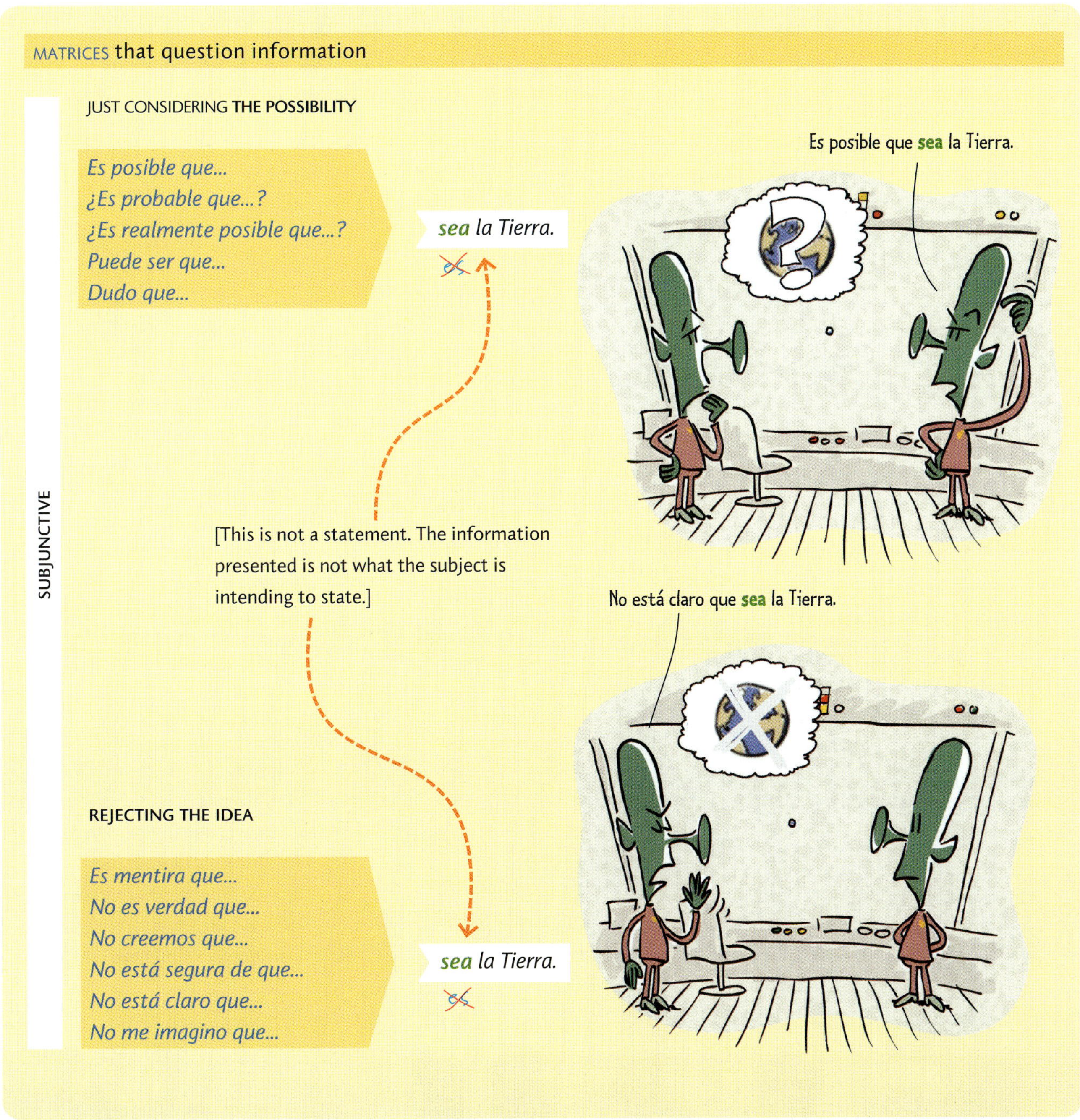

MATRICES that question information
SUBJUNCTIVE
JUST CONSIDERING THE POSSIBILITY
Es posible que...
¿Es probable que...?
¿Es realmente posible que...?
Puede ser que...
Dudo que...
sea *la Tierra.*
~~es~~
Es posible que **sea** la Tierra.
[This is not a statement. The information presented is not what the subject is intending to state.]
No está claro que **sea** la Tierra.
REJECTING THE IDEA
Es mentira que...
No es verdad que...
No creemos que...
No está segura de que...
No está claro que...
No me imagino que...
sea *la Tierra.*
~~es~~

8 B1 **Place the matrices into the correct category according to their meaning, as shown in the examples.**

Es indudable que... ✓	No es verdad que... ✓	¿Puede ser que...? ✓	Pensamos que... ✓
Suponen que...	A ellas les parece que...	Es falso que...	Existe la posibilidad de que...
No es cierto que...	Me parece probable que...	Te aseguro que...	
Es evidente que...	Sospecho que...	Es bastante posible que...	

Introducing a statement (assertion or supposition)		**Rejecting an idea or considering a possibility**	
Es indudable que...	...**es** la Tierra. (INDICATIVE)	No es verdad que...	...**sea** la Tierra. (SUBJUNCTIVE)
Pensamos que...		¿Puede ser que...?	
....		....	
....		....	
....		....	
....		....	

9 B1 **Doctor Inés Labella has just given a lecture on gender equality. After the talk, six of the participants comment on her most controversial statements. Complete what they say with the correct form of the present indicative / present subjunctive of the three verbs in bold in the paragraph below.**

... y, como iba diciendo, hay que reconocer que las mujeres son claramente superiores a los hombres, al menos en tres aspectos: en primer lugar, **aprenden** lenguas con mucha más facilidad; en segundo lugar, **son** más hábiles para resolver problemas de lógica; y, por último, está demostrado que **tienen** más sentido estético...

1. Para mí, **está claro que** las mujeres ➜ aprenden lenguas más fácilmente. También **es verdad que** .... más hábiles en la lógica y **no hay duda de que** .... más sentido estético.

2. Pues yo **dudo mucho que** ➜ aprendan lenguas más fácilmente. Además, **no está demostrado que** .... más hábiles en la lógica y **tampoco creo que** .... más sentido estético.

3. **Yo también creo que** las mujeres .... una lengua más rápido y **me parece que** sí, que también .... más hábiles con la lógica. Del sentido estético no sé qué pensar, pero sí, **supongo que** .... más que los hombres.

4. Bueno, sí, **puede ser que** .... las lenguas más fácilmente y también admito **la posibilidad de que** .... más hábiles en la lógica. Pero **no me parece nada probable que** .... un sentido estético especial, la verdad...

5. ¡Mentira, mentira y mentira! **No es verdad que** .... lenguas mejor, **no es cierto que** .... mejores con la lógica y también **es falso que** .... más sentido estético.

6. Bueno, vamos a ver: **es indudable que** .... mucho mejor las lenguas y **es perfectamente posible que** .... más hábiles con la lógica, pero **no es en absoluto verdad que** .... más sentido estético; los grandes artistas siempre han sido hombres...

10 B1 **Doctor Inés Labella's husband uses the lecture break to give a little talk on his favorite subject: snails. However, not everything he says is true. Identify and write the three true facts and three false statements in his speech below, as shown in the examples.**

Pues yo creo que los caracoles son unos mamíferos apasionantes. Llevan su casa en la espalda, tienen dos antenas muy hermosas que sacan y esconden cuando quieren, y pueden ver la comida a varios kilómetros de distancia. Parecen tontos, pero, en realidad, tienen una inteligencia muy similar a la humana. Por ejemplo, aunque son muy lentos, a veces se suben encima de la cabeza de las palomas para viajar más rápido. Y, además, estos animalitos son muy pacíficos. Y, bueno, los dejo ya de nuevo con la conferencia de mi esposa. Yo tengo que terminar de cocinar unos caracoles para la cena. Muchas gracias por su atención.

→ Es verdad que los caracoles tienen dos antenas.

1. Todo el mundo sabe que ....

2. Está claro que ....

3. A mí también me parece que ....

→ No es verdad que sean mamíferos.

4. Es mentira que ....

5. No creo que ....

6. Yo no pienso que ....

D Making statements or requests: *Dice que viene. / Dice que venga.*

■ We can use many verbs like ***decir*** to introduce statements or requests. We use the indicative with *decir* when we **state** something and the subjunctive when we **request** something:

	THE SUBORDINATE INFORMATION IS A STATEMENT	THE SUBORDINATE INFORMATION IS A REQUEST
Decir	• *Me dijeron que* ***vienes*** *a la fiesta, ¿es verdad?*	• *Me han dicho que* ***vengas*** *a la fiesta. ¿Vendrás?*
Repetir	• *Te repito que no* ***tengo*** *ganas de salir.*	• *Te repito que* ***vayas*** *tú solo.*
Insistir en	• *Insisto en que este puente* ***es*** *muy peligroso.*	• *Insisto en que* ***crucemos*** *el río por allí.*

11 B1-B2 **What are the people below saying? Read carefully to decide whether they are stating information (indicative) or requesting something be done (subjunctive).**

→ "Las llaves **están** en el dormitorio".
Dice que las llaves están en el dormitorio.

→ "**Compra** servilletas de papel, por favor".
Dice que compre servilletas de papel.

1. "**Baila** conmigo. **Bailo** muy bien".
Dice que .... con él, que .... muy bien.

2. "Yo no **quiero** ir al cine".
Dice que .... ir al cine.

3. "¡Que **no quiero** ir al cine!".
Me ha repetido que .... ir al cine.

4. "**Ten** cuidado con el perro".
Dice que .... cuidado con el perro.

5. "**No digas** más tonterías".
Dice que .... más tonterías.

6. "**Pareces** una persona inteligente".
Dice que .... una persona inteligente.

7. "**Eres** muy egoísta, ¿no crees?".
Dice que .... muy egoísta.

8. "**Sé** un poco menos egoísta, ¿quieres?".
Dice que .... un poco menos egoísta.

9. "**Puedo** ayudarte si quieres".
Dice que .... ayudarme si quiero.

10. "**Vas** muy rápido. **Ve** más despacio".
Dice que .... muy rápido, que .... más despacio.

E Commenting on facts: *¡Qué bueno que venga!*

■ Remember: when we want to **state** the information that a subordinate verb expresses, we use the indicative. When we want to **question** it, we use the subjunctive:

STATING THE SUBORDINATE INFORMATION	• *Yo sé que Leo* ***habla*** *inglés.* • *Supongo que* ***hablará*** *inglés.*	[We want to state that Leo **speaks** English.]
QUESTIONING THE SUBORDINATE INFORMATION	• *Es posible que Leo* ***hable*** *inglés.* • *No creo que* ***hable*** *inglés.*	[We don't want to state that Leo **speaks** English.]

■ However, when that information **is generally accepted** as true or possible and we only want to **make a comment on it**, we always use the **subjunctive** (or the infinitive):

COMMENTING ON THE FACT IN THE SUBORDINATE CLAUSE	*A mí no me gusta* *Me parece bien* *Es lógico* *No es normal* *Me da igual*	*que **trabaje tanto**.*	[We do not want to state that he "works so much": we just want to say what we think about the fact that "someone **works** so much" – a real or possible fact.]

¡Qué peligroso...!
No es muy tranquilizador...
¿No les parece un poco extraño...?
Me encanta...
...que tenga una boa.
¡Dios mío, qué miedo...!
¡Qué curioso...!
Es bastante sorprendente...
Bueno, yo creo que es divertido...

Pues parece que el nuevo vecino **tiene** muchas mascotas: perros, gatos y una boa.
¡Me parece horrible que **tenga** una boa! ¡Puede entrar en nuestro jardín en cualquier momento! ¡Socorro!

Stating information	→	• *¿Sabes qué? <u>Me dijeron</u> que **tenemos** un vecino nuevo y que **tiene** una boa enorme.*
Questioning information	→	○ *¿En serio? <u>No puedo creer</u> que **tenga** una boa.*
Stating information	→	• *Pues sí. Recién le preguntamos y <u>nos confirmó</u> que, efectivamente, **tiene** una boa.*

JUST COMMENTING ON THE INFORMATION

- *Pues me parece muy extraño...*
- ○ *¿Qué <u>te parece extraño</u>: **que tengamos** un vecino nuevo o **que** él **tenga** una boa?*
- *No, <u>lo que me parece extraño</u> es **que haya venido** a vivir aquí. La boa no <u>podrá</u> sobrevivir...*

12 B1 Place the matrices into the correct category in the table according to their meaning.

Es evidente que... ✓	¿Te parece mal que...? ✓	Sospechamos que... ✓	Me parece lógico que... ✓
Me imagino que...	Es verdaderamente extraño que...	Escuché que...	Odio que...
No me importa que...	Los vecinos piensan que...	Es difícil que...	Veo que...
Es muy lindo que...	¿Crees que es importante que...?	¿Ella te contó que...?	Me parece que...

Introducing an assertion or supposition		Introducing a comment	
Es evidente que...	... **tiene** una boa. (INDICATIVO)	Me parece lógico que...	... **tenga** una boa. (SUBJUNTIVO)
Sospechamos que...		¿Te parece mal que...?	
....		....	
....		....	
....		....	
....		....	

13 B1 What do you think? Use the matrices in the box (or any other that you can use to express your opinion) to comment on the news below, as shown in the example. Use the correct person and tense of the subjunctive in each case.

→ Una anciana de 80 años **sobrevive** después de caer desde un sexto piso. ✓

1. Groenlandia **suspende** su festival de nieve por una ola de calor.
2. Dos ex ladrones **presentan** un programa de televisión sobre robos.
3. Todos los representantes del Gobierno **son** mujeres.
4. Los japoneses **pueden** pagar en los supermercados mirando a una cámara de la caja.
5. Una conocida marca de helados **investiga** en la fabricación de un helado para perros.
6. Un juez **manda** a prisión a un hombre por hacer comentarios sexistas.
7. Un perro **espera** diez días en la puerta del hospital hasta que sale su amo.
8. Un auto autónomo **escapa** de Bariloche por el frío y se va a Cancún buscando calor.

→ Es increíble que una anciana sobreviva después de caer de un sexto piso.

....

....

....

....

....

....

....

....

....

Me alegra mucho...
Me parece muy triste...
Es increíble...
Es normal...
Me parece muy cómico...
Es curioso...
Me parece muy justo...
Es una estupidez...
Está muy bien...
Me parece muy mal...
Me parece absurdo...
Me parece exagerado...
A mí me da igual...
Yo pienso que es lógico...
Me parece preocupante...

■ When we comment on facts, we can put the subordinate verb into a personal form of the **subjunctive** (introduced by ***que***) or use the **infinitive**:

With MATRICES like these...	WE USE THE INFINITIVE If the subject of the verb is the **same person** as the one referred to in the MATRIX:	WE USE THE **SUBJUNCTIVE** If the subject of the verb is a **different** person from the one referred to in the MATRIX:
Me gusta..., Nos encanta..., *Me da igual..., Les alegra...,* *(No) me importa...*	*Le encanta jugar a béisbol.* [a él, a ella] = [**él, ella**]	*Le encanta **que** juguemos a béisbol.* [a él, a ella] ⟷ [**nosotros/-as**]
With MATRICES like these...	To generalize:	To specify a particular person:
Es lindo/extraño/bueno... *Está bien/mal...* *No me parece bien/mal/lógico...*	*Es hermoso estar enamorado.* [en general] = [**tú, yo, nosotros...**]	*Es hermoso **que** estés enamorada.* [en general] ⟷ [**concretamente tú**]

14 B1-B2 **Can you identify the subject of the verbs in bold? Read the sentences carefully and complete, following the example.**

¡Está muy feo **meter**se el dedo en la nariz, Danielito!

➜ A Lucas no le gusta nada **manejar** de noche. .... Lucas

➜ Tienes razón, Juancho: es un privilegio **tener** amigos como ustedes. .... En general

1. Te agradezco mucho que me **digas** eso. ....
2. Les pareció muy emocionante **ir** a la boda. ....
3. Perdone, señora. ¿Le importa que me **siente** a su lado? ....
4. Perdone, señora. ¿Le importaría **sentar**se en otra parte? La mesa está reservada. ....
5. Me alegro de que por fin se **acuesten**. ¡Qué pesados estaban hoy los niños! ....
6. Ya hice yo la compra. ¿No te alegras de no **tener** que ir a comprar? ....
7. Es de muy mal gusto **hacer** esperar a la gente. A ver si otro día llegas antes. ....
8. No es lógico **pasar** toda la vida esperando un sueño que nunca va a llegar. ....

F Identifying or not identifying people, things, or places: *La muchacha que viene / La muchacha que venga.*

■ We can give information about the characteristics of people, things or, places with an **adjective**, but we can also use a **phrase**.

	WITH AN ADJECTIVE:	WITH A PHRASE:
A PERSON:	• *un niño **curioso**...*	*... es un niño **que hace muchas preguntas**.*
A THING:	• *una película muy **divertida**...*	*... es una película **que da mucha risa**.*
A PLACE:	• *un sitio **tranquilo**...*	*... es un sitio **donde te puedes relajar**.*

➜ **42.** Linking Sentences

 A1 Novice High; **A2** Lower Intermediate, Intermediate Mid; **B1** Intermediate Mid, Intermediate High; **B2** Intermediate High, Advanced Low

■ With phrases of this type, we use the **indicative** to show that what we are talking about (a person, thing, or place) **has been identified**, and we use the **subjunctive** to show that **it has not been identified** yet:

- *Conocí a una mujer que **vive** en Miraflores.* [A specific woman: Lorena.]
- *¿Vos conocés a alguna mujer que **viva** en Miraflores?* [The girl is not specified.]

- *Hoy vamos a hacer la comida que más te **gusta**.* [A specific dish: fish.]
- *Hoy vamos a hacer la comida que más te **guste**.* [Any dish that you choose.]

- *Estuvimos en una playa donde todo el mundo **hacía** nudismo.* [A specific beach: Querandí.]
- *¿Tú conoces una playa donde **podamos** hacer nudismo?* [The beach is not specified.]

Guillaume, c'est moi. Grrrr!!!
Bonjour. Ça va? Grrrr!!!
Yo tengo un loro que **se llama** Guillermo y que **habla** francés.
¡Espectacular! ¡Yo también quiero tener un loro que **hable** francés!

INDICATIVE	SUBJUNCTIVE
People, things, and places **already identified**.	People, things, and places **not yet identified**.
We refer to a specific person, thing, or place with this **characteristic**.	We refer to **any** person, thing, or place with this characteristic.

15 B1 **Read the sentences carefully and then connect each of the things Jenny says with the most likely explanation (*a* or *b*) in each case.**

→ Hola. Estoy buscando una gramática que **tiene** dibujos en color.	....b....	**a.** Jenny busca cualquier gramática con dibujos en color. **b.** A Jenny le han hablado antes de esa gramática.
1. Bueno, una lengua que **sea** fácil de aprender, por supuesto.	....	**a.** Jenny habla del español. **b.** Jenny quiere aprender otra lengua y todavía no ha decidido cuál.
2. ¿Nos llevamos el microondas que **tiene** más potencia o el que **sea** más barato?	....	**a.** Jenny y su compañera de apartamento vieron varios microondas, pero no saben cuál será más barato. **b.** Jenny y su compañera de apartamento están buscando el microondas más potente.
3. Pon esta bandeja en la cocina, donde **estén** los platos.	....	**a.** Jenny llevó los platos a la cocina antes. **b.** Otra persona llevó los platos a la cocina antes.
4. La opinión que Ana **tenga** sí me importa, pero lo que dice Jorge me da igual.	....	**a.** Jenny habló con Jorge, pero no con Ana. **b.** Jenny habló con Ana, pero no con Jorge.
5. ¿Por qué no volvemos al sitio donde **almorzamos** la otra vez, en una mesa que **esté** un poco apartada?	....	**a.** Jenny se refiere a la segunda mesa a la izquierda. **b.** Jenny se refiere al restaurante Bona Petí.

16 B1 **Read the sentences carefully, then decide which of the sentence continuations (a, b or c) is not possible in each case.**

➜ ¿Vos tenés un cuchillo que	..a....	a. ... **corta** bien? Este es malísimo. b. ... **corte** bien? Este es malísimo. c. ... **corta** bien? ¿Y por qué no me lo dijiste antes?
1. Yo voy a casarme con alguien que...	....	a. ... **sabe** valorar las cosas importantes en la vida. Si no encuentro a esa persona, no me caso. b. ... **sabe** valorar las cosas importantes de la vida. Tengo suerte, ¿no? c. ... **sepa** valorar las cosas importantes de la vida. Eso lo tengo claro.
2. Yo quiero comprar un apartamento que...	....	a. ... **tiene** unas vistas al mar muy lindas. Lo vimos el otro día en Roatán, pero es muy caro. b. ... **tenga** vistas al mar, pero no encuentro ninguno. c. ... **tiene** vistas al mar. ¿Vos sabés de alguno no muy caro?
3. Mira, voy a poner la lámpara donde...	....	a. ... tú **dijiste**. Me parece lo mejor. b. ... tú **digas**. Así que, por favor, decídete. c. ... tú **dices**. ¿Dónde la pongo?
4. ¿Preparados? El estudiante que...	....	a. ... me **diga** antes la respuesta gana unos caramelos. b. ... me **dice** antes la respuesta es siempre Adam. ¿No hay otro que quiera caramelos? c. ... me **dice** antes la respuesta ganará unos caramelos.

■ We can also refer to **the way we do things** with an adjective or a phrase:

	WITH AN ADJECTIVE	WITH A PHRASE
THE WAY WE DO THINGS	• *Hazlo de la manera* ***correcta****.*	• *Hazlo como* ***tú sabes hacerlo****.* [In the way that you know.]

■ When we use a phrase of this type with the verb in the **indicative**, we are referring to a **specific** way of doing something. However, if we use the **subjunctive**, we are referring to doing something in a way that we **cannot or do not want to identify**:

- *Bueno, haré la sopa como tú* ***dices****.* [In your specific way: with beef and vegetables.]
- *Bueno, haré la sopa como tú* ***digas****.* [In whichever way you like, it doesn't matter how.]

➜ **42.** Linking Sentences

17 B1-B2 **Read the sentences carefully, then decide which of the two options is the most appropriate, as shown in the example.**

➜ ● ¿Cómo quieres que haga los frijoles? ¿Con pollo o con pescado?
○ Como tú ~~quieres~~ / **quieras**. A mí me da exactamente igual.

1. Perdona, pero así, de la manera en que lo **estás** / **estés** haciendo vos, no va a funcionar.
2. Como **dice** / **diga** un amigo mío, un problema deja de ser un problema si no tiene solución.
3. Lo mejor es hacerlo como **dice** / **diga** Elena. Pregúntale y, después, lo terminamos.
4. Yo no tengo la culpa de que el programa no funcione. Yo lo instalé como **dicen** / **digan** las instrucciones. Si están equivocadas, no es mi problema.
5. ● ¿Adónde vamos a ir de vacaciones este año, cariño?
○ Adonde tú **quieres** / **quieras**, amor mío. ¿Adónde te gustaría más ir?
6. ● ¡Lo siento! ¡No puedo controlar el avión!
○ ¡Aterrice como **puede** / **pueda**, comandante, pero aterrice ya!
7. No, hijo, no. Tienes que agarrar la cuchara así, como te **dice** / **diga** mamá.
8. Isabel es una mujer simpatiquísima. Habla con ella. Es la que **lleva** / **lleve** el abrigo rojo.
9. Este verano quiero trabajar en un bar para ganar toda la plata que **puedo** / **pueda** y para viajar unos meses por la Pampa y la Patagonia.

G Relating two actions or facts in time.

■ To relate two actions or facts in time, we use expressions like ***cuando***..., ***hasta que***..., ***en cuanto***..., ***mientras***... o ***siempre que***...

→ **42.** Linking Sentences

■ We use the **indicative** in the phrase introduced by these expressions when referring to the **past** or the **present**. We use the **subjunctive** when referring to a moment in the **future**:

Pasado: • *Cuando **salí** del trabajo, me fui directo a casa.*
Presente: • *Cuando **salgo** del trabajo, me voy directo a casa.*
Futuro: • *Cuando **salga** del trabajo, me iré directo a casa.*

We do not use the subjunctive in questions about the future introduced by the question word ***cuándo***:
- *¿Cuándo **vuelve** Ricardo?* ¿Cuándo ~~vuelva~~ Ricardo?
- *¿Sabes cuándo **terminaremos**?* ¿Sabes cuándo ~~terminemos~~?

18 B1 **All the people below are responding to the journalist's question. Decide whether they are referring to the past (P), something habitual in the present (H), or the future (F) Fill in the blanks, as shown in the examples.**

¿Y usted?
¿Hace usted deporte?

→ Yo, siempre que tengo tiempo. H
→ Bueno, cuando estaba en la escuela, sí. P
→ En cuanto me compre la bici, seguro. F
1. No, solo hasta que me casé. ....
2. Sí, cuando me siento muy estresado. ....
3. Un poco, hasta que me canso. ....
4. Sí, mientras espero el bus hago flexiones. ....
5. Mientras pueda, sí. ....
6. Claro que sí: en cuanto salgo del trabajo. ....
7. Cuando sea un poco mayor, quizás. ....

19 B1-B2 **First, decide whether the sentences below are referring to the past (P), present habits (H), or the future (F), then write the verbs in the correct form.**

poder	tomar	hacer

→ F Te llamaré cuando ....pueda...., mañana antes de las 10 si es posible.
1. .... Cuando ...., cocino yo. Pero normalmente no tengo tiempo.
2. .... Antes iba a la playa siempre que ...., pero ahora ya no voy nunca.
3. .... Cuando .... té, tengo que ir al baño inmediatamente.
4. .... Vi a Marta mientras .... una horchata con Úrsula y José.
5. .... Voy a ir a verlos en cuanto .... una decisión definitiva, vos tranquilo.
6. .... Rebeca y yo nos conocimos cuando .... un curso de chino.
7. .... Lo siento, pero tendrás que esperar hasta que Arcadio y Sofía .... la comida.
8. .... Me duelen muchísimo las piernas cuando .... mucho deporte.

H Time frames.

■ The forms of the subjunctive that we use to refer to different times correspond to the tense forms of the indicative as follows:

IF IN THE **INDICATIVE** WE SAY...		IN THE **SUBJUNCTIVE** WE SAY...
• ***Está*** / ***Estará*** *en Brasil.*	→	• *Es posible que* ***esté*** *allí.*
• ***Estuvo*** / ***Ha estado*** / ***Habrá*** *estado en Brasil.*	→	• *Es posible que* ***haya estado*** *allí.*
• ***Estaba*** / ***Estuvo*** / ***Estaría*** *en Brasil.*	→	• *Es posible que* ***estuviera*** *allí.*
• ***Había estado*** / ***Habría estado*** *en Brasil.*	→	• *Es posible que* ***hubiera estado*** *allí.*

20 B1-B2 **Read the sentences carefully, then complete the responses by putting the verbs in bold into the appropriate form of the subjunctive.**

If we state:	**If we don't state:**
• La niña **lloraba** cuando veía a Mauricio.	→ A mí no me extraña que la niña ....llorara..... .
• Yo, en tu lugar, creo que no **diría** nada.	**1.** Pues, si yo fuera tú, no creo que .... nada.
• Alguien nos **encontrará**. No te preocupes.	**2.** No, no creo que nadie nos .... Preocúpate.
• Aquí hay dos personas que **tienen** más de 30 años.	**3.** ¿Hay alguien aquí que .... más de 30 años?
• Laila me **visitó** el verano pasado.	**4.** Yo le pedí que me ....
• Solo tomamos un café. Ya **habíamos almorzado**.	**5.** Sí, y les sorprendió mucho que ya ....
• No ha dicho nada porque no **ha querido** molestar.	**6.** Es lógico que no .... molestar.
• Me imagino que **habrán pensado** en esa posibilidad.	**7.** Sí, puede ser que .... en esa posibilidad.
• Ya sabes que me **voy** mañana.	**8.** ¡Pero yo no quiero que te ....!
• No invitó porque se **habría quedado** sin plata.	**9.** Sí, es probable que se .... sin un centavo.
• Yo antes **pensaba** que el subjuntivo significaba duda.	**10.** ¿En serio? ¡No me puedo creer que .... eso!

21 B1-B2 **Nemesio Contreras is still questioning everything that Dr Inés Labella said in her lecture on gender equality. Complete the notes (1-7) that he took during the conference with the correct form of the subjunctive of the verbs in bold.**

→ "La mujer **ha sido** siempre poco valorada".
1. "La mujer **es**, en realidad, la base de la historia del hombre".
2. "La historia **ha ocultado** grandes verdades sobre la mujer".
3. "Algunos documentos históricos aseguran que Cristóbal Colón **era** una mujer".
4. "Algunos historiadores afirman que la rueda la **inventó** una mujer".
5. "Nunca un hombre **podrá** quedarse embarazado".
6. "Mi esposo siempre **ha estado** de acuerdo con mis ideas".
7. "Y esto es todo, lo siento. No sé quién me robó la última página de la conferencia. **Habrá sido** mi esposo".

→ No es del todo cierto que la mujer ....haya sido..... siempre poco valorada.
1. Yo no pienso que la mujer .... la base de la historia. Hombre y mujer lo son.
2. No es cierto que la historia .... toda la información sobre la mujer.
3. ¡Es mentira que Colón .... una mujer!
4. No es lógico que solo una mujer .... la rueda. Fue fruto de toda la sociedad.
5. Dudo mucho que un hombre no .... quedarse embarazado.
6. Sinceramente, no me creo que su esposo siempre .... de acuerdo con ella.
7. No es verdad que .... su esposo, porque fui yo.

34. Commands (Imperative)

A Uses.

We use commands (imperative) to **request someone to do something directly**. A direct request can be used for many different purposes, including:

TO GIVE INSTRUCTIONS	• ***Sigan*** *por la autopista Norte. O* ***agarren*** *por la carretera 21, pero es más largo.*
TO REQUEST POLITELY	• ***Ayúdame****, por favor,* ***dime*** *dónde está.*
TO ORDER, INSTRUCT	• *¡****Salí*** *de ahí ahora mismo!*
TO ADVISE, RECOMMEND	• *Parecen cansados.* ***Descansen*** *un poco y luego seguimos.*
TO INVITE	• ***Venga*** *a mi casa mañana. Vamos a preparar tamales.*
TO GIVE PERMISSION	• *¿Puedo pasar?* ○ ***Pasa, pasa.***

1 A2-B1 **In all the following sentences, a person is asking someone else to do something. Identify the type of request they are making. Use a dictionary if necessary.**

→ ¡**Dejen** de molestar a Samuel, que es muy chico! ....orden....

1. **Hacelo** vos, por favor. Yo no puedo. ....
2. ¡**Baje** de ese árbol ahorita mismo! ....
3. **Ve** a la ventana de "Herramientas", **pulsa** "Opciones" y ahí está. ....
4. • ¿Puedo probar tu postre?
   ○ Claro, **probalo**, está buenísimo. ....
5. **Pase** y **póngas**e cómodo. Enseguida le atenderá la doctora. ....
6. • ¿Y qué podemos hacer si no nos alcanza la plata?
   ○ **Vayan** al banco o **pidan** una ayuda a su familia. ....

ruego
orden ✓
invitación
dar permiso
orden
instrucción
consejo

B Commands with *tú*: *come...*

The **regular form** of the *tú* commands are the same as the third person singular of the present indicative in all conjugations:

Yo	*como*		
Tú, vos	*comes/comés*		
Usted, él, ella	***come***	→	*¡****Come!***
Nosotros/-as	*comemos*		
Vosotros/-as	*coméis*		
Ustedes, ellos, ellas	*comen*		

- *Mariel no habla.* ***Habla*** *tú, por favor.*
- *Él no come nada,* ***come*** *tú algo al menos.*
- *Todo el mundo vive su vida.* ***Vive*** *tú la tuya.*

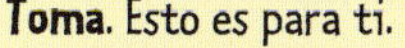

There are only eight **irregular forms**:

Ir	→	***Ve***	*Poner*	→	***Pon***
Salir	→	***Sal***	*Decir*	→	***Di***
Venir	→	***Ven***	*Tener*	→	***Ten***
Hacer	→	***Haz***	*Ser*	→	***Sé***

The corresponding compound verbs take the same irregular form:

Proponer → *propón* *Suponer* → *supón* *Deshacer* → *deshaz*

2 A2-B1 **The robot AC-69 can do 69 different things. Ask it for a demonstration!**

Privet-Ty-menya-ponimayesh?

→ AC-69 habla en ruso:
¡ Habla en ruso, 69!

1. AC-69 prende las luces de la casa a distancia:
¡ .... la luz ahora!
2. AC-69 llora como un niño:
¡ .... un poco, 69!
3. AC-69 sube y baja escaleras:
¡ .... y .... esas escaleras!
4. AC-69 bebe Kouckola:
¡ .... un poco de Kouckola!
5. AC-69 baila tango:
¡ .... un tango!
6. AC-69 traduce todos los idiomas:
¡ .... este texto al suajili, 69!
7. AC-69 canta "Las mañanitas" cuando está contento:
¡ .... "Las mañanitas", robotito!
8. AC-69 es educado con la gente cuando quiere:
¡ .... educado conmigo, 69!
9. AC-69 viene volando hasta donde estás tú:
¡ .... aquí volando, robotito!
10. AC-69 va volando a todas partes:
¡ .... a la cocina volando, 69!
11. AC-69 pone los pies en la cabeza:
¡ .... el pie izquierdo en la cabeza!
12. AC-69 dice "chiripitifláutico" muy rápido:
¡ .... "chiripitifláutico" rápido!
13. AC-69 propone planes:
¡ .... algo para el fin de semana!
14. AC-69 hace unas arepas excelentes:
¡ .... una arepa para mí!
15. AC-69 sale de cualquier sitio en 1,5 segundos:
¡ .... de la habitación!

C Commands with *vos*: *comé*...

The *vos* commands are formed by removing the *-r* from the end of the infinitive and adding an accent:

	HABLAR	COMER	SALIR
Vos*	*hablá*	*comé*	*salí*

* Especially in Argentina, Costa Rica, Paraguay, and Uruguay

- *No se enojen más. Y vos, Augusto,* ***perdoná*** *a tu hermano.*
- ***Hacé*** *vos el almuerzo, que yo ando apurada.*
- *Es muy tarde.* ***Dormí*** *de una vez.*

Tomá. Esto es para vos.

The forms of the *vos* commands **are all regular**. However, with the verb *ir/irse*, the corresponding forms of the verb *andar* are used: ***andá/andate***:

- *¿Cómo que no querés ir a la escuela?* ***Andá*** *rápido.*
- *Son las nueve.* ***Andate*** *nomás, que vas a llegar tarde.*

3 A2-B1 **The robot ANT-GO knows how to do some extraordinary things, but it only understands orders in the *vos* form. Ask it for a demonstration!**

Yo voseo. ¿Y vos?

→ ANT-GO habla la lengua de las ballenas:
¡ Hablá en la lengua de las ballenas, GO!

1. ANT-GO traduce cualquier canción del mundo al español:
¡ .... *Bad romance*, GO!
2. ANT-GO prende las velas con la mirada:
¡ .... las velas de la torta, GO!
3. ANT-GO trae todo lo que le pides:
¡ .... el puzzle gigante del Machu Picchu, GO!
4. ANT-GO baila chacarera santiagueña:
¡ .... una chacarera, GO!
5. ANT-GO sale todas las noches a las dos de la mañana:
¡ .... más temprano, GO!
6. ANT-GO siempre pide las cosas por favor:
¡ .... algo, GO!
7. ANT-GO cuenta desde 100 000 para atrás sin equivocarse:
¡ .... desde 50.000 para atrás, GO!
8. ANT-GO juega al póquer como un profesional:
¡ .... conmigo, GO!
9. ANT-GO dice siempre la verdad:
¡ .... una mentira, GO!
10. ANT-GO calienta la comida telepáticamente:
¡ .... los tamales, GO!
11. ANT-GO va a todas partes en bicicleta:
¡ .... a Ushuaia, GO!

D Commands with *usted* and *ustedes*: *coma, coman...*

■ The *usted* and *ustedes* commands are formed with **the third person singular or plural of the present subjunctive**:

- *Bueno, vamos a ver.* ***Dígame*** *dónde le duele.*
- ***Coma*** *despacio, le va a hacer mal.*
- ***Llámeme*** *al número privado si es urgente.*
- *Pasajeros del vuelo HL-323,* ***diríjanse*** *a la puerta B-5.*
- *Esta taquería es de confianza,* ***pidan*** *lo que quieran.*

USTED
Tome, señora.
Esto es para usted.
USTEDES
Tomen. Esto es para ustedes.

In Spain, the commands with *vosotros* are formed by substituting the *-r* from the end of the infinitive with a *-d*. There are no irregulars. In informal language, the infinitive form is often used.

- ***Tomad/tomar****. Esto es para vosotras.*
- *Si queréis hacer algo,* ***haced/hacer*** *la tortilla.*

→ **32.** Forms of the Subjunctive

4 B1 **How do these requests change if you use *usted* or *ustedes*?**

→ Si te duele mucho, **ve** al médico.
Si le duele mucho, ...vaya... al médico.

1. ¡Ahora, rápido, **sal**!
¡Ahora, rápido, ...!
2. ¿Puedes hacerme un favor? **Traduce** esto.
Suárez, ... esto, por favor.
3. ¿Hay problemas? Pues **hablá** con la directora.
¿Hay problemas? Pues .... con la directora.
4. **Ten**. Este dinero es tuyo.
.... Este dinero es suyo.
5. **Haz** el favor de hablar más bajo.
.... el favor de hablar más bajo.
6. **Vení** mañana, que hoy estoy muy ocupada.
La doctora ha tenido que salir. .... mañana.
7. **Pon** aquí tu nombre y ya puedes salir.
.... aquí su nombre y ya puede salir.

E Negative commands: *no comas, no coma, no coman...*

■ To form the negative commands, we **always** use the **present subjunctive**, in all persons:

	POSITIVE COMMANDS	NEGATIVE COMMANDS
Tú, vos*	*Come/Comé*	*No **comas***
Vosotros/-as**	*Comed*	*No **comáis***
Usted	***Coma***	*No **coma***
Ustedes	***Coman***	*No **coman***

* Especially in Argentina, Costa Rica, Paraguay, and Uruguay
** Only in Spain

We can make negative requests with ***no*** or with any other form with a negative meaning:

- ***No*** *beba* ***ni*** *fume.* ***Tampoco*** *coma grasas.*
- ***Jamás*** *me mientas.*
- ***Nunca*** *vuelvan a hacer eso, ¿sí?*

→ **32.** Forms of the Subjunctive

5 B1 **Rómulo has a lot of problems. What advice can you give to make him feel better? Fill in the blanks, as shown in the example.**

→ ● **Hablo** demasiado.
○ Pues no ...hables... tanto.

1. ● **Fumo** demasiado.
○ Pues no .... tanto.
2. ● **Salgo** todas las noches hasta muy tarde.
○ Pues no ....
3. ● **Como** mucho y tengo el colesterol alto.
○ Pues si tiene colesterol, no .... tanto.
4. ● **Manejo** muy rápido.
○ Pues tenga cuidado y no .... tan rápido.
5. ● Siempre **pienso** negativamente.
○ Pues, a partir de ahora, no .... así.

B *Estar: Julio César está dormido.*

With the verb ***estar*** we refer to an object's **situation**. "Situation" can refer to **location** in space (**where the object is**) or **state** (**what state the object is in**). Therefore, we use the verb ***estar*** to:

LOCATE OBJECTS IN SPACE

Está debajo de la mesa. Está en el árbol. Está lejos. Está cerca.

- *¿Dónde **está** el banco?*
- ***Está** muy cerca de aquí.*
- *Sí, **está** a unas tres cuadras.*

- *Madrid **está** en el centro de España.*

- *¿Dónde has dejado las llaves?*
- ***Están** en la mesa de la cocina, me parece.*

- *¿Y Martín?*
- ***Está** en la ducha.*

→ **4.** Adjectives

→ **36.** *Haber* and *Estar*

REFER TO THE STATE OF AN OBJECT

Está acostado. Está sentado. Está asustado. Está dormido.

- *¿Qué tal Nancy?*
- *Bueno, **está** bien. La verdad es que **está** más animada, pero aún **está** un poco triste a veces.*

- *Oye, la puerta **está** abierta.*
- *Sí, es que **está** rota.*

Estar bien/mal...	*Estar de buen humor/de mal humor...*
Estar solo/acompañado...	*Estar harto/aburrido...*
Estar roto/arreglado...	*Estar vivo/muerto...*
Estar vacío/lleno...	*Estar enfermo/sano/loco...*
Estar alegre/triste/contento/animado...	*Estar cansado/agotado...*
	Estar bueno/malo...

2 A1-A2 **Ernestina is very absent-minded and can never find anything. Her partner has left her a note telling her where she can find the things she has lost. Complete the note by filling in the blanks with the correct form of *estar*.**

Nena: ¿dónde tienes la cabeza?

El anillo → está encima de la mesita de luz.

Las llaves (1) .... dentro del cajón de la mesa del estudio.

Los regalos para tus sobrinos (2) .... dentro del clóset de tu habitación.

Tu bolso (3) .... en el perchero de la entrada.

Y yo, yo (4) .... en Las Bahamas. (5) .... cansado de buscar todas tus cosas. Regresaré. Solo necesito un DESCANSO.

Ah, los boletos de tren para ir a casa de tu mamá no (6) .... en casa, (7) .... en la agencia de viajes. ¿Te acuerdas de en qué calle (8) .... la agencia? Eso espero.

Un beso,

Cayo

 A1 Novice High; **A2** Lower Intermediate, Intermediate Mid; **B1** Intermediate Mid, Intermediate High; **B2** Intermediate High, Advanced Low

■ To refer to the **location** of something, we use the verb ***estar***:

¿Y el cuadro
que te regalé?

Está encima del sofá.

- *Perdone, ¿**hay** una farmacia cerca?*
- *Sí, **hay** una a pocas cuadras de acá.*
- *¿Y dónde **está** exactamente?*

- *Disculpe, ¿sabe dónde **está** el centro comercial?*
- *Valparaíso **está** cerca de Santiago, ¿no es cierto?*
- *¡Socorro!, ¿dónde **están** mi cartera y mis llaves?*

👁 To locate objects we already know the existence of (*mi casa, la casa de Guillermo, esa casa*), we use *estar*, not *haber*:

INFORMING ABOUT AN OBJECT'S **EXISTENCE**	• ***Hay** un celular en este bolso, ¿es tuyo?*	
LOCATING AN OBJECT THAT WE ALREADY KNOW EXISTS	○ *No, mi celular **está** en la cocina. ¿Pero de quién es el bolso? ¿Dónde **estaba**?*	[~~Mi celular hay en la cocina~~] [~~¿Dónde había el bolso?~~]

4 A2-B1 **Eugenio the alien is telling his friend Ada Mir about what he has seen on Vepiturno. Complete the dialogue with the verb *estar* in its correct form or *hay*, as shown in the example.**

→ *Eugenio*: Hay...... bastantes vacas, pero las vacas tienen más de cuatro patas.

Ada: ¿En serio (1) .... vacas? ¿Y dónde (2) ....?

Eugenio: En el Polo Norte, al lado de unos árboles.

Ada: ¡Ah!, pero ¿ (3) .... árboles?

Eugenio: Sí, (4) .... todos en el norte. En el sur solo (5) .... nieve, mucha nieve.

Ada: ¿Y no (6) .... gente?

Eugenio: Bueno, (7) .... uno o dos pueblos. Parecen pueblos porque (8) .... unas casitas que (9) .... todas juntas...

Ada: ¿Y (10) .... autos?

Eugenio: No, no (11) .... ninguno. Pero (12) .... algo que parece un pájaro verde muy grande. ¿Puede ser un avión?

Ada: ¿Dónde (13) ....? ¿En el campo?

Eugenio: No, no, (14) .... cerca del pueblo. Sí, seguramente es un avión o una nave espacial... ¿Sabes qué (15) .... al lado del poblado?

Ada: No, ¿qué?

Eugenio: Es increíble, Ada. (16) .... una nena exactamente como tú y un tipo exactamente como yo....

5 A2-B1 **Anita is very worried because she doesn't know whether the Three Wise Men will be able to find her new home to deliver her toys on the night of January 5. So, she decides to write them a letter. Help her choose the right verbs, as shown in the example.**

Queridos Reyes Magos:

Este año cambiamos de casa y quiero explicarles dónde hay/está la nueva. En Barcelona hay/está una calle que se llama Vía Layetana. En esta calle no hay/está mi casa. Es una calle muy larga que va al mar. En esta calle hay/están muchos edificios bastante altos. A mitad de la calle, hay/está un trozo de las murallas romanas. Enfrente de las murallas romanas hay/está una callecita muy estrecha y en la esquina hay/está La Colmena, que es una pastelería muy buena.

Bueno, pues al lado de esa pastelería hay/está un portón muy grande, de madera. Esa es la puerta de mi casa. Cuando entras, hay/está una puerta de hierro muy grande. Es la puerta del ascensor. Tienen que subir al quinto piso. Al salir hay/están dos puertas, una, a la derecha, y otra, a la izquierda. La de la derecha es la de mi casa. En mi casa hay/están cuatro habitaciones. Mucho cuidado, mi habitación hay/está al final del corredor. En la puerta hay/está un papel que pone "Anita". Yo soy Anita. Tráiganme muchos regalos, que este año me porté muy bien.

Un beso para los tres,

Anita

Dibujos de Ángela Castañeda González

37. Verb Constructions: *Va a salir. Está saliendo...*

A *Ir a* + INFINITIVE*: voy a comer, iba a comer...*

■ With the **present** of ***ir a*** + INFINITIVE we refer to a future event as a logical result of things that we know in the present. It is used to predict or ask about a future that we consider now to be **evident**:

- *El tren tiene un problema mecánico.* ***Va a salir*** *tarde.* [It's evident.]
- *No comas tanto.* ***Vas a enfermarte.*** [It's logical.]

voy vas va vamos vais** van	a	INFINITIVE

** Only in Spain

Esta tarde **va a llover.**

¿Cuándo **va a nacer** mi hermanito, mamá?

1 A1 **Look at the illustrations. What is going to happen in each case? It is crystal clear, right? Choose the correct verb to make sentences, as shown in the example.**

Una niña pequeña está jugando encima de una mesa.

→ Se va a caer

Juanito estudió mucho para el próximo examen.

1. ....

Unos señores se dirigen a un restaurante.

2. ....

El cielo está gris y muy nublado.

3. ....

Una bomba está activada.

4. ....

Un deportista corre hacia una valla.

5. ....

saltar
pasar
caerse ✓
entrar
explotar
llover

■ We can also use ***ir a*** + INFINITIVE to inform about **decisions** or **plans**, or to ask about the intentions, decisions, or plans of others:

- *Silvio* ***va a ir*** *a la fiesta de Diana. Me lo dijo hoy.* [It is his intention or plan.]
- *El año que viene* ***voy a estudiar*** *más.* [It is their decision or plan.]
- *¿Qué* ***vas a hacer*** *este fin de semana?* [We are asking about their plans.]
- *Bueno, ¿****vas a ayudarme*** *o no?* [We are waiting for a decision.]

→ **16.** Position and Combination of Object Pronouns

2 A1 **All your friends have plans. Ask them what they are by using the correct form of *ir a* + INFINITIVE, as shown in the example.**

→ Ruth quiere **hacer** muchas cosas el próximo verano. → ¿Qué vas a hacer el verano que viene?
1. Pedro y Ángel quieren **estudiar** algún idioma. 1. ¿Qué idioma ....?
2. Alberto quiere **comer** y está preparando algo en la cocina. 2. ¿Qué ....?
3. Javier está en Canadá y piensa **regresar** pronto a México. 3. ¿Cuándo ....?
4. Patricia tiene la intención de **comprarse** un auto nuevo. 4. ¿Qué auto te ....?

■ With the **imperfect** of ***ir a*** + INFINITIVE we can express the same information, but referring to a situation in the past:

- *El tren tenía un problema mecánico.* ***Iba a salir*** *tarde pero, al final, salió a la hora prevista.*
- *Era evidente que, si comía tanto,* ***iba a enfermarse****. No me hizo caso y, claro, se enfermó.*

iba
ibas
iba
íbamos
*ibais***
iban
→ a → INFINITIVE

** Only in Spain

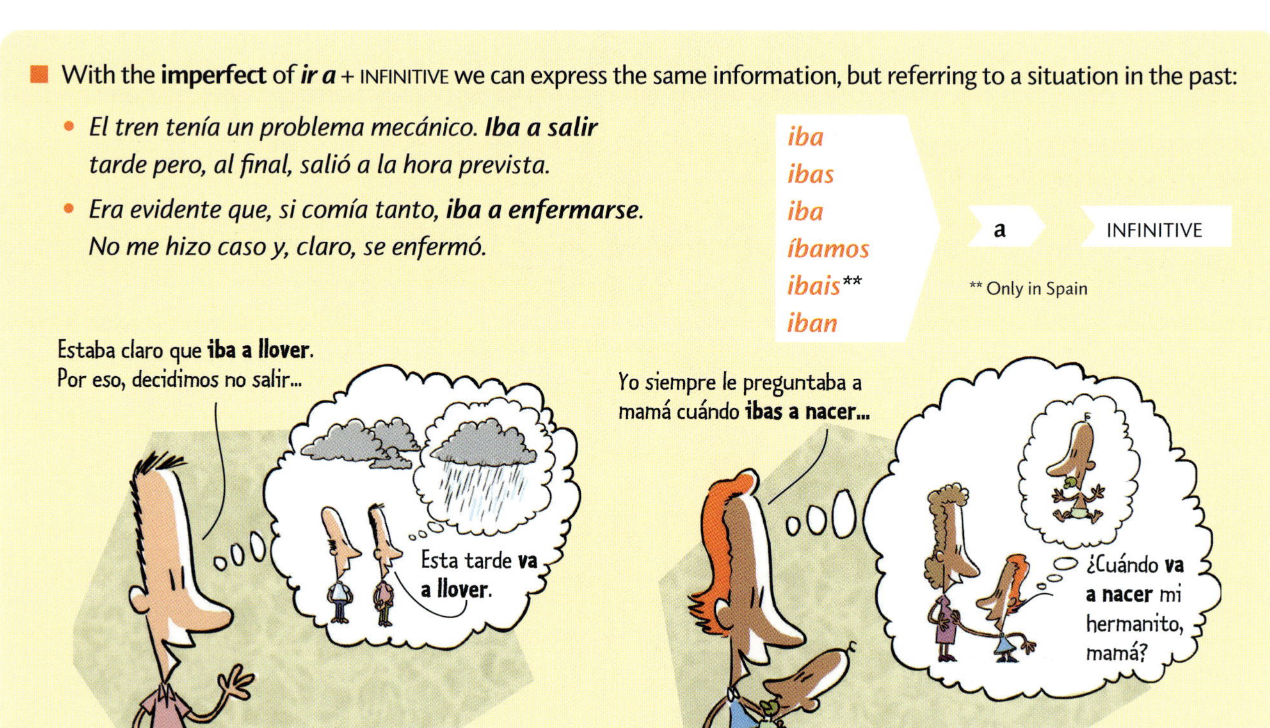

3 A2-B1 **Do you remember the situations in activity 1? Look at the new illustrations and describe what happened in the end by completing the sentences as shown in the example.**

→ Me iba a caer, pero mi madre me salvó.

1. Estudié mucho y todo el mundo me decía que .... el examen. Y tenían razón: al final lo pasé.

2. Cuando ya .... en el restaurante, vimos que estaba cerrado y regresamos a casa.

3. El cielo estaba muy nublado. Todos pensábamos que ...., pero luego salió el sol.

4. Pues sí, yo salí corriendo porque estaba claro que la bomba ....

5. Yo iba primero, pero, cuando .... la última valla, me caí.

 A1 Novice High; **A2** Lower Intermediate, Intermediate Mid; **B1** Intermediate Mid, Intermediate High; **B2** Intermediate High, Advanced Low

B *Tener que / Haber que* + INFINITIVE*: Tienes que comer / Hay que comer.*

■ We use ***tener que*** / ***haber que*** + INFINITIVE to express the **need** or **obligation** to do something. We can express this in two different ways:

INDICATING WHO HAS THE NEED OR OBLIGATION TO DO SOMETHING

tengo
tienes/tenés
tiene
tenemos
*tenéis***
tienen

que INFINITIVE

** Only in Spain

- ***Tienes que comer*** *más frutas y verduras. Te lo dijo el médico.* [It's necessary for you.]

Hoy **tienes que** lavar tú los platos. Estoy apurada.
Pues yo tampoco tengo tiempo.

WITHOUT INDICATING WHO HAS THE NEED OR OBLIGATION

- ***Hay que comer*** *muchas frutas y verduras para tener buena salud.* [It's necessary, in general.]

Bueno, pues ahora **hay que** lavar los platos.
Ya lo hago yo. Tú descansa.

■ We can use ***tener que*** / ***haber que*** in any tense:

- *Yo **tenía que hacer** la comida pero, al final, la hizo Francisca, por suerte.*
- *¿Y la computadora ¿**Tuvieron que llevarla** a arreglar?*

- ***Había que hacer*** *la comida y Francisca se ofreció inmediatamente a hacerla.*
- *¿Y la computadora? ¿**Hubo que llevarla** a arreglar?*

→ **16.** Position and Combination of Object Pronouns

4 A2-B1 **Look carefully at these sentences. Are both options possible? If one of them is not, cross it out as shown in the example.**

→ ~~Tienes que~~ / **Hay que** ✓ ir a comprar azúcar. ¿Vas tú o voy yo?

→ Se sintió mal toda la tarde y, al final, **tuvimos que** ✓/ **hubo que** ✓ llevarla al médico.

1. Por favor, **tienes que** / **hay que** decirme qué te dijo. Necesito saberlo.
2. ● La carretera estaba muy mojada. Casi tuve un accidente con el auto...
   ○ Claro, es que cuando llueve **tienes que** / **hay que** tener mucho cuidado.
3. ● ¿Cómo hago el chimichurri?
   ○ Para hacer bien el chimichurri, **tienes que** / **hay que** cortar el ajo bien chiquito.
4. El otro día vi a Amanda por la tele y llamé a Alfredo: **tenía que** / **había que** saberlo.
5. Esta mañana mi vecino se encontró la casa llena de agua y **tuvo que** / **hubo que** llamar al plomero. Le costó carísimo.
6. Marina va a venir conmigo, así que tú no **tienes que** / **no hay que** acompañarme.
7. Te llamo porque está saliendo humo de tu casa. **Tuviste que** / **Hubo que** llamar a los bomberos. Ven rápido. Apúrate.

D *Estar* + GERUND with finished actions: *Estuvo comiendo / Comió...*

■ When we use tenses that express finished facts (preterite, present perfect, past perfect, etc.), with the non-periphrastic constructions, we refer to actions fully performed and completed:

- ***Ha llevado** paquetes toda la mañana y todavía tiene que llevar más.*
- ***Llevó** los paquetes y se fue a casa.*
- ***Había llevado** los paquetes cuando lo llamaron.*

■ With ***estar*** + GERUND we refer to **an action in development over a period of finished time** (*durante dos días, toda la mañana, hasta las 7, mucho tiempo, dos horas...*):

- ***Ha estado llevando** paquetes dos horas.*
- ***Estuvo llevando** paquetes dos horas.*
- ***Había estado llevando** paquetes dos horas.*

■ When we use ***estar*** + GERUND we are not interested in whether the action is completely finished or not. We can refer to completely finished actions which we view throughout their development:

- ***Estuvimos almorzando** en un lugar excelente.*
- *En la tarde **estuve comprando** una impresora.*

Or we can refer to actions carried out over a specific period of time but which are not completely finished:

- ***Estuve limpiando** el piso de la casa toda la mañana, pero no he podido limpiar la sala.*
- ***Estuvo escribiendo** una novela durante tres años y, al final, la dejó sin terminar.*

BUT

- ***Limpié** el piso de la casa. Tú puedes lavar los platos y poner la lavadora.*
- ***Escribió** una novela en tres años. Es mucho tiempo, pero ahora se ha hecho rico con las ventas.*

→ **22.** Present Perfect Indicative → **23.** Preterite → **27.** Past Perfect Indicative

8 B1-B2 **If somebody says these sentences: ... can we draw these conclusions?**

→ Aquella tarde estuve visitando a mis padres.	→ Visitó a sus padres.	Sí
1. Estuvo corrigiendo los exámenes.	Corrigió todos los exámenes.	....
2. Habíamos estado planchando la ropa.	No quedaba ropa sin planchar.	....
3. Habían estado dándole la noticia a Isabel.	Cuando llegué, Isabel ya lo sabía.	....
4. Estuvo leyendo el libro.	Acabó el libro.	....

9 B1-B2 **Are we referring to an activity in development or a finished action? Choose the best option, as shown in the example.**

→ **Estuve pintando** / **Pinté** el cuadro esta mañana, pero no pude terminarlo.
1. **Hicieron** / **Estuvieron haciendo** el Camino de Santiago en cuatro días. Un tiempo récord.
2. Mi madre **estuvo naciendo** / **nació** antes que mi padre. Es mayor que él.
3. **Estuve leyendo** / **Leí** el informe toda la tarde, pero aún me faltan unas horas más.
4. Estaba muy triste: ese día **había estado perdiendo** / **había perdido** a su perrita.
5. **Estuve escribiendo** / **Escribí** el email más de una hora. Pero no sabía cómo despedirme.
6. Los ladrones **estuvieron entrando** / **entraron** en su casa por la puerta de atrás.

 A1 Novice High; **A2** Lower Intermediate, Intermediate Mid; **B1** Intermediate Mid, Intermediate High; **B2** Intermediate High, Advanced Low

SECTION 5

Prepositions

38. Prepositions (I): *de, a, desde, hasta, en, entre, por...*

Prepositions are used to identify the location of things in relation to others: in space, time, or in the abstract space of ideas and concepts.

A *De, a.*

- ***De*** refers to a starting point or point of origin:
  - *Ese muchacho es **de** Managua.*
  - *¿**De** dónde vienen?*
  - ***De** Montevideo.*

- The preposition ***de*** refers to a thing that is used to characterize, recognize, specify, or identify another thing. With ***de*** we refer to:

MATERIAL, SUBSTANCE, OR THE CONTENT OF SOMETHING

*Camisa **de** algodón, novela **de** amor, sándwich **de** queso, gota **de** aceite, hoja **de** papel, hablar **de** alguien o **de** algo,* etc.

FAMILY RELATIONSHIP, POSSESSION

*El padre **de** Amina, el trabajo **de** Daniel, la escuela **de** Ana, la libreta **de** Osvaldo,* etc.

TYPE OF OBJECT

*Casa **de** campo, cuchara **de** postre, pasaje **de** ida y vuelta, cuarto **de** baño, ropa **de** invierno, libro **de** bolsillo,* etc.

REFERENCE POINT TO LOCATE ANOTHER THING

- *Esa señora trabaja cerca **de** mi oficina.*
- *A la derecha **de** la gasolinera está mi casa.*
- *Te dejo las llaves encima **de** la mesa, ¿ok?*
- *Seguro que cuestan más **de** veinte mil pesos.*

De and ***a*** are the only two prepositions that always form a single word with the article ***el***:

de + el = **del**	a + el = **al**
*Vengo **del** trabajo.*	*Voy **al** trabajo.*

→ **5.** Articles

- ***A*** refers to a point of arrival or destination:
  - *¿Hoy no vas **a** la escuela?*
  - *¿Adónde te han enviado?*
  - ***A** la base de la Antártida.*

- The preposition ***a*** indicates a point of reference towards which we are moving, or which we position or associate something with. With ***a*** we refer to:

POSITIONING TOWARDS A PART OR A SIDE OF SOMETHING

*A la izquierda, **al** frente, **al** final, **al** fondo, **a** las diez de la mañana, **a** la una en punto, **al** norte,* etc.

- *México está **al** norte de Guatemala.*
  [Mexico is closer to the North Pole than Guatemala.]
- *Ciudad Juárez está **en** el norte de México.*
  [Ciudad Juárez is within Mexico's northern territory.]

REFERENCE POINT

*Junto **a** la escuela, frente **a** la playa,* etc.

DIRECT OBJECT REFERRING TO A PERSON AND INDIRECT OBJECT

- *¿Llamaste **al** médico?*
- *Dale eso **a** mi madre.*
- ***A** mí no me gusta.*

→ **12.** Pronouns

THE WAY WE DO THINGS OR HOW THINGS ARE MADE TO WORK

*A gritos, **a** pie, **a** caballo, **a** mano, **a** máquina, **a** la fuerza,* etc.

We say: Vive ***en*** Palo Alto. [~~Vive a Palo Alto.~~]

1 A1-A2 **Jennifer lost her grammar book in her Spanish class. She asked her classmates and four of them replied with mistakes involving prepositions. Can you identify them? Point out the errors in the sentences and correct them.**

1. Este libro de gramática es de un amigo mío de otra clase. (.............)
2. Tengo que irme. Tengo un pasaje a bus en Lima en 30 minutos. (.............)
3. Yo estudio en la escuela que está enfrente de esta. (.............)
4. Yo vi a dos compañeros en el aula durante la pausa. (.............)
5. Pues yo no uso libro de gramática. Escribo todas las explicaciones en mano. (.............)
6. ¿Fuiste en la secretaría? Ellos pueden ayudarte. (.............)
7. Yo no tengo tu gramática, pero tengo una novela de misterio. (.............)
8. Hay una librería cerca a aquí. (.............)

2 A2-B1 **The *Unidos por Maya* association defends the rights of bees, a very important insect in our ecosystem. To find out more about bees and the association, fill in the blanks with *a, de,* or *en.* (Notice: *a+el...*)**

GRACIAS, ABEJAS

PRODUCIR MIEL NO ES LA ÚNICA FUNCIÓN → DE LAS ABEJAS (1) .... NUESTRO PLANETA. LA VIDA (2) .... LAS PERSONAS DEPENDE (3) .... LA VIDA DE ESTOS ANIMALITOS.

Las abejas realizan el proceso (4) .... transportar el polen (5) .... unas flores (6) .... otras. Y, así, pueden dar frutos. La asociación *Unidos por Maya* se creó (7) .... España hace más (8) .... cinco años para proteger los hábitats (9) .... nuestras abejas. "La asociación está en contra (10) .... el uso (11) .... pesticidas, que matan (12) estos insectos", dice Dolores Ortiz, la presidenta (13) .... *Unidos por Maya.* "Ya sabemos qué nos dan las abejas (14) .... nosotros, es el momento (15) .. preguntarnos qué podemos darles nosotros (16) .... las abejas", comenta (17) .... la página web (18) .... la asociación.

El padre (19) .... Dolores Ortiz se dedicó (20) .... las abejas toda su vida. "Fui muchas veces con mi padre (21) .... nuestra granja, que estaba junto (22) .... un río. A mí me gustaba ayudar (23) .... mi padre, ver cómo sacaba la miel y después la ponía con una cuchara (24) .... madera (25) .... vasos (26) ..... vidrio. Lo más divertido era ponerse la ropa especial: era como vestirse (27) .... astronauta". *Unidos por Maya* existe gracias a mi padre: de él aprendí a tratar (28) .... las abejas con respeto y cariño", nos cuenta Dolores con emoción.

B *Desde, hasta.*

■ ***Desde*** refers to the **starting point** of a route or the starting limit of the space or time within which something is located or happens:

- *Esta calle va **desde** la Plaza de la Independencia...*
- *Corrió descalzo **desde** la salida...*
- *No he comido nada **desde** anoche...*
- *Ha curado **desde** elefantes...*
- ***Desde** estos asientos se ve mucho mejor.*
- ***Desde** ese punto de vista, sí lo entiendo.*

■ ***Hasta*** refers to the **end point** of a route or the final limit of the space or time within which something is located or happens:

*... **hasta** la Avenida Bolívar.*
*... **hasta** la meta.*
*... y no puedo comer nada **hasta** esta tarde.*
*... **hasta** personas.*

- ***Hasta** mañana.* [We won't see each other until *mañana.*]
- ***Hasta** ahí estamos de acuerdo.*

Hasta can also be used with the meaning of ***even***:
- *Lo felicitó **hasta*** [even] *el presidente.*

■ We can indicate the start and end of a route, a space, or a period of time with ***de... a*** or ***desde... hasta***:

- *Fueron **de/desde** Barranquilla **a/hasta** Ciudad de Panamá en avión.*
- *Hay 60 kilómetros **de/desde** una ciudad **a/hasta** la otra.*
- *Tenemos vacaciones **de/desde** julio **a/hasta** septiembre. Mirá vos qué suerte.*

To mark the spatial or temporal limit of something, ***desde*** and ***hasta*** can be used by themselves. However, ***de*** and ***a*** cannot:

- *Tuvimos un viaje muy malo, estuvo lloviendo **desde** Maracaibo.* [To an unspecified place.]
  [Estuvo lloviendo ~~de~~ Maracaibo.]
- *Tenemos vacaciones **hasta** el tres de septiembre.* [From an unspecified moment.]
  [Tenemos vacaciones ~~al~~ tres de septiembre.]

3 A2-B1 **Link the sentences on the left to the most appropriate explanation on the right, as shown in the example.**

→ a. Un viaje **desde** Santo Domingo. — b. Dirección: otra ciudad.
b. Un viaje **a** Santo Domingo. — a. Dirección: Santo Domingo.

a. Un viaje **desde** Santo Domingo.	a. Dirección: Santo Domingo.
b. Un viaje **a** Santo Domingo.	b. Dirección: otra ciudad.
1. a. Un taxi ocupado **desde el** aeropuerto.	a. El cliente llegó en avión.
b. Un taxi ocupado **hasta el** aeropuerto.	b. El cliente va a tomar un avión.
2. a. Subir **a** la planta segunda.	a. El objetivo es llegar a la planta 2.
b. Subir **de** la planta segunda.	b. El objetivo es llegar a la planta 3.
3. a. **Hasta** su abuelo cantó.	a. En homenaje a su abuelo.
b. Cantó **a** su abuelo.	b. Su abuelo también.
4. a. Un novio **desde** los 30 años.	a. Cuando tenía 30 años.
b. Un novio **a** los 30 años.	b. De los 30 años en adelante.
5. a. Un apartamento **desde** 450.000 dólares.	a. Que vale esa cantidad o más.
b. Un apartamento **de** 450.000 dólares.	b. Que vale esa cantidad.
6. a. Espérame **hasta** las seis.	a. Las seis es la hora de la cita.
b. Espérame **a** las seis.	b. Las seis es el límite de la espera.
7. a. Una carta **de** La Habana.	a. Quiere enviar una carta.
b. Una carta **a** La Habana.	b. Recibió una carta.
8. a. Un tren **hasta** Puerto Iguazú.	a. Su destino final es Puerto Iguazú.
b. Un tren **de** Puerto Iguazú.	b. Su origen es Puerto Iguazú.

4 A2-B1 **Complete the sentences with the most appropriate ending, following the example.**

→ El pobrecito José estuvo estudiando...	a. de agosto. b. desde agosto.
1. Al final, aprobé...	a. desde matemática. b. hasta matemática.
2. Mi abuela no murió...	a. hasta los 93 años. b. desde los 93 años.
3. Mi abuelo vivió...	a. a los 93 años. b. hasta los 93 años.
4. El viaje fue horrible. Llovió...	a. desde el principio. b. del principio.
5. Para reservar el hotel tienen tiempo...	a. hasta la segunda quincena de mayo. b. a la segunda quincena de mayo.
6. El crucero va de Puerto Quetzal...	a. en Acapulco. b. a Acapulco.

 A1 Novice High; **A2** Lower Intermediate, Intermediate Mid; **B1** Intermediate Mid, Intermediate High; **B2** Intermediate High, Advanced Low

C *En, entre.*

■ The preposition ***en*** refers to something within a space defined or marked by another thing (a place, an object, a surface, a group, a period of time, a process, an idea, etc.):

- *Irene está **en** el trabajo, **en** su mesa, pero ¿qué hay **en** su mente?*

- *Las flores están **en** el florero.*
- *El florero, **en** la mesa.*
- *La mesa, **en** el centro de la sala.*
- *El sillón, **en** el rincón.*
- *El cuadro, **en** la pared.*
- *La lámpara, **en** el techo.*
- *Los muebles, **en** la sala.*
- *La sala, **en** la mente de Irene.*

Therefore, we can use the preposition ***en*** to situate something within either a physical or an abstract space:
***En** casa, **en** Costa Rica, **en** auto, **en** el cajón, **en** el corredor, **en** la cola, **en** vacaciones, **en** el trabajo, **en** la conversación, **en** ese sentido,* etc.

■ With the preposition ***en*** we can refer to:

A MEANS OF TRANSPORTATION	HOW WE DO CERTAIN THINGS	A PERIOD OF TIME	THE TIME IT TAKES US TO FINISH SOMETHING
***En** bus, **en** auto, **en** tren, **en** metro, **en** barco, **en** avión, **en** taxi, **en** camello,* etc. But: ***a** caballo, **a** pie...* [~~en~~ caballo, ~~en~~ pie]	***En** general, **en** serio, **en** broma, **en** público, **en** resumen, **en** secreto,* etc.	***En** septiembre, **en** 2019, **en** Navidad, **en** verano, **en** ese momento, **en** la mañana, **en** la tarde, **en** la noche,* etc.	***En** tres horas, **en** cinco minutos:* • *Escribió el informe **en** tres horas.* [He/She took three hours to do it.] • *Llegaremos **en** cinco minutos.* [We'll be there in five minutes, no later.]

We do not use ***en*** when talking about a destination. We use ***a***:

- ***En** Italia fui **a** muchos sitios.* [I went to many places within Italy.]
  [Fui muchas veces ~~en~~ (a) Italia.]

■ ***Entre*** refers to the points within which something is located or happens:

- *La B está **entre** la A y la C.*
- ***Entre** abril y mayo acá hay muchos aguaceros.*
- *Nicaragua está **entre** Honduras y Costa Rica.*

■ ***Entre*** can refer to either two or more points:

- *La heladería está ubicada **entre** el quiosco y el bar.*
- *Esto tiene que terminarlo **entre** hoy y mañana.*
- *Las llaves tienen que estar **entre** esos papeles.*

ENTRE

■ We can also use ***entre*** to refer to various people working together to do something:

- *Lo hacemos **entre** Raúl, vos y yo, ¿no?*
- ***Entre** todos ustedes pueden arreglar ese problema.*

5 A1-A2 **Juancho and Carolina are very active and do lots of different things. Fill in the blanks with the prepositions *en* or *a*.**

1. Carolina nunca va ➜ ...en... bus ni .... metro. Siempre va .... pie a todas partes. Camina mucho.
2. Sin embargo, Juancho va mucho .... moto, pero los fines de semana, por las mañanas, monta .... caballo.
3. Pero Carolina prefiere pasar todo el fin de semana paseando .... bicicleta.
4. .... verano van .... barco y nadan muchísimo.
5. .... invierno esquían. Van .... Bariloche .... auto.
6. Y .... Semana Santa hacen trekking en la Patagonia. Recorren unos 150 kilómetros .... pie.
7. Solo se quedan en casa .... Navidad para estar con toda su familia.

Va a Barcelona ~~con avión.~~

Va a Barcelona en avión.

6 A1-A2 **Where could Jennifer's grammar book be? There are four correct sentences below that refer to four possible places. Mark whether each sentence is Correct (C) or Incorrect (I), as shown in the example.**

La gramática de Jennifer puede estar...

➜ ... a un banco de la calle. (...I...)

1. ... entre las mochilas de sus compañeros. (.............)
2. ... al interior de su mochila. (.............)
3. ... en dos diccionarios. (.............)
4. ... entre unas sillas, en el piso. (.............)
5. ... en la estantería. (.............)
6. ... entre una hoja de diario. (.............)
7. ... en la papelera del corredor. (.............)

7 A2-B1 **Everyone in the Flores family is very messy. Complete with the prepositions *en* or *entre* and then match the sentences on the left with those on the right, following the example.**

➜ Mis botas estaban ...en... el clóset de la entrada y ya no están. ¿Alguien sabe dónde están?

1. ¿Y mi vestido de fiesta de Capriche? Ya no está .... mi armario.
2. ¿Alguien ha visto una falda negra que me compré recién y que dejé .... mi habitación?
3. Dios mío, ¿y mis camisas nuevas? No están .... ninguna parte. ¡Qué desastre! Las adoro.
4. ¿Qué es esto que está acá, ... mis dos bolsos Blandik?
5. No encuentro mi crema superhidratante. Ayer la dejé .... el estante del mueble del baño.
6. ¿Y mi anillo de brillantes? No lo veo .... el joyero.

➜ Sí, las tomó Cuca ayer por la noche y las puso ...en... el patio porque estaban mojadas.

a. Yo las vi ayer .... la entrada, ... una bolsa.
b. Está .... la lavadora. Estaba muy sucia y decidí lavarla.
c. Sí que está allí. Búscalo bien. Está .... el de Cuchi y el de Ermani.
d. A ver... Ah, es un juguete de Pitita.
e. La tiene mamá. Ayer se puso un poco y la dejó .... el refrigerador.
f. Seguro que está .... tu mesa del estudio, ... todos tus papeles. Y como es pequeño...

 A1 Novice High; **A2** Lower Intermediate, Intermediate Mid; **B1** Intermediate Mid, Intermediate High; **B2** Intermediate High, Advanced Low

D *Para, por.*

■ ***Para*** refers to the end point that we are moving towards:

■ ***Por*** refers to the space that we move through to get from one place to another:

*Vamos **para** Antofagasta **por** la carretera de la costa.*

■ With ***para*** we refer to:

PURPOSE OR REASON

- *Vamos a Madrid **para** ver el Museo del Prado.*
- *Las toallas sirven **para** secarse.*

RECIPIENT

- *No es una película **para** niños.*
- *¿**Para** quién es esta torta? ¿Para vos?*

TOWARDS A DESTINATION

- *Vamos **para** casa.*

TIME PERIOD

- *El trabajo de clase es **para** la semana que viene.*

  You do not need to use prepositions to refer to length of time. Using the time expression by itself is sufficient:

  - *Estuve **dos meses** en Canadá.*
  - *Voy a estar en Rosario **dos semanas**.*

■ With ***por*** we refer to:

UNSPECIFIED LOCATION

IN SPACE

- *Me di una vuelta **por** el parque de Chapultepec.* [I'm exploring the Chapultepec Park or the area around it.]
- *La panadería está **por** aquí.* [It's somewhere in this place, near or around it.]

IN TIME

***Por** la mañana/tarde/noche, **por** mayo, **por** vacaciones, **por** Pascua,* etc.

- *Regresaremos **por** el Janucá.* [It could refer to Hanukkah itself or the days around that time.]

CAUSE

- *Nos fuimos de la playa **por** el viento.*
- *¿Y **por** qué has invitado a Lidia?*
- *Muchas gracias **por** el regalo.*

DISTRIBUTION

- *Son 93 dólares **por** persona.*

MEANS

- *Hemos hablado **por** teléfono.*
- *Le envié las fotos **por** e-mail.*
- *Me enteré **por** mi hermano.*

EXCHANGE

- *Cambié la computadora vieja **por** una portátil.*
- *Lo compramos solo **por** 80 dólares.*

8 B1 **Fill in the blanks with either *por* or *para*.**

→ Voy a Arequipa para ver a mi novia.

1. Nos perdimos .... un bosque y nos demoramos cuatro horas hasta encontrar el camino.
2. Si tenemos 8 dólares y somos 4 personas, tenemos 2 dólares .... persona.
3. Encontrar este apartamento fue una suerte. Lo compramos .... la mitad de lo que vale ahora.
4. Gabriel dice que abandonó los estudios .... su novia, pero yo creo que lo hizo .... él, solo .... él.
5. ¿......... quién son estos regalos?
6. Queremos hablar con la directora .... ver qué nos dice.
7. Oye, no iremos a la playa .... aquella carretera que tiene tantas curvas, ¿verdad?
8. Ok, perfecto, ¿por qué no me lo envías .... correo?
9. ¿Puedes firmar tú .... mí? Es que me lastimé la mano y no puedo escribir.
10. El libro va a demorarse un poquito, pero llegará a tiempo .... ese día.
11. ¿Nos vemos mañana .... la mañana?
12. Señoras, señores: les estoy muy agradecida .... este homenaje. Gracias, de veras.

9 B1 **Match the sentences on the left with the appropriate explanations on the right, following the example.**

➜ a. Vamos en taxi **para** el aeropuerto de El Dorado... — b. Con dirección al aeropuerto.
b. Vamos en taxi **por** el aeropuerto de El Dorado... — a. Dando vueltas en El Dorado.

➜ a. Vamos en taxi **para** el aeropuerto de El Dorado...	a. Dando vueltas en El Dorado.
b. Vamos en taxi **por** el aeropuerto de El Dorado...	b. Con dirección al aeropuerto.
1. a. Vimos unas flores **por** la ventana...	a. Vieron las flores al otro lado de la ventana.
b. Vimos unas flores **para** la ventana...	b. Vieron las flores en la tienda.
2. a. Buscamos un documento **para** internet...	a. Lo vamos a poner en internet.
b. Buscamos un documento **por** internet...	b. Lo buscamos en internet.
3. a. Está en prisión **para** espiar a un mafioso...	a. Es un agente de la policía.
b. Está en prisión **por** espiar a un mafioso...	b. Es un delincuente de una banda rival.
4. a. Compuso una canción **para** Elisa...	a. Elisa fue la causa de esta canción.
b. Compuso una canción **por** Elisa...	b. Dedicada a Elisa.

10 B1 **The police have arrested four suspects for the burglary of Conde Lorénsez's mansion, but two of them are innocent. The burglar and his accomplice don't know how to use *por* and *para* correctly. Find and correct the mistakes to find out who is guilty.**

1. Mire, inspector, yo vine de La Paz a esta ciudad **para** ➜ ✓ trabajar en una empresa. Vine **para** (1)........ pasar tres meses pero, **por** (2)........ problemas de trabajo, tuve que quedarme un mes más. Vivo en un hotelito que está ubicado **por** (3)........ la zona de la playa. Ayer tenía que regresar a La Paz pero, **por** (4)........ culpa de este robo, me he tenido que quedar acá. Espero estar libre **para** (5)........ poder regresar cuanto antes.

3. No sé **por** (15)........ qué estoy aquí. Yo no he hecho nada, absolutamente nada. Estaba paseando tranquilamente **por** (16)........ el centro de la ciudad y, de repente, me entero **por** (17)........ unos amigos de que habían robado en la mansión del conde Lorénsez. Voy **para** (18)........ casa y allá me encuentro a la policía y me traen acá **para** (19)........ interrogarme. ¿Pero **por** (20)........ qué a mí? Yo creo que la policía no sabe nada... Y si la policía detiene a inocentes, ¿**para** (21)........ qué sirve? Y ahora, **por** (22)........ esta terrible cuestión, voy a tener que dormir en la prisión.

2. Yo me vine a esta ciudad **por** (6)........ mi hermano, que ya trabajaba acá. Cuando llegué, me propuso cambiar su negocio **para** (7)........ el mío. Me quedé a vivir en su casa. Se la compré **para** (8)........ 400.000 dólares. Estoy muy a gusto. Mi trabajo es como un juego **por** (9)........ mí. Es muy fácil. **Por** (10)........ la mañana, envío paquetes **para** (11)........ correo y **para** (12)........ la tarde los recojo. Me enteré del robo de la mansión del conde Lorénsez **para** (13)........ mi hermano, que me llamó **por** (14)........ el celular. Yo no conocía al conde. Solo le había entregado un paquete.

4. Ayer **por** (23)........ la tarde yo estaba **por** (24)........ el centro de la ciudad, comprando una alfombra **por** (25)........ mi casa. Una alfombra realmente linda, que al final compré **para** (26)........ 580 dólares. Cuando salía del negocio **para** (27)........ llevar la alfombra al auto, la policía me detuvo como sospechosa de un robo. ¿Pero cuándo fue eso? Hasta ayer **para** (28)........ la mañana yo estuve en la habitación de mi hotel **para** (29)........ la gripe. Salí **para** (30)........ comprar la alfombra y dicen que yo soy la culpable. Esto es una locura. Es una broma, ¿no?

11 B1 **Thanks to your help with the preposition exercises, the police now know who the culprits are. Cross out the incorrect option in each sentence.**

→ La policía ya sabe quién es el ladrón **por**/~~**para**~~ tu ayuda.

1. Todo se descubrió **por/para** los problemas con las preposiciones.
2. Los inocentes ya pueden irse **por/para** sus casas.
3. Pero los culpables tienen que ir a la prisión **por/para** ser juzgados.
4. El juicio está previsto **por/para** dentro de un mes.
5. La policía está muy agradecida **por/para** tu trabajo y te van a nombrar policía de honor de la ciudad.

E *Con, sin.*

■ ***Con*** refers to association. We use it to say that one thing goes with another, or is a component or instrument of another. It can also refer to the way we do something:

- *Está **con** el novio.*

CON

■ ***Sin*** is the opposite of ***con***. It indicates that something is lacking:

- *Está **sin** el novio.*

SIN

A los dos les gusta:

- *La enchilada **con** queso...* ... *y el café **sin** azúcar.*
- *Dormir **con** pijama...* ... *y **sin** cobija.*
- *Comer **con** palillos...* ... *y cenar **sin** mantel.*
- *Viajar **con** amigos...* ... *y pasear **sin** apuro.*
- *Las ciudades **con** mar...* ... *pero las playas **sin** gente.*

*No pueden vivir el uno **sin** el otro.*

👁 We can also use the gerund (*cantando, comiendo, viviendo*, etc.) to talk about how we do something. In this case, the opposite is formed by ***sin*** + INFINITIVE:

- *Sí, sí, corrió diez kilómetros, pero **descansando** y **bebiendo** agua.*
- *¡Corrió diez kilómetros **sin** descansar y **sin** beber nada!*

[~~Sin~~ bebiendo, ~~Sin~~ descansando]

→ **20.** Non-personal Forms

12 A1-A2 **We all have strong opinions about certain things. Fill in the blanks with *con* or *sin* and then underline the option you prefer.**

→ El café, ¿ con azúcar o sin azúcar?
1. La cerveza, ¿ .... alcohol o .... alcohol?
2. Las series, ¿........ final feliz?
3. La playa, ¿........ o .... gente?
4. Los paseos por la ciudad, ¿comprando o .... comprar?
5. Un apartamento para vivir, ¿........ balcón o .... balcón?
6. Los espaguetis, ¿........ o .... pan?
7. La ensalada, ¿........ vinagre o .... vinagre?
8. Las películas, ¿........ subtítulos o .... subtítulos?
9. El café, ¿........ cafeína o normal?
10. Manejar tu propio auto, ¿en silencio o .... música?
11. Las quesadillas, ¿........ queso o .... queso?
12. Las fotos, ¿sonriendo o .... sonreír?
13. Ir al cine, ¿........ amigos o solos?

F *Contra, hacia.*

■ ***Contra*** is used to indicate that one element is opposed to another, that it offers a certain amount of resistance:

CONTRA

- *Chocamos **contra** una vidriera.*
- *Votarán **contra** nuestra propuesta.*
- *¿**Contra** quién juega su equipo?*
- *Corre **contra** el viento.*

■ ***Hacia*** refers to a point in time or space towards which something moves:

HACIA

- *¿**Hacia** dónde apunta una brújula?*
- *El meteorito se dirige **hacia** aquí.*
- *Mira **hacia** la derecha y dime qué ves.*
- *Comenzamos a almorzar **hacia** las dos.* [At around two o'clock.]

13 A2-B1 **Héctor is an ecologist and is writing a protest song. Fill in the blanks with *contra* or *hacia* with the most logical answers.**

→ Contra el consumismo,
hacia la libertad,
juntos vamos
con este cantar.

1. Juntos vamos
con este cantar,
.... lo artificial,
.... lo natural.

2. .... la contaminación,
.... la purificación,
todos tenemos
mejor vegetación.

3. ¿................ dónde vamos?,
me preguntas.
.... el arco iris,
.... la verdad.

4. .... un verde futuro,
.... una mejor vida,
.... un aire puro,
.... una utopía.

5. .... las marcas,
.... lo auténtico,
todos podemos vivir un
mejor momento.

39. Prepositions (II): *encima (de), debajo (de)...*

A *Encima (de), debajo (de), delante (de), detrás (de)...*

■ To refer to the position of one object in relation to another, we use the following prepositional phrases: ***encima (de), debajo (de), detrás (de), delante (de), enfrente (de), al lado (de), cerca (de), lejos (de), a la derecha (de), a la izquierda (de), alrededor (de)***:

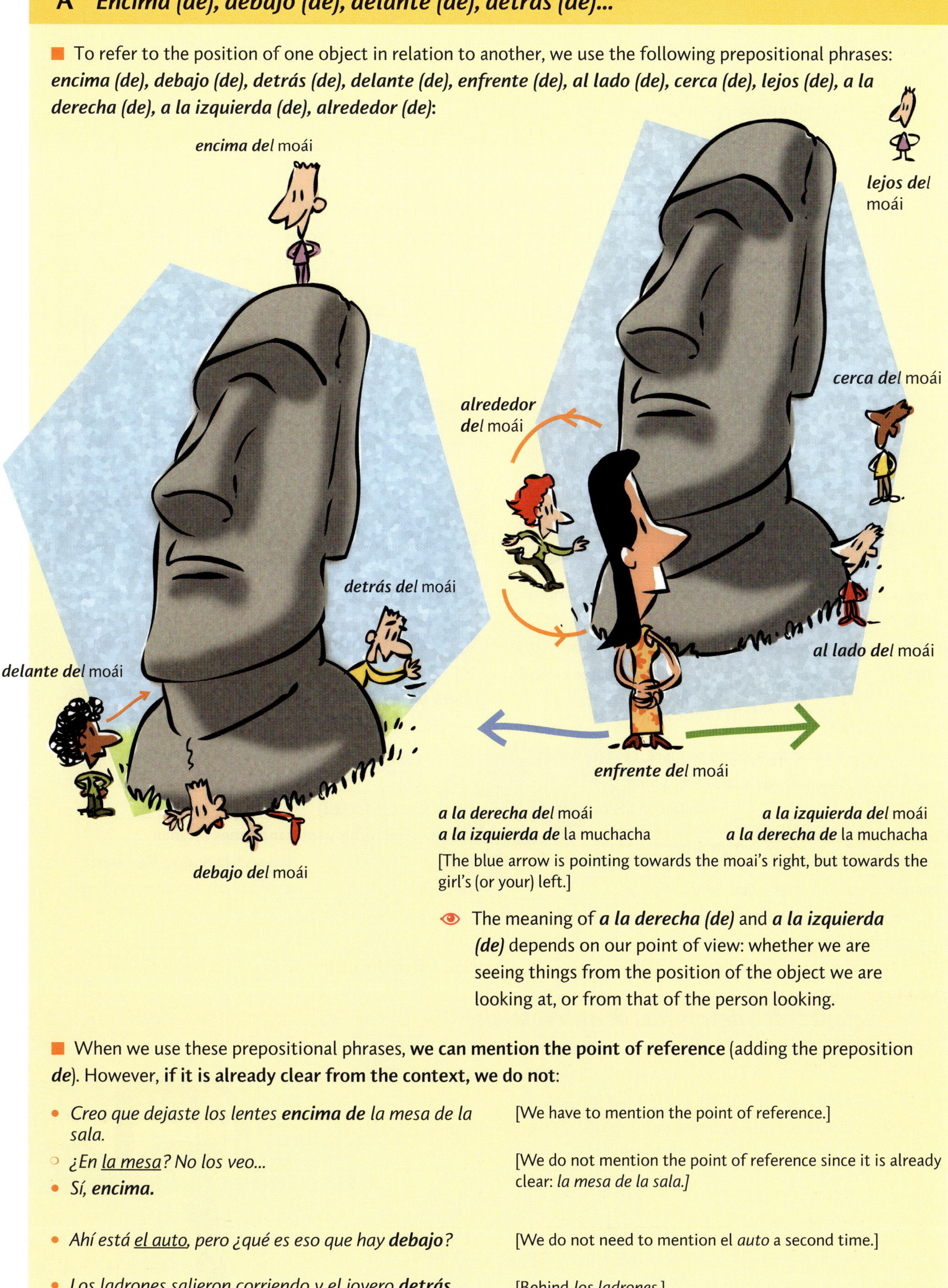

a la derecha del moái
a la izquierda de la muchacha

a la izquierda del moái
a la derecha de la muchacha

[The blue arrow is pointing towards the moai's right, but towards the girl's (or your) left.]

👁 The meaning of ***a la derecha (de)*** and ***a la izquierda (de)*** depends on our point of view: whether we are seeing things from the position of the object we are looking at, or from that of the person looking.

■ When we use these prepositional phrases, **we can mention the point of reference** (adding the preposition *de*). However, **if it is already clear from the context, we do not**:

- *Creo que dejaste los lentes* ***encima de*** *la mesa de la sala.* — [We have to mention the point of reference.]
- *¿En la mesa? No los veo...*
- *Sí,* ***encima.*** — [We do not mention the point of reference since it is already clear: *la mesa de la sala.*]
- *Ahí está el auto, pero ¿qué es eso que hay* ***debajo****?* — [We do not need to mention el *auto* a second time.]
- *Los ladrones salieron corriendo y el joyero* ***detrás.*** — [Behind *los ladrones.*]

- We only add the preposition ***de*** to these prepositional phrases when we mention **the point of reference**:
  - *Hay una zapatería **dentro de** ese centro comercial.*
    [The shopping mall is the point of reference and has to be mentioned.]
  - *Siga recto unas tres cuadras. Allí verá una plaza. Pues justo **antes**, está la panadería.*
    [*Antes* refers to the *plaza*, we don't need to mention it again.]
  - *¿Ve esa calle? Pues el Banco Estragox está **al final**.*
    [*Al final* refers to the *calle*, we don't need to mention it again.]

4 A2-B1 **The renowned archaeologists Jones and Indiana know that there is an Aztec treasure hidden in the center of a well-known Central American city. To find it they have to follow the instructions below, but the instructions are not clear. Look at the map and complete them with the expressions from the box, as shown in the example. (Careful with *de* + *el*= *del*).**

al final (de)
al final (de)
al fondo (de)
al otro lado (de)
al principio (de) ✓
antes (de)
dentro (de)
dentro (de)
dentro (de)
dentro (de)
después (de)
después (de)
en el centro (de)
en medio (de)
fuera (de)

A ver... Tienen que ir ➜ *al principio* de la Avenida Central, al número 1. Sigan por esa calle hasta la tercera a la derecha. Tomen esa avenida y allí, (1) .... , hay una plaza. Entren en ella y, (2) .... , en una esquina, verán una estatua. Crucen la plaza hacia la estatua, pero (3) .... llegar a la estatua, tomen la calle que hay a la derecha y enseguida verán una plaza pequeña con una fuente (4) .... Inmediatamente (5) .... la fuente, a la izquierda, hay una calle. Tomen esa calle y, (6) .... , hay un parque. Entren. (7) .... encontrarán árboles y bancos para sentarse. (8) .... hay un lago y un pequeño templo. Pues bien, el tesoro está (9) .... el templo. Llegarán a él (10) .... atravesar un largo corredor. Pero eso no es todo: el tesoro está (11) .... un cofre. Para abrir el cofre, necesitan una llave que está escondida (12) .... el templo. Con mucho cuidado, entren en el laberinto. (13) .... el laberinto hay una estatua. La llave está (14) .... el ojo izquierdo de la estatua. Ah, y una cosa fundamental: quiero la mitad del valor del tesoro...

SECTION 6

Sentences

Oiga, ¿**cuánto** cuesta el bus?
Ocho dólares.
Pues lo compro. Que se bajen todos.

C Quantity: *¿Cuánto...?*

- To ask about **quantity** we use:

Cuánto (invariable) + VERB

- *¿**Cuánto** cuestan estos bolsos?*
- *¿**Cuánto** dura el viaje en auto hasta Asunción?*

Cuánto/-a (singular) + UNCOUNTABLE NOUN

- *¿**Cuánto** dinero sacamos del banco?*
- *¿**Cuánta** gasolina le queda al auto?*

Cuántos/-as (plural) + COUNTABLE NOUN

- *¿**Cuántos** años tienes?*
- *¿**Cuántas** entradas compro?*

¿Cuántos estudiantes están conectados en el Zoom?

Cuánto/-a/-os/-as and the word that they refer to (verb or noun) come at the start of the sentence.

- ***Cuánto/-a*** and ***cuántos/-as*** can be used without a noun when it is clear what we are talking about:
  - *Hay que ir al banco: no tenemos dinero en casa.*
  - *Ok, ¿y **cuánto** necesitamos?*
  - *Compré churros esta tarde y ya no quedan.*
  - *¡Ah! ¿Sí? ¿**Cuántos** nos comimos?*

4 A1-A2 **Complete these questions from the test about Spanish-speaking countries with *cuánto/-a/-os/-as* and match them to the answers.**

→ ¿ Cuántos colores tiene la bandera de Perú? (→ e)
1. ¿.................. dura el viaje en avión de Maracaibo a Caracas?
2. ¿.................. lenguas oficiales se hablan en España?
3. ¿.................. vocales hay en español?
4. ¿.................. tiempo duró la dictadura de Pinochet?
5. ¿.................. metros mide el Aconcagua, la montaña más alta de Argentina?
6. ¿.................. países tienen el español como lengua oficial?
7. ¿.................. canales artificiales comunican el Atlántico y el Pacífico?

a. 17 años
b. 4
c. 1
d. 6.961 m
e. 2
f. 50 minutos
g. 21
h. 5

5 A2 **Complete the following questions with *cuánto/-a/-os/-as*, as shown in the example.**

→ ● ¿ Cuántos pisos tiene tu casa?
○ Tres: el sótano, la planta principal y un ático.

1. ● ¿.................. se tarda a Montevideo desde acá?
   ○ No sé... Unas dos o tres horas en auto.
2. ● ¿.................. sal le pongo a la ensalada?
   ○ Poca, poca, que Ramón casi no come sal.
3. ● ¿Tiene bananas?
   ○ Sí, ¿.................. quiere?
4. ● ¿.................. agua le pongo a las plantas?
   ○ Bastante, que están muy secas.
5. ● ¿.................. horas necesitas para acabar el trabajo?
   ○ Un par de horas.
6. ● ¿.................. es?
   ○ 850 pesos.
7. ● ¿Tienen vasos de papel?
   ○ Sí, ¿.................. necesitás?
8. ● ¿.................. cuesta cada rosa?
   ○ Tres dólares. ¿.................. quiere?
9. ● No podemos pasar. Está lleno.
   ○ ¿De veras? ¿.................. gente crees que hay?

D Reason: *¿Por qué...?*

■ To ask about the **cause** of something, we use ***por qué***:

- *¿**Por qué** no vino Alberto?*
- ○ *No lo sé, pero creo que tuvo un problema con el auto.*

Unlike ***porque*** (because), written as a single word with no accent, ***por qué*** (why) is written as two words and with an accent. ***Porque*** explains the reason for something and ***por qué*** asks a question about the reason:

- *¿**Por qué** hay tantos autos hoy acá?*
- ○ ***Porque** recién hubo un accidente.*

→ **42.** Linking Sentences

■ ***¿Por qué no...?*** can also be used to **propose** an activity to somebody:

- *¿**Por qué no** vamos a cenar esta noche a una pizzería?*
- ○ *¿Y **por qué no** cenamos en casa y salimos después?*

Papá, ¿**por qué** la luna es blanca?
¿Y **por qué** las estrellas no se caen?
¿Y **por qué** no tengo un hermanito?

6 A1-A2 **Fill in the blanks with *por qué, porque* or *por qué no*, as shown in the example.**

→ ● ¿Por qué.......... cerraste la ventana? Hace mucho calor.
○ Porque.......... hay muchísimo ruido y así no se puede trabajar.

1. ● ¿.......................... me ayudas a hacer la cena?
○ Oye, ¿y .... pedimos unos burritos y vemos el final de la serie?
2. ● ¿.......................... comes yogur?
○ .... soy alérgica a los lácteos. Si tomo algo con leche, me siento mal.
3. ● ¿.......................... estás enojada otra vez con tu hermana?
○ Pues .... no me deja jugar con ella.
4. ● ¿.......................... vino Ana María a la boda de Alejandra?
○ Pues no lo sé, pero es extraño, ... son muy amigas.
5. ● Estoy cansadísima. No puedo más.
○ ¿.......................... descansas un rato?

7 A2 **Fill in the blanks with *dónde, cómo, cuánto, cuándo, por qué, porque* or *por qué*.**

→ ● No va a venir la tía Susan a cenar.
○ ¿Por qué?
● No sé, creo que está muy enojada.

1. ● El concierto de esta noche es a las ocho.
○ ....
● En el Teatro Nacional, como siempre.
2. ● Nos vamos a Rosario esta noche.
○ Ah, ¿sí? ....
● En avión, en tren era imposible.
3. ● ¿Sabes que María y Luis se casan?
○ ....
● Este domingo.
4. ● ¿Me puedes prestar algo de dinero?
○ Sí, claro, ...
● 20 dólares es suficiente.
5. ● ¿Sabes? Este año no voy de vacaciones.
○ ....
● Tengo que terminar un trabajo justo para esos días.
6. ● Yo, a la fiesta de Darío, no pienso ir.
○ .... ¿Ya no son amigos?
● Discutimos.
7. ● ¿Sabes que Carlos se rompió un brazo y una pierna?
○ ¿De verdad? ....
● Pues escalando en Choachí.

E Things: *¿Qué compramos? ¿Qué disco compramos? ¿Cuál compramos?*

- We use ***qué*** when we ask about things:

Creo que quiere una cámara fotográfica.

- We use ***qué/cuál/-es*** + NOUN when we want to mention the type of thing we are asking about:

¿Qué/Cuál cámara le compramos?
Una digital. Es un poco más cara, pero es mejor.

- We can use ***cuál/-es*** on its own, without a noun, when we are asking about one thing (or various things) from **a group that has already been identified**, either because it has been mentioned before or because the context makes it clear:

Vale, le compramos una cámara digital. ¿Cuál es la mejor?
La Kinon. Está súper bien.

- *Ese es un auto rapidísimo.*
- *¿**Cuál** auto?*
- *Ese azul, que está estacionado enfrente.*

In Spain, ***cuál*** is not generally used with a noun.

- ***Cuál*** is singular and ***cuáles*** is plural:
  - *Te regalo uno de estos cuadros. ¿**Cuál** te gusta?*
  - *Te regalo dos de estos cuadros. ¿**Cuáles** te gustan?*

8 A2-B1 **Fill in the blanks with *qué, cuál* or *cuáles*. Sometimes two answers are possible.**

→ ● ¿*Qué* quieres almorzar?

1. ○ No sé. ¿.................. hay en el refrigerador?
   ● Nada.
   ○ Vale. ¿A .... restaurante vamos?
   ● A uno cerca.
   ○ Ok, pero ¿a ....?
2. ● ¿Me prestas unos pantalones?
   ○ Depende. ¿.................. quieres?
   ● Los jeans.
3. ● ¿Me alcanzas un momento ese bolígrafo?
   ○ ¿.................. bolígrafo?
   ● El que está ahí encima.
   ○ Hay tres. ¿.................. quieres?
4. ● ¿Sabes que pasé el examen?
   ○ ¿.................. examen?
   ● El de la licencia. ¡Ya puedo manejar el auto!
5. ● El aire acondicionado no funciona.
   ○ ¿.................. aire acondicionado? ¿El de la sala?
6. ● Y a tu padre, ¿.................. le compramos?
   ○ Puede ser una botella de aceite de oliva.
   ● Sí, está bien, pero ¿..................? Hay de muchos tipos.
   ○ ¿.................. te gusta más a ti?
7. ● Pon sábanas limpias, por favor.
   ○ ¿..................? ¿Estas?
   ● Sí, sí, esas.

F People: *¿Quién? ¿Qué niño? ¿Cuál?*

■ We use ***quién / quiénes*** when we ask about people:

¿**Quién** me llamó?
Tu tía Clara y una muchacha.

■ We use ***qué/cuál*** + NOUN when we want to mention **the type of** person we are asking about:

¿**Qué/Cuál** muchacha?
No sé. Dijo que era amiga tuya.

■ We use ***quién/-es*** or ***cuál/-es*** when we are asking about one person (or various people) from a **group that has already been identified**, either because it has been mentioned before or because the context makes it clear:

¿Una amiga mía? ¿**Quién**?
No recuerdo su nombre. Me parece que era una compañera de clase.
Ok, alguna compañera de clase. Pero ¿**cuál**?

Quién and ***cuál*** are singular; ***quiénes*** and ***cuáles***, are plural:

- *¿**Quién** tiene la llave?*
- *¿**Quiénes** tienen la llave?*
- *Necesito un psicólogo. ¿**Cuál** es el mejor?*
- *Necesito dos psicólogos. ¿**Cuáles** son los mejores?*

9 A2-B1 **Fill in the blanks with *quién, quiénes, qué, cuál,* or *cuáles*. Sometimes two answers are possible.**

→ ● Vino Ana.
○ ¿Ana? ¿ Qué/Cuál Ana?
● ¡Ah! No sé, si no lo sabes tú...

1. ● ¿.................. ciclista colombiano ganó el Tour más de cinco veces?
○ Ninguno, creo.
2. ● De tus tres hijos, ¿.................. es el más estudioso?
○ El pequeño. Se parece mucho a mí.
3. ● ¿Qué? ¡Pero, Nico, por Dios, eso es un secreto...! ¿A .... se lo contaste?
4. ● ¿ .... es el hijo de Odín, heredero de Asgard y dueño del poderoso Mjölnir?
○ Thor.
5. ● ¿.................. son Melchor, Gaspar y Baltasar?
○ Los Reyes Magos.
6. ● A ver, niños. ¿.................. escribió eso en la pizarra?
○ Fue Álvaro, señorita. Yo lo vi.
7. ● De todos tus amigos, ¿.................. viven más o menos cerca?
○ ¿Por qué?
● Para saberlo.
8. ● Oiga, por favor, ¿.................. atiende aquí?
○ El señor de los lentes, pero ahora está ocupado. Espere en la cola.
● Perdone, pero hay dos señores con lentes. ¿A .... se refiere?
9. ● ¿.................. es el hombre más rico del mundo?
○ Willy Puertas, creo.
10. ● Los dos cuadros me encantan.
○ Pero ¿.................. prefieres?

10 A2-B1 **Complete the questions on the left with *quién, quiénes, qué, cuál* or *cuáles* and then match them to the answers on the right. In some cases, more than one option is correct.**

→ ¿ Qué es eso? — d

1. ¿.................. van al viaje?
2. ¿.................. comes?
3. ¿.................. es?
4. ¿.................. música pongo?
5. No logro decidirme. ¿.................. de los dos me recomienda usted?
6. ¿Viste ayer los premios de cine? De todas las películas, ¿.................. ganaron más premios?
7. ¿.................. equipo ganó la Copa América?

a. Todos: Leo, Ana, Lucía y Marina.
b. Soy yo, Silvia. Abre la puerta.
c. Guacamole. ¿Quieres?
d. No sé. Parece un regalo para alguien.
e. El de Uruguay.
f. *Noche zombie en La Pampa* y *Rambo 50.*
g. El salmón está más fresco que el atún.
h. Una tranquila, si no te importa.

11 B1 **Write the questions that a journalist asks Francisco Zapatero following his extraordinary discovery.**

→ ● ¿ Cuándo la encontró usted?
○ Ayer en la noche, después de cenar.

1. ● ¿Y .... la encontró?
○ Pues en un armario. Yo me acabo de mudar a esta casa y nunca había entrado en esa habitación.
2. ● Bueno, ¿y .... es exactamente?
○ Una momia, una momia en perfecto estado.
3. ● Increíble. ¿.................. es? ¿Lo sabe usted?
○ Sí, sí, por supuesto. Es la tatarabuela de mi prima Casilda.
4. ● Ajá. ¿Y .... años calcula que tiene?
○ Tendrá unos doscientos años, más o menos.
5. ● ¿.................. estaba vestida? ¿Llevaba alguna ropa?
○ No, no. Estaba envuelta en vendas: igual que las egipcias, igual.
6. ● ¿.................. piensa usted que la guardaron en el armario?
○ No tengo ni idea. Quizá porque fue una persona muy querida por la familia. Era muy buena.
7. ● ¿Y usted .... se siente?
○ Un poco sorprendido, la verdad.
8. ● ¿Y .... va a hacer con la momia?
○ Pues creo que voy a llevarla al Museo Arqueológico de la ciudad. Es una joya.

G ¿Cuál es la capital de Perú? / ¿Qué es Tegucigalpa?

■ To ask for something or someone to be **identified**, we can use ***¿Cuál/-es*** + ***ser*** + NOUN***?***:

¿Cuál es la capital de Perú?
¿Buenos Aires, Quito, La Paz, Lima...?
Lima.

If we are referring to people, we can also use ***¿Quién/-es...?***

THINGS	PEOPLE
• *¿**Cuáles** son tus defectos y tus cualidades?* [Out of all the defects and qualities, identify yours.]	• *¿**Cuál** es el profesor?* [Out of all this group, identify the teacher.]
• *¿**Cuál** es el signo del zodíaco de Sofía?* [Out of all the star signs, identify Sofía's.]	• *¿**Quién** es tu hermana?* [Among all these people, identify your sister.]
• *¿**Cuál** es la oferta más barata?* [Among today's special offers, identify the cheapest.]	• *¿**Quiénes** eran tus cantantes preferidos?* [Out of all these singers, identify your favorites.]

■ To find out the **definition** or **classification** of something or someone, we use ***¿Qué*** + ***ser*** + NOUN***?***:

- *¿**Qué** es Lima?*
- *Una ciudad. La capital de Perú.*

- *¿**Qué** es un neurólogo?*
- *Un médico especialista en el sistema nervioso.*

12 A2-B1 **If you complete this test, you will find out several things, some true and others fictitious. Match the questions on the left to the answers on the right, following the example.**

→ (I) ¿Qué es una galaxia? — a. Un inmenso conjunto de estrellas, gas y polvo.
(II) ¿Cuál es la galaxia más cercana a la Vía Láctea? — b. Andrómeda.

1. (I) ¿Quién es Marte?	c. Uno de los planetas del sistema solar.
(II) ¿Qué es Marte?	d. El dios de la guerra.
2. (I) ¿Quién fue Laika?	e. El primer animal que fue al espacio en 1957 en una nave.
(II) ¿Qué era Laika?	f. Una perrita.
3. (I) ¿Qué son los satélites?	g. Ío, Europa y Calisto.
(II) ¿Cuáles son los satélites más grandes de Júpiter?	h. Astros sin luz propia que giran alrededor de un planeta.
4. (I) ¿Qué es un robot?	i. C-3PO y R2-D2.
(II) ¿Quiénes son los robots que acompañan a Luke Skywalker en sus aventuras?	j. Una máquina que hace cosas automáticamente.
5. (I) ¿Quiénes fueron Armstrong, Aldrin y Collins?	k. Astronautas.
(II) ¿Qué eran Armstrong, Aldrin y Collins?	l. Los primeros seres humanos que viajaron a la Luna.
6. (I) ¿Cuál es el planeta más grande del sistema solar?	m. Júpiter.
(II) ¿Quién es Júpiter?	n. El rey del Universo, el soberano de todos los dioses.
7. (I) ¿Qué era Darth Vader?	o. El padre de Luke Skywalker.
(II) ¿Quién era Darth Vader?	p. Un caballero *jedi* convertido al lado oscuro de la Fuerza.

13 A2-B1 **Fill in the blanks (two answers are sometimes possible) and then complete the questionnaire with your own answers. Would you be compatible with this person based on their answers?**

→ ¿ Cuál es tu comida preferida? ○ El pescado crudo.
1. ¿............ prefieres? ¿El frío o el calor? ○ El frío.
2. ¿............ es tu pintor preferido? ○ Botero.
3. ¿............ te gusta más? ¿El día o la noche? ○ El día.
4. ¿............ es tu color preferido? ○ El negro.
5. ¿En .... ciudad te gustaría vivir? ○ En Londres.
6. ¿............ prefieres? ¿Una película o una serie? ○ Una buena serie.
7. ¿............ son tus manías? ○ El orden y la puntualidad.
8. ¿............ tipo de música prefieres? ○ El jazz.

H ¿De dónde...? ¿Hasta cuándo...? ¿Por cuánto...? ¿Para qué...?

■ ***Cuándo, dónde, cuánto/-a/-os/-as, qué, quién, cuál*** take a **preceding preposition** if the element we are asking about is introduced by a preposition:

- *Trabajo en Desfalcosa desde XCVZ.*
- ○ *¿**Desde cuándo**?*
- *¿**De dónde** es tu esposa?*
- ○ *De Cochabamba, pero sus padres son de La Paz.*
- *¿**A cuántos** kilómetros está Asunción de aquí?*
- ○ *A doscientos cincuenta, más o menos.*
- *¿**Con quién** te verás esta tarde?*
- ○ *Con una persona que no conoces.*
- *Creo que los ladrones se fueron por KHJHKK.*
- ○ *¿**Por dónde**?*
- *¿**Con cuántos** muchachos has salido?*
- ○ *Uf, con muchos, pero en serio solo con dos.*
- *¿**Para qué** sacaste esas herramientas?*
- ○ *Para arreglar la puerta.*
- *Estamos en un hotel.*
- ○ *¿**En cuál**?*

To ask about place we can use ***adónde*** [preposition ***a*** + ***dónde***] or simply ***dónde***:

- *¿**Adónde** van? / ¿**Dónde** van?*
- ○ *Al cine. La película comienza dentro de cinco minutos.*

14 A2-B1 **Natalia is eating chips and talking at the same time so it's difficult to understand some of the things she says. Complete the questions on the right to ask about the parts of the conversation that are unintelligible.**

→ Vi a SKSK en el supermercado. — ¿ A quién viste?
1. Me acuerdo mucho de mis WWW. Viven tan lejos... — ¿..................... te acuerdas?
2. El auto chocó contra un KKJKJH y está destrozado. — ¿..................... chocó?
3. Después de ver muchos apartamentos, al final me decidí por el YLHL. — ¿..................... te decidiste?
4. Las películas de dibujos animados son de HTYFRJJJ. — ¿..................... son las películas de dibujos?
5. Abrieron la puerta con una KJHKYYG. — ¿..................... la abrieron?
6. Pienso en KKJJH y en su forma de hablar constantemente. — ¿..................... piensas?
7. Al final se casó con IIKKKJHHJ. — ¿..................... se casó?

15 B1 **There is some information missing from the following breaking news items. Write the questions that you need to ask to obtain that information, as shown in the example.**

EFE. A las 7:30 p. m. de hoy, un avión de la compañía Zigzagair que se dirigía hacia (→) ***** con (1) ***** pasajeros a bordo, desapareció en pleno vuelo.

REUTERS. El tenor español Agapito Vozarrón permanecerá en nuestra ciudad hasta (2) *****. Ese mismo día se trasladará a (3) *****, donde tiene programado un recital.

AGENCIAS. El Banco de Argentina compró la empresa InterGas por (4) ***** millones de dólares. InterGas pertenece al empresario Carlos Etéreo desde (5) *****.

➜ ¿Hacia dónde se dirigía el avión?
1. ....
2. ....
3. ....
4. ....
5. ....

I Indirect questions: *No sé si te conozco. No sé cómo te llamas.*

■ We can **ask an indirect question** by introducing it with verbs such as ***decir, saber, preguntar***, etc..:

- *Cristina no sabe **quién** ganó el premio.*
- *Los niños preguntan **dónde** están los abuelos y vos.*
- *No sé **cuándo** los va a llamar Alberto, pero me dijo que pronto.*
- *¿Tú tienes idea de **cómo** funciona la lavadora?*
- *¿Puedes decirme **cuánto** tiempo vas a necesitar la computadora? Es que la necesito yo.*

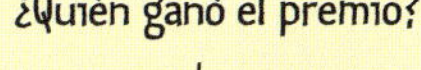
¿Quién ganó el premio?

In these indirect questions, the question word also has an accent (*qué, quién, dónde, cuándo...*) and the SUBJECT goes after the verb:

- *Pablo sabe qué le vamos a regalar **nosotros**.*

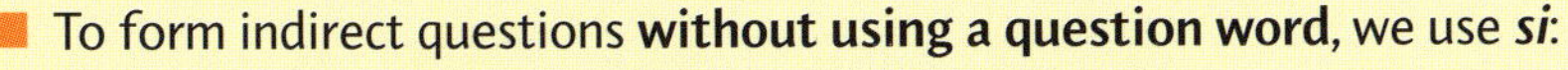
Pablo sabe qué nosotros le vamos a regalar. —nosotros

■ To form indirect questions **without using a question word**, we use ***si***:

- *Gabriel quiere saber **si** la lavadora funciona bien.*
- *No sé **si** Alberto los va a llamar. Esperen unas horas.*
- *Me gustaría saber **si** necesitas mi diccionario mucho tiempo más.*
- *Aleja preguntó **si** tus amigos van a ir a la fiesta.*

¿La lavadora funciona bien?

In these indirect questions introduced by ***si***, the word order does not change.

16 B1 **Julie and Jorge Luis are going on a blind date. Complete their thoughts by choosing the correct words from the boxes, as shown in the example.**

cómo ✓ cómo si si cuál si cuánto dónde cuál qué qué

No sé...

➜ cómo tiene las manos.
1. en .... trabaja.
2. .... tiempo lleva sin pareja.
3. .... vive.
4. .... tiene hermanos.
5. .... será su familia.
6. .... es su actriz favorita.
7. .... películas le gustan.
8. .... es su comida preferida.
9. .... duerme con piyama o no.
10. .... vive con sus padres.

si cómo si cuáles cuántos cómo si qué cómo cuál si

No sé...

11. .... años tiene.
12. .... son sus ojos.
13. .... besa.
14. .... tiene auto.
15. .... perfume usa.
16. .... es su deporte preferido.
17. .... vive en mi vecindario.
18. .... le gustan los hombres como yo.
19. .... son sus aficiones.
20. .... ha tenido malas experiencias en el amor.
21. .... saldrá la cita.

J Exclamations: *¡Nevó esta noche! ¡Qué raro!*

■ Any sentence can become an exclamation. You will notice that in exclamations, the **intonation** rises sharply at the beginning and falls sharply at the end of the sentence:

- *¡Llegó Carlos!*
- *¡No vengas!*
- *¡Luis tiene novia!*

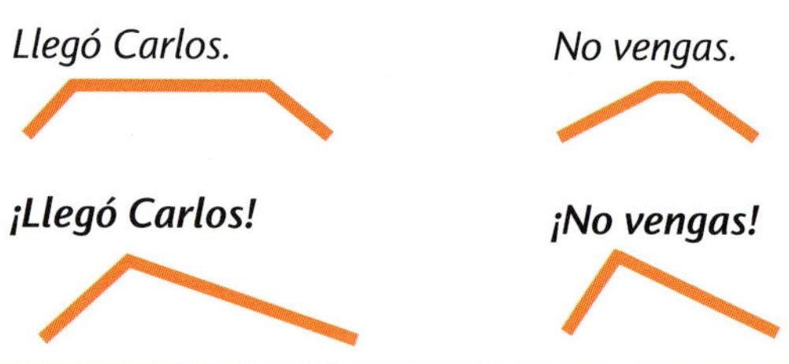

- *¡Está lloviendo!*
- *¡Sal de aquí!*
- *¡No!*

In writing, Spanish puts exclamation marks both at the beginning and at the end (¡....!).

■ For exclamations which refer to **intensity**, **quantity** or **manner**, we use ***qué***, ***cuánto*** and ***cómo***:

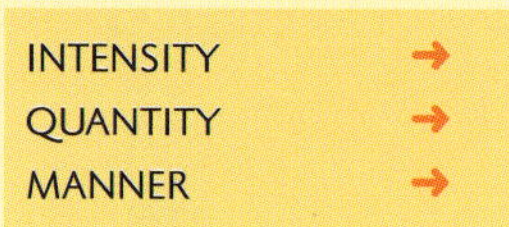

INTENSITY →	***Qué***
QUANTITY →	***Cuánto/-a/-os/-as***
MANNER →	***Cómo***

- *¡**Qué** feo!*
- *¡**Cuánta** gente hay!*
- *¡**Cómo** canta Carla!*

■ ***Qué*** can refer to either an **adjective**, an **adverb** or a **noun**:

- *¡Qué simpática es la novia de Carlos!* [She is very friendly.]
- *¡Qué rápido pasa el tiempo!* [Time goes by very fast.]
- *¡Qué ojos tiene Andrés!* [His eyes are really nice.]

¡Qué ritmo tiene **Catalina**!

¡Cómo baila **Rodolfo**!

■ In this type of construction, the exclamation word (***qué, cuánto, cómo***) goes at the **beginning**:

- *¡**Qué** inteligente es tu hija!*
- *¡**Cómo** grita el entrenador!*

And the SUBJECT of the sentence, when it needs to be mentioned, goes at the end.

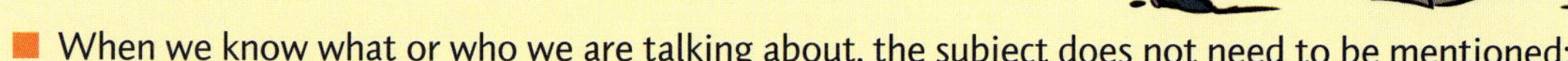

■ When we know what or who we are talking about, the subject does not need to be mentioned:

- *¡**Qué** lindo!* [my sweater]
- *¡**Cómo** duerme!* [the baby]
- *¡**Cuánto** sabe!* [the conference speaker]

17 A2-B1 **Who or what is Claudia talking about? Match the exclamations on the left to the subject on the right, following the example.**

→ ¡Qué vieja! — a. Una casa

1. ¡Qué lindos!
2. ¡Cómo cocina!
3. ¡Qué rico!
4. ¡Cuántos libros!
5. ¡Cuánta gente!
6. ¡Cuánto lo amo!
7. ¡Cómo ladra!
8. ¡Qué rápido!
9. ¡Qué vestido!
10. ¡Qué saladas!
11. ¡Qué jardín!

a. Una casa
b. Un sándwich de queso
c. El chef de un restaurante
d. Unos zapatos nuevos
e. Su novio
f. Un concierto de rock
g. La perrita de los vecinos
h. La biblioteca de un amigo
i. La casa de la vecina
j. Una modelo
k. Un auto de carreras
l. Las papas fritas

- We use ***cuánto*** to highlight the **quantity** of a given **verb**:
  - *¡**Cuánto** habla Jimena!* [Jimena speaks a lot.]
  - *¡**Cuánto** come tu hijo!* [Your son eats a lot.]

¡**Qué** bien habla! ¡**Cuánto** sabe! ¡**Cuántas** ideas tiene!

- We use ***cuánto/ -a*** (with uncountable nouns) and ***cuántos/-as*** (with countable nouns) to highlight the **quantity** of a given **noun**:
  - *¡**Cuánta** gente hay en la cola!* [There are a lot of people in line.]
  - *¡**Cuántos** libros tienes en casa!* [You have a lot of books at home.]
  - *¡**Cuántas** novelas ha escrito Plácido!* [Plácido has written a lot of novels.]

The noun agrees with ***cuánto/-a/-os/-as*** in gender and number.

- Especially in Spain, to express the opposite idea, ***qué poco*** (with verbs), ***qué poco/a*** (with uncountable nouns) and ***qué pocos/-as*** (with countable nouns) is used to express the opposite idea:
  - *¡**Qué poco** come este niño!*
  - *¡**Qué poca** agua hay en el río!*
  - *¡**Qué pocas** galletas quedaron!*

18 B1-B2 **Read the text below about Romualdo Vargas, and then write his neighbors' exclamations using *cuánto/-a/-os/-as*, as shown in the example. Pay attention to the words in bold.**

Romualdo (→) se ha casado **siete veces** y tiene (1) **14 hijos**. (2) Antes pesaba **132 Kg** y dormía muchísimo, **más de doce horas** al día. Ahora práctica mucho deporte (3), corre **treinta kilómetros** al día y también hace karate. A Romualdo (4) le gusta **mucho** la música y también el cine: tiene una discoteca enorme con **más de mil** (5) **discos de vinilo** y lo (6) sabe **todo** sobre actores, directores y películas. Además, va mucho (7) al cine: por lo menos **cuatro veces a la semana**.

→ ¡Cuántas veces se ha casado!

1. ....
2. ....
3. ....
4. ....
5. ....
6. ....
7. ....

- We use ***cómo*** to focus on the **manner** in which an action has been carried out:
  - *¡**Cómo** canta tu hijo!* [I am surprised at how your son sings: very well or very badly.]
  - *¡**Cómo** vive mi tío Alberto!* [I am surprised at how my uncle Alberto lives: very well, very badly or in an unusual way.]

19 B1-B2 **Doña Angustias, Romualdo's mother, is going to stay with her son for a few days, and is surprised by the changes since her previous visit. Write exclamations with *cómo*, following the example.**

→ Romualdo adelgazó de forma sorprendente. ¡Cómo adelgazó Romualdo!

1. Clara, su hija, creció mucho. ....
2. Rufo, el perro, ladra sin parar. ....
3. La cocina está muy desordenada y sucia. ....
4. El jardín también está sucio y sin cuidar. ....
5. Romualdo cambió mucho. Parece otra persona. ....

41. Comparisons

A ¿*Más* or *menos*?

■ To compare two things that are different in some respect, we use:

VERB → ***más* / *menos*** → ***que***

más* / *menos → ADJECTIVE / ADVERB / NOUN → ***que***

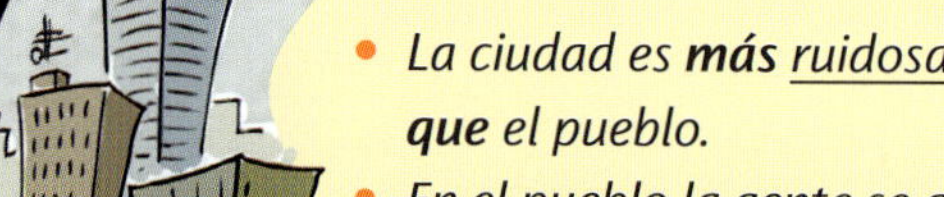

- *En la ciudad la gente <u>se estresa</u>* ***más que*** *en el pueblo.*
- *En la ciudad los niños <u>juegan</u>* ***menos que*** *en el pueblo.*
- *La ciudad es* ***más*** *<u>ruidosa</u>* ***que*** *el pueblo.*
- *En el pueblo la gente se acuesta* ***más*** *<u>temprano</u>* ***que*** *en la ciudad.*
- *En el pueblo hay* ***menos*** *<u>contaminación</u>* ***que*** *en la ciudad.*

■ To compare things more precisely, we use quantifiers such as ***un poco***, ***bastante*** or ***mucho/muchísimo*** before ***más/menos***:

- *Bogotá es* ***bastante*** *<u>más</u> grande que Medellín.*
- *Jaime comió* ***un poco*** *<u>menos</u> que Ángel.*
- *Ir en avión es* ***mucho*** *<u>más</u> rápido que en barco.*

→ **11.** Quantifiers

■ When it is clear what we are talking about, we do not need to mention the second item in the comparison:

- *Tu jefa gana* ***más que*** *tú.*
- *Sí, aunque yo trabajo* ***más***. [than her (the boss)]
- *El aire acondicionado nuevo es* ***más grande***, *pero enfría* ***menos***. [than the old one]

■ When the second item in the comparison is a pronoun without a preposition, we always use the subject form:

- *Tu hermano habla más que* ***tú***. [~~Tu hermano habla más que ti.~~]
- *Tu hermano habla más de mí que <u>de</u>* ***ti***.

→ **13.** Subject Pronouns

→ **14.** Pronouns with Prepositions

1 A1-A2 **Here are some basic facts about the Rizus and the Lisus – inhabitants of two planets in the Pelambres galaxy. Compare them by completing the sentences, as shown in the example.**

	Rizus	Lisus	Más/menos
N.º de antenas	6	1	→ Los rizus tienen *más antenas que los lisus.*
N.º de ojos	2	6	1. Los rizus tienen ....
Altura media	220 cm	150 cm	2. Los rizus son .... altos ....
Coeficiente intelectual	170	60	3. Los lisus son .... inteligentes ....
Hora de levantarse	Entre 10 y 11 a. m.	Entre 6 y 7 a. m.	4. Los lisus se levantan .... temprano ....
Hora de acostarse	11:30 p. m.	10:00 p. m.	5. Los rizus se acuestan .... tarde ....
Litros de café por habitante y año	420 litros	1 litro	6. Los rizus beben ....
Expectativa de vida	123 años	67 años	7. Los lisus viven ....

2 A2-B1 **Think about what this old lady and this young woman might be saying. Make sentences using prompts 1-4 from the old lady's perspective and 5-8 from the young woman's viewpoint.**

En mis tiempos la gente se bañaba menos que ahora.

Ahora hay más libertad que antes.

1. La vida ser tranquila.
   ....
2. Los trenes ir despacio.
   ....
3. La gente casarse joven.
   ....
4. La fruta tener sabor.
   ....
5. Haber igualdad entre hombres y mujeres.
   ....
6. La gente divorciarse.
   ....
7. La gente vivir años.
   ....
8. La gente viajar.
   ....

B *Igual, tan/tanto, el mismo...*

To say that two things are **equivalent**, we use:

WITH ADJECTIVES AND ADVERBS

igual de	ADJECTIVE ADVERB	*que*
tan		*como*

- *Pedro es **igual de** activo **que** José.*
- *Pedro no baila **igual de** bien **que** José.*
- *Pedro es **tan** activo **como** José.*
- *Pedro no baila **tan** bien **como** José.*

And also:

- *Pedro y José son **igual de** activos.*
- *Pedro y José no bailan **igual de** bien.*

WITH VERBS

...	*igual que*	...
	tanto como	

Igual que (IN THE SAME WAY OR AMOUNT)

- *Silvia duerme **igual que** Jorge.* [In the exact same way – face up – or for the same number of hours.]
- *Silvia no ronca **igual que** Jorge.*

And also: • *Silvia y Jorge duermen **igual**.*

Tanto como (SAME AMOUNT)

- *Silvia duerme **tanto como** Jorge.* [For the same number of hours.]
- *Silvia no ronca **tanto como** Jorge.*

- When we refer to the object of a verb, we also use ***lo mismo (que)*** to indicate 'the same amount' or 'the same thing/s':
  - *Mis dos hijos estudian **lo mismo**: arquitectura y piano.*
  - *Dormí **lo mismo** que tú, doce horas.*
  - *Pidieron **lo mismo** que ustedes: un aumento de sueldo.*

- When it is clear what we are talking about, we don't need to mention the second item in the comparison:
  - *El hotel Plasta es **igual de** caro **que** el Jilton e **igual de** cómodo.* [as the Jilton]

- But with ***tanto*** we only remove the second item in the comparison **when the sentence is negative**:
  - *Pedro trabaja **tanto como** José pero no gana **tanto**.* [as José]

  [Pedro trabaja tanto como José y gana tanto.] como él.

3 A2-B1 **Lola Menta and Carmen Fado are two famous actresses who are very much alike, but not exactly the same. Describe the ways in which they are similar and in which they are not, using the adjectives and adverbs in the box to make sentences with *igual de...* and *tan... como*.**

alta deportista joven ✓ rica rápido tarde cerca

	Lola	Carmen
Edad	35	45
Altura	173 cm	173 cm
Horas de deporte	3 horas al día	1 hora al día
Hora de desayunar	12:00 p. m.	12:00 p. m.
Velocidad manejando	170 km/h	170 km/h
Distancia de casa al trabajo	5 km	30 km
Dinero	2 millones de dólares/año	10 millones de dólares/año

→ Carmen no es tan joven como Lola. / Carmen no es igual de joven que Lola.

1. ....
2. ....
3. ....
4. ....
5. ....
6. ....

4 A2-B1 **Compare what Lola Menta and Carmen Fado do, using *igual que, tanto como* and *lo mismo (que)*. Note that you can only use *tanto como* when comparing quantities.**

→ Lola corre todos los días 10 km. Carmen solo 3. → Carmen no corre lo mismo que Lola. / Carmen no corre tanto como Lola.

1. Lola duerme 9 horas al día. Carmen también. 1. ....

2. Lola habla con una voz muy grave. Carmen también. 2. ....

3. Lola trabaja ocho horas al día. Carmen también. 3. ....

4. Lola se pinta los ojos, los labios y las uñas de las manos. Carmen también. 4. ....

5. Lola duerme con antifaz y en colchón de agua. Carmen también. 5. ....

6. Lola desayuna dos docenas de ostras, salchichas y huevos. Carmen desayuna café. 6. ....

WITH NOUNS

IDENTITY AND QUANTITY	*el mismo* *la misma* *los mismos* *las mismas*	NOUN	*que*
ONLY QUANTITY	***tanto*** ***tanta*** ***tantos*** ***tantas***		***como***

IDENTITY / EQUAL QUANTITY
COUNTABLE AND UNCOUNTABLE

- *Pedro tiene **el mismo** celular **que** Juan.*
- *Pedro usa **la misma** talla **que** Juan.*
- *Pedro tiene **los mismos** gustos **que** Juan.*
- *Pedro tiene **las mismas** amigas **que** Juan.*
  [the same friends or the same number of friends.]
- *Pedro bebe **el mismo** vino **que** Juan.*
  [the same kind of wine or the same quantity.]
- *Pedro no lleva **el mismo** suéter **que** Juan.*

And also:

- *Pedro y Juan tienen **el mismo** celular.*
- *Pedro y Juan tienen **la misma** talla.*
- *Pedro y Juan tienen **los mismos** gustos.*
- *Pedro y Juan tienen **las mismas** amigas.*

EQUAL QUANTITY
UNCOUNTABLE: singular

- *Tomo **tanto** café **como** mi esposo.*
- *Esa casa tiene **tanta** luz **como** la suya.*
- *Ya no tengo **tanto** pelo **como** antes.*

COUNTABLE: plural

- *Tengo **tantos** problemas **como** tú.*
- *Este hotel tiene **tantas** habitaciones **como** el de la playa.*
- *Tú no tienes **tantos** problemas **como** yo, ¿no?*

■ When it is clear what we are talking about, we don't need to mention the second item in the comparison.

- *Federico vive en **el mismo** vecindario **que** Laura y tiene **el mismo** auto.* [as Laura]
- *Pedro tiene **la misma** chaqueta **que** Juan y recién se compró **los mismos** zapatos.* [as Juan]

But with ***tanto/-a/-os/-as*** we can only remove the second part when the sentence is negative:

- *Mi computadora tiene **tanta** memoria **como** la tuya, pero no pesa **tanto**.* [as yours - your computer.]

Mi computadora tiene tanta memoria como la tuya y pesa tanto. — como la tuya.

Yo voy a tomar el 7, ¿y tú?
BUS
Yo, el mismo. ¡Qué casualidad!

5 A2-B1 **Here is some additional information about Lola Menta and Carmen Fado. Complete the sentences as shown in the example.**

	Lola	Carmen
Esposos	4	4
Mascotas	15 (gatos)	2 (gatos)
Agua mineral	Vichí	Vichí
Yates	3	3
Peluquera personal	Paqui Tijeras	Rocío Mechas
Entrenador personal	Jesús Cachas	Jesús Cachas
Amigas íntimas	Cari, Bea y Ana	Luci, Rosa y Pepi
Tazas de café al día	5 tazas (colombiano)	5 tazas (brasileño)

→ Lola ha tenido *tantos* esposos como Carmen.
1. Carmen bebe .... agua que Lola.
2. Carmen tiene .... entrenador personal que Lola.
3. Carmen toma .... café .... Lola, pero no toma ....
4. Carmen tiene las mismas .... que Lola, pero no tiene ....
5. Lola y Carmen tienen .... yates.
6. Lola tiene tantas .... como Carmen pero no ....
7. Carmen no tiene .... peluquera .... Lola.

6 A2-B1 **Pablo and Paula have only just met but have already realized that they are made for each other.**

→ Van a *los mismos* restaurantes: vegetarianos.
1. Se duchan .... : con agua fría.
2. Los dos son .... tímidos: no hablan con nadie.
3. Los dos tienen .... trabajo: son plomeros.
4. Los dos cocinan .... bien: hacen platos exquisitos.
5. Oyen .... tipo de música: jazz y ópera.
6. Les gustan .... películas: japonesas y turcas.
7. Los dos son .... altos: miden 1,72.
8. Tienen .... terapeuta, pero lo van a dejar.
9. Les gusta .... batido de chocolate: Cuela-Cao.
10. Los dos se acuestan .... tarde: a las 2 de la mañana.
11. Los dos tienen .... manía: comerse las uñas.

C Relative superlative: *La atleta más rápida del mundo.*

When we want to point out the highest degree of someone or something in relation to all others in a group, we use:

el/la/los/las	(NOUN)	***más/menos***	ADJECTIVE	***de*** + GROUP OF THINGS, PEOPLE OR ANIMALS
				que + SENTENCE

- *El edificio azul es **el** rascacielos **más** alto **de** la ciudad.*
- *Es **el** (rascacielos) **más** alto **que** he visto en mi vida.*

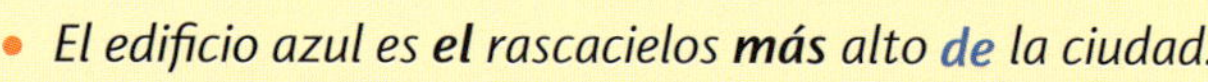

When it is clear from the context, it is not necessary to mention the group being referred to:

- *Me dijiste quién es la más simpática de tus amigas, pero no quién es **la más inteligente**.* [the most intelligent among all your friends.]

7 A2-B1 Match items from all three columns to form sentences.

→ Mi novio es	a. la menor	a. de la clase.
1. El Quijote es	b. el aeropuerto más grande	b. que conozco.
2. Antoñito es	c. el libro más emocionante	c. de toda nuestra vida.
3. El Dorado es	d. el hombre más bello	d. de las cinco hermanas.
4. Los tres primeros años son	e. el niño más alto	e. que he leído.
5. Sofía es	f. los más importantes	f. de Colombia.
6. Los Polos son	g. el cuadro más famoso	g. de los últimos cinco años.
7. Este verano fue	h. la habitación más tranquila	h. del planeta.
8. Su dormitorio es	i. el peor día	i. de la semana.
9. El *Guernica* es	j. el más seco	j. de la casa.
10. El lunes es	k. las zonas más frías	k. de Picasso.

D Absolute superlative: *Una persona cariñosísima.*

■ To express that something demonstrates a very high degree of a particular aspect, but without it relating to other objects of the same type, we use:

ADJECTIVE / ADVERB	*-ísimo/-a/-os/-as*

- *Este rascacielos es alt**ísimo**.*
- *El sitio está bien, pero la cafetería es car**ísima**.*
- *Claudia siempre llega tard**ísimo**.*

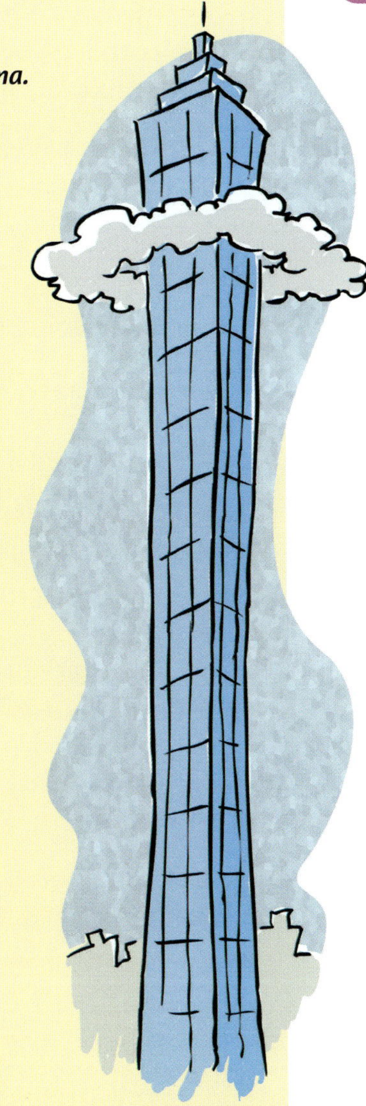

■ When ***-ísimo*** is added to an adjective, it agrees in gender and number with the noun to which it refers:

- *Tus hijos están altísimos.*
- *¡Qué barbaridad! Es una falda carísima.*

👁 With adjectives that already express a considerable degree of intensity (such as ***terrible***, ***magnífico***, ***excelente***, ***espantoso***, or ***maravilloso***) ***-ísimo*** is not usually used.

■ The ***-ísimo*** ending is added to the singular form of adjectives and some adverbs:

If the adjective or adverb ends in a vowel, you replace the vowel with ***-ísimo***:

alto/-a → *alt**ísimo**/-a*	*interesante* → *interesant**ísimo**/-a*
temprano → *tempran**ísimo***	*tarde* → *tard**ísimo***

If the adjective or adverb ends in a **consonant**, you add ***-ísimo***:

útil → *util**ísimo**/-a*	*fácil* → *facil**ísimo**/-a*	*difícil* → *dificil**ísimo**/-a*

If the adjective ends in ***-ble***, the ***-le*** is replaced by ***-ilísimo***:

amable → *amab**ilísimo**/-a*	*sensible* → *sensib**ilísimo**/-a*

With adverbs that end in ***-mente*** (formed from the **feminine singular** of the adjective) you add ***-ísima-*** to the adjective form:

lentamente → *lent**ísima**mente*	*rápidamente* → *rapid**ísima**mente*

👁 ADJECTIVES *joven* → *jovencísimo*; *nuevo* → *novísimo/nuevísimo*; *poco* → *poquísimo*; *fuerte* → *fortísimo/fuertísimo*; *antiguo* → *antiquísimo*; *fresco* → *fresquísimo*

ADVERBS *cerca* → *cerquísima*; *lejos* → *lejísimos*

→ 44. Accentuation

8 A2-B1 **Add the ending *-ísimo/-a /-os /-as* to these adjectives, as shown in the example. Watch out for the agreement.**

pocas	poquísimas	feliz	....	salado	....
simpáticos	....	joven	....	interesantes	....
antipático	....	amables	....	fácil	....
secas	....	agradable	....	divertido	....

9 A2-B1 **Write the adjectives that correspond to these forms, following the example.**

fortísimos	fuertes	fragilísimo	....	tontísimos	....
jovencísimas	....	grandísima	....	felicísimas	....
amabilísimo	....	blanquísimo	....	agradabilísimo	....

10 A2-B1 **Add the ending *-ísimo/a* to these adverbs, following the example.**

cerca	cerquísima	mucho	....	recientemente	....
lejos	....	poco	....	claramente	....
tarde	....	lentamente	....	fácilmente	....
rápido	....	tranquilamente	....	temprano	....

11 A2-B1 **Ana and Cecilia exaggerate a lot. They are talking about the latest TV series about aliens that they have been watching. Put the words in parentheses into the *-ísimo/-a/-os/-as* form, where possible – it is not possible in some cases. Also, watch out for the agreements.**

Ana: Es que KCT9744 es (bello) → bellísimo, (1. alto) .... y (2. azul) .... Me encanta. Y además es (3. listo) .... y (4. bueno) .... El otro, ATA815, es (5. malo) ...., (6. feo) .... y va siempre (7. sucio) .... Tiene una cabeza (8. horrorosa) ...., (9. llena) .... de antenas y (10. roja) ....

Cecilia: ¿Y qué me dices de la detective marciana LAGO2020? Esa sí que es (11. increíble) ....

Ana: Sí, sí. (12. inteligente) ...., (13. elegante) ...., (14. simpática) .... y (15. morada) .... Aunque siempre se mete en unos líos (16. terribles) ....

Cecilia: Sí, porque, por ejemplo, ahora está en un momento (17. espantoso) ...., pero seguro que lo arregla (18. pronto) ....

Ana: Es una serie (19. espectacular) .... e (20. interesante) ...., la verdad. Salen unas naves (21. magníficas) .... y unos paisajes de Marte (22. fabulosos) ....

12 A2-B1 **Complete as shown in the example. In two cases you will have to keep the adjective instead of using the superlative form.**

→ ● El profesor es muy agradable, ¿verdad?
○ Sí, es agradabilísimo.

1. ● No, prefiero no comprar este perfume... Es muy caro.
○ Sí, es ....

2. ● Basta, no quiero ver más a José. Es insoportable.
○ Sí, es .... No me cae nada bien.

3. ● ¿Qué creen? A mí me parece muy feo.
○ Es ...., la verdad.

4. ● Es un cuadro muy lindo. ¿Te gusta?
○ Sí, es .... Lo adoro.

5. ● Es una situación terrible.
○ Sí, es .... ¿Nos vamos?

E *Mejor, peor, mayor, menor.*

The adjectives ***bueno, malo, grande, pequeño*** and the adverbs ***bien, mal*** have special forms to express a greater degree:

Mejor = (más + bueno) / (más + bien)

- *El aceite de oliva es **mejor** que la mantequilla.*
- *Mi madre cocina **mejor** que vos.*
- *Es el **mejor** libro que he leído.*

Peor = (más + malo) / (más + mal)

- *La película es **peor** que el libro.*
- *Mi esposo estaciona **peor** que tú.*
- *¿Cuál es el **peor** día de la semana para ti?*

Mayor = más grande (de más edad)

- *Mi hermana es un poco **mayor** que yo.*
- *Es el **más grande** de todos mis primos.*

Menor = más pequeño (de menos edad)

- *Tu hermano es bastante **menor** que vos, ¿no?*
- *Solo conozco al **más pequeño** de los primos.*

When ***mejor, peor, mayor*** and ***menor*** are adjectives, they only agree in number:

- *Las bromas de José son **mejores** que las de Álex.*

13 A2-B1 **Complete with *mejor, peor, mayor* and *menor*. Watch out for the agreements.**

→ ¿Cuántos años tiene tu hermano? Recuerdo que es bastante mayor que tú, ¿no?

1. No me gustó nada la película. El libro es mucho ....
2. El hotel era muchísimo .... que el del año pasado. Había cucarachas y ratones. La pasamos muy mal.
3. Doctor, me siento mucho .... Estas pastillas son excelentes.
4. ¡Claro que Leo es .... que yo! Él tiene 28 y yo 37.
5. En mi país los buses son .... : son más puntuales y más cómodos.
6. Aquellos cursos fueron mucho .... que los de otros años. No aprendimos nada. Un desastre.
7. Está claro que estos camarones son .... Aunque son más baratos, están mucho más frescos.

14 A2-B1 **Fernando spends all his time comparing himself with Jorge, his best friend at school. Read this page from his diary and cross out the second half of the comparison where possible.**

Querido diario:

Hoy voy a hablar de mi amigo Jorge. → Su padre es muy simpático, pero el mío es más divertido ~~que el suyo~~. (1) A mí me hacen más regalos en Navidad que a él porque me porto mejor que él. (2) Cuando hacemos carreras yo corro tanto como él, pero cuando jugamos al fútbol yo no meto tantos goles como él. (3) Yo me tengo que ir a la cama a las nueve y no entiendo por qué Jorge se acuesta más tarde que yo. No es justo. (4) Como vamos a la misma clase, nos mandan las mismas tareas, pero yo no me demoro tanto como él en hacerlas. Yo soy mucho más rápido que él. (5) Él vive tan cerca del colegio como yo, pero siempre va en auto. Yo voy caminando o en bus. (6) A Jorge y a mí nos gusta la misma niña, Susana, pero ella me mira a mí más que a él. (7) Yo soy mejor que él con los videojuegos, pero él es mejor que yo con las canicas. (8) Los dos tuvimos gripe al mismo tiempo. Un día me llamó y me dijo que tenía tanta fiebre como yo y que le dolía la garganta tanto como a mí, pero que él no lloraba tanto como yo, que era más valiente que yo. (9) Jorge es mi mejor amigo y yo soy su mejor amigo. La verdad es que no sé si a Susana la amo más que a él, pero cuando estamos de vacaciones me acuerdo más de Jorge que de ella.

42. Linking Sentences: *y, o, pero, sino, porque, cuando, si, que...*

A *Y, o, ni.*

■ With ***y*** we link one element to another:

- *Vinieron Luis **y** María a vernos.*
- *Vamos a cenar **y** a ver una película.*
- *Fuimos a la fiesta **y** la pasamos muy bien.*

■ When more than two elements are mentioned, the ***y*** only needs to be placed before the last one:

- *Tenemos que comprar papas, tomates, lechuga **y** ajos.*
- *Me levanto, me ducho, desayuno **y** voy a trabajar.*

But we can also say:

- *Hay que comprar papas **y** tomates **y** ajos.*

We use ***e*** (instead of *y*), especially in written texts, if the next word starts with ***i***- or ***hi***-:

- *En esta zona viven paquistaníes **e** **i**talianos.*
- *Tienen que ir a la reunión padres **e** **hi**jos.*

¿Cómo se llama tu gato?
Julio César.
¿Y cuántos años tiene?
Uno **y** medio.
¿Qué quieres comer: comida china **o** mexicana?
¡China!

■ We use ***o*** to point out a **choice** between one or more elements:

- *¿Sacas tú la basura **o** la saco yo?*
- *De regalo, quiere unos guantes **o** un collar.*
- *Podemos ir al cine esta noche. ¿**O** vamos al teatro?*
- ***O** a una discoteca. Tengo ganas de bailar.*

O can be placed before **all** the elements referred to, except in questions:

- *Iré el jueves **o** el viernes, aún no lo sé.*

And we can also say:

- *Iré **o** el jueves **o** el viernes, aún no lo sé.*

  But: ¿~~O~~ te provoca un té o prefieres un café?

We use ***u*** (instead of *o*), especially in written texts, if the next word starts with ***o***- or ***ho***-:

- *Enrique tiene siete **u** **o**cho gatos.*
- *¿Vertical **u** **ho**rizontal?*

1 A1 **Match the phrases on the left with those on the right to form sentences, following the examples.**

→ Están aquí Clara **y** — b.
1. Vamos a ir a cenar **y**
2. Tenemos clase esta tarde **y**
3. Vino la vecina **y**
4. Julián habla muy bien francés **e**
5. Esta mañana salgo de casa **y**

a. después al cine.
b. sus amigas del colegio.
c. inglés. Es traductor.
d. mañana por la tarde.
e. me encuentro con Ana.
f. trajo un postre buenísimo.

6. ¿Quieres un café **o**
7. El viaje dura dos **o**
8. ¿Vamos al campo **o**
9. Carlota quiere visitar Bélgica **u**
10. Y Enrique quiere visitar Italia **o**
11. Vamos a estar siete **u**
12. Setenta **u**

g. a la playa?
h. Holanda. No me acuerdo.
i. Alemania, me parece.
j. ocho horas en el avión.
k. un refresco?
l. tres horas en barco.
m. ochenta personas son demasiadas.

- With ***ni*** we can add one negative element to another:
  - <u>No</u> *vino Juan.*
  - ***Ni*** *María. ¡Qué raro!*
  - <u>No</u> *quiero té* ***ni*** *café.*
  - *Luis* <u>no</u> *sabe inglés* ***ni*** *quiere aprenderlo.*

  We can put ***ni*** before all the elements that we link together. This way, we can point out from the start that all these elements will be negative:
  - ***Ni*** *vino* ***ni*** *llamó.*
  - ***Ni*** *tengo auto* ***ni*** *quiero tenerlo.*

2 A1-A2 **Carmen and her mother are buying presents for the family. How many things will they buy for each person? Fill in the blanks with the correct number(s) as shown in the example.**

→ Para Ana, un perfume, o un bolso y una falda. ......1 o 2......
1. Para Mercedes, ni juguetes ni dulces: un libro. ....
2. Para Antonio, una colonia, un póster o un disco. ....
3. Para Julia, un marco de fotos o un cuadro. ....
4. Para Elisa, ni un piano ni una guitarra ni nada. ....
5. Para Carla, una camisa y un chaleco, o unos pantalones y un cinturón. ....
6. Para Juan, una bata y un jabón. ....
7. Para Jorge, una planta y un disco, o unos zapatos. ....
8. Para Adriana, ni libros ni discos. Un collar o una pulsera. ....

3 A1-A2 **Some friends are suggesting ideas for the weekend. Fill in the blanks with *y*, *ni*, or *o* as shown in the example.**

Carla: El sábado → ...o... el domingo en la mañana podemos ir al zoo (1) .... después a pasear por el parque.

Goyo: No hay tiempo para las dos cosas: (2) .... vamos al zoo (3) .... vamos al parque.

Sandra: A mí no me provoca (4) .... una cosa (5) .... la otra. ¿Por qué no vamos a pasar el día a casa de Tomás?

Carla: ¿A casa de Tomás (6) .... a casa de Luis? La casa de Luis es más grande y tiene jardín.

Goyo: Pero (7) .... Luis (8) .... Tomás saben nada de nuestros planes. En vez de eso, podemos ir todo el fin de semana a la playa a tomar el sol (9) .... a descansar.

Sandra: Sí, mejor. A la playa en la mañana (10) .... a bailar en la noche, ¿de acuerdo?

4 A1-A2 **Look at the illustrations of the two men and complete the descriptions with *y* or *ni*. Which of the two is Cristina's husband?**

El tipo de hombre ideal de Cristina...

→ No tiene ..ni.. barba ..ni.. bigote.
1. Tiene el pelo corto ...... liso.
2. Lleva chaqueta ...... corbata.
3. No es ...... muy alto ...... muy delgado.
4. No tiene los ojos azules ...... el pelo rubio.

El esposo de Cristina...

5. Tiene barba ...... bigote.
6. No tiene el pelo ...... corto ...... liso.
7. No lleva ...... chaqueta ...... corbata.
8. No es ...... muy bajo ...... muy gordo.
9. Tiene los ojos azules ...... el pelo rubio.

B *Pero, sino.*

■ ***Pero*** introduces an idea which contrasts with a previous one:

- *Tengo una piscina en casa, **pero** no sé nadar.*
- *Me gusta mucho el pueblo, **pero** prefiero vivir en la ciudad.*
- *Tu hermano no ha llegado, **pero** tu cuñada sí.*
- *La casa de Luisa es bellísima, **pero** un poco cara.*

5 A1 **Fill in the blanks with *y*, *o*, or *pero*, following the example.**

→ Ana quiere ser doctora
...y....... ayudar a las personas.
...o....... enfermera.
...pero... le da miedo la sangre.

1. Los Flores tienen una casa en la playa
.... siempre van a la montaña.
.... en la montaña. No me acuerdo.
.... otra en la montaña.

2. Ernesto está enamorado de Marta
.... de Alicia. No estoy seguro.
.... de Clara al mismo tiempo.
.... no quiere irse a vivir con ella.

3. El nuevo empleado trabaja muy bien
.... trabaja muy mal, depende del día.
.... mucho. Es el mejor de todos.
.... poco: es siempre el primero en irse.

4. Mañana vamos al cine
.... no antes de las 7 porque tengo que trabajar.
.... , mejor, a dar una vuelta si no llueve.
.... a cenar después.

5. Nora todos los días va al gimnasio
.... hace ejercicio en casa, una de dos.
.... no está mucho rato.
.... , además, come solo frutas y verduras.

■ We can use ***pero*** to add an idea that contrasts with another previous negative idea:

*Jane no habla español, **pero** lo entiende.*

- *Vos no pediste jamón, ¿verdad?*
- *No, no pedí jamón, **pero** me lo trajeron.*

- *No tengo azúcar, **pero** tengo miel.*
- *No hiciste bien el examen, **pero** lo pasaste.*

■ We use ***sino*** to make a correction. We negate one idea and replace it with another:

*Jane no habla español **sino** inglés.*

- *Usted pidió jamón, ¿verdad?*
- *No, yo no pedí jamón, **sino** salmón.*

- *Esas galletas no llevan azúcar, **sino** miel.*
- *En el examen no sacaste un 6, **sino** un 8.*

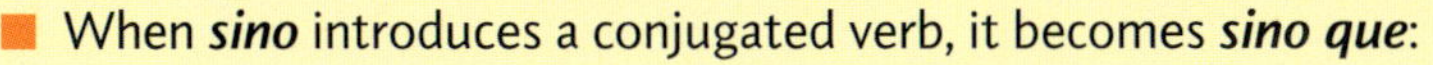

■ When ***sino*** introduces a conjugated verb, it becomes ***sino que***:

- *El ladrón no huyó por la ventana,* ***sino que*** *<u>estuvo</u> escondido en la casa hasta que llegó la policía.*
- *Y esta tarde no vas al parque,* ***sino que*** *<u>te vas a quedar</u> en casa y sin televisión.*

[Mopa no pasea con su dueño, ~~pero~~ sino con su dueña.]

6 B1-B2 **The actress Guadalupe Chamorro is losing her memory. Help her sons correct the information she's giving to a journalist. Use *sino* or *sino que*, as shown in the example.**

→ Nací en Taxco en 1943.
(Nació en Cuernavaca en 1943).
No nació en Taxco, sino en Cuernavaca.

1. En 1964 me casé. Mi esposo se llamaba Alberto Marchetti.
(Su esposo se llamaba Horacio Marchetti).
....
2. En 1975 rodó dos películas en Hollywood.
(En 1975 hizo una serie en México).
....
3. Mi primera película fue un gran éxito.
(En realidad fue un fracaso).
....
4. En el 62 fui la protagonista de *La leyenda de G.*
(Tuvo un papel secundario en la película).
....
5. Tengo siete hijos.
(Tiene solo tres hijos).
....
6. Mi hijo mayor, Julián, es director de cine.
(Julián trabaja en el circo).
....
7. Gané un Óscar por la película *José y yo.*
(Ganó el premio Platino).
....

7 B1-B2 **Guadalupe Chamorro is also rather pessimistic and forgets to tell the journalist the positive things about her life. Help her sons once more to correct the information she gives, as in the example.**

→ No tengo ninguna hija.
(Tiene cinco nietas bellísimas).
No tiene ninguna hija, pero tiene cinco nietas bellísimas.

1. Ya no tengo casa en Hollywood.
(Tiene casas en París y en Miami).
....
....
2. Almo Tóvar nunca me llamó para sus películas.
(Participó en la primera película dirigida por una mujer).
....
....
3. Nunca tuvo una buena crítica.
(Ganó mucho dinero en el cine).
....
....

8 B1-B2 **The journalist who has just interviewed Guadalupe is learning Spanish, but he still doesn't know how to use *sino* very well. Correct his errors (there are five more), as shown in the example.**

→ No tiene siete hijos, ~~pero~~ (sino) tres. No es joven, pero (✓) todavía es muy activa.

1. No se casó en 1974, pero (........) en 1964.
2. No tiene avión privado, pero (........) la productora le regaló un barco de recreo.
3. Su primera película no fue *La leyenda de G*, pero (........) *Las aventuras del conde Drácula.*
4. No es una buena actriz, pero (........) ganó mucho dinero.
5. Su hijo no trabaja en el cine, pero (........) en el circo.
6. No le gustan los periodistas, pero (........) a veces habla con ellos.
7. Ahora no vive en Cuernavaca, pero (........) en Taxco.
8. No vive sola, pero (........) con su hermana pequeña.

C *Porque, como, es que.*

■ With ***porque*** we explain the reason for something:

Tengo que irme a casa porque mi hija está enferma.
Ah, ¿qué le pasa?

[Jaime explains the reason he has to go home: his daughter is ill.]

The reason introduced by ***porque*** is normally placed at the end of the sentence:

- *No puedo ir a la fiesta de Jimena **porque** me voy a La Habana..*

■ With ***como*** we introduce a fact that must be considered in order to understand another fact:

Como está lloviendo, mejor nos quedamos en casa, ¿no?
Sí, mejor nos quedamos.

[If the girl considers the fact that it's raining, she will understand the boy's suggestion.]

The reason introduced by ***como*** is normally placed at the start of the sentence:

- ***Como** trabaja tanto, Raquel no tiene tiempo para su familia.*

Note the difference between: ***por qué*** (why) written as two words and with an accent and meaning; and ***porque*** (because) written as one word and without an accent.

- *¿**Por qué** no vas a trabajar?*
  - ***Porque** tengo 39 de fiebre.*

→ **40.** Questions and Exclamations

■ ***Es que*** is used to introduce a reason as the justification and/or excuse for something:

- *No hice las tareas. **Es que** no tuve tiempo en toda la semana.* [Not having time is the justification and/or excuse.]
- *Me gustaría ir al cine contigo esta noche, pero no puedo. **Es que** mañana tengo que madrugar.* [Having to wake up early is the excuse.]

¿Por qué te levantas tan temprano?
Es que me gusta hacer ejercicio en las mañanas.

9 A2-B1 **Complete these sentences with the most appropriate explanations from below, as shown in the examples. Pay attention to the order of the different phrases.**

- como no hay nada interesante en el cine ✓
- porque mi celular se quedó sin batería
- como ya teníamos las entradas para el concierto
- porque se fueron al parque con sus amigos
- como Catalina sabe latín
- porque esta se nos hizo pequeña ✓
- como el banco estaba cerrado
- porque necesitábamos seis

→ Como no hay nada interesante en el cine, mejor alquilamos una película. ....

→ .... D~~d~~entro de un mes nos mudamos de casa porque esta se nos hizo pequeña.

1. .... le pedí que me ayude con la traducción ....
2. .... los niños no están en casa ....
3. .... tuve que pedirle dinero a mi hermano ....
4. .... no te llamé ....
5. .... no tuvimos que hacer cola ....
6. .... pusimos un ejemplo más ....

10 A2-B1 **Complete the dialogues with the most appropriate response from the box, as shown in the example.**

Pues porque María no me invitó. ✓ Sí, porque, si no, se va a enfriar el pescado. Es que mi madre es de Milán. No, porque no hay mucho que hacer en la oficina. Es que no tenemos a nadie con quien dejar al niño. Es que no tengo cepillo. Porque ya estamos en verano y los días son más largos. Es que no había huevos.

→ ● ¿Por qué no viniste a la fiesta anoche?
○ Pues porque María no me invitó.

1. ● ¿No preparaste el revuelto?
○ ....
2. ● ¿Podemos comenzar a comer ya nosotros?
○ ....
3. ● ¿Vas a trabajar este fin de semana?
○ ....
4. ● ¿Por qué no te lavaste los dientes?
○ ....
5. ● ¿Van a venir esta noche a casa?
○ ....
6. ● Oye, ¡qué bien hablas italiano!
○ ....
7. ● ¿Por qué amanece tan temprano?
○ ....

D *Que, donde, como, cuando.*

■ We can use phrases to **give information** about objects, people, or places that we name with nouns. We use the relative pronoun ***que*** (for objects and people) or ***donde*** (for places) to link the phrases to the nouns:

- *Ese perro se llama Brutus.*

- *Ese perro **que** tiene Ana en brazos se llama Brutus.*

[The dog is called Brutus. Ana is holding the dog in her arms.]

- *La novela es excelente.*

- *La novela **que** me regalaste es excelente.*

[The novel is fantastic. You gave me the novel.]

- *El hotel está en la playa.*

- *El hotel **donde** trabaja Carlos está en la playa.*

[The hotel is by the beach. Carlos works in the hotel.]

→ **33.** Indicative or Subjunctive?

11 A2-B1 **Some words have been erased in Ángela's letter to the Three Wise Men. Help her reconstruct the sentences, using the expressions from the box.**

Queridos Reyes Magos:

Este año quiero el libro de los animales que tiene mi amiga Sandra; la muñeca de Juguetosa (1) .... sola y (2) .... muchas canciones de Los Changuitos; la película de dibujos animados (3) .... con mis padres (es de una princesa india (4) .... con un marinero (5) .... muy lejano); el disco del cantante (6) .... del Primavera Sound este año; y un traje de enfermera. Para mi hermana Paula, (7) ...., les pido la bicicleta (8) .... para ir al colegio.

- que tiene mi amiga ✓
- que vive en un país
- que puede caminar
- que tiene nueve años
- que se enamora y se casa
- que ganó el festival
- que vi ayer en el cine
- que quiere
- que canta

12 A2-B1 **Gianni, who is learning Spanish, has written some interesting things about his family but he has trouble forming sentences with *que*. Help him by rewriting the sentences as shown in the example.**

→ Mi tío Umberto tiene una casa muy hermosa. La casa de mi tío está en la costa.
Mi tío Umberto tiene una casa muy hermosa que está en la costa.

1. Un primo mío está casado con una japonesa. La japonesa se llama Machiko.
....

2. Mi madre es traductora en una empresa. La empresa está a 10 km de nuestra casa.
....

3. Paola, mi hermana, escribe novelas. Las novelas de mi hermana tienen mucho éxito.
....

4. Ferdinando, mi hermano, tiene una cámara y se dedica a la fotografía. La cámara era de mi abuelo.
....

5. Y yo tengo un trabajo, pero también tengo tiempo para estudiar español. Mi trabajo no me gusta nada.
....

13 A2-B1 **When Gianni writes about his friends, he also has problems forming sentences with *donde*. Help him again by rewriting the sentences as in the example.**

→ Giancarlo trabaja en un cine. En ese cine ponen muchas películas en versión original.
Giancarlo trabaja en un cine donde ponen muchas películas en versión original.

1. Bianca es directora de un banco y también profesora de danza oriental. En el banco gana mucho dinero.
....

2. Silvia trabajaba antes en una editorial, pero ahora se dedica a escribir guías de viaje. Yo trabajé también en esa editorial.
....

3. Luca vive todo el año en un hotel de Milán. En el hotel no pueden entrar mascotas.
....

4. Piero vive en un pueblecito de la India. En ese pueblo todavía no hay luz eléctrica ni teléfono.
....

5. Francesca es profesora en una escuela, pero quiere dejar la enseñanza. En la escuela solo hay veinte estudiantes.
....

■ When the subject or object of a verb is **a subordinate clause with a conjugated verb**, this clause is introduced by ***que***:

- *Tu hermana me dijo **que** viene el fin de semana.*
- *Vi **que** recién te compraste un auto nuevo.*
- *La jefa quiere **que** trabajemos el sábado.*
- *Me gusta **que** me rasquen la espalda.*
- *Es importante **que** llevemos ropa de invierno.*

Que is not used when the verb in the subordinate clause is an **infinitive**:

- *La jefa quiere **trabajar** el sábado.*
- *Me gusta **jugar** con mi amigo Sebastián.*
- *Es importante **llevar** ropa de invierno.*

→ **20.** Impersonal Forms

→ **33.** Indicative or Subjunctive?

14 B1 **In which of the following sentences do we need to use *que*? Mark with an ↓ where it should go in the sentence, as in the example.**

→ No soporto llevar zapatos de tacón. Me duelen mucho los pies. (✓)

→ No soporto ↓ leas el diario en el desayuno. (que)

1. Quieren cenemos esta noche en un restaurante japonés. (........)
2. Quieren cenar en un restaurante japonés. (........)
3. ¿Es necesario llevar traje de etiqueta? (........)
4. ¿Es necesario lleve corbata? (........)
5. Le gusta le den masajes en los pies. (........)
6. Le gusta dar masajes en los pies. (........)
7. Últimamente no logro dormir. Estoy muy nerviosa. (........)
8. Últimamente no logro duerma. Está muy nerviosa. (........)
9. En momentos como estos, es importante tener amigos. (........)
10. En momentos como estos, es importante tengas amigos. (........)

■ We can also use ***como***, ***donde*** and ***cuando*** to refer to the **manner**, **place**, or **time** of an action:

MANNER:

Como
- *Instalé el programa tal **como** me habían dicho los informáticos.*
- *Voy a hacer la salsa **como** me dijiste, sin cebolla y con ajo.*
- *Termina este trabajo **como** puedas, pero termínalo pronto.*

PLACE:

Donde
- *Al abuelo lo enterramos **donde** nos había dicho.*
- *Mis llaves no están **donde** las dejé. ¿Las viste?*
- *Estaciona **donde** encuentres un sitio, pero no en doble fila.*

TIME:

Cuando
- *Nos encontramos con Daniel **cuando** íbamos a la escuela.*
- *Me pongo muy nerviosa **cuando** hay tormenta.*
- *Iremos a visitarlos **cuando** tengamos unos días libres, ¿sí?*

→ **33.** Indicative or Subjunctive?

■ To connect two events in time, we can also use ***en cuanto, siempre que, hasta que***, or ***mientras***.

En cuanto

ONE EVENT HAPPENS IMMEDIATELY BEFORE THE OTHER

- ***En cuanto*** *supo que su abuelita estaba enferma, tomó un avión y se fue.*
- *Salimos corriendo de clase* ***en cuanto*** *suena el timbre.*
- *Dímelo* ***en cuanto*** *lo sepas, por favor, tengo mucha curiosidad.*

- ***En cuanto*** *suena el despertador, me levanto.*

Desde que / Hasta que

ONE EVENT MARKS THE START OR THE END OF THE OTHER

- *Estuvo esperando* ***hasta que*** *lo llamé.*
- *Por las mañanas,* ***hasta que*** *me tomo un café, no puedo hacer nada.*
- *Por favor,* ***hasta que*** *yo te lo diga, no cuentes nada de nuestra relación.*
- *No he comido nada* ***desde que*** *me levanté.*
- *No paro de arreglar cosas* ***desde que*** *vivo en este apartamento.*
- *No comeré nada* ***desde que*** *salga* ***hasta que*** *vuelva.*

- *No me levanto* ***desde que*** *me acuesto* ***hasta que*** *suena el despertador.*

Siempre que

EVERY TIME ONE EVENT TAKES PLACE, THE OTHER HAPPENS TOO

- *Antes íbamos al cine* ***siempre que*** *daban algo interesante.*
- ***Siempre que*** *salimos con mis padres, te enfermas.*
- ***Siempre que*** *vengas a Panamá, ya sabes que puedes quedarte en casa.*

- ***Siempre que*** *paseo, escucho la radio.*

Mientras

TWO EVENTS HAPPEN AT THE SAME TIME

- ***Mientras*** *ella veía la tele nosotros jugábamos a las cartas.*
- *¿Tú hablas por el celular* ***mientras*** *manejas?*
- *No podrás comer picante* ***mientras*** *tengas problemas de estómago.*

- ***Mientras*** *manejo, canto.*

→ **33.** Indicative or Subjunctive?

19 B1-B2 **Luisito is trying to tell us about some of the things that happen to him, but he doesn't know how to speak properly yet. Help him by choosing the most appropriate option in each case.**

Luisito

→ Juego con mis amigos en el parque **en cuanto/desde que/hasta que** mi madre me lleva a casa.

1. Pero no puedo ir al parque **mientras/siempre que/hasta que** quiero. Solo una vez al día.
2. Me lavo las manos y la cara con jabón **en cuanto/mientras/hasta que** llego a casa porque me ensucio mucho.
3. A veces lloro y lloro **desde que/siempre que/hasta que** me compran una golosina. ¡Es que me encantan las golosinas!
4. Mi padre me da la merienda **desde que/mientras/hasta que** vemos juntos la tele.
5. **Mientras/Siempre que/Hasta que** comemos verduras me pongo triste. Y las comemos cada semana.
6. Por las mañanas, me quedo en casa de mis abuelos unas horas **en cuanto/mientras/hasta que** mis padres están trabajando.
7. Voy a la guardería **desde que/mientras/hasta que** cumplí dos años. Pero no me gusta nada. Yo prefiero jugar en el parque.

***Antes de** (que) / **Después de** (que)*

ONE EVENT IS BEFORE OR AFTER ANOTHER EVENT

- *¿Por qué no limpiamos un poco **antes de que** lleguen los invitados?*
- *Tuvimos que limpiar un poco **antes de que** llegaran los invitados.*
- ***Antes de** apagar las velas, pide un deseo.*
- ***Después de que** se fueran los invitados, la casa estaba más sucia que **antes de** limpiar.*
- *Cenaré **después de** ducharme y saldré **antes de que** sean las diez.*

With *antes de* and *después de* we use the infinitive. With *antes de que* and *después de que* we use the subjunctive.

20 B1-B2 **Felipe and Juan are talking about their experiences of going bald. Fill in the blanks with *en cuanto, siempre que, desde que, hasta que, antes de (que)* or *después de (que)* as appropriate.**

Felipe

→ En cuanto perdí el primer pelo, con 22 años, me puse en manos de un dermatólogo.

1. De hecho, ... yo naciera, mi padre ya estaba completamente calvo. Es cosa de familia.
2. Estuve haciendo el tratamiento veinticinco años: .... cumplí los 22 hasta los 47.
3. .... iba al peluquero, le pedía que me cortara mucho para fortalecer el cabello.
4. Y .... no pasó el peligro, no probé ni una gota de café.
5. .... terminar el tratamiento, no se me ha vuelto a caer ni un pelo. Es como un milagro.

Juan

6. No fui a un médico .... un niño me llamó calvo por la calle.
7. .... me quedé completamente calvo, me puse un peluquín, pero estaba muy feo, así que me compré una gorra.
8. .... perder el pelo, yo nunca llevaba gorra; pero ahora, si no me la pongo, me resfrío o se me quema la calva.
9. .... gastarme todo mi dinero en operaciones y trasplantes que no sirvieron de nada, decidí aceptarme como soy.
10. Además, ... mi novia me dijo que los hombres calvos le parecen muy atractivos, soy feliz.

F Express conditions with *si*: *Si tienes tiempo, llámame.*

■ We use ***si*** to introduce a condition:

Si salimos pronto, llegaremos
a la playa antes de la cena..

- *Podemos ir juntos al cine esta tarde **si** les provoca.*
- ***Si** te compras un auto nuevo, ¿me dejarás manejarlo a mí?*
- *¿Vendrán a vernos en Semana Santa **si** encuentran un pasaje barato?*
- ***Si** llamaran del banco, dígales que salí.*

■ When we think that the condition could really happen (in the present or future), we use the present indicative in the ***si*** clause:

- ***Si** me subende el sueldo, vamos a hacer una fiesta para celebrarlo.*
- *Llámame por teléfono **si** tienes algún problema.*
- ***Si** tienen vacaciones en julio, ¿vendrán con nosotros de viaje?*

We cannot use either the future or the present subjunctive in the clause introduced by a conditional ***si***:

El domingo, si ~~lloverá~~ llueve, nos quedaremos en casa.

Si ~~quiera~~ quiere venir con nosotros, la invitaremos.

→ 33. Indicative or Subjunctive?

21 B1 **Ramón Plata is an elderly multimillionaire who recently drew up his will. There, he laid out certain conditions that his heirs will have to meet to inherit his money and property. Fill in the blanks with the verbs from the corresponding boxes in their correct form.**

→ Mi hijo mayor, Juan, será director de la empresa si termina la carrera de Derecho. Mi hija Marta (1) .... con la casa de Punta Cana si (2) .... de Ibiza y (3) .... a vivir acá. Mi esposa (4) .... 200.000 dólares cada año, pero solo si (5) .... una parte a obras benéficas y no (6) .... nuestra casa de campo. Mi sobrino Luis (7) .... la editorial Petrodol si (8) .... de viajar y (9) .... cabeza. Mi hermano Pedro (10) .... vivir en la casa de la isla el resto de su vida si (11) .... un cuadro mío en la sala y (12) .... una fiesta en mi honor todos los años.

ser terminar
regresar quedarse quedarse
vender dedicar recibir
dirigir dejar sentar
colgar poder celebrar

- When we think that the condition is impossible or unlikely, we use the **imperfect subjunctive** in the ***si*** clause:
  - ***Si*** *volviera a nacer, me gustaría ser como tú.* [But I cannot be born again.]
  - *Llámame por teléfono* ***si*** *tuvieras algún problema.* [But there probably won't be a problem.]
  - ***Si*** *tuviera el dinero que me pides, te lo daría, pero no lo tengo.* [But I don't have the money.]

Si tuviéramos una casa en la playa, podríamos pasar las vacaciones en el mar.

- In **the clause that does not begin with *si*** (the main clause), the form of the verb we use depends on what we want to say: a request, a statement, an assumption, or a question, etc.:

• ***Si*** *vas a Barcelona el mes que viene,...* [I think it's likely that you'll go.]	... *tienes que ver a Montse.* ... *llámame por teléfono.* ... *no olvides traerme algo de allí.*
• ***Si*** *fueras a Barcelona el mes que viene,...* [I think it's unlikely that you'll go.]	... *conocerás a Álex y a Lourdes.* ... *yo te podría acompañar.* ... *¿visitarías la Sagrada Familia?*

22 B1-B2 **Mark with an ↓ where the *si* should go in each sentence. Then fill in the blanks with who you think is talking to Florentino Peláez in each case: his boss (B), his wife (W) or his daughter (D).**

→ ↓ no **vuelves** muy tarde, nos vamos a cenar fuera. ..W..

1. **tendrá** que venir el sábado hoy no **pudiera** trabajar. ....
2. te **vas** de viaje, **tráeme** algún juguete. ....
3. **acabara** el informe antes de las dos, lo **invito** a comer. ....
4. ¿me **vas** a llevar de viaje contigo **saco** buenas notas? ....
5. **terminaras** temprano, **pasa** por el banco a sacar dinero. ....
6. no me **podré** dormir no me **lees** un cuento. ....
7. **dejamos** a la niña con mis padres, **podríamos** salir esta noche. ....
8. **llámeme tuviera** algún problema el sábado en la oficina. ....

23 B1-B2 **Félix is always much more optimistic than Tristán. Decide which of the two said the sentences below (1-5), then match them to the most appropriate ending (a-f), as shown in the example.**

→ ..Félix.. Si mañana comienzo a hacer ejercicio,
..Tristán.. Si mañana comenzara a hacer ejercicio, (→ b)

1. .... Si estudiara un poco más cada día,
   .... Si estudio un poco más cada día,
2. .... Si Marta vuelve conmigo,
   .... Si Laura volviera conmigo,
3. .... Si ganan este partido los Leones del Caracas,
   .... Si ganaran este partido los Tigres de Aragua,
4. .... Si comiera menos choripán,
   .... Si como menos choripán,
5. .... Si adelgazo cinco kilos,
   .... Si adelgazara cinco kilos,

a. a lo mejor aprendo inglés en unos meses.
b. seguramente dejaría de dolerme la espalda.
c. nos vamos todos a la playa a celebrarlo.
d. me gustaría ir con ella de vacaciones a Maldivas.
e. no tendría que comprarme ropa nueva para el verano.
f. mi estómago lo agradecería, seguro.

24 B1-B2 **Tristán has just inherited a fortune from his aunt Gloria and is making plans for the future. However, he feels that some things are possible and others are not. Help him form the *si* clauses correctly and then put them in the appropriate gap, following the examples.**

Piensa que es posible:	**Piensa que es muy difícil:**
→ Lograr el amor de Laura	→ Tener un yate
Comprarles una casa a sus padres	Poder comprar todas las casas de su pueblo
Mudarse a Lima	Vivir en Nueva York
Dejar de trabajar un año	Dejar de trabajar para siempre
Hacer muchos viajes a París	Perder el miedo a los aviones

→ Si logro el amor de Laura, a lo mejor algún día nos casamos.
→ Si tuviéramos un yate, pasaríamos el verano navegando por el Caribe.
1. ...., no pasa nada, ya trabajaré en el futuro.
2. ...., seguro que Laura se viene conmigo.
3. ...., podré aprender francés y hacer muchas compras.
4. ...., vivirán con más comodidad que ahora.
5. ...., en pocos años volvería a ser pobre.
6. ...., haría una urbanización de lujo.
7. ...., podría ir a Italia, a Tailandia, a China...
8. ...., tendría un apartamento en la Quinta Avenida.

■ When the ***si*** clause concerns an impossible past that cannot be true because something else happened, we use the **past perfect subjunctive** in the ***si*** clause.

We use the **conditional perfect** in the main clause to express a past hypothesis and the **simple conditional** to express a present or future hypothesis:

- *Si hubiera encendido la vela, **habría estallado** el gas. Afortunadamente no encontró el encendedor.*
- *Si hubiera estudiado más, **pasaría** el examen de mañana. Seguro que no lo logro.*

→ **30.** Conditional
→ **31.** Conditional Perfect
→ **32.** Forms of the Subjunctive

25 B1-B2 **Read the story in the box carefully. Rewrite it with conditionals by placing the sentences in the box into gaps 1-15. Add *si* where necessary and don't forget to use the correct verb forms in each case.**

> Mi padre iba en un taxi. Hacía calor y abrió la ventanilla del taxi. Entró una abeja y le picó. Mi padre era alérgico a las picaduras de abeja y se sintió muy mal. El taxista lo llevó al hospital. Mi padre se enamoró de la doctora que lo curó. Se casó con ella. Yo nací a los nueve meses. Por eso ahora estoy aquí y puedo contarles esta historia.

Era una tarde de verano, mi padre había tomado un taxi porque llegaba tarde al trabajo. → Si no hubiera hecho mucho calor, (1) .... la ventanilla del taxi. Si no hubiera abierto la ventanilla del taxi, (2) .... una abeja. (3) .... a las picaduras de abeja, no (4) .... muy mal. (5) .... muy mal, (6) el taxista .... al hospital. (7) .... al hospital, (8) .... de la doctora que lo curó. (9) .... de la doctora que lo curó, (10) .... con ella. Si (11) ...., yo (12) .... Si yo (13) .... nueve meses después, ahora (14) .... aquí y (15) .... esta historia.

SECTION 7

Spelling

43. Letters and Sounds
44. Accentuation

43. Letters and Sounds

■ The Spanish alphabet is made up of the following letters:

A a *a*	**B b** *be*	**C c** *ce*	**D d** *de*	**E e** *e*	**F f** *efe*	**G g** *ge*	**H h** *hache*
I i *i*	**J j** *jota*	**K k** *ka*	**L l** *ele*	**M m** *eme*	**N n** *ene*	**Ñ ñ** *eñe*	**O o** *o*
P p *pe*	**Q q** *cu*	**R r** *erre*	**S s** *ese*	**T t** *te*	**U u** *u*	**V v** *uve*	**W w** *uve doble*
X x *equis*	**Y y** *i griega, ye*	**Z z** *zeta*					

■ Letters are feminine:

- *Aquí tienes que poner **una** be, no **una** uve.*

■ In Spanish, there is generally a close correspondence between how something is written and how it is pronounced.

The letter ***h*** is silent.

A Groups of letters that represent a single sound.

■ In addition to the letters of the alphabet, the following combinations of letters represent a single sound:

ch [tʃ]

che

champú chocolate
Chicago hecho

ll [ʎ]

elle

ella llave
lleno

rr [R]

erre

perro correr

Many Spanish speakers pronounce the letter ***ll*** as /y/ rather than /ʎ/.

■ The letter ***q*** **always** appears in combination with the ***u*** (the *u* is not pronounced). This combination is always followed by an ***e*** or an ***i***:

qu [K]

queso quiero aquí que

[~~q~~uatro] [~~q~~uota]
c c

1 A1-A2 **In Spanish, there are many dishes and kinds of food which include a combination of letters that represent a single sound. Find out what they are by completing the words below.**

→ A mí me encanta el ch ocolate caliente.

1. Es extraño, pero a Joaquín no le gusta el ......eso.
2. La pae......a es un plato de mediodía. Los españoles no la comen en la cena.
3. ¡Qué buena está la torti......a!
4. En México es típico desayunar ......urros. En Madrid, también.
5. ¿Otra vez po......o? ¿Por qué no comemos un asado con ......michurri un día?
6. Las ......irimoyas tienen muchos nombres. Por ejemplo, en Cuba, cachimán.
7. Prueba las alca......ofas con ......orizo de ese restaurante. Están buenísimas.

 A1 Novice High; **A2** Lower Intermediate, Intermediate Mid; **B1** Intermediate Mid, Intermediate High; **B2** Intermediate High, Advanced Low

B Letters that represent different sounds.

LETTERS					SOUNDS
g	a o u	*gato* *gota* *gustar*	*apagar* *gorra* *agua*	*amiga* *mago* *antiguo*	[g]
gu	e i	*guerra* *guitarra*	*juguete* *conseguir*	There are some words (very few) where the ***u*** is pronounced. In these cases, the ***u*** is written with two dots (diéresis) above it like this ***ü*** (e.g. *nicaragüense, bilingüismo, pingüino*).	[g]
g	e i	*gerundio* *gitano*	*ángel* *frágil*		[χ]
c	a o u	*casa* *comer* *cuñado*	*escapar* *poco* *oscuro*		[k]
c	e i	*cenar* *cocina*	*hacer* *encima*	Most people in Spain pronounce the ***c*** as a [θ] sound: ***c****enar* [θena´r]; *co****c****ina* [coθɪ´na]:	[s]
rr	Always comes between vowels and is rolled: *carro* *perro* *erre* *hierro*				[ʀ]
r	Is rolled when it is the first letter of a word: *ropa* *reír* *río* *Roma* and when it comes after ***l***, ***n*** or ***sub-***: *Enrique* *alrededor* *subrayar* [Enrique] [alrededor]				[ʀ]
r	In all other cases, it is a softer, slightly rolled sound: *caro* *mejorar* *comenzar* *ahora* *transporte* *crece* *gracias* *abrazo* *salir* *aprendo* *señor* *flor* *pero* *poder*				[r]
y	As the first letter of a word or between vowels: *yo* *yate* *yedra* *ayer* *haya* *leyendo* Many Spanish speakers do not distinguish between the /ʎ/ and /y/ sounds, and tend to use the /y/ sound much more. In some areas of Argentina, these sounds are pronounced as /ž/ or /š/.				[ʎ]
y	As the last letter of a word or by itself: *hoy* *hay* *rey* *Paraguay* *detrás y delante*				[i]

5 A2-B1 **Can you correct the misspelled words?**

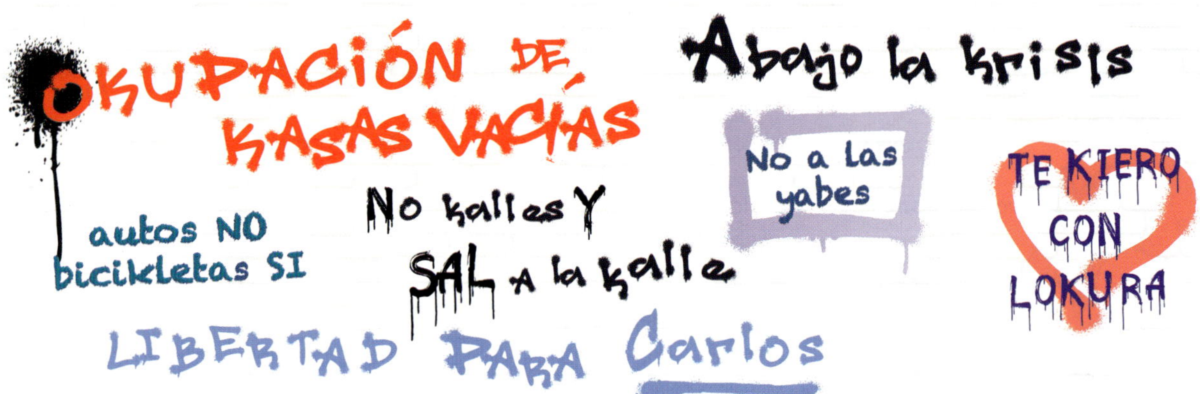

OKUPACIÓN DE KASAS VACIAS
Abajo la krisis
No a las yabes
TE KIERO CON LOKURA
autos NO biciKletas SI
No kalles Y SAL a la kalle
LIBERTAD PARA Carlos

D The *ñ*.

- The *ñ* is the most characteristic letter in Spanish:

ñ [ɲ]

español *niño* *enseñar* *bañera*

6 A1-A2 **Many of the words below should be written with a ñ, not an n. Can you correct them?**

→ En español tenemos muchas eñes, una letra típica de esta lengua.

1. Los suenos que no nos gustan se llaman pesadillas.
2. Tienes que poner primero el nombre de usuario y, después, la contrasena.
3. Tiene solo cuatro anos. Es muy pequeno.
4. Cuando nos lastimamos, nos hacemos dano.
5. Nos banamos en el mar todas las mananas.
6. En esta escuela ensena un profesor caribeno.
7. En Espana celebran el ano nuevo comiendo doce uvas.

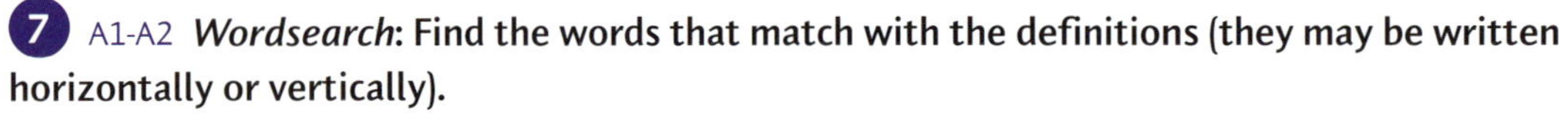

7 A1-A2 ***Wordsearch*: Find the words that match with the definitions (they may be written horizontally or vertically).**

→ Pronombre de primera persona singular.

1. Animal que tiene el cuello muy largo.
2. Animal que ladra.
3. Percibir con los ojos.
4. Número entre el 3 y el 5.
5. Mucha gente lo toma por las mañana, sobre todo si es de naranja o de piña.
6. A los ratones les encanta comerlo.
7. Femenino de 'él'.
8. Gran corriente de agua que va al mar.
9. Lo usamos para lavarnos el pelo.
10. Lo contrario de 'barato'.
11. Última comida del día.
12. El día anterior a hoy.

Q	M	J	I	R	A	F	A	S	S
U	T	G	I	V	C	E	Y	O	C
E	H	X	Z	J	H	C	E	N	A
S	B	O	C	U	A	T	R	O	R
O	F	C	Q	G	M	V	W	G	O
D	T	R	Í	O	P	E	I	O	M
E	L	L	A	X	Ú	R	K	I	V
P	E	R	R	O	P	F	C	A	C

44. Accentuation

A Word stress.

- Words are made up of syllables. Syllables are groups of sounds that are said together:

ven	*ho-ja*	*plan-ta*	*co-ci-na*	*e-jem-plo*	*en-tre-na-dor*	*im-pre-sio-nan-te*
[1 syllable]	[2 syllables]	[2 syllables]	[3 syllables]	[3 syllables]	[4 syllables]	[5 syllables]

- In Spanish, words can be made up of:

ONE SYLLABLE (MONOSYLLABLES)	TWO SYLLABLES	THREE OR MORE SYLLABLES
y, de, mi, pan, ten, sol, sin, sal, ver, flor, luz...	*li-bro, me-sa, lá-piz, go-ma, sam-ba, dis-co...*	*sen-ci-llo, tran-qui-lo, bo-te-lla, te-le-vi-sor, im-pre-sio-nan-te, in-te-re-san-tí-si-mo...*

- All words have a certain stress. The syllable which is pronounced with more emphasis is known as the stressed syllable:

... ■ ■ ■ **■**	... ■ ■ **■** ■	... ■ **■** ■ ■	... ■ **■** ■ ■ ■
yo	***e**-llos*	***sá**-ba-do*	***quí**-ta-se-lo*
*so-**fá***	*do-**min**-go*	*po-**lí**-ti-cos*	*re-ga-**lán**-do-se-las*
*se-ma-**nal***	*con-tro-**la**-da*	*ma-te-**má**-ti-ca*	
*re-pro-duc-**tor***	*ma-ra-vi-**lla**-dos*		
*des-tor-ni-lla-**dor***			

Most Spanish words follow this stress pattern: ... ■ ■ **■** ■

- There is only one written accent, *tilde*, (´) which is always written over the vowel of the stressed syllable: ***á, é, í, ó, ú*** (*ca-fé, mó-vil, mé-di-co...*), taking into account the rhythm and the word ending:

... ■ ■ ■ **■**		... ■ ■ **■** ■		... ■ **■** ■ ■ / ... ■ **■** ■ ■ ■	
If ending in a CONSONANT (except ***-n*** or ***-s***):	If ending in a VOWEL, ***-n*** or ***-s***:	If ending in a VOWEL, ***-n*** or ***-s***:	If ending in a CONSONANT (except ***-n*** or ***-s***):		
WITHOUT ACCENT	WITH ACCENT	WITHOUT ACCENT	WITH ACCENT	ALWAYS WITH ACCENT	
ho-tel	*so-fá*	*ma-pa*	*có-mic*	*mú-si-ca*	
re-loj	*es-quí*	*ma-pas*	*cés-ped*	*plá-ta-no*	
con-trol	*hin-dú*	*ha-bla*	*ár-bol*	*rá-pi-do*	
ha-blar	*jar-dín*	*ha-blas*	*fá-cil*	*sí-la-ba*	
sa-lir	*sa-lón*	*sa-len*	*ál-bum*	*mé-di-co*	
Da-vid	*sa-lí*	*sa-les*	*Ló-pez*	*plás-ti-co*	
ac-triz	*qui-zás*	*di-ce*	*cán-cer*	*cás-ca-ra*	
an-da-luz	*ja-rrón*	*ha-blan*	*dó-lar*	*fan-tás-ti-co*	
es-cri-tor	*de-trás*	*en-tra-da*	*lá-piz*	*gra-má-ti-ca*	
a-mis-tad	*fran-cés*	*can-ta-bas*	*a-zú-car*	*ki-ló-me-tros*	*pí-dan-se-las*
pa-si-vi-dad	*can-ta-rás*	*in-gle-sa*	*di-fí-cil*	*te-lé-fo-no*	*co-mén-te-se-lo*
em-pe-ra-dor	*ca-ta-lán*	*es-cri-to-ra*	*por-tá-til*	*an-ti-pá-ti-cos*	*to-mán-do-se-las*
des-tor-ni-lla-dor	*co-mu-ni-ca-rán*	*de-mo-cra-cia*	*re-fe-rén-dum*	*de-mo-crá-ti-cos*	*úl-ti-ma-men-te*

- Monosyllabic words are generally not written with an accent:

  con, en, por...
  pan, ser, sal, sol...
  di, haz, pon, ten...

  However, in some cases, they do have accents (see section C).

1 A1-A2 **Jaime is teaching his parrot, Guillermo Alfredo, to write, but he's having trouble with the written accents. Help him by adding the accents where necessary.**

gustan árbol pajaro llevenmelo menu calor cadaver
mejor coñac abril kilometro examen caracter ademas
angel hotel imbecil ojala agenda haz daselos palabra
dormir banana sin camisa llamenlo fin velocidad
saltesela subir suben descontrol descontrolados tomenla
manejar callado rayo doctor tranquilidad goma sal
botella bebanselos primo escribir alegre inteligente
papel papeles salud conductor conductora

2 A2-B1 **The Herodes Academy is giving an exam on accents, but Rodrigo doesn't know the rules very well and hasn't written a single one. Add the ten missing accents (not counting the example).**

→ La moneda europea es el euro y la de Estados Unidos es el dólar.
1. Papá Noel me va a traer un camion de madera y lo va a dejar en la cocina.
2. En el jardin de mis primos hay un arbol muy grande y siempre nos subimos.
3. Este verano voy a ir a Lima en tren y voy a pasar por un tunel.
4. Yo quiero tener un fosil de dinosaurio, pero mis padres no encuentran ninguno.
5. Ayer tuve una discusion con mi hermano mayor porque no me llevaba de excursion.
6. Prefiero sentarme en el sofa y ver la television que hacer deberes.
7. Esto de poner acentos es muy dificil.

■ When we add pronouns to an infinitive, a gerund, or a positive command, the stress stays on the same syllable. However, as the position of this stressed syllable within the word has changed, sometimes an accent has to be added:

Pon + la → *ponla*
Pasar + lo → *pasarlo*

BUT:

Pon + se + la → *pónsela*
Pasar + me + lo → *pasármelo*
Entreguen + se + las → *entréguenselas*
Explicando + se + lo → *explicándoselo*

In the positive imperative of ***vos***, the stress falls on the last syllable of the verb: *escuchame, decime...*

■ In the case of adverbs made up of an ADJECTIVE + ***-mente***, if the base adjective includes an accent, then it will also include it in the adverb form:

claramente [cla-ra + men-te]
igualmente [i-gual + men-te]

fácilmente [fá-cil + men-te]
cómodamente [có-mo-da + men-te]

→ **16.** Position and Combination
→ **34.** Commands (Imperative)

3 A2-B1 **Write the following combinations of verbs and pronouns as single words, adding an accent where necessary.**

→ comprando + se + la comprándosela
1. escriba + nos + la ....
2. secar + lo ....
3. canta + la ....
4. pon + se + lo ....
5. mira + me + lo ....
6. haz + los ....
7. devolver + me + la ....
8. preparen + lo ....
9. resolviendo + lo ....
10. solucionar + la ....
11. pintando + nos + las ....
12. levantar + las ....
13. di + lo ....
14. haz + se + los ....
15. deci + se + lo ....

 A1 Novice High; **A2** Lower Intermediate, Intermediate Mid; **B1** Intermediate Mid, Intermediate High; **B2** Intermediate High, Advanced Low

4 A2-B1 **Substitute the underlined part of the sentence for one of the adverbs in the box, adding an accent where necessary.**

unicamente	seguramente	normalmente	estupidamente ✓	silenciosamente	ultimamente

→ Se comportó como un imbécil. Yo creo que perdió los nervios, porque él no es así.

estúpidamente

1. Todas las noches me tomo un vaso de leche antes de acostarme.

....

2. Engordó un poco en estos tres meses. Está mejor.

....

3. Casi con toda probabilidad mañana nos dan los resultados del examen. ¡Qué nervios!

....

4. Van a trabajar solo con nosotras.

....

5. Entré sin hacer ruido y nadie me vio.

....

B Diphthongs.

■ When a word has two vowels in a row, they can become two syllables or only one. Two syllables are formed when the vowels ***a***, ***e*** or ***o*** are combined:

a-é-re-o *o-cé-a-no* *a-ho-ra* *ma-es-tro* *po-e-ta* *le-o* *te-a-tro*

■ A single syllable is formed when an ***a***, ***e***, and ***o*** are combined with an ***i***, or a ***u***, or when an ***i*** is combined with a ***u***. When vowels merge in this way in a single syllable they are called diphthongs:

-ai-, -au-:	*ai-re, au-la*	**-ie-, -ue-:**	*pien-so, rue-da*	**-ia-, -ua-:**	*pia-no, a-gua*
-io-, -uo-:	*sa-bio, cuo-ta*	**-ei-, -eu-:**	*pei-ne, eu-ro*		
-iu-, -ui-:	*ciu-dad, rui-do*	**-oi-:**	*oi-go*		

■ When the stressed syllable of a word contains a diphthong, the stress falls on the vowels ***a***, ***e***, ***o***, or on the second vowel of the combinations -***iu***- or -***ui***-:

die-ci-séis *rue-da*
au-la *bue-no*
i-dio-ma *pia-no*

cui-dan *cons-trui-do*
diur-no *viu-do*

■ There are some words where the stressed syllable does not fall on an ***a***, ***e*** or ***o***, but on an ***i*** or a ***u***. In these cases, the combination of vowels forms two syllables, and an accent is added over the ***i*** or the ***u*** to show this:

Ma-rí-a *dí-a* *rí-o* *grú-a* *a-hí* *le-í-do* *o-í-do*

5 A2-B1 **Guillermo Alfredo is having trouble with his diphthongs. Help him to add the accents where they are needed.**

puerta viaje suavidad miedo paella linea sauna diez pais leon
cuidado caida Ruiz raiz precio cuento seis nueve veintiseis infierno
feo reuniamos aceite soy buho Raul cliente fiel confiabamos
siguiendolos cruel diente sueño huir bahia peine vais prohibo
siguientes teorico feisimo cien igual siesta duo via huevo guion
despues sabia sabia sintiendo pie riesgo luego fuimos trailer hay

C Distinguishing word meaning by the use of accents: *te/té.*

Some words are pronounced the same way but they don't have the same meaning. For this reason, when writing we have to mark them with an accent (tilde):

MONOSYLLABIC WORDS	
WITHOUT ACCENT	**WITH** ACCENT
de [preposition]	*dé* [present subjunctive of the verb *dar*]
el [article]	*él* [pronoun]
mi [possessive adjective]	*mí* [pronoun]
que [conjunction, relative pronoun]	*qué* [interrogative or exclamation]
se [pronoun]	*sé* [present indicative of the verb *saber*]
te [pronoun]	*té* [noun: tea the drink]
tu [possessive adjective]	*tú* [pronoun]
si [conjunction: *Si quieres, voy.*]	*sí* [affirmative adverb: *Sí, ven.*]
	sí [reflexive pronoun: *Se defendió a sí mismo.*]

OTHER WORDS	
WITHOUT ACCENT	**WITH** ACCENT
como [comparative, conjunction]	*cómo* [interrogative]
cuando [conjunction]	*cuándo* [interrogative]
quien, quienes [relative pronouns: *Es él quien viene.*]	*quién, quiénes* [interrogatives: *¿Quién viene?*]
donde [relative pronoun]	*dónde* [interrogative]

→ **6.** Demonstratives

6 A2-B1 **Luisito is writing his first love letter, but is having difficulty with some of the accents. Help him by adding them where necessary.**

Querida Susana:

El otro día en casa de tu madre, cuando ella tomaba el te y tu buscabas un juego, te miré a los ojos y, buf, fue increíble.

Para mi eres la muchacha más hermosa que he visto en mi vida. No se, eres genial...

¿Vienes este domingo a patinar conmigo? Tengo unos patines nuevos. Aquellos que te gustaban tanto se rompieron. Si quieres venir, me mandas un mensaje. Pon solo una palabra: si.

Y entonces yo estaré muy contento porque no pasaré la horrible tarde del domingo solo.

Luis

7 A2-B1 **Susana is also having trouble with accents. This is what she has written in her diary. Add the accents where necessary.**

Querido diario:

Hace muchos días que no te escribo.

El domingo pasado salí con Luis y, bueno, fue un poco aburrido. El no habló casi nada y, como yo hablo tanto, no se qué pensar... ¿Se aburrió? ¿Se divirtió? No se.... Me escuchó, eso si, pero no se si me escuchó de veras (yo a veces no escucho mucho si algo no me interesa).

Ah, Luis tiene unos patines nuevos...

Me gustan mucho más estos que los otros que tenía antes... Estos son súper... Pero yo a aquellos les tenía cariño...

Y el final fue horrible... Sobre todo cuando el me dijo: "Susana, tu a mi me gustas mucho. Y yo, ¿yo te gusto a ti?".

Y yo le dije: "¿Tu a mi?".

Y entonces me puse muy nerviosa, agarré mis patines y me fui.... Si le gusto, regresará....

¿Verdad que si?

Conjugated Verbs

Conjugated Verbs

A Regular verbs

HABLAR All regular verbs ending in *-ar* conjugate in the same way as ***hablar***.

INDICATIVE			SUBJUNCTIVE	
Present	**Past perfect**	**Future perfect**	**Present**	**Past perfect**
Hablo	Había hablado	Habré hablado	Hable	Hubiera (-se) hablado
Hablas/Hablás*	Habías hablado	Habrás hablado	Hables	Hubieras (-ses) hablado
Habla	Había hablado	Habrá hablado	Hable	Hubiera (...) hablado
Hablamos	Habíamos hablado	Habremos hablado	Hablemos	Hubiéramos hablado
Habláis	Habíais hablado	Habréis hablado	Habléis	Hubierais hablado
Hablan	Habían hablado	Habrán hablado	Hablen	Hubieran hablado
Present perfect	**Preterite**	**Conditional**	**Present perfect**	GERUND
He hablado	Hablé	Hablaría	Haya hablado	Hablando
Has hablado	Hablaste	Hablarías	Hayas hablado	
Ha hablado	Habló	Hablaría	Haya hablado	PAST PARTICIPLE
Hemos hablado	Hablamos	Hablaríamos	Hayamos hablado	Hablado
Habéis hablado	Hablasteis	Hablaríais	Hayáis hablado	
Han hablado	Hablaron	Hablarían	Hayan hablado	
				COMMANDS (IMPERATIVE)
Imperfect	**Future**	**Conditional perfect**	**Imperfect**	**Positive/Negative**
Hablaba	Hablaré	Habría hablado	Hablara (-se)	
Hablabas	Hablarás	Habrías hablado	Hablaras (-ses)	Habla (-á*) /No hables
Hablaba	Hablará	Habría hablado	Hablara (...)	Hable/ No hable
Hablábamos	Hablaremos	Habríamos hablado	Habláramos	
Hablabais	Hablaréis	Habríais hablado	Hablarais	Hablad /No habléis
Hablaban	Hablarán	Habrían hablado	Hablaran	Hablen /No hablen

COMER All regular verbs ending in *-er* conjugate in the same way as ***comer***.

INDICATIVE			SUBJUNCTIVE	
Present	**Past perfect**	**Future perfect**	**Present**	**Past perfect**
Como	Había comido	Habré comido	Coma	Hubiera (-se) comido
Comes/Comés*	Habías comido	Habrás comido	Comas	Hubieras (-ses) comido
Come	Había comido	Habrá comido	Coma	Hubiera (...) comido
Comemos	Habíamos comido	Habremos comido	Comamos	Hubiéramos comido
Coméis	Habíais comido	Habréis comido	Comáis	Hubierais comido
Comen	Habían comido	Habrán comido	Coman	Hubieran comido
Present perfect	**Preterite**	**Conditional**	**Present perfect**	GERUND
He comido	Comí	Comería	Haya comido	Comiendo
Has comido	Comiste	Comerías	Hayas comido	
Ha comido	Comió	Comería	Haya comido	PAST PARTICIPLE
Hemos comido	Comimos	Comeríamos	Hayamos comido	Comido
Habéis comido	Comisteis	Comeríais	Hayáis comido	
Han comido	Comieron	Comerían	Hayan comido	
				COMMANDS (IMPERATIVE)
Imperfect	**Future**	**Conditional perfect**	**Imperfect**	**Positive/Negative**
Comía	Comeré	Habría comido	Comiera (-se)	
Comías	Comerás	Habrías comido	Comieras (-ses)	Come (-é*) / No comas
Comía	Comerá	Habría comido	Comiera (...)	Coma / No coma
Comíamos	Comeremos	Habríamos comido	Comiéramos	
Comíais	Comeréis	Habríais comido	Comierais	Comed / No comáis
Comían	Comerán	Habrían comido	Comieran	Coman / No coman

VIVIR All regular verbs ending in *-ir* conjugate in the same way as *vivir*.

INDICATIVE			SUBJUNCTIVE	
Present	**Past perfect**	**Future perfect**	**Present**	**Past perfect**
Vivo	Había vivido	Habré vivido	Viva	Hubiera (-se) vivido
Vives/Vivís*	Habías vivido	Habrás vivido	Vivas	Hubieras (-ses) vivido
Vive	Había vivido	Habrá vivido	Viva	Hubiera (...) vivido
Vivimos	Habíamos vivido	Habremos vivido	Vivamos	Hubiéramos vivido
Vivís	Habíais vivido	Habréis vivido	Viváis	Hubierais vivido
Viven	Habían vivido	Habrán vivido	Vivan	Hubieran vivido
Present perfect	**Preterite**	**Conditional**	**Present perfect**	GERUND
He vivido	Viví	Viviría	Haya vivido	Viviendo
Has vivido	Viviste	Vivirías	Hayas vivido	
Ha vivido	Vivió	Viviría	Haya vivido	PAST PARTICIPLE
Hemos vivido	Vivimos	Viviríamos	Hayamos vivido	Vivido
Habéis vivido	Vivisteis	Viviríais	Hayáis vivido	
Han vivido	Vivieron	Vivirían	Hayan vivido	COMMANDS (IMPERATIVE)
Imperfect	**Future**	**Conditional perfect**	**Imperfect**	**Positive/Negative**
Vivía	Viviré	Habría vivido	Viviera (-se)	
Vivías	Vivirás	Habrías vivido	Vivieras (-ses)	Vive (-í*) / No vivas
Vivía	Vivirá	Habría vivido	Viviera (...)	Viva / No viva
Vivíamos	Viviremos	Habríamos vivido	Viviéramos	
Vivíais	Viviréis	Habríais vivido	Vivierais	Vivid / No viváis
Vivían	Vivirán	Habrían vivido	Vivieran	Vivan / No vivan

B Verbs with two or more irregularities

ANDAR

INDICATIVE			SUBJUNCTIVE	
Present	**Past perfect**	**Future perfect**	**Present**	**Past perfect**
Ando	Había andado	Habré andado	Ande	Hubiera (-se) andado
Andas/Andás*	Habías andado	Habrás andado	Andes	Hubieras (-ses) andado
Anda	Había andado	Habrá andado	Ande	Hubiera (...) andado
Andamos	Habíamos andado	Habremos andado	Andemos	Hubiéramos andado
Andáis	Habíais andado	Habréis andado	Andéis	Hubierais andado
Andan	Habían andado	Habrán andado	Anden	Hubieran andado
Present perfect	**Preterite**	**Conditional**	**Present perfect**	GERUND
He andado	Anduve	Andaría	Haya andado	Andando
Has andado	Anduviste	Andarías	Hayas andado	
Ha andado	Anduvo	Andaría	Haya andado	PAST PARTICIPLE
Hemos andado	Anduvimos	Andaríamos	Hayamos andado	Andado
Habéis andado	Anduvisteis	Andaríais	Hayáis andado	
Han andado	Anduvieron	Andarían	Hayan andado	COMMANDS (IMPERATIVE)
Imperfect	**Future**	**Conditional perfect**	**Imperfect**	**Positive/Negative**
Andaba	Andaré	Habría andado	Anduviera (-se)	
Andabas	Andarás	Habrías andado	Anduvieras (-ses)	Anda (-á*) / No andes
Andaba	Andará	Habría andado	Anduviera (...)	Ande / No ande
Andábamos	Andaremos	Habríamos andado	Anduviéramos	
Andabais	Andaréis	Habríais andado	Anduvierais	Andad / No andéis
Andaban	Andarán	Habrían andado	Anduvieran	Anden / No anden

CABER

INDICATIVE

Present	Past perfect	Future perfect
Quepo	Había cabido	Habré cabido
Cabes/Cabés*	Habías cabido	Habrás cabido
Cabe	Había cabido	Habrá cabido
Cabemos	Habíamos cabido	Habremos cabido
Cabéis	Habíais cabido	Habréis cabido
Caben	Habían cabido	Habrán cabido

Present perfect	Preterite	Conditional
He cabido	Cupe	Cabría
Has cabido	Cupiste	Cabrías
Ha cabido	Cupo	Cabría
Hemos cabido	Cupimos	Cabríamos
Habéis cabido	Cupisteis	Cabríais
Han cabido	Cupieron	Cabrían

Imperfect	Future	Conditional perfect
Cabía	Cabré	Habría cabido
Cabías	Cabrás	Habrías cabido
Cabía	Cabrá	Habría cabido
Cabíamos	Cabremos	Habríamos cabido
Cabíais	Cabréis	Habríais cabido
Cabían	Cabrán	Habrían cabido

SUBJUNCTIVE

Present	Past perfect
Quepa	Hubiera (-se) cabido
Quepas	Hubieras (-ses) cabido
Quepa	Hubiera (...) cabido
Quepamos	Hubiéramos cabido
Quepáis	Hubierais cabido
Quepan	Hubieran cabido

Present perfect	Imperfect
Haya cabido	Cupiera (-se)
Hayas cabido	Cupieras (-ses)
Haya cabido	Cupiera (...)
Hayamos cabido	Cupiéramos
Hayáis cabido	Cupierais
Hayan cabido	Cupieran

GERUND

Cabiendo

PAST PARTICIPLE

Cabido

COMMANDS (IMPERATIVE)

Positive/Negative

[No se usan.]

CAER

INDICATIVE

Present	Past perfect	Future perfect
Caigo	Había caído	Habré caído
Caes/Caés*	Habías caído	Habrás caído
Cae	Había caído	Habrá caído
Caemos	Habíamos caído	Habremos caído
Caéis	Habíais caído	Habréis caído
Caen	Habían caído	Habrán caído

Present perfect	Preterite	Conditional
He caído	Caí	Caería
Has caído	Caíste	Caerías
Ha caído	Cayó	Caería
Hemos caído	Caímos	Caeríamos
Habéis caído	Caísteis	Caeríais
Han caído	Cayeron	Caerían

Imperfect	Future	Conditional perfect
Caía	Caeré	Habría caído
Caías	Caerás	Habrías caído
Caía	Caerá	Habría caído
Caíamos	Caeremos	Habríamos caído
Caíais	Caeréis	Habríais caído
Caían	Caerán	Habrían caído

SUBJUNCTIVE

Present	Past perfect
Caiga	Hubiera (-se) caído
Caigas	Hubieras (-ses) caído
Caiga	Hubiera (...) caído
Caigamos	Hubiéramos caído
Caigáis	Hubierais caído
Caigan	Hubieran caído

Present perfect	Imperfect
Haya caído	Cayera (-se)
Hayas caído	Cayeras (-ses)
Haya caído	Cayera (...)
Hayamos caído	Cayéramos
Hayáis caído	Cayerais
Hayan caído	Cayeran

GERUND

Cayendo

PAST PARTICIPLE

Caído

COMMANDS (IMPERATIVE)

Positive/Negative

Cae (-é*) / No caigas
Caiga / No caiga

Caed / No caigáis
Caigan / No caigan

■ Other verbs that conjugate like *caer*: ***decaer, recaer.***

CONFIAR

INDICATIVE			SUBJUNCTIVE	
Present	**Past perfect**	**Future perfect**	**Present**	**Past perfect**
Confío	Había confiado	Habré confiado	Confíe	Hubiera (-se) confiado
Confías/ Confiás*	Habías confiado	Habrás confiado	Confíes	Hubieras (-ses) confiado
Confía	Había confiado	Habrá confiado	Confíe	Hubiera (...) confiado
Confiamos	Habíamos confiado	Habremos confiado	Confiemos	Hubiéramos confiado
Confiáis	Habíais confiado	Habréis confiado	Confiéis	Hubierais confiado
Confían	Habían confiado	Habrán confiado	Confíen	Hubieran confiado
Present perfect	**Preterite**	**Conditional**	**Present perfect**	GERUND
He confiado	Confié	Confiaría	Haya confiado	Confiando
Has confiado	Confiaste	Confiarías	Hayas confiado	
Ha confiado	Confió	Confiaría	Haya confiado	PAST PARTICIPLE
Hemos confiado	Confiamos	Confiaríamos	Hayamos confiado	Confiado
Habéis confiado	Confiasteis	Confiaríais	Hayáis confiado	
Han confiado	Confiaron	Confiaría	Hayan confiad	COMMANDS (IMPERATIVE)
Imperfect	**Future**	**Conditional perfect**	**Imperfect**	**Positive/Negative**
Confiaba	Confiaré	Habría confiado	Confiara (-se)	
Confiabas	Confiarás	Habrías confiado	Confiaras (-ses)	Confía (-á*) / No confíes
Confiaba	Confiará	Habría confiado	Confiara (...)	Confíe / No confíe
Confiábamos	Confiaremos	Habríamos confiado	Confiáramos	
Confiabais	Confiaréis	Habríais confiado	Confiarais	Confiad / No confiéis
Confiaban	Confiarán	Habrían confiado	Confiaran	Confíen / No confíen

■ Other verbs that conjugate like *confiar*: ***desconfiar, enfriar, enviar, esquiar, guiar, variar...***

CONOCER

INDICATIVE			SUBJUNCTIVE	
Present	**Past perfect**	**Future perfect**	**Present**	**Past perfect**
Conozco	Había conocido	Habré conocido	Conozca	Hubiera (-se) conocido
Conoces/Conocés*	Habías conocido	Habrás conocido	Conozcas	Hubieras (-ses) conocido
Conoce	Había conocido	Habrá conocido	Conozca	Hubiera (...) conocido
Conocemos	Habíamos conocido	Habremos conocido	Conozcamos	Hubiéramos conocido
Conocéis	Habíais conocido	Habréis conocido	Conozcáis	Hubierais conocido
Conocen	Habían conocido	Habrán conocido	Conozcan	Hubieran conocido
Present perfect	**Preterite**	**Conditional**	**Present perfect**	GERUND
He conocido	Conocí	Conocería	Haya conocido	Conociendo
Has conocido	Conociste	Conocerías	Hayas conocido	
Ha conocido	Conoció	Conocería	Haya conocido	PAST PARTICIPLE
Hemos conocido	Conocimos	Conoceríamos	Hayamos conocido	Conocido
Habéis conocido	Conocisteis	Conoceríais	Hayáis conocido	
Han conocido	Conocieron	Conocerían	Hayan conocido	COMMANDS (IMPERATIVE)
Imperfect	**Future**	**Conditional perfect**	**Imperfect**	**Positive/Negative**
Conocía	Conoceré	Habría conocido	Conociera (-se)	
Conocías	Conocerás	Habrías conocido	Conocieras (-ses)	Conoce (-é*) / No conozcas
Conocía	Conocerá	Habría conocido	Conociera (...)	Conozca / No conozca
Conocíamos	Conoceremos	Habríamos conocido	Conociéramos	
Conocíais	Conoceréis	Habríais conocido	Conocierais	Conoced / No conozcáis
Conocían	Conocerán	Habrían conocido	Conocieran	Conozcan / No conozcan

■ Other verbs that conjugate like *conocer*: ***desconocer, reconocer, aparecer, desaparecer, agradecer, apetecer, crecer, establecer...***

CONSTRUIR

INDICATIVE

Present	Past perfect	Future perfect
Construyo	Había construido	Habré construido
Construyes/Construís*	Habías construido	Habrás construido
Construye	Había construido	Habrá construido
Construimos	Habíamos construido	Habremos construido
Construís	Habíais construido	Habréis construido
Construyen	Habían construido	Habrán construido

Present perfect	Preterite	Conditional
He construido	Construí	Construiría
Has construido	Construiste	Construirías
Ha construido	Construyó	Construiría
Hemos construido	Construimos	Construiríamos
Habéis construido	Construisteis	Construiríais
Han construido	Construyeron	Construirían

Imperfect	Future	Conditional perfect
Construía	Construiré	Habría construido
Construías	Construirás	Habrías construido
Construía	Construirá	Habría construido
Construíamos	Construiremos	Habríamos construido
Construíais	Construiréis	Habríais construido
Construían	Construirán	Habrían construidoo

SUBJUNCTIVE

Present	Past perfect
Construya	Hubiera (-se) construido
Construyas	Hubieras (-ses) construido
Construya	Hubiera (...) construido
Construyamos	Hubiéramos construido
Construyáis	Hubierais construido
Construyan	Hubieran construido

Present perfect	Imperfect
Haya construido	Construyera (-se)
Hayas construido	Construyeras (-ses)
Haya construido	Construyera (...)
Hayamos construido	Construyéramos
Hayáis construido	Construyerais
Hayan construido	Construyeran

GERUND

Construyendo

PAST PARTICIPLE

Construido

COMMANDS (IMPERATIVE)

Positive/Negative

Construye (Construí*) / No construyas
Construya / No construya

Construid / No construyáis
Construyan / No construyan

■ Other verbs that conjugate like *construir*: ***atribuir, concluir, constituir, contribuir, destruir, disminuir, distribuir, excluir, huir, incluir, influir, instruir, reconstruir, sustituir...***

CREER

INDICATIVE

Present	Past perfect	Future perfect
Creo	Había creído	Habré creído
Crees/Creés*	Habías creído	Habrás creído
Cree	Había creído	Habrá creído
Creemos	Habíamos creído	Habremos creído
Creéis	Habíais creído	Habréis creído
Creen	Habían creído	Habrán creído

Present perfect	Preterite	Conditional
He creído	Creí	Creería
Has creído	Creíste	Creerías
Ha creído	Creyó	Creería
Hemos creído	Creímos	Creeríamos
Habéis creído	Creísteis	Creeríais
Han creído	Creyeron	Creerían

Imperfect	Future	Conditional perfect
Creía	Creeré	Habría creído
Creías	Creerás	Habrías creído
Creía	Creerá	Habría creído
Creíamos	Creeremos	Habríamos creído
Creíais	Creeréis	Habríais creído
Creían	Creerán	Habrían creído

SUBJUNCTIVE

Present	Past perfect
Crea	Hubiera (-se) creído
Creas	Hubieras (-ses) creído
Crea	Hubiera (...) creído
Creamos	Hubiéramos creído
Creáis	Hubierais creído
Crean	Hubieran creído

Present perfect	Imperfect
Haya creído	Creyera (-se)
Hayas creído	Creyeras (-ses)
Haya creído	Creyera (...)
Hayamos creído	Creyéramos
Hayáis creído	Creyerais
Hayan creído	Creyeran

GERUND

Creyendo

PAST PARTICIPLE

Creído

COMMANDS (IMPERATIVE)

Positive/Negative

Cree (-é*) / No creas
Crea / No crea

Creed / No creáis
Crean / No crean

■ Other verbs that conjugate like *creer*: ***leer, poseer.***

DAR

INDICATIVE			SUBJUNCTIVE	
Present	**Past perfect**	**Future perfect**	**Present**	**Past perfect**
Doy	Había dado	Habré dado	Dé	Hubiera (-se) dado
Das	Habías dado	Habrás dado	Des	Hubieras (-ses) dado
Da	Había dado	Habrá dado	Dé	Hubiera (...) dado
Damos	Habíamos dado	Habremos dado	Demos	Hubiéramos dado
Dais	Habíais dado	Habréis dado	Deis	Hubierais dado
Dan	Habían dado	Habrán dado	Den	Hubieran dado
Present perfect	**Preterite**	**Conditional**	**Present perfect**	GERUND
He dado	Di	Daría	Haya dado	Dando
Has dado	Diste	Darías	Hayas dado	
Ha dado	Dio	Daría	Haya dado	PAST PARTICIPLE
Hemos dado	Dimos	Daríamos	Hayamos dado	Dado
Habéis dado	Disteis	Daríais	Hayáis dado	
Han dado	Dieron	Darían	Hayan dado	COMMANDS (IMPERATIVE)
Imperfect	**Future**	**Conditional perfect**	**Imperfect**	**Positive/Negative**
Daba	Daré	Habría dado	Diera (-se)	
Dabas	Darás	Habrías dado	Dieras (-ses)	Da / No des
Daba	Dará	Habría dado	Diera (...)	Dé / No dé
Dábamos	Daremos	Habríamos dado	Diéramos	
Dabais	Daréis	Habríais dado	Dierais	Dad / No deis
Daban	Darán	Habrían dado	Dieran	Den / No den

DECIR

INDICATIVE			SUBJUNCTIVE	
Present	**Past perfect**	**Future perfect**	**Present**	**Past perfect**
Digo	Había dicho	Habré dicho	Diga	Hubiera (-se) dicho
Dices/Decís*	Habías dicho	Habrás dicho	Digas	Hubieras (-ses) dicho
Dice	Había dicho	Habrá dicho	Diga	Hubiera (...) dicho
Decimos	Habíamos dicho	Habremos dicho	Digamos	Hubiéramos dicho
Decís	Habíais dicho	Habréis dicho	Digáis	Hubierais dicho
Dicen	Habían dicho	Habrán dicho	Digan	Hubieran dicho
Present perfect	**Preterite**	**Conditional**	**Present perfect**	GERUND
He dicho	Dije	Diría	Haya dicho	Diciendo
Has dicho	Dijiste	Dirías	Hayas dicho	
Ha dicho	Dijo	Diría	Haya dicho	PAST PARTICIPLE
Hemos dicho	Dijimos	Diríamos	Hayamos dicho	Dicho
Habéis dicho	Dijisteis	Diríais	Hayáis dicho	
Han dicho	Dijeron	Dirían	Hayan dicho	COMMANDS (IMPERATIVE)
Imperfect	**Future**	**Conditional perfect**	**Imperfect**	**Positive/Negative**
Decía	Diré	Habría dicho	Dijera (-se)	
Decías	Dirás	Habrías dicho	Dijeras (-ses)	Di (Decí*) / No digas
Decía	Dirá	Habría dicho	Dijera (...)	Diga / No diga
Decíamos	Diremos	Habríamos dicho	Dijéramos	
Decíais	Diréis	Habríais dicho	Dijerais	Decid / No digáis
Decían	Dirán	Habrían dicho	Dijeran	Digan / No digan

- Other verbs that conjugate like *decir*: ***contradecir***, ***predecir***...

DORMIR

INDICATIVE

Present	Past perfect	Future perfect
Duermo	Había dormido	Habré dormido
Duermes/Dormí*	Habías dormido	Habrás dormido
Duerme	Había dormido	Habrá dormido
Dormimos	Habíamos dormido	Habremos dormido
Dormís	Habíais dormido	Habréis dormido
Duermen	Habían dormido	Habrán dormido

Present perfect	Preterite	Conditional
He dormido	Dormí	Dormiría
Has dormido	Dormiste	Dormirías
Ha dormido	Durmió	Dormiría
Hemos dormido	Dormimos	Dormiríamos
Habéis dormido	Dormisteis	Dormiríais
Han dormido	Durmieron	Dormirían

Imperfect	Future	Conditional perfect
Dormía	Dormiré	Habría dormido
Dormías	Dormirás	Habrías dormido
Dormía	Dormirá	Habría dormido
Dormíamos	Dormiremos	Habríamos dormido
Dormíais	Dormiréis	Habríais dormido
Dormían	Dormirán	Habrían dormido

SUBJUNCTIVE

Present	Past perfect
Duerma	Hubiera (-se) dormido
Duermas	Hubieras (-ses) dormido
Duerma	Hubiera (...) dormido
Durmamos	Hubiéramos dormido
Durmáis	Hubierais dormido
Duerman	Hubieran dormido

Present perfect	Imperfect
Haya dormido	Durmiera (-se)
Hayas dormido	Durmieras (-ses)
Haya dormido	Durmiera (...)
Hayamos dormido	Durmiéramos
Hayáis dormido	Durmierais
Hayan dormido	Durmieran

GERUND

Durmiendo

PAST PARTICIPLE

Dormido

COMMANDS (IMPERATIVE)

Positive/Negative

Duerme (Dormí*) / No duermas
Duerma / No duerma

Dormid / No durmáis
Duerman / No duerman

ENTENDER

INDICATIVE

Present	Past perfect	Future perfect
Entiendo	Había entendido	Habré entendido
Entiendes/Entendés*	Habías entendido	Habrás entendido
Entiende	Había entendido	Habrá entendido
Entendemos	Habíamos entendido	Habremos entendido
Entendéis	Habíais entendido	Habréis entendido
Entienden	Habían entendido	Habrán entendido

Present perfect	Preterite	Conditional
He entendido	Entendí	Entendería
Has entendido	Entendiste	Entenderías
Ha entendido	Entendió	Entendería
Hemos entendido	Entendimos	Entenderíamos
Habéis entendido	Entendisteis	Entenderíais
Han entendido	Entendieron	Entenderían

Imperfect	Future	Conditional perfect
Entendía	Entenderé	Habría entendido
Entendías	Entenderás	Habrías entendido
Entendía	Entenderá	Habría entendido
Entendíamos	Entenderemos	Habríamos entendido
Entendíais	Entenderéis	Habríais entendido
Entendían	Entenderán	Habrían entendido

SUBJUNCTIVE

Present	Past perfect
Entienda	Hubiera (-se) entendido
Entiendas	Hubieras (-ses) entendido
Entienda	Hubiera(...) entendido
Entendamos	Hubiéramos entendido
Entendáis	Hubierais entendido
Entiendan	Hubieran entendido

Present perfect	Imperfect
Haya entendido	Entendiera (-se)
Hayas entendido	Entendieras (-ses)
Haya entendido	Entendiera (...)
Hayamos entendido	Entendiéramos
Hayáis entendido	Entendierais
Hayan entendido	Entendieran

GERUND

Entendiendo

PAST PARTICIPLE

Entendido

COMMANDS (IMPERATIVE)

Positive/Negative

Entiende (Entendé*) / No entiendas
Entienda / No entienda

Entended / No entendáis
Entiendan / No entiendan

■ Other verbs that conjugate like ***entender***: ***atender, defender, encender, extender, perder, tender, verter...***

ESTAR

INDICATIVE

Present	Past perfect	Future perfect
Estoy	Había estado	Habré estado
Estás	Habías estado	Habrás estado
Está	Había estado	Habrá estado
Estamos	Habíamos estado	Habremos estado
Estáis	Habíais estado	Habréis estado
Están	Habían estado	Habrán estado

Present perfect	Preterite	Conditional
He estado	Estuve	Estaría
Has estado	Estuviste	Estarías
Ha estado	Estuvo	Estaría
Hemos estado	Estuvimos	Estaríamos
Habéis estado	Estuvisteis	Estaríais
Han estado	Estuvieron	Estarían

Imperfect	Future	Conditional perfect
Estaba	Estaré	Habría estado
Estabas	Estarás	Habrías estado
Estaba	Estará	Habría estado
Estábamos	Estaremos	Habríamos estado
Estabais	Estaréis	Habríais estado
Estaban	Estarán	Habrían estado

SUBJUNCTIVE

Present	Past perfect
Esté	Hubiera (-se) estado
Estés	Hubieras (-ses) estado
Esté	Hubiera (...) estado
Estemos	Hubiéramos estado
Estéis	Hubierais estado
Estén	Hubieran estado

Present perfect	Imperfect
Haya estado	Estuviera (-se)
Hayas estado	Estuvieras (-ses)
Haya estado	Estuviera (...)
Hayamos estado	Estuviéramos
Hayáis estado	Estuvierais
Hayan estado	Estuvieran

GERUND

Estando

PAST PARTICIPLE

Estado

COMMANDS (IMPERATIVE)

Positive/Negative

Está / No estés
Estad / No estéis
Esté / No esté
Estén / No estén

FREÍR

INDICATIVE

Present	Past perfect	Future perfect
Frío	Había frito	Habré frito
Fríes/Freís*	Habías frito	Habrás frito
Fríe	Había frito	Habrá frito
Freímos	Habíamos frito	Habremos frito
Freís	Habíais frito	Habréis frito
Fríen	Habían frito	Habrán frito

Present perfect	Preterite	Conditional
He frito	Freí	Freiría
Has frito	Freíste	Freirías
Ha frito	Frió	Freiría
Hemos frito	Freímos	Freiríamos
Habéis frito	Freísteis	Freiríais
Han frito	Frieron	Freirían

Imperfect	Future	Conditional perfect
Freía	Freiré	Habría frito
Freías	Freirás	Habrías frito
Freía	Freirá	Habría frito
Freíamos	Freiremos	Habríamos frito
Freíais	Freiréis	Habríais frito
Freían	Freirán	Habrían frito

SUBJUNCTIVE

Present	Past perfect
Fría	Hubiera (-se) frito
Frías	Hubieras (-ses) frito
Fría	Hubiera (...) frito
Friamos	Hubiéramos frito
Friáis	Hubierais frito
Frían	Hubieran frito

Present perfect	Imperfect
Haya frito	Friera (-se)
Hayas frito	Frieras (-ses)
Haya frito	Friera (...)
Hayamos frito	Friéramos
Hayáis frito	Frierais
Hayan frito	Frieran

GERUND

Friendo

PAST PARTICIPLE

Frito

COMMANDS (IMPERATIVE)

Positive/Negative

Fríe (Freí*)/ No frías
Fría / No fría
Freíd / No friáis
Frían / No frían

■ *Freír* tiene un participio regular *freído*, poco usado.

HABER

INDICATIVE

Present	Past perfect	Future perfect
He	Había habido	Habré habido
Has/Habés*	Habías habido	Habrás habido
Ha (Hay)	Había habido	Habrá habido
Hemos	Habíamos habido	Habremos habido
Habéis	Habíais habido	Habréis habido
Han	Habían habido	Habrán habido
Present perfect	**Preterite**	**Conditional**
He habido	Hube	Habría
Has habido	Hubiste	Habrías
Ha habido	Hubo	Habría
Hemos habido	Hubimos	Habríamos
Habéis habido	Hubisteis	Habríais
Han habido	Hubieron	Habrían
Imperfect	**Future**	**Conditional perfect**
Había	Habré	Habría habido
Habías	Habrás	Habrías habido
Había	Habrá	Habría habido
Habíamos	Habremos	Habríamos habido
Habíais	Habréis	Habríais habido
Habían	Habrán	Habrían habido

SUBJUNCTIVE

Present	Past perfect
Haya	Hubiera (-se) habido
Hayas	Hubieras (-ses) habido
Haya	Hubiera (...) habido
Hayamos	Hubiéramos habido
Hayáis	Hubierais habido
Hayan	Hubieran habido
Present perfect	**GERUND**
Haya habido	Habiendo
Hayas habido	
Haya habido	**PAST PARTICIPLE**
Hayamos habido	Habido
Hayáis habido	
Hayan habido	
	COMMANDS (IMPERATIVE)
Imperfect	**Positive/Negative**
Hubiera (-se)	
Hubieras (-ses)	[No se usan.]
Hubiera (...)	
Hubiéramos	
Hubierais	
Hubieran	

HACER

INDICATIVE

Present	Past perfect	Future perfect
Hago	Había hecho	Habré hecho
Haces/Hacés*	Habías hecho	Habrás hecho
Hace	Había hecho	Habrá hecho
Hacemos	Habíamos hecho	Habremos hecho
Hacéis	Habíais hecho	Habréis hecho
Hacen	Habían hecho	Habrán hecho
Present perfect	**Preterite**	**Conditional**
He hecho	Hice	Haría
Has hecho	Hiciste	Harías
Ha hecho	Hizo	Haría
Hemos hecho	Hicimos	Haríamos
Habéis hecho	Hicisteis	Haríais
Han hecho	Hicieron	Haría
Imperfect	**Future**	**Conditional perfect**
Hacía	Haré	Habría hecho
Hacías	Harás	Habrías hecho
Hacía	Hará	Habría hecho
Hacíamos	Haremos	Habríamos hecho
Hacíais	Haréis	Habríais hecho
Hacían	Harán	Habrían hecho

SUBJUNCTIVE

Present	Past perfect
Haga	Hubiera (-se) hecho
Hagas	Hubieras (-ses) hecho
Haga	Hubiera (...) hecho
Hagamos	Hubiéramos hecho
Hagáis	Hubierais hecho
Hagan	Hubieran hecho
Present perfect	**GERUND**
Haya hecho	Haciendo
Hayas hecho	
Haya hecho	**PAST PARTICIPLE**
Hayamos hecho	Hecho
Hayáis hecho	
Hayan hecho	
	COMMANDS (IMPERATIVE)
Imperfect	**Positive/Negative**
Hiciera (-se)	
Hicieras (-ses)	Haz (Hacé*) / No hagas
Hiciera (...)	Haga / No haga
Hiciéramos	
Hicierais	Haced / No hagáis
Hicieran	Hagan / No hagan

■ Other verbs that conjugate like *hacer*: ***deshacer***, ***rehacer***, ***satisfacer***.

IR

INDICATIVE

Present	Past perfect	Future perfect
Voy	Había ido	Habré ido
Vas/Andás*	Habías ido	Habrás ido
Va	Había ido	Habrá ido
Vamos	Habíamos ido	Habremos ido
Vais	Habíais ido	Habréis ido
Van	Habían ido	Habrán ido

Present perfect	Preterite	Conditional
He ido	Fui	Iría
Has ido	Fuiste	Irías
Ha ido	Fue	Iría
Hemos ido	Fuimos	Iríamos
Habéis ido	Fuisteis	Iríais
Han ido	Fueron	Irían

Imperfect	Future	Conditional perfect
Iba	Iré	Habría ido
Ibas	Irás	Habrías ido
Iba	Irá	Habría ido
Íbamos	Iremos	Habríamos ido
Ibais	Iréis	Habríais ido
Iban	Irán	Habrían ido

SUBJUNCTIVE

Present	Past perfect
Vaya	Hubiera (-se) ido
Vayas	Hubieras (-ses) ido
Vaya	Hubiera (...) ido
Vayamos	Hubiéramos ido
Vayáis	Hubierais ido
Vayan	Hubieran ido

Present perfect
Haya ido
Hayas ido
Haya ido
Hayamos ido
Hayáis ido
Hayan ido

Imperfect
Fuera (-se)
Fueras (-ses)
Fuera (...)
Fuéramos
Fuerais
Fueran

GERUND

Yendo

PAST PARTICIPLE

Ido

COMMANDS (IMPERATIVE)

Positive/Negative

Ve (Andá*) / No vayas
Vaya / No vaya

Id / No vayáis
Vayan / No vayan

JUGAR

INDICATIVE

Present	Past perfect	Future perfect
Juego	Había jugado	Habré jugado
Juegas/Jugás*	Habías jugado	Habrás jugado
Juega	Había jugado	Habrá jugado
Jugamos	Habíamos jugado	Habremos jugado
Jugáis	Habíais jugado	Habréis jugado
Juegan	Habían jugado	Habrán jugado

Present perfect	Preterite	Conditional
He jugado	Jugué	Jugaría
Has jugado	Jugaste	Jugarías
Ha jugado	Jugó	Jugaría
Hemos jugado	Jugamos	Jugaríamos
Habéis jugado	Jugasteis	Jugaríais
Han jugado	Jugaron	Jugarían

Imperfect	Future	Conditional perfect
Jugaba	Jugaré	Habría jugado
Jugabas	Jugarás	Habrías jugado
Jugaba	Jugará	Habría jugado
Jugábamos	Jugaremos	Habríamos jugado
Jugabais	Jugaréis	Habríais jugado
Jugaban	Jugarán	Habrían jugado

SUBJUNCTIVE

Present	Past perfect
Juegue	Hubiera (-se) jugado
Juegues	Hubieras (-ses) jugado
Juegue	Hubiera (...) jugado
Juguemos	Hubiéramos jugado
Juguéis	Hubierais jugado
Jueguen	Hubieran jugado

Present perfect
Haya jugado
Hayas jugado
Haya jugado
Hayamos jugado
Hayáis jugado
Hayan jugado

Imperfect
Jugara (-se)
Jugaras (-ses)
Jugara (...)
Jugáramos
Jugarais
Jugaran

GERUND

Jugando

PAST PARTICIPLE

Jugado

COMMANDS (IMPERATIVE)

Positive/Negative

Juega (Jugá*) / No juegues
Juegue / No juegue

Jugad / No juguéis
Jueguen / No jueguen

■ The sound [g] is written *g* before the sounds [o] and [a] , and *gu* before the sound [e].

MORIR

INDICATIVE			SUBJUNCTIVE	
Present	**Past perfect**	**Future perfect**	**Present**	**Past perfect**
Muero	Había muerto	Habré muerto	Muera	Hubiera (-se) muerto
Mueres/Morís*	Habías muerto	Habrás muerto	Mueras	Hubieras (-ses) muerto
Muere	Había muerto	Habrá muerto	Muera	Hubiera (...) muerto
Morimos	Habíamos muerto	Habremos muerto	Muramos	Hubiéramos muerto
Morís	Habíais muerto	Habréis muerto	Muráis	Hubierais muerto
Mueren	Habían muerto	Habrán muerto	Mueran	Hubieran muerto
Present perfect	**Preterite**	**Conditional**	**Present perfect**	GERUND
He muerto	Morí	Moriría	Haya muerto	Muriendo
Has muerto	Moriste	Morirías	Hayas muerto	
Ha muerto	Murió	Moriría	Haya muerto	PAST PARTICIPLE
Hemos muerto	Morimos	Moriríamos	Hayamos muerto	Muerto
Habéis muerto	Moristeis	Moriríais	Hayáis muerto	
Han muerto	Murieron	Morirían	Hayan muerto	
				COMMANDS (IMPERATIVE)
Imperfect	**Future**	**Conditional perfect**	**Imperfect**	**Positive/Negative**
Moría	Moriré	Habría muerto	Muriera (-se)	
Morías	Morirás	Habrías muerto	Murieras (-ses)	Muere (Morí*) / No mueras
Moría	Morirá	Habría muerto	Muriera (...)	Muera / No muera
Moríamos	Moriremos	Habríamos muerto	Muriéramos	
Moríais	Moriréis	Habríais muerto	Murierais	Morid / No muráis
Morían	Morirán	Habrían muerto	Murieran	Mueran / No mueran

MOVER

INDICATIVE			SUBJUNCTIVE	
Present	**Past perfect**	**Future perfect**	**Present**	**Past perfect**
Muevo	Había movido	Habré movido	Mueva	Hubiera (-se) movido
Mueves/Movés*	Habías movido	Habrás movido	Muevas	Hubieras (-ses) movido
Mueve	Había movido	Habrá movido	Mueva	Hubiera(...) movido
Movemos	Habíamos movido	Habremos movido	Movamos	Hubiéramos movido
Movéis	Habíais movido	Habréis movido	Mováis	Hubierais movido
Mueven	Habían movido	Habrán movido	Muevan	Hubieran movido
Present perfect	**Preterite**	**Conditional**	**Present perfect**	GERUND
He movido	Moví	Movería	Haya movido	Moviendo
Has movido	Moviste	Moverías	Hayas movido	
Ha movido	Movió	Movería	Haya movido	PAST PARTICIPLE
Hemos movido	Movimos	Moveríamos	Hayamos movido	Movido
Habéis movido	Movisteis	Moveríais	Hayáis movido	
Han movido	Movieron	Moverían	Hayan movido	
				COMMANDS (IMPERATIVE)
Imperfect	**Future**	**Conditional perfect**	**Imperfect**	**Positive/Negative**
Movía	Moveré	Habría movido	Moviera (-se)	
Movías	Moverás	Habrías movido	Movieras (-ses)	Mueve (Mové*) / No muevas
Movía	Moverá	Habría movido	Moviera (...)	Mueva / No mueva
Movíamos	Moveremos	Habríamos movido	Moviéramos	
Movíais	Moveréis	Habríais movido	Movierais	Moved / No mováis
Movían	Moverán	Habrían movido	Movieran	Muevan / No muevan

■ Other verbs that conjugate like ***mover***: ***cocer***, ***conmover***(***se***), ***doler***, ***llover***, ***oler*** (with this verb, the forms with ***h***- are written with -***ue***-: ***huelo***)...

Conjugated Verbs

OÍR

INDICATIVE

Present	Past perfect	Future perfect
Oigo	Había oído	Habré oído
Oyes/Oís*	Habías oído	Habrás oído
Oye	Había oído	Habrá oído
Oímos	Habíamos oído	Habremos oído
Oís	Habíais oído	Habréis oído
Oyen	Habían oído	Habrán oído

Present perfect	Preterite	Conditional
He oído	Oí	Oiría
Has oído	Oíste	Oirías
Ha oído	Oyó	Oiría
Hemos oído	Oímos	Oiríamos
Habéis oído	Oísteis	Oiríais
Han oído	Oyeron	Oirían

Imperfect	Future	Conditional perfect
Oía	Oiré	Habría oído
Oías	Oirás	Habrías oído
Oía	Oirá	Habría oído
Oíamos	Oiremos	Habríamos oído
Oíais	Oiréis	Habríais oído
Oían	Oirán	Habrían oído

SUBJUNCTIVE

Present	Past perfect
Oiga	Hubiera (-se) oído
Oigas	Hubieras (-ses) oído
Oiga	Hubiera (...) oído
Oigamos	Hubiéramos oído
Oigáis	Hubierais oído
Oigan	Hubieran oído

Present perfect	Imperfect
Haya oído	Oyera (-se)
Hayas oído	Oyeras (-ses)
Haya oído	Oyera (...)
Hayamos oído	Oyéramos
Hayáis oído	Oyerais
Hayan oído	Oyeran

GERUND

Oyendo

PAST PARTICIPLE

Oído

COMMANDS (IMPERATIVE)

Positive/Negative

Oye (Oí*)/ No oigas
Oiga / No oiga

Oíd / No oigáis
Oigan / No oigan

■ Other verbs that conjugate like *oír*: ***desoír***.

PEDIR

INDICATIVE

Present	Past perfect	Future perfect
Pido	Había pedido	Habré pedido
Pides/Pedís*	Habías pedido	Habrás pedido
Pide	Había pedido	Habrá pedido
Pedimos	Habíamos pedido	Habremos pedido
Pedís	Habíais pedido	Habréis pedido
Piden	Habían pedido	Habrán pedido

Present perfect	Preterite	Conditional
He pedido	Pedí	Pediría
Has pedido	Pediste	Pedirías
Ha pedido	Pidió	Pediría
Hemos pedido	Pedimos	Pediríamos
Habéis pedido	Pedisteis	Pediríais
Han pedido	Pidieron	Pedirían

Imperfect	Future	Conditional perfect
Pedía	Pediré	Habría pedido
Pedías	Pedirás	Habrías pedido
Pedía	Pedirá	Habría pedido
Pedíamos	Pediremos	Habríamos pedido
Pedíais	Pediréis	Habríais pedido
Pedían	Pedirán	Habrían pedido

SUBJUNCTIVE

Present	Past perfect
Pida	Hubiera (-se) pedido
Pidas	Hubieras (-ses) pedido
Pida	Hubiera (...) pedido
Pidamos	Hubiéramos pedido
Pidáis	Hubierais pedido
Pidan	Hubieran pedido

Present perfect	Imperfect
Haya pedido	Pidiera (-se)
Hayas pedido	Pidieras (-ses)
Haya pedido	Pidiera (...)
Hayamos pedido	Pidiéramos
Hayáis pedido	Pidierais
Hayan pedido	Pidieran

GERUND

Pidiendo

PAST PARTICIPLE

Pedido

COMMANDS (IMPERATIVE)

Positive/Negative

Pide (Pedí*)/ No pidas
Pida / No pida

Pedid / No pidáis
Pidan / No pidan

■ Other verbs that conjugate like *pedir*: ***corregir***, ***elegir***, ***reír***, ***repetir***, ***seguir***, ***servir***...

PENSAR

INDICATIVE			SUBJUNCTIVE	
Present	**Past perfect**	**Future perfect**	**Present**	**Past perfect**
Pienso	Había pensado	Habré pensado	Piense	Hubiera (-se) pensado
Piensas/Pensás*	Habías pensado	Habrás pensado	Pienses	Hubieras (-ses) pensado
Piensa	Había pensado	Habrá pensado	Piense	Hubiera (...) pensado
Pensamos	Habíamos pensado	Habremos pensado	Pensemos	Hubiéramos pensado
Pensáis	Habíais pensado	Habréis pensado	Penséis	Hubierais pensado
Piensan	Habían pensado	Habrán pensado	Piensen	Hubieran pensado
Present perfect	**Preterite**	**Conditional**	**Present perfect**	GERUND
He pensado	Pensé	Pensaría	Haya pensado	Pensando
Has pensado	Pensaste	Pensarías	Hayas pensado	
Ha pensado	Pensó	Pensaría	Haya pensado	PAST PARTICIPLE
Hemos pensado	Pensamos	Pensaríamos	Hayamos pensado	Pensado
Habéis pensado	Pensasteis	Pensaríais	Hayáis pensado	
Han pensado	Pensaron	Pensarían	Hayan pensado	COMMANDS (IMPERATIVE)
Imperfect	**Future**	**Conditional perfect**	**Imperfect**	**Positive/Negative**
Pensaba	Pensaré	Habría pensado	Pensara (-se)	
Pensabas	Pensarás	Habrías pensado	Pensaras (-ses)	Piensa (Pensá*) / No pienses
Pensaba	Pensará	Habría pensado	Pensara (...)	Piense / No piense
Pensábamos	Pensaremos	Habríamos pensado	Pensáramos	
Pensabais	Pensaréis	Habríais pensado	Pensarais	Pensad / No penséis
Pensaban	Pensarán	Habrían pensado	Pensaran	Piensen / No piensen

■ Other verbs that conjugate like *pensar*: ***cerrar, comenzar, despertar(se), empezar, sentar(se)...***

PODER

INDICATIVE			SUBJUNCTIVE	
Present	**Past perfect**	**Future perfect**	**Present**	**Past perfect**
Puedo	Había podido	Habré podido	Pueda	Hubiera (-se) podido
Puedes/Podés*	Habías podido	Habrás podido	Puedas	Hubieras (-ses) podido
Puede	Había podido	Habrá podido	Pueda	Hubiera (...) podido
Podemos	Habíamos podido	Habremos podido	Podamos	Hubiéramos podido
Podéis	Habíais podido	Habréis podido	Podáis	Hubierais podido
Pueden	Habían podido	Habrán podido	Puedan	Hubieran podido
Present perfect	**Preterite**	**Conditional**	**Present perfect**	GERUND
He podido	Pude	Podría	Haya podido	Pudiendo
Has podido	Pudiste	Podrías	Hayas podido	
Ha podido	Pudo	Podría	Haya podido	PAST PARTICIPLE
Hemos podido	Pudimos	Podríamos	Hayamos podido	Podido
Habéis podido	Pudisteis	Podríais	Hayáis podido	
Han podido	Pudieron	Podrían	Hayan podido	COMMANDS (IMPERATIVE)
Imperfect	**Future**	**Conditional perfect**	**Imperfect**	**Positive/Negative**
Podía	Podré	Habría podido	Pudiera (-se)	
Podías	Podrás	Habrías podido	Pudieras (-ses)	[No se usan.]
Podía	Podrá	Habría podido	Pudiera (...)	
Podíamos	Podremos	Habríamos podido	Pudiéramos	
Podíais	Podréis	Habríais podido	Pudierais	
Podían	Podrán	Habrían podido	Pudieran	

PONER

INDICATIVE			SUBJUNCTIVE	
Present	**Past perfect**	**Future perfect**	**Present**	**Past perfect**
Pongo	Había puesto	Habré puesto	Ponga	Hubiera (-se) puesto
Pones/Ponés*	Habías puesto	Habrás puesto	Pongas	Hubieras (-ses) puesto
Pone	Había puesto	Habrá puesto	Ponga	Hubiera (...) puesto
Ponemos	Habíamos puesto	Habremos puesto	Pongamos	Hubiéramos puesto
Ponéis	Habíais puesto	Habréis puesto	Pongáis	Hubierais puesto
Ponen	Habían puesto	Habrán puesto	Pongan	Hubieran puesto
Present perfect	**Preterite**	**Conditional**	**Present perfect**	GERUND
He puesto	Puse	Pondría	Haya puesto	Poniendo
Has puesto	Pusiste	Pondrías	Hayas puesto	
Ha puesto	Puso	Pondría	Haya puesto	PAST PARTICIPLE
Hemos puesto	Pusimos	Pondríamos	Hayamos puesto	Puesto
Habéis puesto	Pusisteis	Pondríais	Hayáis puesto	
Han puesto	Pusieron	Pondrían	Hayan puesto	COMMANDS (IMPERATIVE)
Imperfect	**Future**	**Conditional perfect**	**Imperfect**	**Positive/Negative**
Ponía	Pondré	Habría puesto	Pusiera (-se)	
Ponías	Pondrás	Habrías puesto	Pusieras (-ses)	Pon (Poné*) / No pongas
Ponía	Pondrá	Habría puesto	Pusiera (...)	Ponga / No ponga
Poníamos	Pondremos	Habríamos puesto	Pusiéramos	
Poníais	Pondréis	Habríais puesto	Pusierais	Poned / No pongáis
Ponían	Pondrá	Habrían puesto	Pusieran	Pongan / No pongan

■ Other verbs that conjugate like *poner*: ***componer*, *presuponer*, *proponer*, *suponer*...**

PROHIBIR

INDICATIVE			SUBJUNCTIVE	
Present	**Past perfect**	**Future perfect**	**Present**	**Past perfect**
Prohíbo	Había prohibido	Habré prohibido	Prohíba	Hubiera (-se) prohibido
Prohíbes/Prohibís*	Habías prohibido	Habrás prohibido	Prohíbas	Hubieras (-ses) prohibido
Prohíbe	Había prohibido	Habrá prohibido	Prohíba	Hubiera (...) prohibido
Prohibimos	Habíamos prohibido	Habremos prohibido	Prohibamos	Hubiéramos prohibido
Prohibís	Habíais prohibido	Habréis prohibido	Prohibáis	Hubierais prohibido
Prohíben	Habían prohibido	Habrán prohibido	Prohíban	Hubieran prohibido
Present perfect	**Preterite**	**Conditional**	**Present perfect**	GERUND
He prohibido	Prohibí	Prohibiría	Haya prohibido	Prohibiendo
Has prohibido	Prohibiste	Prohibirías	Hayas prohibido	
Ha prohibido	Prohibió	Prohibiría	Haya prohibido	PAST PARTICIPLE
Hemos prohibido	Prohibimos	Prohibiríamos	Hayamos prohibido	Prohibido
Habéis prohibido	Prohibisteis	Prohibiríais	Hayáis prohibido	
Han prohibido	Prohibieron	Prohibirían	Hayan prohibido	COMMANDS (IMPERATIVE)
Imperfect	**Future**	**Conditional perfect**	**Imperfect**	**Positive/Negative**
Prohibía	Prohibiré	Habría prohibido	Prohibiera (-se)	
Prohibías	Prohibirás	Habrías prohibido	Prohibieras (-ses)	Prohíbe (-í*) / No prohíbas
Prohibía	Prohibirá	Habría prohibido	Prohibiera (...)	Prohíba / No prohíba
Prohibíamos	Prohibiremos	Habríamos prohibido	Prohibiéramos	
Prohibíais	Prohibiréis	Habríais prohibido	Prohibierais	Prohibid / No prohibáis
Prohibían	Prohibirán	Habrían prohibido	Prohibieran	Prohíban / No prohíban

■ Other verbs that conjugate like *prohibir*: ***reunir*.**

QUERER

INDICATIVE			SUBJUNCTIVE	
Present	**Past perfect**	**Future perfect**	**Present**	**Past perfect**
Quiero	Había querido	Habré querido	Quiera	Hubiera (-se) querido
Quieres/Querés*	Habías querido	Habrás querido	Quieras	Hubieras (-ses) querido
Quiere	Había querido	Habrá querido	Quiera	Hubiera (...) querido
Queremos	Habíamos querido	Habremos querido	Queramos	Hubiéramos querido
Queréis	Habíais querido	Habréis querido	Queráis	Hubierais querido
Quieren	Habían querido	Habrán querido	Quieran	Hubieran querido
Present perfect	**Preterite**	**Conditional**	**Present perfect**	GERUND
He querido	Quise	Querría	Haya querido	Queriendo
Has querido	Quisiste	Querrías	Hayas querido	
Ha querido	Quiso	Querría	Haya querido	PAST PARTICIPLE
Hemos querido	Quisimos	Querríamos	Hayamos querido	Querido
Habéis querido	Quisisteis	Querríais	Hayáis querido	
Han querido	Quisieron	Querrían	Hayan querido	
				COMMANDS (IMPERATIVE)
Imperfect	**Future**	**Conditional perfect**	**Imperfect**	**Positive/Negative**
Quería	Querré	Habría querido	Quisiera (-se)	
Querías	Querrás	Habrías querido	Quisieras (-ses)	Quiere (Queré*) / No quieras
Quería	Querrá	Habría querido	Quisiera (...)	Quiera / No quiera
Queríamos	Querremos	Habríamos querido	Quisiéramos	
Queríais	Querréis	Habríais querido	Quisierais	Quered / No queráis
Querían	Querrán	Habrían querido	Quisieran	Quieran / No quieran

SABER

INDICATIVE			SUBJUNCTIVE	
Present	**Past perfect**	**Future perfect**	**Present**	**Past perfect**
Sé	Había sabido	Habré sabido	Sepa	Hubiera (-se) sabido
Sabes/Sabés*	Habías sabido	Habrás sabido	Sepas	Hubieras (-ses) sabido
Sabe	Había sabido	Habrá sabido	Sepa	Hubiera (...) sabido
Sabemos	Habíamos sabido	Habremos sabido	Sepamos	Hubiéramos sabido
Sabéis	Habíais sabido	Habréis sabido	Sepáis	Hubierais sabido
Saben	Habían sabido	Habrán sabid	Sepan	Hubieran sabido
Present perfect	**Preterite**	**Conditional**	**Present perfect**	GERUND
He sabido	Supe	Sabría	Haya sabido	Sabiendo
Has sabido	Supiste	Sabrías	Hayas sabido	
Ha sabido	Supo	Sabría	Haya sabido	PAST PARTICIPLE
Hemos sabido	Supimos	Sabríamos	Hayamos sabido	Sabido
Habéis sabido	Supisteis	Sabríais	Hayáis sabido	
Han sabido	Supieron	Sabrían	Hayan sabido	
				COMMANDS (IMPERATIVE)
Imperfect	**Future**	**Conditional perfect**	**Imperfect**	**Positive/Negative**
Sabía	Sabré	Habría sabido	Supiera (-se)	
Sabías	Sabrás	Habrías sabido	Supieras (-ses)	Sabe (-é*)/ No sepas
Sabía	Sabrá	Habría sabido	Supiera (...)	Sepa / No sepa
Sabíamos	Sabremos	Habríamos sabido	Supiéramos	
Sabíais	Sabréis	Habríais sabido	Supierais	Sabed / No sepáis
Sabían	Sabrán	Habrían sabido	Supieran	Sepan / No sepan

SALIR

INDICATIVE			SUBJUNCTIVE	
Present	**Past perfect**	**Future perfect**	**Present**	**Past perfect**
Salgo	Había salido	Habré salido	Salga	Hubiera (-se) salido
Sales/Salís*	Habías salido	Habrás salido	Salgas	Hubieras (-ses) salido
Sale	Había salido	Habrá salido	Salga	Hubiera (...) salido
Salimos	Habíamos salido	Habremos salido	Salgamos	Hubiéramos salido
Salís	Habíais salido	Habréis salido	Salgáis	Hubierais salido
Salen	Habían salido	Habrán salido	Salgan	Hubieran salido
Present perfect	**Preterite**	**Conditional**	**Present perfect**	GERUND
He salido	Salí	Saldría	Haya salido	Saliendo
Has salido	Saliste	Saldrías	Hayas salido	
Ha salido	Salió	Saldría	Haya salido	PAST PARTICIPLE
Hemos salido	Salimos	Saldríamos	Hayamos salido	Salido
Habéis salido	Salisteis	Saldríais	Hayáis salido	
Han salido	Salieron	Saldrían	Hayan salido	
				COMMANDS (IMPERATIVE)
Imperfect	**Future**	**Conditional perfect**	**Imperfect**	**Positive/Negative**
Salía	Saldré	Habría salido	Saliera (-se)	
Salías	Saldrás	Habrías salido	Salieras (-ses)	Sal (-í*) / No salgas
Salía	Saldrá	Habría salido	Saliera (...)	Salga / No salga
Salíamos	Saldremos	Habríamos salido	Saliéramos	
Salíais	Saldréis	Habríais salido	Salierais	Salid / No salgáis
Salían	Saldrá	Habrían salido	Salieran	Salgan / No salgan

■ Other verbs that conjugate like *salir*: ***sobresalir***, ***equivaler***, ***valer*** (with the endings of -*er* verbs).

SENTIR(SE)

INDICATIVE			SUBJUNCTIVE	
Present	**Past perfect**	**Future perfect**	**Present**	**Past perfect**
Siento	Había sentido	Habré sentido	Sienta	Hubiera (-se) sentido
Sientes/Sentís*	Habías sentido	Habrás sentido	Sientas	Hubieras (-ses) sentido
Siente	Había sentido	Habrá sentido	Sienta	Hubiera (...) sentido
Sentimos	Habíamos sentido	Habremos sentido	Sintamos	Hubiéramos sentido
Sentís	Habíais sentido	Habréis sentido	Sintáis	Hubierais sentido
Sienten	Habían sentido	Habrán sentido	Sientan	Hubieran sentido
Present perfect	**Preterite**	**Conditional**	**Present perfect**	GERUND
He sentido	Sentí	Sentiría	Haya sentido	Sintiendo
Has sentido	Sentiste	Sentirías	Hayas sentido	
Ha sentido	Sintió	Sentiría	Haya sentido	PAST PARTICIPLE
Hemos sentido	Sentimos	Sentiríamos	Hayamos sentido	Sentido
Habéis sentido	Sentisteis	Sentiríais	Hayáis sentido	
Han sentido	Sintieron	Sentirían	Hayan sentido	
				COMMANDS (IMPERATIVE)
Imperfect	**Future**	**Conditional perfect**	**Imperfect**	**Positive/Negative**
Sentía	Sentiré	Habría sentido	Sintiera (-se)	
Sentías	Sentirás	Habrías sentido	Sintieras (-ses)	Siente (Sentí*) / No sientas
Sentía	Sentirá	Habría sentido	Sintiera (...)	Sienta / No sienta
Sentíamos	Sentiremos	Habríamos sentido	Sintiéramos	
Sentíais	Sentiréis	Habríais sentido	Sintierais	Sentid / No sintáis
Sentían	Sentirán	Habrían sentido	Sintieran	Sientan / No sientan

■ Other verbs that conjugate like *sentir*: ***divertir(se)***, ***mentir***, ***preferir***, ***presentir***, ***sugerir***...

Conjugated Verbs

SER

INDICATIVE			SUBJUNCTIVE	
Present	**Past perfect**	**Future perfect**	**Present**	**Past perfect**
Soy	Había sido	Habré sido	Sea	Hubiera (-se) sido
Eres/Sos*	Habías sido	Habrás sido	Seas	Hubieras (-ses) sido
Es	Había sido	Habrá sido	Sea	Hubiera (...) sido
Somos	Habíamos sido	Habremos sido	Seamos	Hubiéramos sido
Sois	Habíais sido	Habréis sido	Seáis	Hubierais sido
Son	Habían sido	Habrán sido	Sean	Hubieran sido
Present perfect	**Preterite**	**Conditional**	**Present perfect**	GERUND
He sido	Fui	Sería	Haya sido	Siendo
Has sido	Fuiste	Serías	Hayas sido	
Ha sido	Fue	Sería	Haya sido	PAST PARTICIPLE
Hemos sido	Fuimos	Seríamos	Hayamos sido	Sido
Habéis sido	Fuisteis	Seríais	Hayáis sido	
Han sido	Fueron	Serían	Hayan sido	
				COMMANDS (IMPERATIVE)
Imperfect	**Future**	**Conditional perfect**	**Imperfect**	**Positive/Negative**
Era	Seré	Habría sido	Fuera (-se)	
Eras	Serás	Habrías sido	Fueras (-ses)	Sé / No seas
Era	Será	Habría sido	Fuera (...)	Sea / No sea
Éramos	Seremos	Habríamos sido	Fuéramos	
Erais	Seréis	Habríais sido	Fuerais	Sed / No seáis
Eran	Serán	Habrían sido	Fueran	Sean / No sean

TENER

INDICATIVE			SUBJUNCTIVE	
Present	**Past perfect**	**Future perfect**	**Present**	**Past perfect**
Tengo	Había tenido	Habré tenido	Tenga	Hubiera (-se) tenido
Tienes/Tenés*	Habías tenido	Habrás tenido	Tengas	Hubieras (-ses) tenido
Tiene	Había tenido	Habrá tenido	Tenga	Hubiera (...) tenido
Tenemos	Habíamos tenido	Habremos tenido	Tengamos	Hubiéramos tenido
Tenéis	Habíais tenido	Habréis tenido	Tengáis	Hubierais tenido
Tienen	Habían tenid	Habrán tenido	Tengan	Hubieran tenido
Present perfect	**Preterite**	**Conditional**	**Present perfect**	GERUND
He tenido	Tuve	Tendría	Haya tenido	Teniendo
Has tenido	Tuviste	Tendrías	Hayas tenido	
Ha tenido	Tuvo	Tendría	Haya tenido	PAST PARTICIPLE
Hemos tenido	Tuvimos	Tendríamos	Hayamos tenido	Tenido
Habéis tenido	Tuvisteis	Tendríais	Hayáis tenido	
Han tenido	Tuvieron	Tendrían	Hayan tenido	
				COMMANDS (IMPERATIVE)
Imperfect	**Future**	**Conditional perfect**	**Imperfect**	**Positive/Negative**
Tenía	Tendré	Habría tenido	Tuviera (-se)	
Tenías	Tendrás	Habrías tenido	Tuvieras (-ses)	Ten (-é*) / No tengas
Tenía	Tendrá	Habría tenido	Tuviera (...)	Tenga / No tenga
Teníamos	Tendremos	Habríamos tenido	Tuviéramos	
Teníais	Tendréis	Habríais tenido	Tuvierais	Tened / No tengáis
Tenían	Tendrán	Habrían tenido	Tuvieran	Tengan / No tengan

■ Other verbs that conjugate like *tener*: ***contener***, ***mantener***, ***obtener***...

TRADUCIR

INDICATIVE

Present
Traduzco
Traduces/Traducís*
Traduce
Traducimos
Traducís
Traducen

Past perfect
Había traducido
Habías traducido
Había traducido
Habíamos traducido
Habíais traducido
Habían traducido

Future perfect
Habré traducido
Habrás traducido
Habrá traducido
Habremos traducido
Habréis traducido
Habrán traducido

Present perfect
He traducido
Has traducido
Ha traducido
Hemos traducido
Habéis traducido
Han traducido

Preterite
Traduje
Tradujiste
Tradujo
Tradujimos
Tradujisteis
Tradujeron

Conditional
Traduciría
Traducirías
Traduciría
Traduciríamos
Traduciríais
Traducirían

Imperfect
Traducía
Traducías
Traducía
Traducíamos
Traducíais
Traducían

Future
Traduciré
Traducirás
Traducirá
Traduciremos
Traduciréis
Traducirán

Conditional perfect
Habría traducido
Habrías traducido
Habría traducido
Habríamos traducido
Habríais traducido
Habrían traducido

SUBJUNCTIVE

Present
Traduzca
Traduzcas
Traduzca
Traduzcamos
Traduzcáis
Traduzcan

Past perfect
Hubiera (-se) traducido
Hubieras (-ses) traducido
Hubiera (...) traducido
Hubiéramos traducido
Hubierais traducido
Hubieran traducido

Present perfect
Haya traducido
Hayas traducido
Haya traducido
Hayamos traducido
Hayáis traducido
Hayan traducido

Imperfect
Tradujera (-se)
Tradujeras (-ses)
Tradujera (...)
Tradujéramos
Tradujerais
Tradujeran

GERUND

Traduciendo

PAST PARTICIPLE

Traducido

COMMANDS (IMPERATIVE)

Positive/Negative

Traduce (-í*) / No traduzcas
Traduzca / No traduzca

Traducid / No traduzcáis
Traduzcan / No traduzcan

■ Other verbs that conjugate like ***traducir: conducir, introducir, producir, reducir...***

TRAER

INDICATIVE

Present
Traigo
Traes/Traés*
Trae
Traemos
Traéis
Traen

Past perfect
Había traído
Habías traído
Había traído
Habíamos traído
Habíais traído
Habían traído

Future perfect
Habré traído
Habrás traído
Habrá traído
Habremos traído
Habréis traído
Habrán traído

Present perfect
He traído
Has traído
Ha traído
Hemos traído
Habéis traído
Han traído

Preterite
Traje
Trajiste
Trajo
Trajimos
Trajisteis
Trajeron

Conditional
Traería
Traerías
Traería
Traeríamos
Traeríais
Traerían

Imperfect
Traía
Traías
Traía
Traíamos
Traíais
Traían

Future
Traeré
Traerás
Traerá
Traeremos
Traeréis
Traerán

Conditional perfect
Habría traído
Habrías traído
Habría traído
Habríamos traído
Habríais traído
Habrían traído

SUBJUNCTIVE

Present
Traiga
Traigas
Traiga
Traigamos
Traigáis
Traigan

Past perfect
Hubiera (-se) traído
Hubieras (-ses) traído
Hubiera (...) traído
Hubiéramos traído
Hubierais traído
Hubieran traído

Present perfect
Haya traído
Hayas traído
Haya traído
Hayamos traído
Hayáis traído
Hayan traído

Imperfect
Trajera (-se)
Trajeras (-ses)
Trajera (...)
Trajéramos
Trajerais
Trajeran

GERUND

Trayendo

PAST PARTICIPLE

Traído

COMMANDS (IMPERATIVE)

Positive/Negative

Trae (-é*) / No traigas
Traiga / No traiga

Traed / No traigáis
Traigan / No traigan

■ Other verbs that conjugate like ***traer: abstraer, atraer, distraer, extraer...***

VENIR

INDICATIVE

Present	Past perfect	Future perfect
Vengo	Había venido	Habré venido
Vienes/Venís*	Habías venido	Habrás venido
Viene	Había venido	Habrá venido
Venimos	Habíamos venido	Habremos venido
Venís	Habíais venido	Habréis venido
Vienen	Habían venido	Habrán venido

Present perfect	Preterite	Conditional
He venido	Vine	Vendría
Has venido	Viniste	Vendrías
Ha venido	Vino	Vendría
Hemos venido	Vinimos	Vendríamos
Habéis venido	Vinisteis	Vendríais
Han venido	Vinieron	Vendrían

Imperfect	Future	Conditional perfect
Venía	Vendré	Habría venido
Venías	Vendrás	Habrías venido
Venía	Vendrá	Habría venido
Veníamos	Vendremos	Habríamos venido
Veníais	Vendréis	Habríais venido
Venían	Vendrán	Habrían venido

SUBJUNCTIVE

Present	Past perfect
Venga	Hubiera (-se) venido
Vengas	Hubieras (-ses) venido
Venga	Hubiera (...) venido
Vengamos	Hubiéramos venido
Vengáis	Hubierais venido
Vengan	Hubieran venido

Present perfect
Haya venido
Hayas venido
Haya venido
Hayamos venido
Hayáis venido
Hayan venido

Imperfect
Viniera (-se)
Vinieras (-ses)
Viniera (...)
Viniéramos
Vinierais
Vinieran

GERUND

Viniendo

PAST PARTICIPLE

Venido

COMMANDS (IMPERATIVE)

Positive/Negative

Ven (-í*) / No vengas
Venga / No venga

Venid / No vengáis
Vengan / No vengan

■ Other verbs that conjugate like *venir*: ***convenir, provenir...***

VER

INDICATIVE

Present	Past perfect	Future perfect
Veo	Había visto	Habré visto
Ves	Habías visto	Habrás visto
Ve	Había visto	Habrá visto
Vemos	Habíamos visto	Habremos visto
Veis	Habíais visto	Habréis visto
Ven	Habían visto	Habrán visto

Present perfect	Preterite	Conditional
He visto	Vi	Vería
Has visto	Viste	Verías
Ha visto	Vio	Vería
Hemos visto	Vimos	Veríamos
Habéis visto	Visteis	Veríais
Han visto	Vieron	Verían

Imperfect	Future	Conditional perfect
Veía	Veré	Habría visto
Veías	Verás	Habrías visto
Veía	Verá	Habría visto
Veíamos	Veremos	Habríamos visto
Veíais	Veréis	Habríais visto
Veían	Verán	Habrían visto

SUBJUNCTIVE

Present	Past perfect
Vea	Hubiera (-se) visto
Veas	Hubieras (-ses) visto
Vea	Hubiera (...) visto
Veamos	Hubiéramos visto
Veáis	Hubierais visto
Vean	Hubieran visto

Present perfect
Haya visto
Hayas visto
Haya visto
Hayamos visto
Hayáis visto
Hayan visto

Imperfect
Viera (-se)
Vieras (-ses)
Viera (...)
Viéramos
Vierais
Vieran

GERUND

Viendo

PAST PARTICIPLE

Visto

COMMANDS (IMPERATIVE)

Positive/Negative

Ve / No veas
Vea / No vea

Ved / No veáis
Vean / No vean

■ Other verbs that conjugate like *ver*: ***prever.***

VOLAR

INDICATIVE			SUBJUNCTIVE	
Present	**Past perfect**	**Future perfect**	**Present**	**Past perfect**
Vuelo	Había volado	Habré volado	Vuele	Hubiera (se) volado
Vuelas/Volás*	Habías volado	Habrás volado	Vueles	Hubieras (-ses) volado
Vuela	Había volado	Habrá volado	Vuele	Hubiera (...) volado
Volamos	Habíamos volado	Habremos volado	Volemos	Hubiéramos volado
Voláis	Habíais volado	Habréis volado	Voléis	Hubierais volado
Vuelan	Habían volado	Habrán volado	Vuelen	Hubieran volado
Present perfect	**Preterite**	**Conditional**	**Present perfect**	GERUND
He volado	Volé	Volaría	Haya volado	Volando
Has volado	Volaste	Volarías	Hayas volado	
Ha volado	Voló	Volaría	Haya volado	PAST PARTICIPLE
Hemos volado	Volamos	Volaríamos	Hayamos volado	Volado
Habéis volado	Volasteis	Volaríais	Hayáis volado	
Han volado	Volaron	Volarían	Hayan volado	COMMANDS (IMPERATIVE)
Imperfect	**Future**	**Conditional perfect**	**Imperfect**	**Positive/Negative**
Volaba	Volaré	Habría volado	Volara (-se)	
Volabas	Volarás	Habrías volado	Volaras (-ses)	Vuela (Volá*) / No vueles
Volaba	Volará	Habría volado	Volara (...)	Vuele / No vuele
Volábamos	Volaremos	Habríamos volado	Voláramos	
Volabais	Volaréis	Habríais volado	Volarais	Volad / No voléis
Volaban	Volarán	Habrían volado	Volaran	Vuelen / No vuelen

■ Other verbs that conjugate like *volar*: ***acostar(se), costar, probar, recordar, soñar...***

VOLVER

INDICATIVE			SUBJUNCTIVE	
Present	**Past perfect**	**Future perfect**	**Present**	**Past perfect**
Vuelvo	Había vuelto	Habré vuelto	Vuelva	Hubiera (-se) vuelto
Vuelves/Volvés*	Habías vuelto	Habrás vuelto	Vuelvas	Hubieras (-ses) vuelto
Vuelve	Había vuelto	Habrá vuelto	Vuelva	Hubiera (...) vuelto
Volvemos	Habíamos vuelto	Habremos vuelto	Volvamos	Hubiéramos vuelto
Volvéis	Habíais vuelto	Habréis vuelto	Volváis	Hubierais vuelto
Vuelven	Habían vuelto	Habrán vuelto	Vuelva	Hubieran vuelto
Present perfect	**Preterite**	**Conditional**	**Present perfect**	GERUND
He vuelto	Volví	Volvería	Haya vuelto	Volviendo
Has vuelto	Volviste	Volverías	Hayas vuelto	
Ha vuelto	Volvió	Volvería	Haya vuelto	PAST PARTICIPLE
Hemos vuelto	Volvimos	Volveríamos	Hayamos vuelto	Vuelto
Habéis vuelto	Volvisteis	Volveríais	Hayáis vuelto	
Han vuelto	Volvieron	Volverían	Hayan vuelto	COMMANDS (IMPERATIVE)
Imperfect	**Future**	**Conditional perfect**	**Imperfect**	**Positive/Negative**
Volvía	Volveré	Habría vuelto	Volviera (-se)	
Volvías	Volverás	Habrías vuelto	Volvieras (-ses)	Vuelve (Volvé*) / No vuelvas
Volvía	Volverá	Habría vuelto	Volviera (...)	Vuelva / No vuelva
Volvíamos	Volveremos	Habríamos vuelto	Volviéramos	
Volvíais	Volveréis	Habríais vuelto	Volvierais	Volved / No volváis
Volvían	Volverán	Habrían vuelto	Volvieran	Vuelvan / No vuelvan

■ Other verbs that conjugate like *volver*: ***devolver, envolver, resolver...***

C Verbs with one irregularity

ABRIR

- Conjugates like *vivir*.
  Irregular past participle: abierto.
  Other verbs that conjugate like *abrir*: ***entreabrir*, *reabrir*.**

CUBRIR

- Conjugates like *vivir*.
  rregular past participle: cubierto.
  Other verbs that conjugate like **cubrir**: ***descubrir*, *encubrir*, *recubrir*.**

ESCRIBIR

- Conjugates like **vivir**.
  rregular past participle: escrito.
  Other verbs that conjugate like *escribir*: ***describir*, *inscribir*, *reescribir*, *suscribir*...**

IMPRIMIR

- Conjugates like *vivir*.
  Two past participle forms, one regular and the other irregular: imprimido, impreso.

ROMPER

- Conjugates like ***comer***.
  Irregular past participle: roto.

D List of irregular verbs

- The verbs in bold on the left conjugate like the model verbs that follow in italics to their right. The information in square brackets [ ] refers to how certain forms of the verb are written. The information in ordinary brackets ( ) refers to conjugational irregularities. Verbs marked with an asterisk * are only used in certain forms.

Abrir: 282
Abstraer: *traer*, 279
Acertar: *pensar*, 274
Acordar: *volar*, 281
Acostar: *volar*, 281
Adquirir: *sentir*, 278
Advertir: *sentir*, 278
Almorzar: *volar*, 281
[pr. subj.: almuerce...; pret. indef.: almorcé; imp.: almuerce...]
Andar: 263
Ansiar: *confiar*, 265
Anteponer: *poner*, 275
Aparecer: *conocer*, 266
Apetecer: *conocer*, 266
Apretar: *pensar*, 274
Aprobar: *volar*, 281
Arrepentirse: *sentir*, 278
Ascender: *entender*, 269
Atender: *entender*, 269
Atraer: *traer*, 279
Atravesar: *pensar*, 274
Atribuir: *construir*, 266
Avergonzar: *volar*, 281

Bendecir: *decir*, 268
(part.: bendecido; fut.: bendeciré...; cond.: bendeciría...)
Caber: 264
Caer: 264
Calentar: *pensar*, 274
Carecer: *conocer*, 266
Cerrar: *pensar*, 274
Cocer: *mover*, 273
[pr. ind.: cuezo, cueces...; pr. subj.: cueza...; imp.: cuece, cueza...]
Colgar: *volar*, 281
[pr. subj.: cuelgue...; pret. indef..: colgué; imp.: cuelgue...]
Comenzar: *pensar*, 274
[pr. subj.: comience...; pret. indef.: comencé; imp.: comience...]
Compadecer: *conocer*, 266
Competir: *pedir*, 274
Complacer: *conocer*, 266
Componer: *poner*, 275
Comprobar: *volar*, 281
Concebir: *pedir*, 274
Concluir: *construir*, 266
Confesar: *pensar*, 274
Confiar: 265
Conmover: *mover*, 273
Conocer: 266
Conseguir: *pedir*, 274
[pr. ind.: consigo, consigues...; pr. subj.: consiga...; imp.: consigue, consiga...]
Consentir: *sentir*, 278
Consolar: *volar*, 281
Constituir: *construir*, 266
Construir: 266
Contar: *volar*, 281
Contener: *tener*, 279
Contradecir: *decir*, 268
Contraer: *traer*, 279
Contraponer: *poner*, 275
Contribuir: *construir*, 266
Convenir: *venir*, 280
Convertir: *sentir*, 278
Corregir: *pedir*, 274
[pr. ind.: corrijo, corriges...; pr. subj.: corrija...; imp.: corrige, corrija...]
Costar: *volar*, 281
Crecer: *conocer*, 266
Creer: 267
Criar: *confiar*, 265
Cubrir: 282

Dar: 267
Decaer: *caer*, 264
Decir: 268
Deducir: *traducir*, 279
Defender: *entender*, 269
Demostrar: *volar*, 281
Desafiar: *confiar*, 265
Desaparecer: *conocer*, 266
Desaprobar: *volar*, 281
Desatender: *entender*, 269
Descender: *entender*, 269
Descolgar: *volar*, 281
[pr. subj.: descuelgue...; imp.: descuelgue...]
Descomponer: *poner*, 275
Desconfiar: *confiar*, 265
Desconocer: *conocer*, 266
Describir: *vivir*, 263
(part.: descrito)
Desentenderse: *entender*, 269
Desenvolver: *volver*, 281
Deshacer: *hacer*, 271
Desliar: *confiar*, 265
Desmentir: *pedir*, 274
Desmerecer: *conocer*, 266
Desobedecer: *conocer*, 266
Desoír: *oír*, 273
Despedir: *pedir*, 274
Despertar: *pensar*, 274
Destituir: *construir*, 266
Desviar: *confiar*, 265
Descubrir: *vivir*, 263
(part.: descubierto)
Detener: *tener*, 279
Devolver: *volver*, 281
Digerir: *sentir*, 278
Diluir: *construir*, 266
Disentir: *sentir*, 278
Disminuir: *construir*, 266

Disolver: *volver*, 281
Disponer: *poner*, 275
Distraer: *traer*, 279
Distribuir: *construir*, 266
Divertir: *sentir*, 278
Doler: *mover*, 273
Dormir: 268

Elegir: *pedir*, 274
[pr. ind.: elijo, eliges...;
pr. subj.: elija...;
imp.: elige, elija...]
Empezar: *pensar*, 274
[pr. subj.: empiece...;
pret. indef.: empecé;
imp.: empiece...]
Encender: *entender*, 269
Encerrar: *pensar*, 274
Encontrar: *volar*, 281
Encubrir: *vivir*, 263
(part.: encubierto)
Enfriar: *confiar*, 265
Entender: 269
Entreabrir: *vivir*, 263
(part.: entreabierto)
Entretener: *tener*, 279
Enviar: *confiar*, 265
Envolver: *volver*, 281
Equivaler: *salir*, 277
(pero con term. *-er*)
Escribir: 282
Espiar: *confiar*, 265
Esquiar: *confiar*, 265
Establecer: *conocer*, 266
Estar: 269
Excluir: *construir*, 266
Exponer: *poner*, 275
Extender: *entender*, 269
Extraer: *traer*, 279

Favorecer: *conocer*, 266
Florecer: *conocer*, 266
Fluir: *construir*, 266
Freír: 270

Gobernar: *pensar*, 274
Guiar: *confiar*, 265

Haber: 270
Hacer: 271
Herir: *sentir*, 278
Hervir: *sentir*, 278
Huir: *construir*, 266

Impedir: *pedir*, 274
Imponer: *poner*, 275
Imprimir: 282
Incluir: *construir*, 266
Influir: *construir*, 266
Ingerir: *sentir*, 278
Inscribir: *vivir*, 263
(part.: inscrito)
Instituir: *construir*, 266
Instruir: *construir*, 266
Interferir: *sentir*, 278
Intervenir: *venir*, 280
Introducir: *traducir*, 279
Invertir: *sentir*, 278
Ir: 271

Jugar: 272

Leer: *creer*, 267
Liar: *confiar*, 265

Llover*: *mover*, 273

Manifestar: *pensar*, 274
Mantener: *tener*, 279
Medir: *pedir*, 274
Mentir: *sentir*, 278
Merecer: *conocer*, 266
Merendar: *pensar*, 274
Moler: *mover*, 273
Morder: *mover*, 273
Morir: 272
Mostrar: *volar*, 281
Mover: 273

Nacer: *conocer*, 266
Negar: *pensar*, 274
Nevar*: *pensar*, 274

Obedecer: *conocer*, 266
Obtener: *tener*, 279
Ofrecer: *conocer*, 266
Oír: 273
Oler: *mover*, 273
[pr. ind.: **hue**lo, **hue**les,
huele... **hue**len;
pr. subj.: **hue**la, **hue**las,
huela... **hue**lan;
imp.: **hue**le, **hue**la...]
Oponer: *poner*, 275

Padecer: *conocer*, 266
Parecer: *conocer*, 266
Pedir: 274
Pensar: 274
Perder: *entender*, 269
Permanecer: *conocer*, 266
Perseguir: *sentir*, 278
Pertenecer: *conocer*, 266
Poder: 275
Poner: 275
Poseer: *creer*, 267
Posponer: *poner*, 275
Preconcebir: *pedir*, 274
Predecir: *decir*, 268
Predisponer: *poner*, 275
Preferir: *sentir*, 278
Presuponer: *poner*, 275
Prevenir: *venir*, 280
Prever: *ver*, 280
Probar: *volar*, 281
Producir: *traducir*, 279
Prohibir: 276
Promover: *mover*, 273
Proponer: *poner*, 275
Proveer: *creer*, 267
(part.: proveído, provisto)
Provenir: *venir*, 280

Quebrar: *pensar*, 274
Querer: 276

Reabrir: *vivir*, 263
(part.: reabierto)
Recaer: *caer*, 264
Recomendar: *pensar*, 274
Recomponer: *poner*, 275
Reconocer: *conocer*, 266
Reconstruir: *construir*, 266
Recordar: *volar*, 281
Recubrir: *vivir*, 263
(part.: recubierto)
Reducir: *traducir*, 279
Reescribir: *vivir*, 263
(part.: reescrito)
Referir: *sentir*, 278
Regar: *pensar*, 274
[pr. subj.: rie**gue**...;
pret. indef.: re**gué**;
imp.: rie**gue**...]
Rehacer: *hacer*, 271
Reír: *pedir*, 274
Remover: *mover*, 273
Renovar: *volar*, 281
Reñir: *pedir*, 274
Repetir: *pedir*, 274
Reprobar: *volar*, 281
Reproducir: *traducir*, 279
Restituir: *construir*, 266
Retener: *tener*, 279
Retraer: *traer*, 279
Retribuir: *construir*, 266
Reunir: *prohibir*, 276
Revolver: *volver*, 281
Romper: 282
Rogar: *volar*, 281
[pr. subj.: rue**gue**...;
pret. indef.: ro**gué**;
imp.: rue**gue**...]

Saber: 277
Salir: 277
Satisfacer: *hacer*, 271
Seducir: *traducir*, 279
Seguir: *pedir*, 274
Sembrar: *pensar*, 274
Sentar(se): *pensar*, 274
Sentir(se): 278
Ser: 278
Servir: *pedir*, 274
Sobrentender: *entender*, 269
Sobreponer: *poner*, 275
Sobresalir: *salir*, 277
Sobrevenir: *venir*, 280
Soler*: *mover*, 273
Soltar: *volar*, 281
Sonar: *volar*, 281
Sonreír: *pedir*, 274
Soñar: *volar*, 281
Sostener: *tener*, 279
Sugerir: *sentir*, 278
Superponer: *poner*, 275
Suponer: *poner*, 275
Suscribir: *vivir*, 263
(part.: suscrito)
Sustituir: *construir*, 266
Sustraer: *traer*, 279

Temblar: *pensar*, 274
Tender: *entender*, 269
Tener: 279
Tostar: *volar*, 281
Traducir: 279
Traer: 279
Transferir: *sentir*, 278
Tropezar: *pensar*, 274

Vaciar: *confiar*, 265
Valer: *salir*, 277
(pero con term. *-er*)
Variar: *confiar*, 265
Venir: 280
Ver: 280
Verter: *entender*, 269
Vestir: *pedir*, 274
Volar: 281
Volcar: *volar*, 281
[pr. subj.: vuel**que**....;
pret. indef.: vol**qué**;
imp.: vuel**que**...]
Volver: 281

Answer Key

1. Nouns. The Gender of Things

Page 14

1 1. bolígrafo, goma 2. apartamento, casa 3. esposo, regalo 4. familia

2 1. vaso 2. lámparas 3. casa 4. zapatos

Page 15

3 1. All are feminine except **brazo** which is masculine.
2. All are masculine except **impresora** which is feminine.
3. All are masculine except **crema** which is feminine.
4. All are masculine except **canción** which is feminine.
5. All are feminine except **garaje** which is masculine.

4 **Masculine**: El salón. El sobre. El taxi. El microondas. El café. El pie. El árbol. El sol. El abrelatas.
Feminine: La crisis. La imagen. La tesis. La clase. La calle. La tarde. La sal. La leche. La nariz. La carne.

Page 16

5 1. el 2. la 3. el 4. el 5. el 6. el 7. la 8. el 9. el 10. la 11. el 12. el 13. la, el 14. el 15. la 16. el 17. el 18. la 19. el 20. la 21. el 22. el 23. la 24. la 25. la 26. la

6 1. el auto, el garaje, la computadora, la clase
2. el traje, el champú, el paraguas, el suéter
3. un problema, la moto, las llaves
4. un error, la traducción
5. del tema, de la imagen, del programa, de la televisión
6. el sillón, una reunión, una gran parte, de la tarde, al celular

2. Nouns. The Gender of People and Animals

Page 17

1 1. abuela 2. primas 3. amigos 4. hermanos 5. hermanas 6. niña

2 1. g, moderna 2. d, nervioso 3. h, empática 4. a, comprensiva 5. c, extraordinaria 6. f, vestida 7. e, **un** artista

Page 18

3 1. padre, padre/madre 2. madre, padre/madre 3. hermana, padre/madre 4. hija 5. hermano, padre/madre 6. padre, esposo/esposa 7. madre, esposo/esposa 8. hijo 9. hija 10. hijo

4 1. pianista 2. pianista 3. policía 4. taxista 5. profesora 6. periodista 7. cantante 8. actriz 9. actor 10. veterinario 11. futbolista

Page 19

5 **Masc. / Fem. marker**: gato/gata, cerdo/cerda, tigre/tigresa, gallo/gallina
A different word for each sex: caballo/yegua
Unchanging feminine: jirafa, tortuga, hormiga, gamba
Unchanging masculine: cocodrilo, dinosaurio, calamar, caracol, mejillón

6 1.1 ¿esto es un **canguro macho** o un **canguro hembra**?
1.2 ¿es un **ratón** o una **ratona**?
2.1 ¿un **camaleón macho** o un **camaleón hembra**?
2.2 ¿un **pato** o una **pata**?
3.1 ¿Es una **serpiente macho** o una **serpiente hembra**?
3.2 ¿una **lechuza macho** o una **lechuza hembra**?

3. Nouns. Number

Page 21

1 1. peces 2. sofás 3. relojes 4. botones 5. suéteres

2 1. papeles 2. colchones 3. tenedores 4. luces 5. lápices 6. bolígrafos 7. marcadores 8. árboles 9. bebés

3 1. paraguas 2. lavadora 3. abrebotellas 4. sofá 5. cuadro 6. cafetera 7. abrelatas 8. microondas 9. secadora 10. florero

Page 22

4 1. ~~la luz~~ / las luces 2. agua / ~~aguas~~ 3. carne / ~~carnes~~ 4. música / ~~músicas~~ 5. té / ~~tés~~

5 1. e, aplauden emocionados 2. c, están muy interesadas 3. d, parece muy contento 4. b, está preocupada

6 1. Dos relojes de pared 2. Dos abrelatas 3. Dos tijeras de cocina 4. Dos lentes de sol 5. Dos pelapapas

7 1. pastel 2. pez 3. suéter 4. luz 5. café

4. Adjectives

Page 24

1 1. cariñosa 2. holgazana 3. bella 4. superficial 5. dormilona 6. ecologista 7. tímido 8. alegre 9. trabajador 10. independiente 11. puntual 12. nerviosa 13. fuerte 14. optimista 15. inteligente 16. fea 17. pedante

2 1. **italiano** is the only adjective with one form for the masculine and another for the feminine.
2. **contento** is the only adjective with one form for the masculine and another for the feminine.
3. **lista** is the only adjective with one form for the masculine and another for the feminine.

4. **hermosa** is the only adjective with one form for the masculine and another for the feminine.
5. **joven** is the only adjective with a single form for both masculine and feminine.

3 1. cinco flores lilas 2. tres perros felices 3. dos lagos azules 4. cuatro edificios grises 5. dos niños mayores 6. dos soles brillantes

Page 25

4 1. a, elegante 2. a, pequeña y ruidosa 3. b, amplia y luminosa 4. d, lento y pequeño 5. a, grande y rápido 6. b, económicos 7. a, impresionantes

5 1. estadounidense 2. colombiano 3. turcas 4. argentino 5. japonesa 6. holandeses 7. senegalés 8. suizos 9. finlandesa 10. españoles 11. china

6 1. ... son colombian**os**...
2. ... son maravillos**os**...
3. ... son medios de comunicación más objetiv**os**...
4. ... son más ecológic**as**...
5. ... están mojad**os**...

Page 26

7 1. Hay una ventana abierta.
2. Lleva siempre ropa amarilla.
3. Hay una casa vacía
4. Trae la ropa sucia.
5. Mete la botella llena
6. Es un auto familiar.
7. Vivo en una residencia estudiantil
8. Los vuelos internacionales
9. Está en un sobre cerrado

Page 27

8 1. destaca 2. distingue 3. distingue 4. destaca 5. destaca 6. distingue 7. destaca 8. distingue

9 1. ~~industrial~~ edificio: edificio **industrial**
2. ~~redondo~~ objeto: objeto **redondo**
3. ~~japonés~~ reloj: reloj **japonés**
4. ~~oficial~~ auto: auto **oficial**
5. ~~vacía~~ casa: casa **vacía**

Page 28

10 1. **segundo** curso 2. profesora **budista** 3. ejercicios **respiratorios** 4. **tercer** curso 5. profesor **rockero** 6. guitarra **eléctrica** 7. **futuras** clases 8. **nuevos** amigos 9. **antiguos** compañeros

11 1. mal 2. primer, gran 3. tercera, mala 4. mala 5. buenas 6. mal 7. buen

5. Articles: *un, el, ø...*

Page 30

1 1. Unas, una, una 2. Una, un 3. Unos, un 4. Una 5. Las, la, al 6. La, la 7. Los, del 8. La

Page 31

2 1. un 2. la 3. las 4. una 5. las 6. El 7. Las 8. el 9. las

Page 32

3 1. b 2. a 3. a 4. b 5. a 6. b 7. b 8. a

4 1. el, una 2. una, un 3. el 4. unos, los 5. el, un, el

5 1. Sí 2. No 3. No 4. No 5. No 6. Sí 7. Sí

Page 33

6 1. el, d 2. Ø, f 3. Ø, c 4. la, e 5. una, b 6. el, g 7. Ø, l 8. un, j 9. el, i 10. Ø, k 11. el, h

Page 34

7 1. huevos 2. agua 3. café 4. pilas 5. aspirinas 6. dinero

Page 35

8 1a. III, 1b. I, 1c. II 2a. I, 2b. III, 2c. II 3a. III, 3b. II, 3c. I 4a. I, 4b. III, 4c. II 5a. III, 5b. I, 5c. II

9 1. el abanico 2. Los cajeros 3. carne 4. los helados 5. Las hormigas 6. El/Un té, el/un café 7. el/un mouse 8. el/un carrito 9. agua

10 1. Después de una noche de terror nos duele **la** garganta, pero **el** doctor Jek nos da jugo de aspirinas.
2. **Los** monstruos quieren ser como **los** seres humanos y respetan **la** naturaleza. En realidad, solo comen plantas y frutos secos.
3. A **los** monstruos les gusta mirar **el** cielo gris mientras **el** viejo vampiro Vlad toca en **el** órgano canciones tristes.
4. Para **los** monstruos **el** miedo es **el** sentimiento más hermoso, por eso les gusta ver películas de zombis y visitar **la** "Casa Terror".
5. **Los** monstruos hacen magia negra y bailan **la** danza de **los** muertos vivientes cuando sale **la** luna llena.
6. Todas **las** noches de tormenta **los** esqueletos salen de **las** tumbas para celebrar **la** gran fiesta del trueno. **Los** monstruos se divierten como locos.
7. **Los** vampiros no se ven en **el** espejo, pero saben que son bellos por **los** selfis.

Page 36

11 1. unos ~~lentes de sol~~ 2. los ~~sobres~~ amarillos, los ~~sobres~~ que están ahí 3. una ~~chicha~~
4. un*o* ~~reloj~~ que tiene wifi 5. La ~~muchacha~~ de los lentes, la ~~muchacha~~ alta, la ~~muchacha~~ que está parada

6. unos ~~amigos~~ que conocí en la discoteca
7. ¿El ~~libro~~ grande? ¿El ~~libro~~ de física?
8. un*o* ~~café~~ expreso, un*o* ~~café~~ con leche

12 1. lleva peluca 2. guantes largos 3. pistola 4. delgado 5. pañuelo de lunares 6. está cantando 7. bellísimas

6. Demonstratives: *este, ese, aquel...; esto, eso, aquello...*

Page 38

1 1. estas 2. Estos 3. esta 4. ese 5. esa 6. esas 7. esos 8. aquella 9. aquellos 10. aquellas 11. aquel
2 1. D 2. B 3. C
3 1. Estos 2. esas 3. aquel 4. aquella 5. esos

Page 39

4 1. d 2. c 3. a 4. f 5. b
5 1. hombres 2. hoja 3. cuadro 4. papel 5. pendientes

Page 41

6 1. esto 2. esto 3. eso 4. eso 5. eso 6. aquello 7. aquello
7 1. f 2. c 3. g 4. b 5. d 6. e
No sabe el nombre: 1, 3 No importa el nombre: 5, 6
No es un objeto: 2, 4

Page 42

8 1. Eso 2. eso 3. Esto 4. aquello 5. eso
9 1. aquello 2. Esa muchacha/Eso 3. esa carta 4. esa 5. ese señor 6. aquella muchacha 7. aquello 8. este mueble/esto 9. Ese

7. Possessives: *mi, tu, su...; mío, tuyo, suyo...*

Page 44

1 1. nuestras, nuestros 2. tu, tu, tu, tus, tus 3. mi, mis, mis, mi, mis 4. su, sus, sus 5. su, su, su, su, sus, su, su
2 1. mis 2. tus 3. tus 4. mi 5. tu 6. tu 7. mis 8. mi 9. tu 10. tu 11. tu

Page 45

3 1. f/suyos 2. e/suya 3. c/míos 4. d/suyos 5. b/suyos/tuyos/vuestros
4 1. ~~de ti~~ tuyo 2. ~~de ustedes~~ suyo 3. ~~de ti~~ tuyo 4. ~~de nosotros~~ nuestra

Page 47

5 1. a 2. b 3. b 4. b 5. b 6. b 7. a

6 1. **mis** camisones de seda 2. **mi** dentadura postiza 3. **nuestras** dieciocho maletas 4. **nuestros** seis abrigos
5. **nuestros** gorros de dormir 6. **su** magnífica colección de pipas 7. **mi** esposa 8. **su** último cumpleaños 9. **tu** computadora portátil 10. **tus** doce palos de golf preferidos 11. algunos objetos **suyos** 12. **su** computadora 13. varios poemas **suyos** 14. algunas joyas **suyas** 15. **su** sortija 16. Dos pipas **suyas** 17. **sus** doce palos de golf 18. dos camisones **suyos** 19. una maleta **suya** 20. **su** dentadura postiza 21. **tu** bata

Pages 48 and 49

7 1. Me gusta más su dentista que **la nuestra**. Es más delicada.
2. Mi celular se quedó sin batería. ¿Me prestas **el tuyo**?
3. Estas son mis toallas. **Las tuyas** están en el armario.
4. El barrio donde vivo no está mal, pero **el suyo** es más tranquilo.
5. Mi sueldo es más alto que **el suyo**. Pero es que trabajo mucho más que ustedes
6. Yo tengo una letra muy difícil de leer, pero **la tuya** no se entiende nada.
7. Entre la bicicleta de David y **la nuestra**, prefiero la de David.
8. Tenemos el mismo auto, pero **el suyo** tiene dos puertas más.
9. Prefiero mi café **al tuyo**. Tú lo preparas demasiado fuerte.

8 1. nuestro 2. suyo 3. mío 4. suyas 5. mías 6. Mía 7. mío 8. suya 9. mía/nuestra 10. mía 11. Nuestras 12. mías 13. suyas 14. nuestros 15. nuestro 16. suyos 17. nuestra

9 1. el 2. las 3. la 4. la 5. el 6. las 7. las 8. los 9. las 10. la 11. la 12. el
1. C 2. D 3. B

8. Indefinite Quantifiers: *todos, algunos, alguien, nada, otros...*

Page 51

1 1. algunas, ninguna, todas 2. algunas, ninguna, todas 3. algunos, ninguno, todos 4. algunos, ninguno, todos 5. Algunas, ninguna, todas 6. algunos, Ninguno, Todos 7. algunos, ninguno, Todos 8. Algunas, ninguna, Todas
2 1. algunas 2. Algunos 3. todos, ninguno 4. Ningún 5. algún 6. ningún 7. todas 8. alguna 9. algún
3 1. Algunos 2. algunos 3. ninguno 4. algunas 5. todas 6. Algunos 7. ninguno 8. todos 9. Todas 10. todos 11. Algunos

Page 52

4 1. holgazan**a** 2. barat**o** 3. negr**o** 4. sincer**o** 5. rápid**o**

5 1. algo 2. Nadie 3. algo 4. nada 5. todo 6. nada 7. alguien 8. algo 9. nada 10. algo 11. nadie 12. nada 13. alguien 14. nadie 15. todo 16. algo 17. algo

Page 53

6 1. ninguno, nadie/ninguno, nada 2. algo, nada, algo, nada 3. algo, algunas 4. algunas, ninguna 5. alguien, Algún 6. algo, ningún, Ninguno, nada 7. algo, alguno, Algún, algún 8. alguno/algunos, algo, nada, alguno/algunos, alguna

Page 54

7 1. ✓ 2. Bueno, yo esperaba tu ayuda, pero si no puedes, **no** pasa nada. 3. ✓ 4. Dicen que Sofía y aquel muchacho se besaron, pero yo **no** vi nada. 5. Tiene cuatro gatos, pero **no** quiere regalarme ninguno. 6. ¿Son hermanos? **No** se parecen en nada.

Page 55

8 1. b/otro (suéter) 2. a/otra (pulsera) 3. d/otras (botas) 4. c/otros (pantalones)

9 1. otras 2. otros tres 3. otro 4. otras dos 5. otra 6. otras dos

10 1. (~~una~~, casa, otra) otra casa 2. (otra, la, parte) la otra parte 3. (otra, su, hija) su otra hija 4. (hijos, otros, dos) otros dos hijos 5. (ternero, ~~un~~, otro) otro ternero 6. (tres, casas, otras) otras tres casas 7. (muchacho, otro, aquel) aquel otro muchacho

11 1. ✓
2. ¿Por qué te fijas en ~~unos~~ otros si me tienes a mí?
3. Fránkez, yo no miro ~~unos~~ otros ojos, no miro otra boca, no miro otras manos. Yo solo te miro a ti.
4. Eso deseo yo, Tristicia. Porque tú eres mi dulce cucaracha y no hay en todo el mundo ninguna otra. Nunca podrá haber ~~una~~ otra. Solo te quiero a ti.

9. Cardinal Numbers: *uno, dos, tres...*

Page 56

1 1. diez 2. dos 3. seis 4. doce 5. catorce 6. ocho 7. diez 8. cuatro 9. dos

2 1. Dos, uno 2. una, tres 3. Un, una 4. Un, una 5. Tres, dos, uno 6. Dos, una, un

Page 57

3 quince - ocho = siete, nueve + cuatro = trece, nueve - dos = siete, dos + nueve = once, trece - seis = siete, diez + cuatro = catorce, quince - tres = doce, siete + cinco = doce

4 1. noventa y siete 2. setenta y cuatro 3. sesenta y dos 4. cincuenta y seis 5. cuarenta y uno 6. treinta y nueve 7. cuarenta y tres

Page 58

5 1. setenta y una 2. sesenta y tres 3. ochenta y un 4. tres 5. nueve 6. cincuenta y dos 7. cinco 8. dos

6 1. diecisiete 2. setenta y nueve 3. noventa y seis 4. treinta y tres 5. veintiuno 6. cuarenta y cinco 7. sesenta y uno 8. ochenta y dos

7 **Cuaderno de Anne** (dólares $): doscient**os** cincuenta (250), ochocient**os** (800), setecient**os** dos (702), novecient**os** veintidós (922)
Cuaderno de Julie (libras esterlinas £): seiscient**as** doce (612), quinient**as** treinta y una (531), setecient**as** (700), cuatrocient**as** cincuenta (450)

Page 59

8 Electricidad: 281 dólares, doscientos ochenta y un
Seguro de casa: 789 dólares, setecientos ochenta y nueve
Celular: 411 dólares, cuatrocientos once
Agua: 576 dólares, quinientos setenta y seis
Farmacia: 125 dólares, ciento veinticinco

9 1. (4.179) cuatro mil ciento setenta y nueve
2. (95.167) noventa y cinco mil ciento sesenta y siete
3. (5.021) cinco mil veintiuno
4. (81.184) ochenta y un mil ciento ochenta y cuatro
5. (31.901) treinta y un mil novecientos uno
6. (27.432) veintisiete mil cuatrocientos treinta y dos

Page 60

10 1. ciento veintisiete millones quinientos setenta y cinco mil quinientos veintinueve habitantes
2. dieciocho millones novecientos cincuenta y dos mil treinta y ocho habitantes
3. cuarenta y siete millones setenta y seis mil setecientos ochenta y un habitantes
4. treinta y dos millones quinientos diez mil cuatrocientos cincuenta y tres habitantes
5. once millones trescientos treinta y tres mil cuatrocientos ochenta y tres habitantes
6. veintiocho millones quinientos quince mil ochocientos veintinueve habitantes

11 1. Cuarenta y dos mil ciento ~~y~~ cinco (42.105)
2. Tres millones ~~y~~ ochenta y ocho mil trescientos ~~y~~ cuarenta y seis (3.088.346)
3. Cuatrocientos ~~y~~ cinco mil sesenta y uno (405.061)

4. Cincuenta y nueve mil ~~y~~ once (59.011)
5. Noventa y dos mil trescientos ~~y~~ quince (92.315)
6. Ochocientos ~~y~~ cinco mil quinientos ~~y~~ ochenta (805.580) 7. Trescientos ~~y~~ veintiséis (326)
8. Setecientos ~~y~~ setenta mil (770.000)
9. Cien mil ~~y~~ doscientos ~~y~~ ochenta y ocho (100.288)

12 Golandia tiene una superficie de seiscientos quince mil km^2 y un total de **dos millones quinientos sesenta y cinco mil** habitantes. La capital, Gola City, está situada al norte del país y tiene **ochocientos cuarenta y nueve mil trescientos** habitantes; la segunda ciudad importante de Golandia es Rúcola, con **trescientos siete mil** habitantes. El monte principal de la isla es El Golón, con una altura de **cuatro mil cincuenta y ocho** metros, y tiene dos ríos principales: el Gologolo, de **cuatrocientos setenta y nueve** kilómetros, y el Golín, de **doscientos treinta y cinco** kilómetros.

10. Ordinal Numbers: *primero, segundo, tercero...*

Page 61

1 Carlos es el **tercero**; María es la **quinta**; Juan es el **sexto**; Francisco es el **cuarto**; Laura es la **segunda**; y Ricardo es el **séptimo**.

2 1. Segunda 2. Noveno 3. Octavo 4. Primera 5. Tercer 6. Cuarta 7. Tercera 8. Primer

Page 62

3 1. cuarto 2. sexto 3. décimo 4. segunda 5. trece

4 El primer día, la orquesta va a tocar el **segundo** concierto para piano de Brahms y la **cuarta** sinfonía de Bruckner. El **segundo** día, el **cuarto** concierto para violín de Mozart y la **octava** sinfonía de Mahler. Y el **tercer** día va a tocar el **quinto** concierto para piano de Beethoven y la **sexta** sinfonía de Tchaikovsky.

Page 63

5 Primero, se cascan los huevos. **Segundo**, se baten los huevos con un poco de sal y pimienta. **Tercero**, se pone a calentar un poco de aceite en la sartén. **Cuarto**, se echan los huevos batidos en la sartén y se revuelven.

6 1. 69.° 2. 46.° 3. 91.° 4. 18.° 5. 11.° 6. 82.° 7. 76.° 8. 34.° 9. 50.° 10. 12.° 11. 99.°

7 1. cuadragésimo quinto 2. vigésimo sexto 3. décimo novena 4. trigésimo primera

11. Quantifiers: demasiado, mucho, bastante...

Page 64

1 1. Hay **mucha** agua y **pocos** cubitos.
2. Hay **bastante** agua y **bastantes** cubitos.
3. No hay **nada de** agua y **demasiados** cubitos.
4. Hay **demasiada** agua y **ningún** cubito.

Page 65

2 1. nada de 2. nada de 3. ninguna 4. ningún 5. nada de 6. ningún 7. ninguna

3 1. Bonifacio 2. Dolores 3. Dolores 4. Bonifacio 5. Bonifacio 6. Dolores 7. Dolores

4 1. un poco de 2. poca 3. un poco de 4. poco 5. un poco de 6. poco 7. un poco de 8. un poco de 9. poco

Page 66

5 1. Demasiados 2. bastante 3. Demasiados 4. muy 5. demasiado 6. Demasiado 7. poco 8. Demasiado 9. bastante

6 1. demasiado 2. bastante 3. poco 4. demasiados, poco 5. demasiadas

12. Personal Pronouns. Introduction

Page 69

1 1. Leonor 2. María 3. Dolores 4. Elisabeth 5. Eduardo 6. Paco 7. agua 8. el desayuno 9. el almuerzo y la cena 10. a los pequeños 11. la ropa 12. al bebé 13. la compra 14. a las plantas 15. a sus hermanos pequeños 16. a todos

2 1. El secretario anota siempre: a/CD
El secretario le anota sus citas: b/CI
2. Olivia les enseña música: b/CI
Olivia enseña: a/CD
3. El hijo les lava y les plancha la ropa: a/CI
La lavadora lava y seca en dos horas: b/CD
4. Leo sirve en la mesa: a/CD
Leo le sirve el almuerzo: b/CI

Page 70

3 1a. a 1b. b/reflexivo 2a. a/reflexivo 2b. b 3a. b/reflexivo 3b. a

4 1a. la cabeza 1b. El gato
2a. los helados 2b. Marina y Enric
3a. ese problema 3b. nosotros
4a. Tu padre 4b. los niños
5a. el ruido 5b. Algunos electrodomésticos
6a. Mis amigas 6b. la música pop
7a. La tele 7b. Tu hermana

13. Subject Pronouns: *yo, tú, él...*

Page 71

1 1. nosotras 2. nosotros 3. ellos 4. tú/vos 5. él 6. ella 7. ellas 8. ustedes 9. ustedes

2 1. tú/vos, g 2. tú/vos, b 3. usted, d 4. usted, a 5. tú/vos, f 6. usted, e

Page 72

3 1. a, b 2. a, b 3. a, b 4. b, a 5. a, b

14. Pronouns with Prepositions: *a mí, para ti, con él...*

Page 73

1 1. ustedes, b, nosotras 2. usted, a, mí 3. tú, f, ti 4. ustedes, d, nosotros 5. mí, ustedes, e, ustedes

Page 74

2 1. ti 2. él 3. él 4. nosotros 5. contigo 6. mí 7. conmigo 8 ti

3 1. conmigo 2. contigo 3. para ellos 4. a vos 5. entre tú y yo 6. sin nosotras 7. de mí 8. Hasta yo 9. de ti 10. según tú 11. por mí 12. sobre ti

15. Object Pronouns: *me, te, nos; lo la, le, los...*

Page 75

1 1. Me 2. Nos 3. Nos 4. Te 5. te 6. te 7. nos 8. Nos

Page 77

2 1. las 2. lo 3. los 4. la 5. los 6. la 7. las

3 1. Les 2. le 3. les 4. Le 5. le

4 1. le 2. lo 3. Le 4. la 5. Les 6. Les 7. los 8. lo 9. la 10. los 11. las

Page 78

5 1. b (N) 2. b (N) 3. a (M) 4. b (N) 5. b (N) 6. b (N) 7. a (M)

16. Position and Combination of Object Pronouns

Page 79

1 **I**. Mayordomo (d)
1. ¿Le reservo mesa en su restaurante de siempre?
2. ¿Lo llevo a alguna parte?
3. ¿Le preparo un baño caliente?
II. Pareja en el auto (c)
4. ¿Te llevo al trabajo?
5. ¿Te pongo música?
6. ¿Te enciendo el aire acondicionado?
7. ¿Te ayudo con el cinturón de seguridad?
III. Hablando con extraterrestres (a)
8. ¿Les cortan el pelo?
9. ¿Los besan antes de dormir?
10. ¿Les ponen vacunas?
11. ¿Les hacen regalos en Navidad?
IV. Grupo musical (b)
12. Nos aplaudieron durante veinte minutos.
13. Me lanzaron muchas cosas al escenario.
14. Nos pidieron muchos autógrafos.
15. Me hicieron miles de fotos.

Page 80

2 1. los 2. la 3. lo 4. me la 5. Se los 6. me lo 7. te la

Page 81

3 1. se lo 2. se la, Se la 3. se los 4. se lo 5. se lo

4 1. se las devolví 2. te los limpio 3. se lo pongo 4. nos lo lees 5. se lo di 6. Te la doy 7. se la doy 8. nos las lavamos 9. se la eché, se la 10. se lo di

Page 82

5 1a. moviéndolas, 1b. moviéndoselas 2a. doblándolas, 2b. doblándoselas 3a. girándola, 3b. Girándosela 4a. Moviéndolas, 4b. moviéndoselas 5a. subiéndola, 5b. Subiéndosela 6a. Moviéndolo, 6b. Moviéndoselo

6 1. hábla**le** 2. tóca**lo** 3. agárra**le** 4. despiérten**se** 5. levánten**se** 6. pruéba**le** 7. pon**le** 8. míra**la** 9. lánza**le** 10. Di**le**

Page 83

7 1. estuve esperándo**te**/**te** estuve esperando
2. **me** estás regañando/estás regañándo**me**
3. **me** puedes dejar / puedes dejar**me** 4. cómpra**te**
5. **nos** tenemos que decir / tenemos que decir**nos**
6. **nos** puede ayudar / puede ayudar**nos** 7. **me** tienes que avisar / tienes que avisar**me**

8 1. **los** quieres recoger / quieres recoger**los**
2. **los** vas a recoger / vas a recoger**los**
3. **los** tienes que recoger / tienes que recoger**los**
4. **los** estoy recogiendo / estoy recogiéndo**los**
5. **te** vas a tomar / vas a tomar**te**
6. **me la** estoy tomando / estoy tomándo**mela**
7. Apága**la**
8. **la** tienes que apagar / tienes que apagar**la**
9. **La** vas a apagar / Vas a apagar**la**
10. **la** estoy apagando / estoy apagándo**la**

9 1. le 2. Me los 3. Les 4. Le 5. Nos las 6. nos 7. les

17. Presence and Reduplication of Pronouns

Page 84

1 1. lo 2. la 3. las 4. lo, lo 5. le 6. se la 7. les, Le 8. Se las, se

Page 85

2 1. *correcto* 2. ~~La~~ Abrí la ventana. Hace un poco de calor. 3. *correcto* 4. *correcto* 5. *correcto* 6. *correcto* 7. ~~La~~ Preparé la yuca y la puse en el horno. 8. *correcto* 9. No ~~las~~ metí las camisas en la lavadora. Las lavé a mano porque son muy delicadas.

Page 86

3 1.I-b, 1.II-a 2.I-a, 2.II-b 3.I-a, 3.II-b 4.I-a, 4.II-b 5.I-b, 5.II-a

4 1. lo 2. Me, se 3. nos 4. nos 5. los

5 1. **Nos** pasa algo ~~a nosotros~~. 2. Antes **nos** besábamos ~~a nosotros~~... 3. *correcto* 4. *correcto* 5. Pues si **nos** amamos tanto ~~a nosotros~~... 6. ¿por qué no **nos** compramos ~~a nosotros~~...?

6 1. a, d 2. b, c, e 3. b, c 4. a, b, c, d, e 5. a, c 6. b, d

18. Reflexive Constructions and Constructions with Verbs like *gustar*

Page 87

1 1. *No hay verbo reflexivo* 2. Te acuestas 3. *No hay verbo reflexivo* 4. se pone 5. *No hay verbo reflexivo* 6. Nos vestimos 7. *No hay verbo reflexivo* 8. *No hay verbo reflexivo* 9. se sientan 10. *No hay verbo reflexivo* 11. se levantan

2 1a. b, 1b. a 2a. a, 2b. b 3a. b, 3b. a 4a. a, 4b. b

Page 88

3 1. se ducha 2. se acuest**an** 3. se duerm**en** 4. nos met**emos** 5. nos levant**amos** 6. se despiert**a** 7. me levant**o** 8. me vist**o** 9. se afeit**a** 10. se bañ**a**, se pein**a** 11. te levant**as**

Page 89

4 1. se, los 2. se, las 3. Se, los 4. Se, el 5. Se, las 6. Se, los 7. Se, el

5 1. f 2. g 3. a 4. c 5. h 6. b 7. e 8. k 9. m 10. p 11. j 12. i 13. l 14. n 15. o

6 1. Nos 2. se 3. nos 4. se 5. nos 6. se enamoraron 7. se cayeron 8. se besaron 9. se entienden

Page 91

7 El hombre invisible <u>abre</u> la puerta. Entra silenciosamente y <u>prende</u> la luz. El niño mira asustado. El hombre invisible <u>prende</u> la radio. Hay un vaso en la mesa de luz. El hombre invisible <u>llena</u> el vaso de agua. Después <u>acerca</u> el vaso a la cama del niño y luego <u>aleja</u> la mesa de luz de la cama. Todo esto asusta muchísimo al niño. Ahora el hombre invisible <u>eleva</u> el vaso sobre la cama del niño, <u>derrama</u> el agua sobre la cobija y <u>rompe</u> el vaso. El niño está a punto de gritar cuando el hombre invisible <u>desconecta</u> la radio, <u>apaga</u> la luz, <u>cierra</u> la puerta y se va.
1. La radio se prende. 2. El vaso de agua se llena. 3. El vaso se acerca a la cama. 4. La mesa de luz se aleja de la cama. 5. El vaso se eleva sobre la cama. 6. El agua se derrama sobre la cobija. 7. El vaso se rompe. 8. La radio se desconecta. 9. La luz se apaga. 10. La puerta se cierra.

8 1. se cura / curar 2. te vas a mojar / vas a mojar 3. me alegré / alegran 4. se acuestan / acuestan 5. instalar / se instala 6. Seca / se seca 7. nos despertamos / despertamos 8. cansa / me cansé

Page 93

9 1. ir 2. llevar 3. traer 4. ir 5. venir 6. venir 7. llevarle 8. ir

10 1. A otro lugar. 2. A donde ella está. 3. A otro lugar. 4. A donde ella está. 5. A otro lugar. 6. A donde está ella. 7. A otro lugar. 8. A donde ella está.

11 1. voy/vamos, llevar 2. Venís, traéis 3. vienes 4. voy 5. viniste 6. Vienes

Page 94

12 1.b; 2.a; 3.a; 4.a; 5.a; 6.a; 7.a.

Page 95

13 1. ✓, ✓ 2. ✓ 3. ir, ✓ 4. ✓ 5. Me voy 6. ✓ 7. ✓ 8. viene 9. ✓, llevar 10. Me traje

Page 96

14 1. Comer 2. Comerse 3. Comerse 4. Comer 5. Comer 6. Comer 7. Comer 8. Comerse 9. Comerse 10. Comer 11. Comerse 12. Comer 13. Comer 14. Comer 15. Comerse 16. Comer

15 1. comer 2. comerte 3. comer, comemos 4. comerte 5 me como 6. come 7. se comió 8. comer, se las comió

16 1. te bebes 2. comemos 3. tomo 4. comiendo 5. como 6. tomarte 7. beber 8. tómate 9. te tomas 10. te la tragas

Page 98

17 1. Se dan clases de tango. 2. Se compra oro. 3. Se hacen fotocopias. 4. Se alquilan motos de agua. 5. Se venden boletos de lotería. 6. Se cuida a personas enfermas. 7. Se regalan dos perritos. 8. Se prohíbe botar basura. 9. Se arregla ropa. 10. Se hacen tatuajes. 11. No se admiten devoluciones.

Page 99

18 1. se necesitan 2. se crean 3. se respeta 4. se habla 5. Se busca 6. se dan 7. se ve 8. se sabe / Se piensa 9. se comen 10. se esperan / se obtienen

19 1. Se cubren 2. Se tapa 3. Se pone 4. Se mezclan 5. Se pone 6. Se deja. 7. Se saca / se lava 8. Se mezcla 9. Se añaden 10. Se puede

20 1. En una maratón se llega agotado a la meta.
2. En Argentina y en España se habla mucho de fútbol.
3. En mi casa se habla bastante alto.
4. En la secundaria se estudia mucho y luego se tiene la prueba de acceso a la universidad.
5. Aquí por las tardes se pasea por ese parque tan lindo.
6. Donde se está bien de verdad es en casa.

Page 100

21 1. *A mi madre* no ***le*** gusta**n** los productos lácteos.
2. *A mis hermanas* **les** gusta **salir** por la noche.
3. *A mí* ***me*** encanta**n** los viajes. Mejor exóticos.
4. *A todos nosotros* ***nos*** gusta mucho **el queso** francés.
5. *A todos nosotros* ***nos*** duele a menudo **la cabeza**.
6. ¿*A tus padres* ***les*** molesta **el ruido**?
7. ¿*A tus hermanos* ***les*** interesa **la ecología**?
8. ¿*A ustedes* ***les*** gusta **la comida picante**?
9. ¿*A ustedes* ***les*** molesta**n** **los gatos**?
10. ¿*A tu hermana* ***le*** gusta **esquiar**?

Page 101

22 1. encanta, a. (gusta) 2. gustan, b. (apasiona) 3. provoca, b. (provoca) 4. gusta, a. (gusta) 5. preocupan, b. (interesa) 6. encantan, a. (caen) 7. provoca, a. (gusta) 8. gustan, b. (gusta) 9. molesta, b. (da) 10. da, a. (importa)

23 1. les fastidia... 2. nos encantan... 3. Te interesa... 4. Me parece excelente... 5. les duele... 6. Me gustan... 7. le da igual..., Me da rabia..., me da pena... 8. les encanta... 9. Me cae muy mal... 10. Me encanta...

Page 102

24 1. gusto 2. gustan 3. gustamos 4. gustáis 5. gustas

25 1. Me da rabia 2. Me alegran 3. Me cae fatal 4. Me apasionan 5. Me parece espantoso 6. Me dan alergia

A Fránkez le da rabia llevar cadenas y asustar a la gente. **Le alegran** la luna llena en el cementerio y mis ojos. **Le cae fatal** Lobezna, la sobrina menor del Hombre Lobo.

A Tristicia le apasionan la Noche de Difuntos, viajar en escoba y mis ojos. **Le parece espantoso** lavarse los dientes y visitar al doctor Chéquil. **Le dan alergia** los yogures de hormigas negras y el champú.

19. Conjugation. The Basics

Page 104

1 *-ar*: entrar, manejar
-er: poner, ser, tener, poder, aprender, haber
-ir: salir, oír, decir, reproducir, partir

Page 105

2 *-ar*: tomar (tomás), cocinar (cocina), estar (estás), trabajar (trabajan), limpiar (limpian), sentar (sentamos), cantar (cantas)
-er: aprender (aprenden), comer (comés), ver (vemos), beber (bebe), traer (traen), poner (ponemos), leer (lee)
-ir: escribir (escribimos), vivir (vivimos), sentir (sentimos)

3 Abr**ir**, termin**ar**, escrib**ir**, aprend**er**, com**er**, pod**er**, manej**ar**, ped**ir**, recib**ir**, sal**ir**, quer**er**, nac**er**, estacion**ar**, romp**er**, soñ**ar**, dorm**ir**, enferm**ar**

Page 106

4 **yo**: creo **tú**: desayunas, escribes, envías, sabes **vos**: hacés, sabés, manejás **usted, él, ella**: sabe **nosotros/-as**: salimos, tenemos, cantamos, sabemos, saldremos **ustedes, ellos, ellas**: llamarán, fueron, decían, tradujeron, estaban

5 1. estamos 2. llegas, sales 3. cenan 4. llevamos 5. pueden 6. tienen

20. Non-personal Forms: *hablar*, *hablando*, hablado

Page 107

1 1. saltar 2. contar 3. soñar 4. salir 5. entrar 6. dirigir 7. vender 8. hacer 9. sentir 10. gustar 11. amar 12. correr 13. volver 14. ver

Page 108

2 1. ~~Manejando motos~~
2. ~~Corriendo mañana~~
3. ~~Dando un paseo~~
4. ~~Hablando en público~~
5. ~~Durmiendo mucho~~

3 1. no doblar a la derecha 2. no tocar la bocina
3. no adelantar 4. no comer 5. no nadar
6. no jugar a la pelota 7. no dormir

Page 109

4 1. Yo 2. Graciela 3. Yo 4. En general
5. Tus amigos 6. Ustedes 7. Yo
8. En general 9. Yo 10. Ustedes
11. En general

5 1. nadando 2. haciendo 3. poniendo 4. mordiendo

Page 110

6 1. repetir (irregular): rep**i**tiendo
2. dormir (irregular): d**u**rmiendo
3. reír (irregular): r**i**endo
4. abrir: abriendo
5. oír (irregular): o**y**endo
6. decidir: decidiendo
7. ir (irregular): **y**endo
8. pedir (irregular): p**i**diendo
9. producir: produciendo
10. mentir (irregular): m**i**ntiendo

7 1. ... cuando **estaba entrando** al cine.
2. Ilsa **está estudiando** español...
3. Yo **estuve compartiendo** dos años...
4. Yo ya me **estaba yendo**, cuando...
5. **Estuve viviendo** en esa casa...

8 1. a 2. e 3. c 4. d 5. b

Page 111

9 1. ~~viniendo~~ venir
2. ~~Jugando~~ Jugar 3. ✓
4. ✓ 5. ~~buscando~~ buscar
6. ✓ 7. ~~hablando~~ hablar
8. ~~estando~~ estar 9. ✓

Page 112

10 1. he **comido**: ✓, **frito**: ✓,
2. he ~~descubrido~~: **descubierto**, he ~~morido~~: **muerto**, he visto: ✓ 3. ha ~~ponido~~: **puesto**, ha ~~volvido~~: **vuelto**
4. he dicho: ✓, he ~~escribido~~: **escrito**, he tenido: ✓, he ~~abrido~~: **abierto**

11 1. puesta 2. dicho 3. rotos 4. hechas
5. sorprendidos 6. resueltas 7. estudiada (la mitad de...) / estudiados (los temas de...)

Page 113

12 1. rotas 2. rota 3. rotas
4. roto 5. abierta 6. abierto
7. abiertas 8. abierta 9. resuelto
10. resueltos 11. resuelto 12. resuelto

13 1. Los científicos han **resuelto** muchos problemas ya.
2. Elena no me había **convencido** con su explicación.
3. ¿Todavía no has **devuelto** los libros?
4. Pedro la habrá **asustado** con sus teorías.
5. Los economistas habían **previsto** una crisis.

21. Present Indicative

Page 114

1 1. com**o**, cen**o**: *yo* 2. pued**e**, estudi**a**, le**e**, escrib**e**, practic**a**: *usted / el amigo de Hans* 3. viv**es**, com**es**: *tú* 4. mir**á**, sub**ís**, llam**ás**, abr**ís**, entr**ás**: *vos*
5. mir**an**: *Lucía y Ruth / usted y su esposo / ellos tres*
6. cant**an**: *Lucía y Ruth/ usted y su esposo / ellos tres*, bail**amos**: *Elena y yo* 7. viv**en**: *Lucía y Ruth / usted y su esposo / ellos tres*

2 1. toc**o**, toc**as**, dej**as**, dedic**as** 2. signific**a**, levant**as**, signific**a**, madrug**as** 3. pas**a** 4. march**o**, esper**an**, tom**amos** 5. lleg**á**, signific**a** 6. habl**an**, habl**amos**, practic**amos** 7. trabaj**an**, viv**en**

Page 115

3 1. Pierden 2. Comienzo 3. Prefieren 4. cerrás
5. entendemos 6. sentimos 7. duele 8. Recuerdas
9. mueren 10. Jugamos 11. encuentro
12. Duermes 13. Cuesta 14. podés 15. Volamos

Page 116

4 1. ríen 2. pedimos 3. siguen 4. elegimos
5. visten 6. corregimos

5 1. hablo, ~~sabo~~ **sé** 2. parece, ~~parezo~~ **parezco**
3. ~~conozo~~ **conozco** 4. ~~salo~~ **salgo**, ~~caio~~ **caigo** 5. ~~cabo~~ **quepo** 6. desaparezco 7. doy 8. ~~Supono~~ **Supongo**

Page 117

6 1. aparezco (O) 2. quepo (H) 3. salgo (O)
4. parezco (O) 5. desapareces (H) 6. sé (O)
7. ves (H) 8. caigo (H) 9. atraes (O)

7 1. digo, dices, decimos 2. tengo, tienes, tenemos
3. oigo, oyes, oímos 4. estoy, estás, estamos
5. vienes, estoy, digo, oyes, estás, tengo

Page 118

8 1. sois 2. voy, hemos, vamos 3. hay, hay
4. Vas, Voy 5. es, son 6. van

Page 119

9 1. Yes 2. We don't know 3. Yes 4. We don't know 5. Yes 6. We don't know 7. We don't know

10 tengo, regresan, es, tengo, es, voy, tengo

Page 120

11 1. P 2. F 3. F 4. G 5. F 6. G 7. F

12 1. c/piensa 2. a/siente 3. e/gasta, invita 4. b/se ríe 5. d/ve

13 puede, tienen, ayuda, Pueden, Miden, Pesan, alimentan, mantiene, ama, necesita, encanta, nada

22. Present Perfect Indicative

Page 121

1 1. ellas 2. ustedes 3. él 4. yo 5. tú/vos

2 1. han terminado (E) 2. He tenido (F) 3. ha metido (H) 4. he querido (A) 5. he bebido (B) 6. hemos ganado (G) 7. Ha hecho (C)

Page 122

3 1. desayuno, he desayunado 2. he dormido, duermo 3. hace, ha hecho 4. voy, he ido 5. canta, ha cantado 6. ha llamado, llama

Page 123

4 1. Reina 2. Violeta 3. Violeta 4. Reina 5. Violeta 6. Reina 7. Reina 8. Violeta 9. Reina 10. Violeta

5 1. he intentado, he logrado, he encontrado 2. he hecho, he calentado, he pedido 3. he escrito, he cantado, he actuado 4. ha hecho

23. Preterite

Page 124

1 1. vive 2. enfermaron 3. hablasteis 4. comimos 5. pone 6. sonreí 7. saltan

Page 125

2 1. *correct* 2. *correct* 3. *correct* 4. trabajó 5. engordó 6. caminó 7. *correct* 8. *correct* 9. llegó 10. *correct* 11. esperó 12. marchó

3 1. hablo 2. miró 3. descansó 4. enojo

4 1. abriste 2. cerramos 3. regresaste 4. canté 5. ✓ 6. oíste 7. hablé 8. decidí 9. ✓ 10. apuraste 11. salió 12. comimos 13. ✓ 14. terminaron 15. vivimos 16. creyó 17. leíste 18. ✓ 19. encontraste 20. manejé/manejó 21. ✓ 22. ✓ 23. ✓ 24. estacionaron 25. escondiste

5 1. Present 2. Preterite 3. Preterite 4. Present 5. Present 6. Preterite 7. Preterite 8. Present

Page 126

6 1. ~~veniste~~ **viniste**, ~~Hacimos~~ **Hicimos**, bañamos
2. ~~traió~~ **trajo**, quise, ~~podí~~ **pude**, quitó
3. ~~dició~~ **dijo**, compraste, ~~teniste~~ **tuviste**

7 1. sustituyó 2. huyó 3. oyó 4. destruyó 5. llegó 6. traduje 7. introduje 8. produjo 9. condujo 10. supo 11. cupo 12. puso 13. pudo

Page 127

8 1. Tuviste 2. quiso 3. pusimos 4. supe 5. pudimos 6. dijeron 7. produjo 8. trajo 9. Hicieron, pudieron

9 1. tuvo, h 2. reprodujo, e 3. obtuvo, i 4. quiso, b 5. supo, d 6. Hubo, g 7. trajo, f 8. se tradujo, a 9. estuvo, c

10 1. introduje, produjo 2. dije, viniste, quisiste 3. tuvimos, condujo 4. traduje, pude 5. hubo, hice

Page 128

11 1. oyeron 2. creyeron 3. huyeron 4. hubo 5. se cayó 6. se hizo 7. dijeron 8. destruyó 9. sustituyó 10. sustituyó 11. concluyó 12. vino 13. influyó

12 1. pidió 2. Sonrió 3. sintió 4. Durmió 5. Prefirió 6. Siguió 7. pide 8. Sonríe 9. Siente 10. duerme 11. Prefiere 12. Sigue

Page 129

13 1. (IRR) repitió, repitieron 2. (IRR) eligió, eligieron 3. (R) discutió, discutieron 4. (IRR) oyó, oyeron 5. (IRR) impidió, impidieron 6. (IRR) midió, midieron 7. (R) salió, salieron 8. (R) repartió, repartieron 9. (IRR) mintió, mintieron 10. (R) decidió, decidieron 11. (IRR) prefirió, prefirieron 12. (IRR) persiguió, persiguieron 13. (IRR) rio, rieron 14. (IRR) presintió, presintieron 15. (IRR) compitió, compitieron

14 1. (ser) 2. (ir) 3. (ir) 4. (ser) 5. (ser) 6. (ser) 7. (ir) 8. (ir) 9. (ser)

15 1. das 2. da 3. dan 4. dan

16 1. Fuimos, dio 2. fuimos, fuimos, fuimos 3. dimos, Fue

Page 130

17 1. a I, b II 2. a II, b I 3. a I, b II 4. a II, b I 5. a II, b I 6. a I, b II 7. a I, b II 8. a II, b I

18 1. Hablaste 2. comimos 3. influyeron 4. oyeron 5. Jugó 6. escucharon 7. caí 8. caminaste

24. Preterite or Present Perfect: *salió/ ha salido?*

Page 131

1 1. a II, b I 2. a II, b I 3. a I, b II 4. a II, b I 5. a I, b II

2 1. fue, firmamos 2. Hemos venido, hemos comido, desayunamos 3. Ha llovido 4. he viajado 5. hicimos

Page 133

3 1. he conocido 2. vinieron, regresaron 3. he adornado 4. He estado 5. he preparado

4 1. b 2. a 3. b 4. a

5 1. ha funcionado, dio 2. pasaron, se casó, he pasado 3. hemos tenido, estuvimos, dijo

25. Imperfect Indicative

Page 134

1 1. No le gustaba ir a restaurantes. Nunca almuerza en casa. 2. Llevaba una ropa muy clásica. Viste muy moderno. 3. No tenía amigos. Sale todas las noches con sus amigos. 4. Quería tener muchos hijos. Tiene tres perros.

Page 135

2 1. paraba 2. Había 3. estaban 4. estaba 5. reía 6. dormían 7. tenía 8. estaban

3 1. Ella 2. Usted 3. Él/Ella 4. Ella 5. Yo 6. Yo/Él 7. Ella/Él 8. Yo

Page 136

4 1. iba 2. era 3. eran 4. veía 5. era 6. veían 7. íbamos 8. ibas

Page 137

5 1. Tenía, Había, Era 2. era, se parecía, iba, llevaba 3. Se llamaba, Tenía, gustaba, sabía 4. Era, Costaba, llegaba, gastaba

6 1. cocinábamos, era, tenemos 2. podemos, veíamos 3. buscábamos, compramos 4. estamos, pasábamos, hacíamos

Page 138

7 1. Estaba en la oficina. Estaba hablando con la jefa. 2. Estaba en casa. Estaba comiendo solo. 3. Estaba en unos grandes almacenes. Estaba comprando ropa. 4. Estaba en la cama. Estaba leyendo una novela.

8 1. Eran 2. Era 3. Hacía 4. había 5. cantaban 6. paseaba 7. corrían 8. estaba 9. miraba 10. era 11. conocía 12. parecía 13. bailaba 14. miraba 15. podía 16. Era 17. estaba 18. quería 19. gustaba

26. Imperfect Indicative or Preterite?

Page 140

1 1a. regresamos 1b. regresábamos 2a. llevamos 2b. llevábamos 3a. supe 3b. sabía 4a. pareció 4b. parecía 5a. escondían 5b. escondieron

Page 141

2 1. estuve, estaba 2. estuvo, estaba 3. estábamos, estuvieron, estuvimos 4. estabas, estaba, Estuve 5. estaba, estuve 6. estábamos, Estuvimos

Page 142

3 1. ¿Cómo **era** tu primer apartamento? 2. ¿Cómo **fue** el partido de fútbol? 3. ¿Cómo **era** el perrito que tenías? 4. ¿Cómo **era** la falda que llevaba Elena? 5. ¿Cómo **fue** tu primer día de trabajo? 6. ¿Cómo **era** tu hermana de pequeña? 7. ¿Cómo **era** el ladrón? 8. ¿Cómo **fue** la conferencia? 9. ¿Cómo **era** el hotel donde dormiste? 10. ¿Cómo **fue** el viaje? 11. ¿Cómo **fue** el curso de alemán? 12. ¿Cómo **era** el reloj que te regalaron?

4 1. era 2. Fue 3. estuvo 4. estaba 5. era 6. fue 7. se llamó 8. se llamaba 9. trabajó 10. trabajaba

Page 143

5 1a. fui (Completed event) 1b. iba (Habitual situation) 2a. estuvimos (Completed event) 2b. estábamos (Habitual situation) 3a. llamaron (Completed event) 3b. llamaban (Habitual situation) 4a. llevaba (Habitual situation) 4b. llevó (Completed event) 5a. fue (Completed event) 5b. eran (Habitual situation)

Page 144

6 6, 4, 2, 3, 1, 5

7 1. decía 2. Agarré 3. llamó 4. estaba 5. estaba 6. decidió 7. Tenía 8. preparó 9. escuchó 10. corrió 11. vio 12. llevaba 13. estaba 14. dijo

8 2. dormía, tuvo, se cayó, se rompió, botó 3. me duchaba, entraron, rompieron, se llevaron 4. paseaba, chocó, cayó, se fue 5. estuve, regresé

Page 145

9 Ayer yo **caminaba** tranquilamente por el cementerio, porque **iba** al castillo de Tristicia para llevarle pasteles de serpiente, y, de pronto, en el camino, un hombre lobo muy malo **salió** de detrás de un árbol y **se puso** enfrente de mí, enseñándome los dientes. Yo **estaba** muerto de miedo, pero **salí** corriendo y, al final, **logré** escapar de él. **Podía** hacer dos cosas: o **regresaba** a mi casa o **intentaba** llegar al castillo de Tristicia, a pesar de todo. **Decidí** seguir caminando para visitarla.

Cuando **entré** en el castillo, ella **estaba** en la cama, pero **tenía** una cara muy extraña y peluda. Por eso yo, rápidamente, **dejé** la comida al lado de su cama y **regresé** a mi castillo corriendo. Yo soy Fránkez, no soy Brus Güilis.

10 1. estudiaba 2. trabajaba 3. era 4. tenía 5. preguntó 6. dije 7. estaba 8. pensaba 9. estaba 10. quería 11. invitó 12. propuso 13. sabía 14. llamé 15. fuimos 16. dije 17. era 18. puso 19. hicieron

27. Past Perfect (Pluperfect) Indicative

Page 146

1 1. **habían** dejado (b) 2. **había** ido (d) 3. **habían** quedado (e) 4. **había** quedado (f) 5. **había** visto (a)

Page 147

2 1. habían arreglado 2. Había preparado 3. había sido 4. había estudiado 5. habíamos olvidado 6. había ido

Page 148

3 1. habían comprado 2. había contado 3. había estudiado 4. había hecho 5. habían estado

4 1. *correcto* 2. ~~había viajado~~ **viajé** 3. ~~había regalado~~ **regaló** 4. *correcto* 5. *correcto* 6. ~~había venido~~ **vino** 7. *correcto*

28. Future

Page 149

1 1. P 2. F 3. P 4. F 5. F 6. P

Page 150

2 1. regresará 2. cambiaré 3. comeremos 4. dolerá 5. invitarás 6. hablaré 7. Estarán 8. trabajará

3 1. ~~deciré~~ **diré,** ~~venirá~~ **vendrá,** estará, dará 2. regresará, ~~ponerá~~ **pondrá** 3. ~~saliré~~ **saldré,** jugaré 4. iré, ~~saberé~~ **sabré,** ~~poderé~~ **podré**

Page 151

4 1. Sabrán 2. Harán 3. Vendrán 4. Saldrán 5. Cabrán 6. Costarán 7. Querrán 8. Habrá

5 1. a 2. d 3. g 4. h 5. b 6. e 7. c

Page 152

6 1. conocerás, sentirás 2. cambiará 3. abandonará 4. Ganarás 5. querrá 6. Tendrás 7. morirás

7 1. Tendrá nuevos amigos. 2. Se enamorará de él. 3. Se quedarán sin dinero. 4. La próxima Navidad no estarán juntos. 5. Se separarán.

Page 153

8 1. tienes, tendrá 2. eres, será 3. conoces, conocerá 4. gusta, gustará 5. usas, usará 6. Sales, Saldrá 7. das, dará 8. importa, importará

9 1. Tendrá 2. sabrá 3. Tendrá 4. gustarán 5. Vendrá 6. Estará 7. querrá 8. sabrá 9. Tendrá

10 1. b 2. b 3. a 4. b 5. a 6. b 7. b

29. Future perfect

Page 154

1 1. Habrás trabajado 2. habré puesto 3. Habremos tomado 4. habrá olvidado 5. habrán perdido 6. Habrá salido

Page 155

2 1. (Lo supone) 2. (Lo sabe) 3. (Lo supone) 4. (Lo supone) 5. (Lo sabe) 6. (Lo supone) 7. (Lo sabe) 8. (Lo supone) 9. (Lo sabe) 10. (Lo supone)

3 1. (Sí) 2. (No) 3. (No) 4. (Sí) 5. (No) 6. (Sí)

30. Conditional

Page 156

1 1. ~~sabería~~ **sabría**, podría 2. ~~salería~~ **saldría**, pasearía, ~~hacería~~ **haría**, ~~venirías~~ **vendrías** 3. sería, daría, ~~deciría~~ **diría** 4. ~~querería~~ **querría**, ~~ponería~~ **pondría**, ~~habería~~ **habría**, sería 5. reiría, ~~Poderías~~ **Podrías**

Page 157

2 1. sabría 2. estaría 3. tendría 4. provocaría

Page 158

3 1. Era 2. estaban 3. vería 4. Estaban 5. Estaba 6. tenía 7. Querrían

4 1. gusta/~~gustaría~~ 2. ~~serás~~/serías 3. ~~se llevarán~~/se llevarían 4. ~~cambiaré~~/cambiaría 5. ~~sabré~~/sabría 6. ~~será~~/sería 7. ~~diré~~/diría 8. importa/importaría 9. Puedes/Podrías 10. debemos/deberíamos 11. encantaría/~~encanta~~ 12. Podríamos/Podemos

31. Conditional Perfect

Page 159

1 2. habría dicho 4. habría quedado 5. habrían dado

Page 160

2 1. habría equivocado 2. habría puesto 3. habría tenido 4. habría olvidado
3 1. habría llamado 2. habría tirado 3. habría dicho 4. habría ido 5. habría pedido 6. habría hecho

32. Forms of the Subjunctive: *hable, haya hablado...*

Page 161

1 1. I, bebas 2. I, perdone 3. I, rompa 4. I, estaciones 5. I, miren 6. I, cocines 7. cuido/cuida, S 8. caminas, S 9. corres, S 10. I, limpiemos 11. manejas, S 12. I, partamos 13. beben, S 14. I, corra

Page 162

2 1. sonreímos, sonriamos 2. amamos, sintamos 3. competimos, compitamos 4. preferimos, prefiramos 5. dormimos, durmamos

Page 163

3 1. ~~ponamos~~ **pongamos**, traiga 2. ~~salamos~~ **salgamos**, ~~tena~~ **tenga**, ~~vena~~ **venga** 3. ~~traduza~~ **traduzca**, oiga

Page 164

4 1. vean 2. sean 3. estén 4. vayan 5. haya

Page 165

5 1. vivieron, viviera 2. comieron, comiera 3. mintieron, mintiera 4. vinieron, viniéramos 5. decidieron, decidiera 6. rieron, riera 7. pudieron, pudieras 8. manejaron, manejara 9. quisieron, quisieras 10. escaparon, escapara
6 1. **tuvieron**: es la única forma que no es subjuntivo 2. **vieron**: es la única forma que no es subjuntivo 3. **viniéramos**: es la única forma de la primera persona del plural 4. **cayese**: es la única forma que es subjuntivo 5. **oyera**: es la única forma que es subjuntivo

Page 166

7 1. hayan encontrado 2. haya llegado 3. hayas terminado 4. haya perdido 5. hayamos acertado
8 1. hubieras(-ses) cortado 2. hubiera(-se) ido 3. hubiera(-se) cambiado 4. hubiéramos(-semos) decidido

33. Indicative or Subjunctive?

Page 168

1 1. no 2. sí 3. sí 4. sí 5. no 6. no 7. no 8. no 9. no 10. no

Page 169

2 **Columna izquierda**:
Me parece que..., Estamos seguros de que..., Todos imaginan que... Sé que..., Me han contado que..., Pensamos que...,
Columna derecha:
¿Me permite que...?, Es fundamental que..., ¿No prefieren que...?, ¿Me recomiendas que...?, ¿Necesitás que...?, No me puedes pedir que

Page 170

3 1. Nosotros/-as 2. Tú 3. En general 4. Tú 5. Nosotros/-as 6. Ustedes 7. En general. 8. Tú 9. Nosotros/-as
4 1. cambiar 2. que me vaya 3. ver 4. que vista 5. llevar 6. que vayamos 7. que me acepten 8. tener 9. que sepa 10. hacer
5 1. que quieras 2. que es 3. que dejes 4. que seas 5. que te compres 6. que vayas 7. que es 8. que eres 9. estudiar 10. que pidas 11. que estaré/estoy 12. que tengas

Page 171

6 1. cumplas, *g* 2. tengas, *b* 3. diviertas, *a* 4. descanses, *c* 5. tengas, *f* 6. pases, *d*
7 1. Que no hagas cosas peligrosas.
2. Que te comas tu bocadillo entero.
3. Que vayas siempre cerca de la maestra.

Page 173

8 **Introducimos una afirmación**: Es evidente que..., Te aseguro que...
Introducimos una suposición: Suponen que..., A ellas les parece que..., Sospecho que...
Consideramos una posibilidad: Me parece probable que..., Es bastante posible que..., Existe la posibilidad de que...
Rechazamos una idea: No es cierto que..., Es falso que...

Page 174

9 1. son, tienen 2. sean, tengan 3. aprenden, son, tienen 4. aprendan, sean, tengan 5. aprendan, sean, tengan 6. aprenden, sean, tengan

10 1. ... **llevan** su casa en la espalda. 2. ... **son** muy lentos. 3. ... **son** muy pacíficos. 4. ... **puedan** ver la comida a varios kilómetros de distancia. 5. ... **tengan** una inteligencia muy parecida a la humana.
6. ... se **suban** encima de la cabeza de las palomas.

Page 175

11 1. baile, baila 2. no quiere 3. no quiere 4. tenga 5. no diga 6. parezco 7. soy 8. sea 9. puede 10. ando, ande

Page 177

12 **Columna izquierda**:
Me imagino que..., Los vecinos piensan que..., Escuché que..., ¿Ella te contó que...?, Veo que..., Me parece que...
Columna derecha:
Es difícil que..., Es muy lindo que..., Es verdaderamente extraño que..., ¿Crees que es importante que...?, No me importa que..., Odio que...

13 (posibles respuestas)
1. *Es curioso/...* que Groenlandia **suspenda** su festival de nieve por una ola de calor.
2. *Me parece preocupante/...* que dos exladrones **presenten** un programa de televisión sobre robos.
3. *Me parece muy justo/...* que más de la mitad de los ministros del Gobierno español **sean** mujeres.
4. *Está muy bien/...* que los japoneses ya **puedan** pagar en los supermercados con la huella dactilar.
5. *Me parece absurdo/...* que una conocida marca de helados **investigue** en la fabricación de un helado para perros.
6. *Me parece exagerado/...* que un juez **mande** a prisión a un hombre por hacer chistes sexistas.
7. *A mí me da igual/...* que un perro **espere** diez días en la puerta del hospital hasta que sale su amo.
8. *Yo pienso que es lógico/...* que el Gobierno **pague** 500 euros mensuales por cada hijo.

Page 178

14 1. Tú 2. Ellos/-as/Ustedes 3. Yo 4. Usted 5. Los niños 6. Tú 7. En general 8. En general

Page 179

15 1. b 2. a 3. b 4. a 5. b

Page 180

16 1. a 2. c 3. c 4. c

17 1. estás / ~~estés~~ 2. dice / ~~diga~~ 3. ~~dice~~ / diga 4. dicen / ~~digan~~ 5. ~~quieres~~ / quieras 6. ~~puede~~ / pueda 7. dice / ~~diga~~ 8. lleva / ~~lleve~~ 9. ~~puedo~~ / pueda

Page 181

18 1. P 2. H 3. H 4. H 5. F 6. H 7. F

19 1. H, puedo 2. P, podía 3. H, tomo 4. P, tomaba 5. F, tome 6. P, hacíamos 7. F, hagan 8. H, hago

Page 182

20 1. dijera/-se 2. encuentre 3. tenga 4. visitara/-se 5. hubiéramos/-semos comido 6. haya querido 7. hayan pensado 8. vayas 9. hubiera/-se quedado 10. pensaras/-ses

21 1. sea 2. haya ocultado 3. fuera/-se 4. inventara/-se 5. pueda 6. haya estado 7. haya sido

34. Commands (Imperative)

Page 183

1 1. ruego 2. orden 3. instrucción 4. dar permiso 5. invitación 6. consejo

Page 184

2 1. Enciende 2. Llora 3. Sube, baja 4. Bebe 5. Baila 6. Traduce 7. Canta 8. Sé 9. Ven 10. Ve 11. Pon 12. Di 13. Propón 14. Haz 15. Sal

3 1. Traducí 2. Prendé 3. Traé 4. Bailá 5. Salí 6. Pedí 7. Contá 8. Jugá 9. Decí 10. Calentá 11. Andá

Page 185

4 1. salga 2. traduzca 3. Hable 4. Tenga 5. Haga 6. Venga 7. Ponga

5 1. fumes 2. salgas 3. coma 4. maneje 5. pienses

Page 186

6 1. fumen 2. salgan 3. coman 4. manejen 5. piensen 6. tengan 7. crean

7 1. Escríbele, léeselas 2. Llámala 3. Díselo 4. Acompáñala 5. Perdónaselas 6. Házsela 7. Dúchate, ponte

8 Tercera columna: No **se las des** No **se las dé** No **se las den**
Cuarta columna: **Piénsalo** No **lo pienses** No **lo pienses** **Piénselo** **Piénsenlo**
Quinta columna: **Siéntate** No **te sientes** **Sentate** **Siéntese** No **se siente** No **se sienten**

Sexta columna: No **nos lo traigas** **Traénoslo** No **nos lo traigas** **Tráiganoslo** No **nos lo traiga** **Tráigannoslo** No **nos lo traigan**

35. *Ser* and *Estar*

Page 187

1 Mis pulseras son de plata. Son anchas.
Son lindísimas.
Mis lentes son de sol. Son muy oscuros.
Son cuadrados.
Mi celular es rojo. Es Ricson. Es un poco antiguo.

Page 188

2 1. están 2. están 3. está 4. estoy 5. Estoy
6. están 7. están 8. está

Page 189

3 1a. está 1b. (*incorrecto*)
2a. es 2b. (*incorrecto*)
3a. (*incorrecto*) 3b. es
4a. son 4b. (*incorrecto*)
5a. (*incorrecto*) 5b. es
6a. (*incorrecto*) 6b. está
7a. (*incorrecto*) 7b. están
8a. está 8b. (*incorrecto*)
9a. es 9b. (*incorrecto*)
10a. (*incorrecto*) 10b. está
11a. es 11b. (*incorrecto*)

4 **Juan** está contento. Está sentado. Es moreno.
Es mayor. Es alto. Es oficinista.
Pedro es un muchacho. Es joven. Es rubio. Es deportista.
Está triste. Es bajo.

5 1. Estábamos 2. era 3. soy 4. Tenía
5. estaba 6. es 7. está 8. es 9. están
10. son 11. Son 12. es 13. Era 14. está
15. está 16. es 17. es 18. Estaba

36. *Haber* and *Estar*

Page 191

1 1. hay (i) 2. ha (a) 3. hay (g) 4. Han (c)
5. han (e) 6. hay (b) 7. hay (h) 8. hemos (f)

2 1. ~~habían~~ había autos, ~~hubieron~~ hubo muchos cambios, hay muchos autos 2. había silencio, ~~habían~~ había ruidos 3. *correcto* 4. ~~han habido~~ ha habido unas fiestas 5. habrán habrá más espectáculos.
6. *correcto*

Page 192

3 1. En Vepiturno hay árboles.
En Marsatón no hay árboles, pero hay plantas.
2. En Vepiturno hay un río.
En Marsatón no hay ríos, pero hay dos mares.
3. En Vepiturno hay casas. En Marsatón no hay casas, pero hay rascacielos.
4. En Vepiturno hay niños. En Marsatón no hay niños, solo hay personas mayores.

Page 193

4 1. hay 2. están 3. hay 4. están
5. hay 6. hay 7. hay 8. hay 9. están
10. hay 11. hay 12. hay 13. está
14. está 15. hay 16. Hay

Page 194

5 Queridos Reyes Magos: Este año cambiamos de casa y quiero explicarles dónde ~~hay~~/**está** la nueva. En Barcelona **hay**/~~está~~ una calle que se llama Vía Layetana. En esta calle no ~~hay~~/**está** mi casa. Es una calle muy larga que va al mar. En esta calle **hay**/~~están~~ muchos edificios bastante altos. A mitad de la calle, **hay**/~~está~~ un trozo de las murallas romanas. Enfrente de las murallas romanas **hay**/~~está~~ una callecita muy estrecha y en la esquina ~~hay~~/**está** La Colmena, que es una pastelería muy buena. Bueno, pues al lado de esa pastelería **hay**/~~está~~ un portón muy grande, de madera. Esa es la puerta de mi casa. Cuando entras, **hay**/~~está~~ una puerta de hierro muy grande. Es la puerta del ascensor. Tienen que subir al quinto piso. Al salir **hay**/~~están~~ dos puertas, una, a la derecha, y otra, a la izquierda. La de la derecha es la de mi casa. En mi casa **hay**/~~están~~ cuatro habitaciones. Mucho cuidado, mi habitación ~~hay~~/**está** al final del corredor. En la puerta **hay**/~~está~~ un papel que pone "Anita". Yo soy Anita. Tráiganme muchos regalos, que este año me porté muy bien. Un beso para los tres. Anita

37. Verb Constructions: *Va a salir. Está saliendo...*

Page 195

1 1. Va a suspender. 2. Van a entrar. 3. Va a llover.
4. Va a explotar. 5. Va a saltar.

2 1. van a estudiar 2. vas a comer 3. vas a volver
4. vas a comprar

Page 196

3 1. iba a suspender 2. íbamos a entrar 3. iba a llover
4. iba a explotar 5. iba a saltar

Page 197

4 1. **tienes que** / ~~hay que~~ 2. **tienes que** / **hay que** 3. **tienes que** / **hay que** 4. **tenía que** / ~~había que~~ 5. **tuvo que** / ~~hubo que~~ 6. **tienes que** / ~~no hay que~~ 7. ~~Tuviste que~~ / **Hubo que**

Page 198

5 1. Estamos estacionando, *e* 2. está sonriendo, *b* 3. está durmiendo, *d* 4. estoy planchando, *c*

Page 199

6 1. **dan** / ~~están dando~~ (d) ~~Están reflejando~~ / **Reflejan** 2. **hierve** / ~~está hirviendo~~ (f) 3. **está hirviendo** / ~~hierve~~ (a) 4. **Estamos dando** / ~~Damos~~ (e) 5. ~~estoy leyendo~~ / **leo** (g) ~~están doliendo~~ / **le duelen** 6. (c) **Estaba guardando** / ~~Guardaba~~ 7. **íbamos** / ~~estábamos yendo~~ (h) **Guardábamos** / ~~Estábamos guardando~~

7 1. parece 2. Están haciendo, tiene 3. estamos viendo, Es 4. estaba 5. estaba cortando, Estaba 6. querías, estaba haciendo, sabía

Page 200

8 1. no 2. no 3. sí 4. no

9 1. Hicieron / ~~Estuvieron haciendo~~
2. ~~estuvo naciendo~~ / nació
3. Estuve leyendo / ~~Leí~~
4. ~~había estado perdiendo~~ / había perdido
5. Estuve escribiendo / ~~Escribí~~
6. ~~estuvieron entrando~~ / entraron

38. Prepositions (I): *de, a, desde, hasta, en, entre...*

Page 203

1 1. *correcto* 2. Tengo un billete ~~a~~ **de** autobús ~~en~~ **a** Madrid en 30 minutos. 3. *correcto* 4. *correcto* 5. Escribo todas las explicaciones ~~en~~ **a** mano. 6. ¿Has ido ~~en~~ **a** la secretaría? 7. *correcto* 8. Hay una librería cerca ~~a~~ **de** aquí.

2 1. de/en 2. de 3. de 4. de 5. de 6. a 7. en 8. de 9. de 10. del 11. de 12. a 13. de 14. a 15. de 16. a 17. en 18. de 19. de 20. a 21. a 22. a 23. a 24. de 25. en 26. de 27. de 28. a

Page 204

3 1a. a 1b. b 2a. a 2b. b 3a. b 3b. a 4a. b 4b. a 5a. a 5b. b 6a. b 6b. a 7a. b 7b. a 8a. a 8b. b

4 1. b 2. a 3. b 4. a 5. a 6. b

Page 206

5 1. en, a 2. en, a 3. en 4. En, en 5. En, a, en 6. en, a 7. en

6 1. *correcta* 2. *incorrecta* (~~al~~ **en** el interior de...) 3. *incorrecta* (~~en~~ **entre** dos diccionarios...) 4. *correcta* 5. *correcta* 6. *incorrecta* (entre unas hojas...) 7. *correcta*

7 1. en, *c.* entre 2. en, *b.* en 3. en, *a.* en, en 4. entre, *d.* 5. en, *e.* en 6. en, *f.* en, entre

Page 207

8 1. por 2. por 3. por 4. por, por, por 5. Para 6. para 7. por 8. por 9. por 10. para 11. por 12. por

Page 208

9 1a. a 1b. b 2a. a 2b. b 3a. a 3b. b 4a. b 4b. a

10 1. correcto 2. correcto 3. correcto 4. correcto 5. correcto 6. correcto 7. incorrecto: por 8. incorrecto: por 9. incorrecto: para 10. correcto 11. incorrecto: por 12. incorrecto: por 13. incorrecto: por 14. correcto 15. correcto 16. correcto 17. correcto 18. correcto 19. correcto 20. correcto 21. correcto 22. correcto 23. correcto 24. correcto 25. incorrecto: para 26. incorrecto: por 27. correcto 28. incorrecto: por 29. incorrecto: por 30. correcto

Page 209

11 1. Todo lo ha descubierto **por**/~~para~~ los problemas con las preposiciones. 2. Los inocentes ya pueden irse ~~por~~/**para** sus casas. 3. Pero los culpables tienen que ir a la prisión ~~por~~/**para** ser juzgados. 4. El juicio está previsto ~~por~~/**para** dentro de un mes. 5. La policía está muy agradecida **por**/~~para~~ tu trabajo y te van a nombrar policía de honor de la ciudad.

Page 210

12 1. con, sin 2. con 3. con, sin 4. sin 5. con, sin 6. con, sin 7. con, sin 8. con, sin 9. sin 10. con 11. con, sin 12. sin 13. con

13 1. contra, hacia 2. Contra, hacia 3. Hacia, Hacia, hacia 4. Hacia, hacia, hacia, hacia 5. Contra, hacia

39. Prepositions (II): *encima (de), debajo (de)...*

Page 212

1 1. delante 2. detrás 3. debajo 4. lejos 5. encima
2 1. al lado / a la derecha 2. debajo de 3. encima de 4. encima de 5. al lado del / a la izquierda del 6. encima de 7. debajo de 8. debajo de 9. Encima de 10. encima de 11. encima de 12. encima de 13. detrás de 14. delante del

Page 213

3 1. detrás de Iván 2. enfrente del Banco Capital 3. enfrente de mi vecina 4. detrás del auto rojo 5. a la izquierda de la moto 6. delante de 7. enfrente de Colón 8. delante de 9. a la izquierda de, delante de 10. debajo de
4 1. al fondo 2. al otro lado 3. antes de 4. en el centro 5. después de 6. al final 7. Dentro 8. En medio 9. dentro del 10. después de 11. dentro de 12. fuera del 13. Al final del 14. dentro del

40. Questions and Exclamations

Page 216

1 *P.:* Usted se llama Jacinto Rosales, **¿verdad?**
J.: Sí, efectivamente.
P.: Trabaja en la universidad de verano de La Patagonia, **¿no?**
J.: Sí, así es.
P.: Es evidente que entre Fernanda Roldán y usted hay una relación.
J.: Somos simplemente amigos.
P.: **¿Sabe que Fernanda Roldán tiene dinero en el extranjero?**
J.: No tengo ni idea. Tampoco me importa.
P.: **¿Estuvo en la mañana en la casa de Fernanda Roldán?**
J.: **¿Tengo que contestar a eso?** Es mi vida privada.
P.: Es mejor colaborar. Créame.
J.: De acuerdo. Estuve de compras. Acá tiene el recibo. Puedo irme ya, **¿verdad?**

Page 217

2 1. Cuándo, *d* 2. Dónde, *e* 3. Cómo, *b* 4. Cuándo, *f* 5. Dónde, *a*
3 1. Cómo / Qué tal 2. Cómo 3. Qué tal 4. Cómo 5. Cómo / Qué tal 6. Qué tal 7. Qué tal

Page 218

4 1. Cuánto, *f* 2. Cuántas, *b* 3. Cuántas, *h* 4. Cuánto, *a* 5. Cuántos, *d* 6. Cuántos, *g* 7. Cuántos, *c*
5 1. Cuánto 2. Cuánta 3. cuántas 4. Cuánta 5. Cuántas 6. Cuánto 7. cuántos 8. Cuánto, Cuántas 9. Cuánta

Page 219

6 1. Por qué no, por qué no 2. Por qué no, Porque 3. Por qué, porque 4. Por qué no, porque 5. Por qué no
7 1. ¿Dónde? 2. ¿Cómo? 3. ¿Cuándo? 4. ¿cuánto? 5. ¿Por qué? / ¿Por qué no? 6. ¿Por qué? / ¿Por qué no? 7. ¿Cómo?

Page 221

8 1. Qué, qué/cuál, cuál 2. Cuáles 3. Qué/cuál, Cuál 4. Qué/cuál 5. Qué/cuál 6. qué, cuál, Cuál 7. Cuáles

Page 222

9 1. Qué 2. quién/cuál 3. quién 4. Quién 5. Quiénes 6. quién 7. quiénes/cuáles 8. quién, cuál 9. Quién 10. cuál
10 1. Quiénes, *a* 2. Qué, *c* 3. Quién, *b* 4. Qué, *h* 5. Cuál, *g* 6. cuáles, *f* 7. Qué, *e*
11 1. dónde 2. qué 3. Quién 4. cuántos 5. Cómo 6. Por qué 7. cómo / qué tal 8. qué

Page 223

12 1. I d, II c 2. I e, II f 3. I h, II g 4. I j, II i 5. I l, II k 6. I m, II n 7. I p, II o

Page 224

13 1. Qué 2. Cuál 3. Qué 4. Cuál 5. qué 6. Qué 7. Cuáles 8. Qué
14 1. De quiénes 2. Contra qué 3. Por cuál 4. De quién 5. Con qué 6. En quién 7. Con quién
15 1. ¿**Con cuántos** pasajeros a bordo?
2. ¿**Hasta cuándo** permanecerá en nuestra ciudad?
3. ¿**Adónde/Dónde** se trasladará ese mismo día?
4. ¿**Por cuántos millones** la compró?
5. ¿**Desde cuándo** pertenece InterGas a Carlos Etéreo?

Page 225

16 1. qué 2. cuánto 3. dónde 4. si 5. cómo 6. cuál 7. qué 8. cuál 9. si 10. si 11. cuántos 12. cómo 13. cómo 14. si 15. qué/cuál 16. cuál 17. si 18. si 19. cuáles 20. si 21. cómo

Page 226

17 1. d 2. c 3. b 4. h 5. f 6. e 7. g 8. k 9. j 10. l 11. i

Page 227

18 1. ¡Cuántos hijos tiene! 2. ¡Cuánto pesaba y dormía antes! 3. ¡Cuántos kilómetros / Cuánto corre ahora! 4. ¡Cuánto le gustan la música y el cine! 5. ¡Cuántos discos tiene! 6. ¡Cuánto sabe sobre actores, directores y películas! 7. ¡Cuánto va al cine!

19 1. ¡Cómo creció Clara! 2. ¡Cómo ladra el perro! 3. ¡Cómo está la cocina! 4. ¡Cómo está el jardín! 5. ¡Cómo cambió Romualdo!

41. Comparisons

Page 228

1 1. ... menos ojos que los lisus. 2. ... más altos que los lisus. 3. ... menos inteligentes que los rizus. 4. ... más temprano que los rizus. 5. ... más tarde que los lisus. 6. ... más café que los lisus. 7. ... menos que los rizus.

Page 229

2 1. La vida era más tranquila que ahora. 2. Los trenes iban más despacio que ahora. 3. La gente se casaba más joven que ahora. 4. La fruta tenía más sabor que ahora. 5. Hay más igualdad entre hombres y mujeres que antes. 6. La gente se divorcia más que antes. 7. La gente vive más años que antes. 8. La gente viaja más que antes.

Page 230

3 1. Lola (Carmen) es tan alta como Carmen (Lola). / Lola (Carmen) es igual de alta que Carmen (Lola). / Lola y Carmen (Carmen y Lola) son igual de altas. 2. Carmen no es tan deportista como Lola. / Carmen no es igual de deportista que Lola. / Lola y Carmen (Carmen y Lola) no son igual de deportistas. 3. Lola (Carmen) desayuna tan tarde como Carmen (Lola). / Lola (Carmen) desayuna igual de tarde que Carmen (Lola). / Lola y Carmen (Carmen y Lola) desayunan igual de tarde. 4. Lola (Carmen) maneja tan rápido como Carmen (Lola). / Lola (Carmen) maneja igual de rápido que Carmen (Lola). / Lola y Carmen (Carmen y Lola) manejan igual de rápido. 5. Carmen no vive tan cerca del trabajo como Lola. / Carmen no vive igual de cerca del trabajo que Lola. / Carmen y Lola (Lola y Carmen) no viven igual de cerca del trabajo. 6. Lola no es tan rica como Carmen. / Lola (Carmen) no es igual de rica que Carmen (Lola). / Lola y Carmen (Carmen y Lola) no son igual de ricas.

4 1. Carmen duerme tanto como Lola. / Carmen duerme lo mismo que Lola. 2. Carmen habla igual que Lola. 3. Carmen trabaja tanto como Lola. / Carmen trabaja lo mismo que Lola. 4. Carmen se pinta tanto como Lola. / Carmen se pinta lo mismo que Lola. / Carmen y Lola se pintan lo mismo. 5. Carmen duerme igual que Lola. 6. Carmen no desayuna tanto como Lola. / Carmen no desayuna lo mismo que Lola. / Carmen y Lola no desayunan lo mismo.

Page 232

5 1. la misma 2. el mismo 3. tanto, como, el mismo 4. mascotas, tantas 5. los mismos 6. amigas, las mismas 7. la misma, que

6 1. igual 2. igual de 3. el mismo 4. igual de 5. el mismo 6. las mismas 7. igual de 8. el mismo 9. el mismo 10. igual de 11. la misma

Page 233

7 1. c, e 2. e, a 3. b, f 4. f, c 5. a, d 6. k, h 7. j, g 8. h, j 9. g, k 10. i, i

Page 234

8 felicísimo/-a saladísimo simpatiquísimos jovencísimo/-a interesantísimos/-as antipatiquísimo amabilísimos/-as facilísimo/-a sequísimas agradabilísimo/-a divertidísimo

9 frágil tontos jóvenes grande felices amable blanco agradable

10 muchísimo recientísimamente lejísimos poquísimo clarísimamente tardísimo lentísimamente facilísimamente rapidísimo tranquilísimamente tempranísimo

11 1. altísimo 2. azulísimo 3. listísimo 4. buenísimo 5. malísimo 6. feísimo 7. sucísimo 8. horrorosa 9. llenísima 10. rojísima 11. increíble 12. Inteligentísima 13. elegantísima 14. simpatiquísima 15. moradísima 16. terribles 17. espantoso 18. prontísimo 19. espectacular 20. interesantísima 21. magníficas 22. fabulosos

12 1. carísimo 2. insoportable 3. feísimo 4. lindísimo 5. terrible

Page 235

13 1. mejor 2. peor 3. mejor 4. menor 5. mejores 6. peores 7. mejores

14 1. ~~que a él~~, ~~que él~~ 2. como él, ~~como él~~ 3. ~~que yo~~ 4. ~~como él~~, ~~que él~~ 5. como yo 6. ~~que a él~~ 7. ~~que él~~, ~~que yo~~ 8. como yo, como a mí, ~~como yo~~, ~~que yo~~ 9. ~~que a él~~, ~~que de ella~~

42. Linking Sentences: *y, o, pero, sino, porque, cuando...*

Page 236

1 1. a 2. d 3. f 4. c 5. e 6. k 7. l 8. g 9. h 10. i 11. j 12. m

Page 237

2 1. 1 2. 1 3. 1 4. 0 5. 2 6. 2 7. 2 o 1 8. 1

3 1. y 2. o 3. o 4. ni 5. ni 6. o 7. ni 8. ni 9. y 10. y

4 1. y 2. y 3. ni, ni 4. ni 5. y 6. ni, ni 7. ni, ni 8. ni, ni 9. y

Page 238

5 1. pero, o, y 2. o, y, pero 3. o, y, pero 4. pero, o, y 5. o, pero, y

Page 239

6 1. Su esposo no se llamaba Alberto Marchetti, sino Horacio Marchetti. 2. No rodó dos películas en Hollywood, sino que hizo una serie en México. 3. Su primera película no fue un gran éxito, sino un fracaso. 4. No fue la protagonista de *La leyenda de G*, sino que tuvo un papel secundario. 5. No tiene siete hijos, sino tres. 6. Su hijo Julián no es director de cine, sino que trabaja en un circo. 7. No ganó un Óscar por la película *José y yo*, sino el premio Platino.

7 1. No tiene casa en Hollywood, pero tiene casas en París y en Miami. 2. Almo Tóvar nunca la llamó para sus películas, pero participó en la primera película dirigida por una mujer. 3. Nunca tuvo una buena crítica, pero ganó mucho dinero en el cine.

8 1. ~~pero~~ **sino** 2. *correcto* 3. ~~pero~~ **sino** 4. *correcto* 5. ~~pero~~ **sino** 6. *correcto* 7. ~~pero~~ **sino** 8. ~~pero~~ **sino**

Page 240

9 1. *Como Catalina sabe latín*, le pedí que me ayude con la traducción. 2. Los niños no están en casa *porque se fueron al parque con sus amigos*. 3. *Como el banco estaba cerrado*, tuve que pedirle dinero a mi hermano. 4. No te llamé *porque mi celular se quedó sin batería*. 5. *Como ya teníamos las entradas para el concierto*, no tuvimos que hacer cola. 6. Pusimos un ejemplo más *porque necesitábamos seis*.

Page 241

10 1. Es que no había huevos. 2. Sí, porque, si no, se va a enfriar el pescado. 3. No, porque no hay mucho que hacer en la oficina. 4. Es que no tengo cepillo. 5. Es que no tenemos a nadie con quien dejar al niño. 6. Es que mi madre es de Milán. 7. Porque ya estamos en verano y los días son más largos.

Page 242

11 1. que puede caminar 2. que canta 3. que vi ayer en el cine 4. que se enamora y se casa 5. que vive en un país 6. que ganó el festival 7. que tiene nueve años 8. que quiere

12 1. Un primo mío está casado con una japonesa *que se llama Machiko*. 2. Mi madre es traductora en una empresa *que está a 10 km de nuestra casa*. 3. Paola, mi hermana, escribe novelas *que tienen mucho éxito*. 4. Ferdinando, mi hermano, tiene una cámara *que era de mi abuelo* y se dedica a la fotografía. 5. Y yo tengo un trabajo *que no me gusta nada*, pero también tengo tiempo para estudiar español.

13 1. Bianca es directora de un banco *donde gana mucho dinero* y también profesora de danza oriental. 2. Silvia trabajaba antes en una editorial *donde yo trabajé también*, pero ahora se dedica a escribir guías de viaje. 3. Luca vive todo el año en un hotel de Milán *donde no pueden entrar mascotas*. 4. Piero vive en un pueblecito de la India *donde todavía no hay luz eléctrica ni teléfono*. 5. Francesca es profesora en una escuela *donde solo hay veinte estudiantes*, pero quiere dejar la enseñanza.

Page 243

14 1. Quieren **que** cenemos esta noche en un restaurante japonés. 2. *correcto* 3. *correcto* 4. ¿Es necesario **que** lleve corbata? 5. Le gusta **que** le den masajes en los pies. 6. *correcto* 7. *correcto* 8. Últimamente no logro **que** duerma. Está muy nerviosa. 9. *correcto* 10. En momentos como estos, es importante **que** tengas amigos.

Page 244

15 1. ... donde vive ahora, en casa de sus padres. ... como solo ella sabe hacerla: espectacular. ... cuando se fueron sus padres de viaje. 2. ... donde come Carlos, un restaurante excelente. ... como siempre, con apuro. ... cuando terminé de hacer cosas en el banco. 3. ... donde suele tocar los sábados, en el Auditorio General. ... como suele tocar: terrible. ... cuando nadie se lo esperaba: ¡en la pausa! 4. ... donde se lo compró tu madre. Es una tienda muy linda. ...como lo hiciste vos, por internet. ... cuando comenzaron las rebajas.

16 1. (d) Cuando 2. (b) Donde 3. (a) Como 4. (e) Cuando 5. (c) Como 6. (h) Como 7. (f) Donde 8. (i) como 9. (g) cuando

Page 245

17 1. se ducha 2. se viste 3. desayuna, ve la tele 4. apaga la tele 5. sale de casa

18 A. IV B. I C. III

Page 247

19 1. siempre que 2. en cuanto 3. hasta que 4. mientras 5. Siempre que 6. mientras 7. desde que

20 1. antes de que 2. desde que 3. Siempre que 4. hasta que 5. Después de 6. hasta que 7. En cuanto 8. Antes de 9. Después de 10. desde que

Page 248

21 1. se quedará 2. regresa 3. se queda 4. recibirá 5. dedica 6. vende 7. dirigirá 8. deja 9. sienta 10. podrá 11. cuelga 12. celebra

Page 249

22 1. Tendrá que venir el sábado **si** hoy no pudiera trabajar. (B) 2. **Si** te vas de viaje, tráeme algún juguete. (D) 3. **Si** acabara el informe antes de las dos, lo invito a comer. (B) 4. ¿Me vas a llevar de viaje contigo **si** saco buenas notas? (D) 5. **Si** terminaras pronto, pasa por el banco a sacar dinero. (W) 6. No me podré dormir **si** no me lees un cuento. (D) 7. **Si** dejamos a la niña con mis padres, podríamos salir esta noche. (W) 8. Llámeme **si** tuviera algún problema el sábado en la oficina. (B)

23 1. Tristán, Félix, a 2. Félix, Tristán, d 3. Félix, Tristán, c 4. Tristán, Félix, f 5. Félix, Tristán, e

Page 250

24 1. Si dejo de trabajar un año... 2. Si me mudo a Lima... 3. Si hago muchos viajes a París... 4. Si les compro una casa a mis padres... 5. Si dejara/-se de trabajar para siempre... 6. Si pudiera/-se comprar todas las casas de mi pueblo... 7. Si perdiera/-se el miedo a los aviones... 8. Si viviera/-se en Nueva York...

25 1. mi padre no habría abierto 2. no habría entrado y no le habría picado 3. Si mi padre no hubiera/-se sido alérgico 4. se habría sentido 5. Si no se hubiera/-se sentido 6. no lo habría llevado 7. Si no lo hubiera/-se llevado 8. no se habría enamorado 9. Si no se hubiera/-se enamorado 10. no se habría casado 11. no se hubiera/-se casado con ella 12. no habría nacido a los nueve meses 13. no hubiera/-se nacido 14. no estaría 15. no podría contarles

43. Letters and Sounds

Page 252

1 1. **q**ueso 2. pae**ll**a 3. torti**ll**a 4. **ch**urros 5. po**ll**o, **ch**uleta 6. **ch**irimoyas 7. alca**ch**ofas, **ch**orizo

Page 254

2 a) **r**isa esc**r**ibi**r** **R**oma **r**osa al**r**ededo**r** **r**incón **r**oto **r**atón Sa**r**a familia**r** **r**ecibi**r** calo**r** sie**rr**a **r**a**r**o estaciona**r** ca**r**o **r**evolución subraya**r** to**r**o
b) **c**osa cielo **c**ola velocidad **c**onoces prác**t**i**c**o felices **c**as**c**o a**c**usar **c**osta cerrar **c**us**c**ús **c**rema **c**asa encerrar **c**anción cír**c**ulo **c**onciencia os**c**uro **c**laro cien
c) **g**uerra **g**itano anti**g**uo len**g**ua gesto gente ce**g**uera **g**uapo **g**ris dirigir agenda tragedia **g**eneroso **g**as **g**ato **g**uitarra **g**orro ágil **g**racioso cirugía **g**ustar
d) **y**o a**y**er ha**y**a hay y **y**a rey re**y**es jersey pla**y**a ley le**y**es hoy tra**y**endo

Page 255

3 *¿g o j?* masaje extranjero energía frágil página mensaje traje corregimos lógico mágico gigante viejo jirafa garaje urgente recogemos
¿b o v? fabuloso venir cambiamos rubio verde obtener ver habitación posible movilidad abrazo bomba hablar botella vitamina vocabulario boca hierba vaso vivo vuelo samba objetivo caballo
¿ll o y? llueve yo ya llevas ayer llamar playa lleno estrella llegamos llorar yegua yoga leyendo bella baya

4 1. **z**afiro 2. **z**oológico 3. **c**abe**z**a 4. **z**ar 5. **c**írculo 6. **c**iega 7. **c**ero 8. **c**apital 9. **c**irco

Page 256

5 ~~Okupación~~ **Ocupación** de ~~kasas~~ **casas** vacías
No ~~kalles~~ **calles** y sal a la ~~kalle~~ **calle**
No a las ~~yabes~~ llaves
Te ~~kiero~~ **quiero** con ~~lokura~~ **locura**
Abajo la ~~krisis~~ **crisis**
Libertad para Carlos
Autos no. ~~Bicikletas~~ **Bicicletas** sí.

6 1. sueños 2. contraseña 3. años, pequeño 4. daño 5. bañamos, bañeras 6. enseña, caribeño 7. España, año

7 1. jirafa 2. perro 3. goma 4. cuatro 5. zumo 6. queso 7. ella 8. río 9. champú 10. caro 11. cena 12. ayer

44. Accentuation

Page 258

1 gustan árbol pájaro llévamelo menú calor cadáver mejor coñac abril kilómetro examen carácter además ángel hotel imbécil ojalá agenda haz dáselos palabra dormir dormid sin camisa llámalo fin velocidad sáltatela subir suben descontrol descontrolados tómala callad callado rayo doctor tranquilidad goma sal botella bébetelos primo escribir alegre inteligente papel papeles salud conductor conductora

2 1. camión 2. jardín, árbol 3. túnel 4. fósil
5. discusión, excursión 6. sofá, televisión 7. difícil

3 1. escribídnosla 2. secarlo 3. cántala
4. pónselo 5. míramelo 6. hazlos
7. devolvérmela 8. preparadlo
9. resolviéndolo 10. solucionarla
11. pintándonoslas 12. levantarlas
13. dilo 14. házselos 15. díselo

Page 259

4 1. normalmente 2. últimamente 3. seguramente
4. únicamente 5. tontamente

5 Puer-ta via-je sua-vi-dad mie-do pa-e-lla (no es diptongo) lí-ne-a (no es diptongo) sau-na diez pa-ís (dos sílabas) le-ón (no es diptongo) cui-da-do (tres sílabas) ca-í-da (tres sílabas) Ruiz ra-íz (dos sílabas) pre-cio cuen-to seis nue-ve vein-ti-séis in-fier-no fe-o (no es diptongo) reu-ní-a-mos (cuatro sílabas) a-cei-te soy bú-ho (dos sílabas) Ra-úl (dos sílabas) clien-te fiel con-fiá-ba-mos si-guién-do-los cruel dien-te sue-ño huir ba-hí-a (tres sílabas) pei-ne vais pro-hí-bo (tres sílabas) si-guien-tes te-ó-ri-co (no es diptongo), fe-í-si-mo (cuatro sílabas) cien i-gual sies-ta dú-o (dos sílabas) ví-a (dos sílabas) hue-vo guion (también guión) des-pués sa-bí-a (tres sílabas, imperfecto de 'saber') sa-bia (femenino de 'sabio') sin-tien-do pie ries-go lue-go fui-mos trái-ler hay

Page 260

6 *Carta de Luisito*:

Querida Susana: El otro día en casa de tu madre, cuando ella tomaba el **té** y **tú** buscabas un juego, te miré a los ojos y, buf, fue increíble. Para **mí** eres la muchacha más hermosa que he visto en mi vida. No **sé**, eres genial... ¿Vienes este domingo a patinar conmigo? Tengo unos patines nuevos. Aquellos que te gustaban tanto se rompieron. Si quieres venir, me mandas un mensaje. Pon solo una palabra: **sí**. Y entonces yo estaré muy contento porque no pasaré la horrible tarde del domingo solo. Luis

Diario de Susana:

Querido diario: Hace muchos días que no te escribo. El domingo pasado salí con Luis y, bueno, fue un poco aburrido. **Él** no habló casi nada y, como yo hablo tanto, no **sé** qué pensar... ¿Se aburrió? ¿Se divirtió? No **sé**... Me escuchó, eso **sí**, pero no **sé** si me escuchó de veras (yo a veces no escucho mucho si algo no me interesa). Ah, Luis tiene unos patines nuevos... Me gustan mucho más estos que los otros que tenía antes... Estos son súper... Pero yo a aquellos les tenía cariño... Y el final fue horrible... Sobre todo cuando **él** me dijo: "Susana, **tú** a **mí** me gustas mucho. Y yo, ¿yo te gusto a ti?".Y yo le dije: "¿**Tú** a **mí**?". Y entonces me puse muy nerviosa, agarré mis patines y me fui... Si le gusto, regresará... ¿Verdad que **sí**?

Topic Index